精选层时代
新三板挂牌
实务指引

刘海旭　丁先云◇著

THE PRACTICE

OF

NATIONAL EQUITIES EXCHANGE

AND

QUOTATIONS

法律出版社 LAW PRESS · CHINA

序

全国中小企业股份转让系统(俗称新三板)是经国务院批准设立,继上海证券交易所、深圳证券交易所之后第三家全国性证券交易场所,自2013年12月31日起面向全国接收企业挂牌申请。成立七年多来,新三板始终坚持服务中小企业发展的初心,构建符合中小企业特点的挂牌准入、发行融资、并购重组等制度安排。本人曾有幸作为全国股转公司挂牌审核人员,亲身参与并见证了新三板的设立、成长及相关的制度建设和完善等。

2019年12月20日,中国证券监督管理委员会公布修订的《非上市公众公司监督管理办法》,新三板精选层等深化改革的帷幕正式拉开。此次全面深化新三板改革,是在天时、地利、人和等多重因素推动下的多层次资本市场变革,是推进要素市场化配置改革、补齐资本市场服务中小企业和民营经济短板、更好服务实体经济高质量发展的重要举措,有利于进一步完善市场资源配置功能、改善市场流动性、提升融资和交易效率,有利于打开制度"天花板"、明确中小企业成长发展路径、促进多层次资本市场互联互通,是资本市场助力"六稳""六保"的重要措施。

改革后新三板市场形成"基础层—创新层—精选层"的三层市场结构,畅通企业递进式发展路径,精准满足不同类型、不同发展阶段企业的差异化需求,更好地发挥新三板服务中小企业和民营经济的作用。其中:基础层定位于企业规范,在匹配基本融资交易功能和较高的投资者适当性要求的基础上实施底线监管,体现新三板市场对于中小企业的包容性;创新层定位于企业培育,在挂牌公司满足分层标准的基础上匹配较为高效的融资交易功能,帮助企业抓住发展机遇期做大做强;精选层定位于企业升级,要求挂牌公司通过公开发行提升公众化水平,并在匹配高效融资交易制度的同时对标上市公司从严监管,使新三板在服务企业的发展周期覆盖面上实现了有效的拓展。

2020年4月27日,新三板精选层正式接受挂牌公司公开发行申报,截至5月8日,有20家企业发布公告称已经递交精选层发行的申请材料,从精选层的火热程度足以看出新三板改革的积极效应。在新三板深化改革的时代潮流下,本书对包含精选层的新三板挂牌的法律、行业、财务等全方位的实务问题进行分析总结,是一线实务经验的结晶,相关分析总结对具有相关新三板知识需求的企业家、管理人员、券商人员、律师及法律、财务、金融等专业在校学生均有所帮助,同时也寄希望于能够为新三板的市场建设及宣传推广起到积极作用。

民生证券投行副总裁、投行委员、董事总经理

原全国股转公司自律委员、挂牌部执行经理

二〇二〇年五月

自 序

2019年12月召开的中央经济工作会议指出:要完善资本市场基础制度,稳步推进创业板和新三板改革。2020年4月9日,《中共中央、国务院关于构建更加完善的要素市场化配置体制机制的意见》正式公布,其中指出:要健全多层次资本市场体系,完善主板、科创板、中小企业板、创业板和全国中小企业股份转让系统(新三板)市场建设。全国中小企业股份转让系统作为经国务院批准设立,继上海证券交易所、深圳证券交易所之后第三家全国性证券交易场所,再次被赋予作为多层次资本市场体系建设关键一环的重任。2019年修订的《证券法》进一步明确了新三板市场作为其他全国性证券交易场所的法律地位。

新三板经过此轮深化改革,在基础层、创新层的基础上增设精选层,符合不同条件的新三板公司纳入不同市场层级管理。新设精选层允许公开发行后,在投资市场上引起了较大的积极反响,机构纷纷成立新三板振兴基金或投资基金等,企业挂牌新三板的意愿也明显增强,甚至出现多个存量新三板公司纷纷放弃A股转战精选层。本书正是踏着新三板改革的春风而至,面向具有挂牌意愿的中小微企业的企业家、董事会秘书和财务总监等管理人员,拟进入精选层的新三板企业、券商的业务人员、律师、会计师,有意了解新三板业务的法律或金融专业的在校学生等,结合新三板转板、主板、科创板等相关案例,对包含精选层在内的新三板挂牌的法律、行业、财务等实务问题进行分析汇总,解决问题的方法和思路等亦可作为IPO的参考。

本书分为三章,每章分为三节。第一章对新三板概况和市场的基本情况进行了陈述,对2019年12月~2020年4月精选层等新三板的改革历程进行了汇总,同时简要分析了新三板挂牌的条件和主要流程。第二章分析了精选层改革及发行情况,其中第一节分析了精选层等的功能定位、合格投资者标准、精选层股票的交易规则、特别表决权股份等;第二节分析了精选层等的进入条件及其判断标准、精选层进入程序、精选层对企业的价值、什么企业适合精选层等新三板挂牌;第三节主要是精选层与主板、科创板等的比较及特有的发行承销特点、精选层保荐制度与其他市场保荐制度的差异等。第三章从法律、行业、财务等全方位分析了精选层等新三板挂牌实务问题,以基础层及挂牌同时进入创新层的新三板挂牌实务为基础,同时对精选层挂牌的实务问题予以特殊说明,将精选层的挂牌实务与基础层的挂牌实务融合分析。

鉴于时间仓促以及作者水平有限,书中难免有错误和遗漏之处,请批评指正,以期共同为国内的多层次资本市场建设添砖加瓦。

二〇二〇年五月于北京

目 录

第一章　新三板概述及挂牌

第一节　新三板概况

一、新三板的概念

关于新三板的概念并无官方的明确定义，全国中小企业股份转让系统（以下简称全国股转系统）官网公开的信息显示："新三板"是全国中小企业股份转让系统的俗称。三板市场起源于2001年"股权代办转让系统"，最早承接两网公司（原证券公司代办股份转让系统挂牌的STAQ、NET系统公司）和退市公司（沪深交易所退市公司），被称为"老三板"。2006年，中关村科技园区非上市股份公司进入代办转让系统进行股份报价转让试点，因挂牌企业均为高科技企业而不同于原转让系统内的原STAQ、NET系统公司及退市企业，区别于老三板企业，故形象地称之为"新三板"。

2012年，经国务院批准，决定扩大非上市股份公司股份转让试点，首批扩大试点新增上海张江高新技术产业开发区、武汉东湖新技术产业开发区和天津滨海高新区。2013年12月31日起全国股转系统面向全国接收企业挂牌申请。

2019年12月20日，中国证券监督管理委员会（以下简称证监会）公布修订的《非上市公众公司监督管理办法》；同年12月27日，全国中小企业股份转让系统有限责任公司（以下简称全国股转公司）发布实施《全国中小企业股份转让系统分层管理办法》《全国中小企业股份转让系统投资者适当性管理办法》等第一批业务规则，新三板的深度改革正式开启，依照《全国中小企业股份转让系统分层管理办法》，全国股转系统设置基础层、创新层和精选层。

新三板是我国多层次资本市场服务中小企业的重要平台，与沪深交易所错位发展,是一个独立的、公开的资本市场板块,属于《证券法》规定的其他全国性证券交易场所。2020 年 4 月 9 日,《中共中央、国务院关于构建更加完善的要素市场化配置体制机制的意见》正式公布, 其中指出要健全多层次资本市场体系,完善主板、科创板、中小企业板、创业板和新三板市场建设,由此可知新三板在中国资本市场体系建设中的重要性。

二、新三板的运营机构

全国中小企业股份转让系统是经国务院批准,依据证券法设立的继上海证券交易所(以下简称上交所)、深圳证券交易所(以下简称深交所)之后第三家全国性证券交易场所,也是中国第一家公司制运营的证券交易场所。全国股转公司为其运营机构,于 2012 年 9 月 20 日在国家工商总局注册,2013 年 1 月 16 日正式揭牌运营。全国股转公司主要职能包括:提供证券交易的技术系统和设施;制定和修改全国股转系统业务规则;接受并审查股票挂牌及其他相关业务申请,安排符合条件的公司股票挂牌;组织、监督证券交易及相关活动;对挂牌公司及其他信息披露义务人进行监管;对主办券商等全国股转系统参与人进行监管;管理和公布全国股转系统相关信息;中国证监会批准的其他职能。公司建立了党委会、股东会、董事会、监事会和经营管理层,形成了党委领导下的“三会一层”的治理结构。

2013 年 12 月 13 日,《国务院关于全国中小企业股份转让系统有关问题的决定》(国发〔2013〕49 号)发布,进一步巩固了全国股转系统作为全国性公开证券市场的法制基础,明确全国股转系统主要为创新型、创业型、成长型中小微企业发展服务,境内符合条件的股份公司均可通过主办券商申请挂牌,公开转让股份,进行股权融资、债权融资、资产重组等。

三、新三板市场的基本情况

(一)市场主要统计指标概览(见表1)

表1 市场主要统计指标概览

类别＼年份	2019	2018	2017	2016	2015	2014
挂牌规模						
挂牌公司数量(家)	8953	10,691	11,630	10,163	5129	1572
总股本(亿股)	5616.29	6324.53	6756.73	5851.55	2959.51	658.35
总市值(亿元)	29,399.60	34,487.26	49,404.56	40,558.11	24,584.42	4591.42
股票发行						
发行次数(次)	637	1402	2725	2940	2565	329
发行股数(亿股)	73.73	123.83	239.26	294.61	230.79	26.52
融资金额(亿元)	264.63	604.43	1336.25	1390.89	1216.17	132.09
优先股发行						
发行次数(次)	11	9	10	3	—	—
融资金额(亿元)	3.60	2.59	1.80	20.20	—	—
股票转让						
成交金额(亿元)	825.69	888.01	2271.80	1912.29	1910.62	130.36
成交数量(亿股)	220.20	236.29	433.22	363.63	278.91	22.82
换手率(%)	6.00	5.31	13.47	20.74	53.88	19.67
市盈率(倍)	19.74	20.86	30.18	28.71	47.23	35.27
60日市盈率(倍)	18.21	17.25	—	—	—	—
投资者账户数						
机构投资者(万户)	5.89	5.63	5.12	3.85	2.27	0.47
个人投资者(万户)	38.73	37.75	35.74	29.57	19.86	4.40

2013～2019年,2016年的新三板挂牌公司股票发行的次数和发行规模达到顶峰,2017年新三板公司的发行规模逐步下降,其中2018年和2019年呈现断崖

式下跌。

从2016年以来，新三板基础层的合格投资者数量呈现基本稳定的局面，再经过证券公司对新三板合格投资者的开户条件复核后，总体的新三板投资者数量总数并未明显减少，实际上这是伴随着新增投资者的出现。

据公开数据统计，目前新三板公司净利润大于3000万元的挂牌公司，约占市场总体的10%，此类公司经营业绩较为稳定，具备较强的外部融资需求和能力；净利润在1000万~3000万元的公司，占比约为20%，此类公司成长性显著，近3年营收复合增长率约为20%；净利润1000万元以下的微利和亏损公司，占比约为70%，此类公司多数经营压力较大，但也有少数生物医药和战略新兴产业企业市场认可度较高，融资能力较强。新三板改革前设置了金融资产500万元的投资者门槛，对新三板流动性产生一定影响。此次改革后，精选层、创新层和基础层投资者准入资产标准分别定为100万元、150万元和200万元，大大增加了投资者的基数，能更好匹配新三板企业的直接融资需求，为切实提升新三板流动性和促进未来多层次资本市场的健康发展打下了坚实的基础。

（二）挂牌公司行业分布情况（见表2）

表2 挂牌公司行业分布情况

行业	2019年年末		2018年年末		2017年年末		2016年年末	
	家数	占比（%）	家数	占比（%）	家数	占比（%）	家数	占比（%）
制造业	4409	49.25	5276	49.35	5804	49.91	5153	50.70
信息传输、软件和信息技术服务业	1725	19.27	2084	19.49	2284	19.64	2003	19.71
租赁和商务服务业	465	5.19	558	5.22	607	5.22	507	4.99
科学研究和技术服务业	442	4.94	506	4.73	509	4.38	459	4.52
批发和零售业	400	4.47	492	4.60	531	4.57	436	4.29
建筑业	304	3.40	356	3.33	379	3.26	330	3.25
文化、体育和娱乐业	202	2.26	240	2.24	261	2.24	228	2.24
农业、林业、牧业、渔业	200	2.23	226	2.11	223	1.92	173	1.70
水利、环境和公共设施管理业	161	1.80	186	1.74	198	1.70	199	1.96

续表

行业	2019年年末		2018年年末		2017年年末		2016年年末	
	家数	占比(%)	家数	占比(%)	家数	占比(%)	家数	占比(%)
交通运输、仓储和邮政业	156	1.74	192	1.80	197	1.69	163	1.60
金融业	115	1.28	131	1.23	144	1.24	126	1.24
电力、热力、燃气及水生产和供应业	111	1.24	122	1.14	130	1.12	101	0.99
房地产业	71	0.79	88	0.82	97	0.83	67	0.66
教育	70	0.78	81	0.76	88	0.76	72	0.71
卫生和社会工作	38	0.42	47	0.44	55	0.47	47	0.46
采矿业	32	0.36	39	0.36	42	0.36	30	0.30
住宿和餐饮业	28	0.31	33	0.32	37	0.31	29	0.29
居民服务、修理和其他服务业	24	0.27	34	0.32	44	0.38	40	0.39
合计	8953	100.00	10,691	100.00	11,630	100.00	10,163	100.00

挂牌公司中制造业占比最高，占比接近50%，制造业和信息传输、软件和信息技术服务业两个行业的企业数量占比近70%。

（三）挂牌公司地域分布（见表3）

表3 挂牌公司地域分布

地区	2019年年末		2018年年末	
	公司家数	占比(%)	公司家数	占比(%)
广东	1319	14.73	1637	15.31
北京	1190	13.29	1440	13.47
江苏	1072	11.97	1273	11.91
浙江	786	8.78	933	8.73
上海	715	7.99	903	8.45
山东	547	6.11	624	5.84
湖北	314	3.51	358	3.35

续表

地区	2019 年年末		2018 年年末	
	公司家数	占比(%)	公司家数	占比(%)
福建	310	3.46	373	3.49
河南	309	3.45	371	3.47
安徽	308	3.44	340	3.18
四川	272	3.04	312	2.92
河北	216	2.41	243	2.27
辽宁	183	2.04	223	2.09
湖南	179	2.00	223	2.09
天津	162	1.81	195	1.82
陕西	143	1.60	158	1.48
江西	125	1.40	150	1.40
重庆	112	1.25	133	1.24
山西	83	0.93	89	0.83
云南	79	0.88	94	0.88
黑龙江	77	0.86	94	0.88
新疆	72	0.80	87	0.81
吉林	70	0.78	85	0.79
广西	66	0.74	75	0.70
内蒙古	54	0.60	66	0.61
宁夏	54	0.60	59	0.55
贵州	50	0.56	54	0.51
甘肃	32	0.36	35	0.33
海南	31	0.35	39	0.36
西藏	16	0.18	19	0.18
青海	7	0.08	6	0.06
合计	8953	100.00	10,691	100.00

由挂牌公司所属地区的分布可知，广东、北京、江苏、浙江、上海5个省或者直辖市的挂牌公司总量占全国挂牌公司总量的56.76%，若加上第六位的山东省，6个地区挂牌公司总量占比达62.87%，而以云南、山西等为代表的挂牌公司数量低于100家的省份达13个，以海南为代表的挂牌公司数量低于35家的省份达4个。挂牌公司的数量一定程度上反映了地区的经济活跃度以及中小企业的数量等。随着新三板等资本市场改革的不断深入，各个省份的不断发展，如海南自由贸易港建设不断推进，越来越多地区的优质中小企业将借助新三板等资本市场实现发展，从地区存量的角度来看，未来新三板挂牌企业的增量具有可观的地区基础。

据工业和信息化部（以下简称工信部）数据，中国中小企业的数量已经超过了3000万家，个体工商户数量超过7000万户，贡献了全国50%以上的税收，60%以上的GDP，70%以上的技术创新成果和80%以上的劳动力就业岗位。其中，也有相当数量的中小企业符合新三板挂牌标准，其中年利润规模达到1500万元到5000万元的更适合精选层的优质中小企业增量基数将远远大于主板、创业板、科创板等资本市场板块的企业需求量。这个能够为整个新三板市场的建设和发展贡献源源不断的增量市场。

（四）挂牌公司股本分布（见表4）

表4 挂牌公司股本分布

股本（万元）	2019年年末		2018年年末	
	公司家数	占比（%）	公司家数	占比（%）
500以下	35	0.39	54	0.51
500~1000	605	6.76	748	7.00
1000~3000	3051	34.08	3803	35.57
3000~5000	1965	21.95	2382	22.28
5000~10,000	2203	24.61	2510	23.48
10,000以上（含10,000）	1094	12.21	1194	11.16
合计	8953	100.00	10,691	100.00

注：采用上组限不在内原则。

挂牌公司的股本低于500万元是较早时期形成的，其公司数量非常少。90%以上的公司的股本大于1000万元，58.78%的挂牌公司的股本大于3000万元。当然,统计的挂牌公司的股本指的是特定时间的期末挂牌公司的现有股本,与挂牌时的概念并不一致,后期可能发生定增、送红股或者资本公积转增股本等增资情形。目前创新层和精选层对公司的股本有明确的要求,创新层挂牌公司股本要达到2000万元(含后期融资条件要求的1000万元)或者5000万股(按市值标准进入创新层要求)以上,精选层要求发行后的股本达到3000万股以上。对于已经新三板挂牌的存量企业来说需要结合进入创新层和精选层的条件充分利用转增、分红、定增等机制达到对股本的要求。对于拟挂牌的新三板增量企业来说,需要充分考虑未来2~3年的融资计划、分红计划等,结合公司的客观情况从实际出发,合理布局公司的股本及其结构。

(五)挂牌公司股东人数分布情况(见表5)

表5 挂牌公司股东人数分布情况

人数(个)	2019年年末		2018年年末	
	公司家数	占比(%)	公司家数	占比(%)
2	564	6.30	661	6.18
3~10	3202	35.76	3957	37.01
10~50	3437	38.39	4138	38.71
50~100	905	10.11	1037	9.70
100~200	491	5.48	532	4.98
200以上	354	3.96	366	3.42
合计	8953	100.00	10,691	100.00

注:采用上组限不在内原则。

按照规定,符合全国股转系统基础层投资者适当性条件的合格投资者人数不少于50人的新三板公司方可申请进入创新层,进入创新层后方可申请精选层公开发行。所以基础层公司解决50个合格投资者是进入创新层和精选层的必备条件。而由于过去新三板交易制度和合格投资者数量等的限制,2019年年末新三板挂牌公司股东人数超过50人的企业占比仅19.54%,而这个股本数量中大部分可能还不是合格投资者,所以整个新三板市场的活跃度有限。而新三板创新层的条件要求50个基础层的合格投资者也是希望改变目前的局面,把希望寄托于后期,希望挂牌公司股东能够敞开胸怀接受更多的合格投资者参与到挂牌公司中来。

实际上对于具有50个合格投资者股东的挂牌公司方可申请进入创新层的要求，市场上反对的声音是比较多的，确实不应当对还没有进入创新层的公司就要求其已经解决一定的投资者认可的问题，但是从条件规定来看，股转公司更多的希望通过条件倒逼基础层挂牌公司的流通性。

（六）历年股票成交情况统计（见表6）

表6　历年股票成交情况统计

年份	成交数量（亿股）	成交金额（亿元）	成交笔数	换手率（%）
2013	2.02	8.14	989	4.47
2014	22.82	130.36	9.27万	19.67
2015	278.91	1910.62	282.13万	53.88
2016	363.63	1912.29	308.81万	20.74
2017	433.22	2271.80	282.99万	13.47
2018	236.29	888.01	150.84万	5.31
2019	220.20	825.69	154.37万	6.00

从新三板股票历年成交情况可以发现：从2013年到2017年股票成交数量和成交金额均逐年递增，2015～2017年的成交量均较高，真正的成交数量和成交金额的活跃开始于2015年，2015年新三板股票成交金额是2014年全年的14.66倍，并且于2017年达到峰值。实际上从2016年和2017年的挂牌公司数量来看，成交活跃度已经开始下滑，2016年挂牌公司数量为10,163家，而2015年的挂牌公司数量仅为5129家，2016年挂牌公司数量翻倍，但是股票成交量和成交总额并未显著增长，2017年挂牌公司数量为11,630家，相对于2015年的单个挂牌公司成交量呈现下滑的迹象。而从2017年开始，新三板股票的成交金额和数量显著下滑，主要是因为成交的不活跃以及融资功能未符合挂牌公司的预期等，挂牌公司数量从2017年的11,630家及2018年的10,691家，到2019年年末剩下8953家。新三板制度的改革正式在成交数量显著不活跃、优质公司纷纷摘牌转板的情形下正式拉开帷幕。

四、新三板深化改革的历程

2019年12月10～12日，中央经济工作会议指出：要完善资本市场基础制度，提高上市公司质量,健全退出机制,稳步推进创业板和新三板改革。

2019 年 12 月 20 日,证监会公布《关于修改〈非上市公众公司监督管理办法〉的决定》《非上市公众公司信息披露管理办法》。

2019 年 12 月 27 日,全国股转公司发布实施了第一批七部业务规则:《全国中小企业股份转让系统分层管理办法》《全国中小企业股份转让系统投资者适当性管理办法》《全国中小企业股份转让系统股票交易规则》三部基本业务规则,《全国中小企业股份转让系统挂牌公司股份特定事项协议转让细则》《全国中小企业股份转让系统股票异常交易监控细则(试行)》二部业务细则,以及《全国中小企业股份转让系统投资者适当性管理业务指南》《全国中小企业股份转让系统挂牌公司股份特定事项协议转让业务办理指南》二部业务指南。自此,新三板的改革制度依据正式确立。

2019 年 12 月 28 日,《证券法》修订,自 2020 年 3 月 1 日起施行。

2020 年 1 月 3 日,全国股转公司发布实施了第二批 6 部业务规则:《全国中小企业股份转让系统股票挂牌审查工作指引》《全国中小企业股份转让系统挂牌申请文件内容与格式指引》《全国中小企业股份转让系统挂牌公司信息披露规则》《全国中小企业股份转让系统挂牌公司治理规则》《全国中小企业股份转让系统股票定向发行规则》《全国中小企业股份转让系统股票定向发行指南》。

2020 年 1 月 13 日,证监会发布《非上市公众公司信息披露内容与格式准则第 3 号——定向发行说明书和发行情况报告书》《非上市公众公司信息披露内容与格式准则第 4 号——定向发行申请文件》《非上市公众公司信息披露内容与格式准则第 9 号——创新层挂牌公司年度报告》《非上市公众公司信息披露内容与格式准则第 10 号——基础层挂牌公司年度报告》四部新三板改革配套规则,自发布之日起实施。

2020 年 1 月 16 日至 17 日,2020 年证监会系统工作会议在北京召开。会议提出:稳步推进以信息披露为核心的注册制改革。努力办好科创板,平稳推出创业板改革并试点注册制,推动新三板改革平稳落地。推动出台私募基金条例和新三板条例。

2020 年 1 月 17 日,证监会发布了《非上市公众公司信息披露内容与格式准则第 11 号——向不特定合格投资者公开发行股票说明书》《非上市公众公司信息披露内容与格式准则第 12 号——向不特定合格投资者公开发行股票申请文件》。

2020年1月19日,全国股转公司发布实施第三批三部业务规则,包括《全国中小企业股份转让系统股票向不特定合格投资者公开发行并在精选层挂牌规则(试行)》一部基本业务规则,《全国中小企业股份转让系统股票向不特定合格投资者公开发行保荐业务管理细则(试行)》和《全国中小企业股份转让系统股票向不特定合格投资者公开发行与承销管理细则(试行)》二部业务细则。

2020年1月21日,全国股转公司发布实施一部业务指南,即《全国中小企业股份转让系统精选层挂牌审查问答(一)》。

2020年2月14日,全国股转公司修订了《全国中小企业股份转让系统挂牌公司股票定向发行审查要点》和《全国中小企业股份转让系统股票定向发行临时公告模板》。

2020年2月21日,为进一步落实差异化信息披露要求,根据《全国中小企业股份转让系统挂牌公司信息披露规则》对不同层级挂牌公司业绩预告、业绩快报以及签字注册会计师定期轮换的差异化规定,全国股转公司修订了《挂牌公司信息披露及会计业务问答(四)——业绩预告、业绩快报与签字注册会计师定期轮换》,自发布之日起施行。同日,为满足挂牌公司公开发行、精选层股票交易方式确定及变更等新业务需要,全国股转公司修改了《全国中小企业股份转让系统股票交易方式确定及变更指引》和《全国中小企业股份转让系统证券代码、证券简称编制管理指引》,同时配套制定了《全国中小企业股份转让系统股票交易方式确定及变更业务办理指南》,于发布日实施。

第二节 新三板挂牌条件

一、依法设立且存续满两年

(一)依法设立

依法设立是指公司依据《公司法》等法律、法规及规章的规定向公司登记机关申请登记,并已取得《企业法人营业执照》。

1. 公司设立的主体和程序合法合规

(1)国有企业需提供相应的国有资产监督管理机构或国务院、地方政府授权的其他部门、机构关于国有股权设置的批复文件。

(2)2019 年 3 月 15 日,十三届全国人大二次会议表决通过的《外商投资法》是我国利用外资、外商在华投资的基础性法律。该法自 2020 年 1 月 1 日起施行。区分不同的时间节点,外商投资企业须提供商务主管部门出具的设立批复或备案文件。

(3)《公司法》(2005 年修订)修订前设立的股份公司,须取得国务院授权部门或者省级人民政府的批准文件。

2. 公司股东的出资合法、合规,出资方式及比例应符合《公司法》相关规定

(1)以实物、知识产权、土地使用权等非货币财产出资的,应当评估作价,核实财产,明确权属,财产权转移手续办理完毕。

(2)以国有资产出资的,应遵守有关国有资产评估的规定。

(3)公司注册资本缴足,不存在出资不实情形。

(二)存续两年

存续两年是指存续两个完整的会计年度。有限责任公司按原账面净资产值折股整体变更为股份有限公司的,存续时间可以从有限责任公司成立之日起计算。

整体变更不应改变历史成本计价原则,不应根据资产评估结果进行账务调整,应以改制基准日经审计的净资产额为依据折合为股份有限公司股本。公司申报财务报表最近一期截止日不得早于股份有限公司成立日。

二、业务明确,具有持续经营能力

(一)业务明确

业务明确是指公司能够明确、具体地阐述其经营的业务、产品或服务、用途及其商业模式等信息。

公司可同时经营一种或多种业务,每种业务应具有相应的关键资源要素,该要素组成应具有投入、处理和产出能力,能够与商业合同、收入或成本费用等相匹配。

(二)公司业务在报告期内应有持续的营运记录

公司业务在报告期内应有持续的营运记录。营运记录包括现金流量、营业收入、交易客户、研发费用支出等。公司营运记录应满足下列条件:(1)公司应在每

一个会计期间内形成与同期业务相关的持续营运记录，不能仅存在偶发性交易或事项。(2)最近两个完整会计年度的营业收入累计不低于1000万元；因研发周期较长导致营业收入少于1000万元，但最近一期末净资产不少于3000万元的除外。(3)报告期末股本不少于500万元。(4)报告期末每股净资产不低于1元。

(三)持续经营能力

持续经营能力是指公司在可预见的将来，有能力按照既定目标持续经营下去。公司存在以下情形之一的，应认定为不符合持续经营能力要求：(1)存在依据《公司法》第180条规定解散的情形，或法院依法受理重整、和解或者破产申请。(2)公司存在《中国注册会计师审计准则第1324号——持续经营》应用指南中列举的影响其持续经营能力的相关事项或情况，且相关事项或情况导致公司持续经营能力存在重大不确定性。(3)存在其他对公司持续经营能力产生重大影响的事项或情况。

三、公司治理机制健全，合法规范经营

(一)公司治理机制健全

公司治理机制健全是指公司按规定建立股东大会、董事会、监事会和高级管理层(以下简称"三会一层")组成的公司治理架构，制定相应的公司治理制度，并能证明有效运行，保护股东权益：

(1)公司依法建立"三会一层"，并按照《公司法》、《非上市公众公司监督管理办法》及《非上市公众公司监管指引第3号——章程必备条款》等规定制定公司章程、"三会一层"运行规则、投资者关系管理制度、关联交易管理制度等，建立全面完整的公司治理制度。

(2)公司"三会一层"应按照公司治理制度进行规范运作。在报告期内的有限公司阶段应遵守《公司法》的相关规定。

(3)公司董事会应对报告期内公司治理机制执行情况进行讨论、评估。

(4)公司现任董事、监事和高级管理人员应具备《公司法》规定的任职资格，履行《公司法》和公司章程规定的义务，且不应存在以下情形：①最近24个月内受到证监会行政处罚，或者被证监会采取证券市场禁入措施且期限尚未届满，或者被全国股转公司认定不适合担任挂牌公司董事、监事、高级管理人员；②因涉嫌

犯罪被司法机关立案侦查或者涉嫌违法违规被证监会立案调查，尚未有明确结论意见。

(5)公司进行关联交易应依据法律法规、公司章程、关联交易管理制度的规定履行审议程序，保证交易公平、公允，维护公司的合法权益。

(6)公司的控股股东、实际控制人及其关联方存在占用公司资金、资产或其他资源情形的，应在申请挂牌前予以归还或规范(完成交付或权属变更登记)。占用公司资金、资产或其他资源的具体情形包括：从公司拆借资金；由公司代垫费用、代偿债务；由公司承担担保责任而形成债权；无偿使用公司的土地房产、设备动产等资产；无偿使用公司的劳务等人力资源；在没有商品和服务对价情况下其他使用公司的资金、资产或其他资源的行为。

(二)合法合规

合法合规经营是指公司及其控股股东、实际控制人、下属子公司(下属子公司是指公司的全资、控股子公司或通过其他方式纳入合并报表的公司或其他法人，下同)须依法开展经营活动，经营行为合法合规，不存在重大违法违规行为。

1. 公司及下属子公司的重大违法违规行为是指公司及下属子公司最近24个月内因违犯国家法律、行政法规、规章的行为，受到刑事处罚或适用重大违法违规情形的行政处罚

(1)行政处罚是指经济管理部门对涉及公司经营活动的违法违规行为给予的行政处罚。

(2)重大违法违规情形是指凡被行政处罚的实施机关给予没收违法所得、没收非法财物以上行政处罚的行为，属于重大违法违规情形，但处罚机关依法认定不属于的除外；被行政处罚的实施机关给予罚款的行为，除主办券商和律师能依法合理说明或处罚机关认定该行为不属于重大违法违规行为以外的，都被视为重大违法违规情形。

(3)公司及下属子公司最近24个月内不存在涉嫌犯罪被司法机关立案侦查，尚未有明确结论意见的情形。

2. 控股股东、实际控制人合法合规，最近24个月内不存在涉及以下情形的重大违法违规行为

(1)控股股东、实际控制人受刑事处罚。

(2)受到与公司规范经营相关的行政处罚，且情节严重；情节严重的界定参照前述规定。

(3)涉嫌犯罪被司法机关立案侦查，尚未有明确结论意见。

3. 公司及下属子公司业务如需主管部门审批，应取得相应的资质、许可或特许经营权等

4. 公司及其法定代表人、控股股东、实际控制人、董事、监事、高级管理人员、下属子公司，在申请挂牌时应不存在被列为失信联合惩戒对象的情形

5. 公司及下属子公司业务须遵守法律、行政法规和规章的规定，符合国家产业政策以及环保、质量、安全等要求

公司及下属子公司所属行业为重污染行业的，根据相关规定应办理建设项目环评批复、环保验收、排污许可证以及配置污染处理设施的，应在申请挂牌前办理完毕；不属于重污染行业的，但根据相关规定必须办理排污许可证和配置污染处理设施的，应在申请挂牌前办理完毕。

6. 公司财务机构设置及运行应独立且合法合规，会计核算规范

(1)公司及下属子公司应设有独立财务部门，能够独立开展会计核算、作出财务决策。

(2)公司及下属子公司的财务会计制度及内控制度健全且得到有效执行，会计基础工作规范，符合《会计法》、《会计基础工作规范》以及《公司法》、《现金管理条例》等其他法律法规要求。

(3)公司应按照《企业会计准则》和相关会计制度的规定编制并披露报告期内的财务报表，在所有重大方面公允地反映公司的财务状况、经营成果和现金流量，财务报表及附注不得存在虚假记载、重大遗漏以及误导性陈述。公司财务报表应由具有证券期货相关业务资格的会计师事务所出具标准无保留意见的审计报告。财务报表被出具带强调事项段的无保留审计意见的，应全文披露审计报告正文以及董事会、监事会和注册会计师对强调事项的详细说明，并披露董事会和监事会对审计报告涉及事项的处理情况，说明该事项对公司的影响是否重大、影响是否已经消除、违反公允性的事项是否已予纠正。

(4)公司存在以下情形的应认定为财务不规范：①公司申报财务报表未按照《企业会计准则》的要求进行会计处理，导致重要会计政策适用不当或财务报表列

报错误且影响重大,需要修改申报财务报表(包括资产负债表、利润表、现金流量表、所有者权益变动表);②因财务核算不规范情形被税务机关采取核定征收企业所得税且未规范;③其他财务信息披露不规范情形。

四、股权明晰,股票发行和转让行为合法合规

(一)股权明晰

股权明晰是指公司的股权结构清晰,权属分明,真实确定,合法合规,股东特别是控股股东、实际控制人及其关联股东或实际支配的股东持有公司的股份不存在权属争议或潜在纠纷:

(1)公司的股东不存在国家法律、法规、规章及规范性文件规定不适宜担任股东的情形。

(2)申请挂牌前存在国有股权转让的情形,应遵守国资管理规定。

(3)申请挂牌前外商投资企业的股权转让应遵守商务部门的规定。

(二)股票发行和转让合法合规

股票发行和转让合法合规是指公司及下属子公司的股票发行和转让依法履行必要内部决议、外部审批(如有)程序。

1. 公司及下属子公司股票发行和转让行为合法合规,不存在下列情形

(1)最近 36 个月内未经核准,擅自公开或者变相公开发行过证券;

(2)违法行为虽然发生在 36 个月前,目前仍处于持续状态,但《非上市公众公司监督管理办法》实施前形成的股东超 200 人的股份有限公司经证监会确认的除外。

2. 公司股票限售安排应符合《公司法》和《全国中小企业股份转让系统业务规则(试行)》的有关规定

(三)公司曾在区域股权市场进行融资等行为应合法合规

公司曾在区域股权市场及其他交易市场进行融资及股权转让的,股票发行和转让等行为应合法合规;在向全国股转系统申请挂牌前应在区域股权市场及其他交易市场停牌或摘牌,并在全国股转系统挂牌前完成在区域股权市场及其他交易市场的摘牌手续。

五、主办券商推荐并持续督导

公司须经主办券商推荐,双方签署了《推荐挂牌并持续督导协议》;主办券商

应完成尽职调查(以下简称尽调)和内核程序,对公司是否符合挂牌条件发表独立意见,并出具推荐报告。主办券商内核属于整个新三板挂牌中较重要的一个环节,对于通过券商内核的项目方可向股转系统申报。

六、全国股转公司要求的其他条件

关于挂牌条件规定的全国股转公司要求的其他条件,无明确的规定,散见于其他相关制度中,如挂牌公司治理准则对章程、独立董事、董秘等的要求同样适用于公司的挂牌等。

第三节　新三板挂牌流程

一、企业明确挂牌意向

此阶段属于意识的确信以及转化为实际行动的阶段。企业的实际控制人和管理层需要对新三板、是否挂牌以及挂牌目的等有清晰的认知,对资本市场的不同板块的区别和要求有最基本的认识,对企业的客观情况与相关的条件具有正确的判断。最终由企业的实际控制人和管理层抉择是否新三板挂牌。

此阶段最关键的注意事项是要对新三板和公司基本情况以及匹配性有个基本判断。企业家身边一般专业人士较多,市场上不同的声音亦较多。多方听取观点和意见是对的,但切记要听取专业机构的正确意见。

二、确立中介机构并启动项目

依照规定新三板挂牌需要聘请券商、律师事务所、会计师事务所、评估机构等。项目的启动和确立需要确立券商和审计机构等,其中券商在整个挂牌项目中起主导和协调作用,对整个项目发挥着决定性作用。专业且负责任的券商带领的中介机构团队在确定项目时,会对项目进行详细、专业的思考,对公司的挂牌事项提出准确性的建议。

项目成立阶段的工作目标是使项目成立,启动新三板挂牌项目。该阶段的主要工作包括企业确定中介机构、券商项目立项、签订服务合同、召开项目启动会等。

如果是存量的新三板挂牌企业拟进入精选层公开发行，保荐机构推荐发行人股票公开发行前，应当与发行人签订保荐协议，明确双方在推荐和持续督导期间的权利和义务。保荐协议签订后，保荐机构应当在5个交易日内报发行人所在地的证监会派出机构备案。

（一）中介机构的职责

1. 主办券商的主要职责

（1）全面负责对拟挂牌企业进行尽调并主导整个新三板挂牌项目，帮助拟挂牌企业完善组织结构和内部管理，规范企业发展等；

（2）可根据企业的融资需求，为企业推荐投资者；

（3）协助拟挂牌企业拟定股改和改制方案、设立股份有限公司，对与拟挂牌主体存在同业竞争或不具有存在意义的其他公司进行整合或者处理等；

（4）组织拟挂牌企业和中介机构制作挂牌申请文件，并依法对挂牌申请文件进行全面核查；

（5）组织各中介机构反馈意见回复；

（6）持续督导挂牌企业规范运作、履行信息披露等义务；

（7）精选层申报企业涉及辅导及向公司所在地的证监局办理辅导备案等。

2. 会计师事务所的主要职责

（1）负责企业财务事项的尽调以及整改、规范；

（2）负责拟挂牌企业财务报表的审计，并出具股改和挂牌的审计报告、验资报告、历史验资的复核等；

（3）精选层负责出具内控鉴证报告。

3. 律师事务所的主要职责

（1）对法律事项进行尽调并对法律事项进行整改，对企业挂牌过程中涉及的法律事务进行审查并协助企业进行规范、整改；

（2）负责拟挂牌企业股改事项以及相关的包含股改和挂牌在内的相关的董事会决议、股东（大）会决议、监事会决议、发起人协议、公司章程等公司文件；

（3）协助和指导拟挂牌企业制定法人治理结构规范运作的相关制度并遵照执行；

(4)出具挂牌申请法律意见书;

(5)对有关申请文件提供鉴证意见;

(6)申请精选层公开发行的,发行人和主承销商还应当聘请律师事务所对网下发行过程、配售行为、参与定价与配售的投资者资质条件及其与发行人和承销商的关联关系、资金划拨等事项进行见证,并出具专项法律意见书。

(二)选择中介机构的注意事项

1. 中介机构是否具有从事证券业务的资格

《证券法》修订之前,要求会计师事务所、资产评估机构从事证券业务必须具有证券、期货从业资格,证券公司须具有保荐承销业务资格,担任全国股份转让系统的主办券商取得股转系统的主办券商资格。《证券法》(2019 年修正)第 160 条规定:"会计师事务所、律师事务所以及从事证券投资咨询、资产评估、资信评级、财务顾问、信息技术系统服务的证券服务机构,应当勤勉尽责、恪尽职守,按照相关业务规则为证券的交易及相关活动提供服务。从事证券投资咨询服务业务,应当经国务院证券监督管理机构核准;未经核准,不得为证券的交易及相关活动提供服务。从事其他证券服务业务,应当报国务院证券监督管理机构和国务院有关主管部门备案。"

2020 年 3 月 1 日前从事证券业务的其他中介机构必须具有经国务院证券监督管理机构和有关主管部门批准的资质。而在 2020 年 3 月 1 日之后,需要报国务院证券监督管理机构和国务院有关主管部门备案,即法律对从事其他证券业务的中介机构(除证券投资咨询服务业务外)的要求从审批制转为备案制。

2. 中介机构的专业能力、执业经验

拟挂牌企业需要对中介机构的专业能力、执业经验等进行充分了解,选择具有较强的保荐业务能力、熟悉企业所从事业务行业的中介机构,以保证中介机构的执业能力和质量,可以参考首发保荐业务的企业数量作为新三板挂牌的主要的对专业能力的判断指标。尤其是精选层以及转板机制的推出,精选层采用保荐承销机制,更加需要关注中介机构的保荐业务能力和保荐企业家数的排名等。

在专业机构之外,券商的项目负责人对整个项目起到重要性作用。若项目负责人经验丰富且对项目或者做事负责任则属于可以优先选择的重要考量因素。选择中介机构时候时切忌不可因熟知程度较高或者私人关系较好,而对专业能力和保荐项目经验不予关注。

3. 中介机构之间协作程度

新三板挂牌是企业与券商等各中介机构共同努力的结果,中介机构之间应该能够进行良好的合作,尤其是主办券商与律师、会计师等之间的合作。为了保证中介机构之间的紧密合作、分工协调,通常在由企业首先选择主办券商,再由主办券商推荐、与企业共同选择会计师、律师。若公司已经聘请律师、审计等机构,又能够有效提供配合也是可行的。

(三)精选层公开发行的保荐机构

公司在全国股转系统公开发行股票、证券公司承销在全国股转系统公开发行的股票以及投资者认购在全国股转系统公开发行的股票,应当聘请具有证券承销业务资格的证券公司承销,按照《证券法》有关规定签订承销协议,确定采取代销或包销方式。申请公开发行股票公司的高级管理人员、核心员工可以参与战略配售。

依据《全国中小企业股份转让系统股票向不特定合格投资者公开发行并在精选层挂牌规则(试行)》,挂牌公司若公开发行即进入精选层应当聘请其主办券商担任保荐机构。主办券商不具有保荐机构资格的,发行人应当聘请其具有保荐机构资格的子公司担任保荐机构。同时发行人应当聘请具有证券承销业务资格的主办券商或其子公司作为承销机构。主承销商可以由发行人保荐机构担任,也可以由发行人保荐机构与其他承销机构共同担任。

由此可知,精选层的保荐机构只能由其主办券商担任。若不聘请目前的主办券商担任保荐和承销机构,需要首先更换主办券商,由更换后新的主办券商担任保荐和承销机构。

三、初步尽调及整改规范阶段

企业确定挂牌意向或者项目正式确定后,中介机构需要对公司进行尽调并出具项目尽调报告或者项目建议书,即使不出具报告也需要对企业有进一步的了解。实务中,挂牌项目的承揽、中介机构的确定等与初步尽调存在一定的流程交叉,也存在尽调之后方确定中介机构的情况。

尽调的查验方式主要包括如下几种:

(1)查阅文件:收集、分析拟挂牌公司的工商登记资料、政府批文和许可、财务报告、银行流水、业务合同、会议记录等各项书面资料,从中了解情况,验证事实,发现问题。其中对公司最直接的手段是核查银行流水,对照公司的合同,对照公司的员工名册等。

(2)访谈相关人员:与企业内部董监高、各业务单元或部门的负责人、关键技术人员、客户、供应商、关联方及主管机关等充分沟通。对于公司客户和供应商的访谈属于重要的核查方法,对于特定事项可以通过访谈保安、保洁人员等间接了解情况。

(3)实地走访:实地走访,查看了解企业的厂房、土地、设备、产品和存货等实物资产,了解经营状况,核对企业内部人员情况陈述是否与实地信息一致。

(4)发函询证:向重大供应商、销售客户、关联企业、银行等单位发出函件,询问核实相关情况。

(5)第三方渠道核对:从一些公开渠道,如互联网、行业杂志、行业协会、政府部门等了解公司及其所处的行业情况。

四、股改阶段

股改阶段是由有限公司变更为股份公司,以便满足新三板挂牌对公司形式的要求。该阶段工作以取得股份公司营业执照为股改完成标志。该阶段的主要工作包括:会计师、律师进场进行尽职调查并规范后,券商组织中介机构会议讨论有关问题并提出初步股改方案,券商拟定股改方案并征求企业、律师、会计师的意见,协助企业落实股改方案,会计师审计,评估师评估,会计师验资,律师协助企业履行股改法律程序,企业向工商部门申请变更,取得股份公司营业执照等。股改阶段是项目进度中一个重要阶段,也是取得挂牌的阶段性成果之一。各地对企业股改一般有一定的政策支持,也是股改完成作为支付补贴费用的阶段依据。股改阶段存在大量的注意事项,需要依据具体问题出具不同的解决方案。

五、正式尽调、材料制作及券商等机构内核

尽调与材料制作阶段的工作任务是新三板挂牌全套申报材料的制作,中介机构尽调是编制全套申报材料的基础性工作。该阶段工作以股转系统接收全套申

报材料为完成标志。该阶段的主要工作包括券商、律师、会计师进行详细尽调并完成尽调工作底稿，起草《公开转让说明书》，律师出具《法律意见书》，会计师出具两年一期《审计报告》，券商完成材料的编制等。

材料制作完成后，需要报券商、律师等内核，其中券商内核属于整个挂牌事项的关键性节点，通过券商内核的项目一般就可以向股转系统提交挂牌申请材料。《全国中小企业股份转让系统股票挂牌审查工作指引》(2020 年 1 月 3 日发布)第 8 条规定:“公司申请文件所引用的财务报表应当由符合《证券法》规定的会计师事务所审计，财务报表在其最近一期截止日后 6 个月内有效。特殊情况下，申请公司可申请延长有效期，延长期限最长不得超过 1 个月。提交申请挂牌文件时，财务报表剩余有效期不得少于 2 个月。”券商应当在公司确定的挂牌审计基准日后 4 个月内通过内核，并制作完成材料后向股转公司提交申报材料。

六、申请的受理、审查与挂牌

申请材料递交后，股转公司需要在 2 个交易日内完成受理程序并出具受理通知书。

受理后，全国股转公司审查职能部门依据相关规则对申请公司进行审查，并在自受理之日起 10 个交易日内出具首轮反馈意见；无须出具反馈意见的，提请召开审查职能部门质控会进行审议。受到反馈意见后，申请公司、主办券商和其他中介机构应当逐一落实反馈意见，并在反馈意见要求的时间内(不超过 10 个交易日)提交书面回复文件。对反馈意见有疑问的，可通过电话、电子邮件等方式与审查职能部门进行沟通。如需延期回复的，应在回复截止日前提交延期申请，说明延期原因并明确回复时间，延长期限最长不得超过 30 日。

股东人数不超过 200 人的公司申请股票在全国股转系统挂牌，全国股转公司审查同意的，出具同意挂牌的函。股东人数超过 200 人的公司申请股票挂牌公开转让，全国股转公司审查同意的，出具同意挂牌公开转让的自律监管意见，并根据申请公司的委托，将自律监管意见、相关审查文件和公司申请文件报送证监会。证监会对公司的挂牌公开转让申请作出核准决定后，全国股转公司出具同意挂牌的函。全国股转公司审查不同意的，作出终止审查的决定。

第二章 精选层改革及公开发行

第一节 精选层的制度改革

一、精选层等新三板的功能定位

全国股转系统设置基础层、创新层和精选层，符合不同条件的挂牌公司分别纳入不同市场层级管理。改革后新三板市场形成“基础层—创新层—精选层”的三层市场结构，畅通企业递进式发展路径，精准满足不同类型、不同发展阶段企业的差异化需求，更好地发挥新三板服务中小企业和民营经济的作用。其中：基础层定位于企业规范，在匹配基本融资交易功能和较高的投资者适当性要求的基础上实施底线监管，体现新三板市场对于中小企业的包容性；创新层定位于企业培育，在挂牌公司满足分层标准的基础上匹配较为高效的融资交易功能，帮助企业抓住发展机遇期做大做强；精选层定位于企业升级，要求挂牌公司通过公开发行提升公众化水平，并在匹配高效融资交易制度的同时对标上市公司从严监管，使新三板在服务企业的发展周期覆盖面上实现了有效拓展。

新三板的精选层等三个层级的市场结构完善了各层级进入和调整机制，促进形成进退有序的市场格局。一是在继续沿用原“定期＋临时”调整机制的基础上对层级调整程序进行了适当优化，并补充了精选层的进入和退出、申请挂牌公司直接进入创新层两种情形，丰富了分层调整机制。精选层公司实行“随发随进”，挂牌同时符合创新层条件的“随挂随进”。二是优化了定期降层和即时降层的制度安排，丰富了触发情形，既维护了相应层级的稳定运行，也确保将不再符合相应层级条件的挂牌企业及时调出，保障相应市场层级企业的整体质量。

二、精选层等新三板合格投资者标准

(一)精选层的合格投资者条件

投资者申请参与精选层股票发行和交易应当符合下列条件:(1)实收资本或实收股本总额100万元人民币以上的法人机构;(2)实缴出资总额100万元人民币以上的合伙企业;(3)申请权限开通前10个交易日,本人名下证券账户和资金账户内的资产日均人民币100万元以上(不含该投资者通过融资融券融入的资金和证券),且应当具有规定的投资经历、工作经历或任职经历的自然人投资者。投资者参与挂牌公司股票向不特定合格投资者公开发行并在精选层挂牌的申购,也应当符合此规定。

其中投资经历、工作经历或任职经历指:具有2年以上证券、基金、期货投资经历,或者具有2年以上金融产品设计、投资、风险管理及相关工作经历,或者具有《证券期货投资者适当性管理办法》第8条第1款第1项规定的证券公司、期货公司、基金管理公司及其子公司、商业银行、保险公司、信托公司、财务公司,以及经行业协会备案或者登记的证券公司子公司、期货公司子公司、私募基金管理人等金融机构的高级管理人员任职经历。具有前款所称投资经历、工作经历或任职经历的人员属于《证券法》规定禁止参与股票交易的,不得申请参与挂牌公司股票发行与交易。

相关的法律依据详见《全国中小企业股份转让系统投资者适当性管理办法》第4条、第7条、第8条。

(二)创新层的合格投资者条件

投资者申请参与创新层股票发行和交易应当符合下列条件:(1)实收资本或实收股本总额150万元人民币以上的法人机构;(2)实缴出资总额150万元人民币以上的合伙企业;(3)申请权限开通前10个交易日,本人名下证券账户和资金账户内的资产日均人民币150万元以上(不含该投资者通过融资融券融入的资金和证券),且具有规定的投资经历、工作经历或任职经历的自然人投资者。其中投资经历、工作经历或任职经历与精选层前述描述的规定相同。

(三)基础层的合格投资者条件

公司挂牌时的股东、通过定向发行持有公司股份的股东等,如不符合其所持股票市场层级对应的投资者准入条件的,只能买卖其持有或曾持有的挂牌公司股票。因挂牌公司市场层级调整导致投资者不符合其所持股票市场层级对应的投资者准入条件的,只能买卖其持有或曾持有的挂牌公司股票。所以新三板的公司的股东即使不符合基础层合格投资者的条件,仍应当可以买卖其持有或曾持有的挂牌公司股票。

投资者申请参与基础层股票发行和交易应当符合下列条件:(1)实收资本或实收股本总额200万元人民币以上的法人机构;(2)实缴出资总额200万元人民币以上的合伙企业;(3)申请权限开通前10个交易日,本人名下证券账户和资金账户内的资产日均人民币200万元以上(不含该投资者通过融资融券融入的资金和证券),且具有规定的投资经历、工作或任职经历的自然人投资者。投资者参与挂牌同时定向发行的,应当符合此规定。其中投资经历、工作经历或任职经历与精选层前述描述的规定相同。

(四)其他合格投资者

证券公司资产管理产品、基金管理公司及其子公司产品、期货公司资产管理产品、银行理财产品、保险产品、信托产品、经行业协会备案的私募基金等理财产品,社会保障基金、企业年金等养老金,慈善基金等社会公益基金,合格境外机构投资者(QFII)、人民币合格境外机构投资者(RQFII)等机构投资者,可以申请参与挂牌公司股票发行和交易。

经证监会批准,全国股转公司可以调整投资者准入条件。

三、精选层股票的交易规则

(一)精选层股票的交易方式和新增的订单类型

精选层股票采取连续竞价交易方式,配合开、收盘集合竞价。具体时间安排为每个交易日早上9:15至9:25进行开盘集合竞价,9:30至11:30以及13:00至14:57进行连续竞价,14:57至15:00进行收盘集合竞价。

精选层连续竞价时段增加市价订单类型,投资者可以在原有的限价委托外,选择市价委托,具体有四种类型,分别为本方最优、对手方最优、最优五档即时成交剩余撤销以及最优五档即时成交剩余转限价订单。需要注意的是,精选层市价订单仅适用于有价格涨跌幅限制的股票连续竞价期间;同时对市价订单实施限价保护措施,即投资者市价买入订单需包括其能接受的最高买价,市价卖出订单需包括其能接受的最低卖价。限价保护措施可以避免因行情大幅波动而导致的成交价格大幅偏离投资者预期范围,有效降低市价订单交易风险。

基础层和创新层股票交易方式没有变,挂牌公司可以在集合竞价和做市交易中任选一种。对于集合竞价提高了撮合频次:基础层集合竞价频次由一天1次提升至一天5次,具体撮合时点为9:30、10:30、11:30、14:00、15:00;创新层集合竞价频次由一天5次提升至一天25次,第一次撮合时间为9:30,之后每隔10分钟撮合一次。提高撮合频次可以增加投资者交易机会,提升交易效率。

适用于所有市场层级的交易改革措施。其一,降低了投资者最小申报数量,从原有1000股或其整数倍降至100股,且取消整数倍要求,即投资者单笔最小申报数量为100股,最小变动单位为1股。其二,调整了大宗交易成交价格范围,从原有"前收盘价的50%至200%"调整至"前收盘价的70%至130%"。

（二）精选层价格稳定机制

精选层价格稳定机制主要包括价格涨跌幅限制和申报有效价格范围。精选层连续竞价股票价格涨跌幅为30%,同时增设基准价格上下5%的动态申报有效价格范围。涨跌幅限制以股票前收盘价为基准,属于静态价格限制,即每个交易日的涨跌幅是固定不变的。而申报有效价格范围属于动态价格限制,即每个交易日内实时根据基准价格的变化而变化。其中申报有效价格的基准价格是指买入或卖出基准价格,其确定原则为即时揭示的最低卖出或最高买入申报价格;无最低卖出或最高买入申报价格的,采用即时揭示的最高买入或最低卖出价;无最高买入或最低卖出价的,以最近成交价为基准价。另外,需要注意的是,精选层股票连续竞价成交首日不设涨跌幅限制,但是设有申报有效价格范围。

（三）精选层首日涨跌幅限制并设置临时停牌机制

精选层连续竞价首日不设涨跌幅限制,为避免价格短时剧烈波动设置了临时停牌机制。当股票成交价格较开盘价首次上涨或下跌达30%和60%时,实施临时停牌;每次停牌10分钟,复牌时采取集合竞价,复牌后继续当日交易。如果停牌开始时间晚于下午2:47,则相关停牌均于2:57复牌,复牌时先进行复牌集合竞价,此后进行收盘集合竞价。值得注意的是,如果股票成交价较开盘价直接上涨或下跌达到60%,跳过了30%的标准,当从60%回落或反弹触发30%的标准时,虽然也是首次达到30%，但是不再采取临时停牌措施。

（四）精选层行情揭示规则

精选层连续竞价期间行情揭示内容与沪深交易所一致，主要包括证券代码、证券简称、前收盘价、最近成交价、当日最高和最低成交价、当日累计成交数量和金额、最高5个价位买入申报价格和数量、最低5个价位卖出申报价格和数量。集合竞价期间，当有集合竞价参考价时，其行情揭示规则与沪深交易所一致，主要包括证券代码、证券简称、前收盘价、集合竞价参考价、匹配量和未匹配量；无集合竞价参考价时，揭示最优1档申报价格和数量。另外对于精选层首日挂牌的股票，证券简称首字符显示为“N”，前收盘价为其发行价。

（五）精选层的差异化投资者结构

依据政策安排，公募基金可以投资新三板精选层股票。引入公募基金等长期资金既推动新三板市场建设，又拓宽了社会资金服务中小民营企业的渠道，可以壮大新三板投资者队伍，改善投资者结构，提升市场交易活跃度，分散基金投资风险，让更多投资者通过公募基金参与新三板优质挂牌公司股票的投资，分享创新、创业型企业成长收益。

实际上，新三板精选层的设置已经符合公募基金需求。首先，新三板优质企业资源丰富、具有较高投资价值。其次，新三板全面深化改革将促进市场流动性明显改善。再次，精选层监管和公司治理要求较高，在信披、监管和治理要求上，均对标上市公司。最后，新三板可以满足投资者多样化投资需求。

四、特别表决权股份

特别表决权股份是指发行人在一般规定的普通股份之外，发行拥有特别表决权的股份，也就是同股不同权股份。每一特别表决权股份拥有的表决权数量大于每一普通股份拥有的表决权数量，其他股东权利与普通股份相同。随着A股首支“同股不同权”的优刻得科技股份有限公司在科创板首发上市，新的新三板改革制度增设特别表决权股份。将科创板的特别表决权股份制度安排应用到新三板改革中也属于重大突破。

香港联交所于2018年4月修订生效的《主板上市规则》加入“容许拥有不同投票权架构的公司上市”相关内容，允许符合资格的（拟）上市公司设置不同投票权架构（A、B 股）安排，其中规定的“上市发行人的不同投票权股份类别赋予受益人的投票权，不得超过发行人股东大会上普通股可就任何议案表决的投票权力的 10 倍”“受益人所持的不同投票权股份，在股份的实益拥有权或经济利益转让予另一人，或股份所附投票权的管控（透过代表或其他方法）转让予另一人后，该等股份所附带的不同投票权即必须终止”等内容，与科创板规则关于特别表决权安排的相关内容相似。

根据香港联交所于 2018 年 6 月公告的小米集团上市文件，小米集团向雷军先生及林斌先生发行 A 类股份（特别表决权股份），公司 A 类股份为 66.95 亿股（表决权为 66.95 亿票 ×10 倍 =669.5 亿票），B 类股份为 156.81 亿股（表决权为 156.81 亿票），股份总数为 223.76 亿股（表决权总数为 826.31 亿票），因此，基于小米集团的 A 类股份（特别表决权股份）安排，雷军先生及林斌先生获得的表决权比例约为 81.02%（如未设置特别表决权安排，则约为 29.92%）。另外，根据香港联交所于 2018 年 7 月公告的美团点评上市文件，美团点评向王兴先生、穆荣均先生及王慧文先生发行 A 类股份（特别表决权股份），公司 A 类股份为7.36 亿股（表决权为 7.36 亿票 ×10 倍 =73.6 亿票），B 类股份为 47.56 亿股（表决权为 47.56 亿票），股份总数为 54.92 亿股（表决权总数为 121.16 亿票），因此，基于美团点评的 A 类股份（特别表决权股份）安排，王兴先生、穆荣均先生及王慧文先生获得的表决权比例约为 60.75%（如未设置特别表决权安排，则约为 13.40%）。

科技创新公司可以发行拥有特别表决权股份。持有特别表决权股份的股东应当为公司董事，且在公司中拥有权益的股份达到公司有表决权股份的 10% 以上。每份特别表决权股份的表决权数量应当相同，且不得超过每份普通股份的表决权数量的 10 倍。特别表决权仅适用于公司章程约定的股东大会特定决议事项。关于新三板特别表决权股份的规定，详见《非上市公众公司监督管理办法》第 20 条；《非上市公众公司信息披露管理办法》第 18 条；《全国中小企业股份转让系统挂牌公司治理规则》第 19 ~21 条；《非上市公众公司信息披露内容与格式准则第 11 号——向不特定合格投资者公开发行股票说明书》第 34 条、第 51 条；《非上市公众公司信息披露内容与格式准则第 3 号——定向发行说明书和发行情况报告书》第 15 条；《非上市公众公司信息披露内容与格式准则第 9 号——创新层挂牌公司年度报告》第 60 条;《非上市公众公司信息披露内容与格式准则第 10 号——基础层挂牌公司年度报告》第 51 条等。

第二节 精选层进入条件、流程及价值

一、精选层等的进入条件及其判断标准

鉴于新三板的基础层、创新层、精选层具有一定的递增的要求。具体为:只有挂牌满 1 年的创新层挂牌公司方可申请公开发行并进入精选层,当然并未要求在创新层挂牌的时间,从挂牌之日起计算满 1 年。所以公司如果准备在精选层公开发行,需要先新三板挂牌进入基础层或者挂牌同时进入创新层,满 1 年且经过证监局的辅导验收后方可申请精选层公开发行。对于已经在创新层的公司如果满足财务条件直接可以申请精选层发行,如果是基础层的存量新三板挂牌公司需要先进入创新层之后方可申请进入精选层。若是社会上增量的企业准备新三板精选层公开发行,则需要先进入基础层或者挂牌同时进入创新层且挂牌满 1 年方可在精选层公开发行。所以此处一起讨论新三板三个分层的相关条件。

(一)基础层条件

进入新三板挂牌,如果不符合挂牌同时进入创新层条件的则进入基础层,后期未进入精选层或者创新层的留在基础层,当不符合创新层或者精选层保留标准的调整为基础层或创新层。制度依据为《全国中小企业股份转让系统分层管理办法》第 10 条。

(二)创新层条件

1. 进入创新层的条件

挂牌公司进入创新层应当符合下列财务条件之一:(1)最近两年净利润均不低于 1000 万元,最近两年加权平均净资产收益率平均不低于 8%,股本总额不少于 2000 万元。(2)最近两年营业收入平均不低于 6000 万元,且持续增长,年均复合增长率不低于 50%,股本总额不少于 2000 万元。(3)最近有成交的 60 个做市或者集合竞价交易日的平均市值不低于 6 亿元,股本总额不少于 5000 万元;采取做市交易方式的,做市商家数不少于 6 家。

挂牌公司进入创新层在符合某个财务条件基础之上,同时还应当符合下列条件:(1)公司挂牌以来完成过定向发行股票(含优先股),且发行融资金额累计不低于1000万元。(2)符合全国股转系统基础层投资者适当性条件的合格投资者人数不少于50人。(3)最近1年期末净资产不为负值。(4)公司治理健全,制定并披露股东大会、董事会和监事会制度、对外投资管理制度、对外担保管理制度、关联交易管理制度、投资者关系管理制度、利润分配管理制度和承诺管理制度;设立董事会秘书,且其已取得全国股转系统挂牌公司董事会秘书任职资格。(5)证监会和全国股转公司规定的其他条件。

2. 不得进入创新层的情形

挂牌公司或其他相关主体最近12个月内或层级调整期间出现下列情形之一的,挂牌公司不得进入创新层:(1)挂牌公司或其控股股东、实际控制人存在贪污、贿赂、侵占财产、挪用财产或者破坏社会主义市场经济秩序的刑事犯罪;存在欺诈发行、重大信息披露违法或者其他涉及国家安全、公共安全、生态安全、生产安全、公众健康安全等领域的重大违法行为。(2)挂牌公司或其控股股东、实际控制人、董事、监事、高级管理人员被证监会及其派出机构采取行政处罚;或因证券市场违法违规行为受到全国股转公司等自律监管机构公开谴责。(3)挂牌公司或其控股股东、实际控制人、董事、监事、高级管理人员因涉嫌犯罪正被司法机关立案侦查或涉嫌违法违规正被证监会及其派出机构立案调查,尚未有明确结论意见。(4)挂牌公司或其控股股东、实际控制人被列入失信被执行人名单且情形尚未消除。(5)未按照全国股转公司规定在每个会计年度结束之日起4个月内编制并披露年度报告,或者未在每个会计年度的上半年结束之日起2个月内编制并披露半年度报告。(6)最近2年财务会计报告被会计师事务所出具非标准审计意见的审计报告;仅根据第2项规定标准(最近两年营业收入平均不低于6000万元,且持续增长,年均复合增长率不低于50%,股本总额不少于2000万元)进入创新层的,最近3年财务会计报告被会计师事务所出具非标准审计意见的审计报告。(7)证监会和全国股转公司规定的其他情形。

3. 挂牌同时跨过基础层直接进入创新层的条件

申请挂牌公司同时符合挂牌条件和下列条件的,自挂牌之日起进入创新层:(1)符合最近2年净利润均不低于1000万元,最近2年加权平均净资产收益率平均不低于8%，股本总额不少于2000万元；或最近2年营业收入平均不低于6000万元，且持续增长，年均复合增长率不低于50%，股本总额不少于2000万元；或者在挂牌时即采取做市交易方式，完成挂牌同时定向发行股票后，公司股票市值不低于6亿元，股本总额不少于5000万元，做市商家数不少于6家，且做市商做市库存股均通过本次定向发行取得。(2)完成挂牌同时定向发行股票，且融资金额不低于1000万元。(3)完成挂牌同时定向发行股票后，符合全国股转系统基础层投资者适当性条件的合格投资者人数不少于50人。(4)最近1年期末净资产不为负值。(5)公司治理健全，制定并披露股东大会、董事会和监事会制度、对外投资管理制度、对外担保管理制度、关联交易管理制度、投资者关系管理制度、利润分配管理制度和承诺管理制度；设立董事会秘书，且其已取得全国股转系统挂牌公司董事会秘书任职资格。(6)不存在《全国中小企业股份转让系统分层管理办法》规定的不得进入创新层的情形。(7)证监会和全国股转公司规定的其他条件。市值是指以申请挂牌公司挂牌同时定向发行价格计算的股票市值。

(三)精选层条件及其判断标准

精选层进入条件以市值为中心，结合净利润、净资产收益率、营业收入及增长率、研发投入和经营活动产生的现金流量净额等财务指标，设置了4套精选层进入标准。分别对应了盈利能力强、成长性好、研发成果产业化初见成效、创新能力突出且市场高度认可的企业，公司符合其一即可。精选层的设置以及关于进入财务条件的规定均是新三板改革的重大创新。

1. 精选层的相关条件

在全国股转系统连续挂牌满12个月的创新层挂牌公司，可以申请公开发行并进入精选层。

挂牌公司申请公开发行并进入精选层时，财务指标或者市值应当符合下列条件之一：(1)市值不低于2亿元，最近2年净利润均不低于1500万元且加权平均净资产收益率平均不低于8%，或者最近1年净利润不低于2500万元且加权平均净资产收益率不低于8%；(2)市值不低于4亿元，最近2年营业收入平均不低于1亿元，且最近1年营业收入增长率不低于30%，最近1年经营活动产生的现金流量净额为正；(3)市值不低于8亿元，最近1年营业收入不低于2亿元，最近2年研发投入合计占最近2年营业收入合计比例不低于8%；(4)市值不低于15亿元，最近2年研发投入合计不低于5000万元。市值是指以挂牌公司向不特定合格投资者公开发行价格计算的股票市值。

挂牌公司完成公开发行并进入精选层时，除应当符合财务指标规定的条件外，还应当同时符合下列条件：(1)最近1年期末净资产不低于5000万元。(2)公开发行的股份不少于100万股，发行对象不少于100人。(3)公开发行后，公司股本总额不少于300万元。(4)公开发行后，公司股东人数不少于200人，公众股东持股比例不低于公司股本总额的25%；公司股本总额超过4亿元的，公众股东持股比例不低于公司股本总额的10%。(5)证监会和全国股转公司规定的其他条件。公众股东是指除以下股东之外的挂牌公司股东：(1)持有公司10%以上股份的股东及其一致行动人；(2)公司董事、监事、高级管理人员及其关系密切的家庭成员，公司董事、监事、高级管理人员直接或间接控制的法人或者其他组织。关系密切的家庭成员，包括配偶、子女及其配偶、父母及配偶的父母、兄弟姐妹及其配偶、配偶的兄弟姐妹、子女配偶的父母。

2. 精选层挂牌关于进入条件的判断标准

(1)多套精选层进入标准，发行人如何选择？保荐机构应当如何把关？申报后能否变更？

发行人申请股票公开发行并在精选层挂牌的，应当在《发行人关于股票在精选层挂牌的申请》中明确所选择的一项具体的进入标准。发行人应当结合自身财务状况、公司治理特点、发展阶段以及进入精选层后的持续监管要求等，审慎选择进入标准。保荐机构应当为发行人选择适当的进入标准提供专业指导，审慎推荐，并在《股票在精选层挂牌推荐书》中就发行人选择的进入标准逐项说明适用理由，并就发行人是否符合精选层进层条件发表明确意见。

全国股转系统挂牌委员会召开审议会议前，发行人因更新财务报告等情形导致不再符合申报时选定的进入标准，需要变更为其他标准的，应当及时向全国股转公司提出变更申请、说明原因并更新相关文件；不再符合任何一项进入标准的，应当撤回申请。保荐机构应当核查发行人变更进入标准的理由是否充分，在《股票在精选层挂牌推荐书》中就发行人新选择的进入标准逐项说明适用理由，并就发行人是否符合精选层进层条件重新发表明确意见。

(2)关于精选层进入标准适用,保荐机构应重点关注哪些方面?有哪些核查及披露要求?

发行人选择《全国中小企业股份转让系统分层管理办法》第15条中第一套标准进入精选层的,保荐机构应重点关注:发行人最近1年的净利润对关联方或者有重大不确定性的客户是否存在重大依赖,最近1年的净利润是否主要来自合并报表范围以外的投资收益,最近1年的净利润对税收优惠、政府补助等非经常性损益是否存在较大依赖,净利润等经营业绩指标大幅下滑是否对发行人经营业绩构成重大不利影响等。发行人选择《全国中小企业股份转让系统分层管理办法》第15条中第一套、第二套、第三套标准进入精选层的,保荐机构均应重点关注:发行人最近1年的营业收入对关联方或者有重大不确定性的客户是否存在重大依赖,营业收入大幅下滑是否对发行人经营业绩构成重大不利影响。发行人选择第三套标准进入精选层的,其最近1年营业收入应主要源于前期研发成果产业化。发行人选择第四套标准进入精选层的,其主营业务应属于新一代信息技术、高端装备、生物医药等国家重点鼓励发展的战略性新兴产业。保荐机构应重点关注:发行人创新能力是否突出、是否具备明显的技术优势、是否已取得阶段性研发或经营成果。

发行人若尚未盈利或最近一期存在累计未弥补亏损的情形,保荐机构应重点关注:发行人是否按照《向不特定合格投资者公开发行股票说明书》的要求,在公开发行说明书"风险因素"和"其他重要事项"章节充分披露相关信息;发行人尚未盈利或最近一期存在累计未弥补亏损是偶发性因素还是经常性因素导致;发行人产品、服务或者业务的发展趋势、研发阶段以及达到盈亏平衡状态时主要经营要素需要达到的水平;发行人尚未盈利或最近一期存在累计未弥补亏损是否影响发行人持续经营能力;未盈利状态持续存在或累计未弥补亏损继续扩大是否会触发退出精选层条件。

发行人应分析并披露对其经营业绩产生重大不利影响的所有因素,充分揭示相关风险。保荐机构应结合上述关注事项和发行人相关信息披露情况,就发行人是否符合发行条件和精选层进层条件发表明确意见。

(3)精选层进入标准中包含市值条件,针对市值条件,有哪些审核及监管要求?

保荐机构应当对发行人的市值进行预先评估,并在《关于发行人预计市值的分析报告》中充分说明发行人市值评估的依据、方法、结果以及是否满足所选择精选层进入标准中市值指标的结论性意见等。保荐机构应当根据发行人特点、市场数据的可获得性及评估方法的可靠性等，谨慎、合理地选用评估方法，结合发行人报告期股票交易价格、定向发行价格以及同行业可比公众公司在境内外市场的估值情况等进行综合判断。

发行价格确定后，对于预计发行后总市值与申报时市值评估结果存在重大差异的，保荐机构应当向全国股转公司说明相关差异情况。发行人预计发行后总市值不满足进入精选层标准的，应当根据相关规定中止发行。

3. 不得进入精选层的情形

依照规定，挂牌公司或其他相关主体出现下列情形之一的，挂牌公司不得进入精选层：(1)最近3年内，挂牌公司或其控股股东、实际控制人存在贪污、贿赂、侵占财产、挪用财产或者破坏社会主义市场经济秩序的刑事犯罪；存在欺诈发行、重大信息披露违法或者其他涉及国家安全、公共安全、生态安全、生产安全、公众健康安全等领域的重大违法行为。(2)最近12个月内，挂牌公司或其控股股东、实际控制人、董事、监事、高级管理人员被证监会及其派出机构采取行政处罚；或因证券市场违法违规行为受到全国股转公司等自律监管机构公开谴责。(3)挂牌公司或其控股股东、实际控制人、董事、监事、高级管理人员因涉嫌犯罪正被司法机关立案侦查或涉嫌违法违规正被证监会及其派出机构立案调查，尚未有明确结论意见。(4)挂牌公司或其控股股东、实际控制人被列入失信被执行人名单且情形尚未消除。(5)未按照全国股转公司规定在每个会计年度结束之日起4个月内编制并披露年度报告，或者未在每个会计年度的上半年结束之日起2个月内编制并披露半年度报告。(6)最近3年财务会计报告被会计师事务所出具非标准审计意见的审计报告。(7)证监会和全国股转公司规定的，对挂牌公司经营稳定性、直接面向市场独立持续经营的能力具有重大不利影响，或者存在挂牌公司利益受到损害等其他情形。

二、精选层的发行及进入程序

挂牌公司申请公开发行并进入精选层，应当聘请保荐机构等进行推荐，在履行公司内部决策程序后，向全国股转公司提交申报材料，经全国股转公司自律审查和证监会核准,并完成公开发行后,达到精选层准入条件的方能进入精选层。

(一)确认自身符合相关条件

企业考量自身是否符合进入精选层的条件具体包括《非上市公众公司监督管理办法》规定的公开发行股票的条件,《全国中小企业股份转让系统股票向不特定合格投资者公开发行并在精选层挂牌规则(试行)》规定的发行主体要求,《全国中小企业股份转让系统分层管理办法》规定的精选层预计市值和财务条件,且不存在相关负面清单情形。对于具体事项的判断和把握,需要在专业的券商指导下进行抉择。发行人存在违规对外担保、资金占用或者其他权益被控股股东、实际控制人严重损害情形的,应当在相关情形已经解除或者消除影响后申请股票公开发行并在精选层挂牌。

(二)聘请中介机构进行辅导,并经证监会派出机构验收通过

发行人应当聘请保荐机构等中介进行辅导,并按照派出机构相关要求完成辅导验收程序。按照规定,发行人应当聘请其主办券商担任保荐机构。主办券商不具有保荐机构资格的,发行人应当聘请其具有保荐机构资格的子公司担任保荐机构。发行人应当聘请具有证券承销业务资格的主办券商或其子公司作为承销机构。主承销商可以由发行人保荐机构担任,也可以由发行人保荐机构与其他承销机构共同担任。

(三)履行内部审议程序,制作并提交申请文件

发行人应当履行董事会、股东大会审议程序,按照有关规定制作申请文件,由保荐机构保荐并向全国股转公司提交。

向不特定合格投资者公开发行股票说明书引用的财务报告在其最近一期截止日后6个月内有效,特殊情况下发行人可申请适当延长,但最多不超过1个月。因此,保荐机构需要在审计报告基准日后4个月内提交申请材料并正式受理。依据《非上市公众公司信息披露内容与格式准则第12号——向不特定合格投资者公开发行股票申请文件》,向不特定合格投资者公开发行股票申请文件目录如下:

"1. 发行文件

1-1 公开发行说明书(申报稿)

2. 发行人关于本次发行的申请与授权文件

2-1 发行人关于本次公开发行的申请报告

2 – 2　发行人董事会有关本次公开发行的决议

2 – 3　发行人股东大会有关本次公开发行的决议

3. 关于本次发行的自律管理文件

3 – 1　全国股转系统的自律监管意见

4. 保荐机构关于本次发行的文件

4 – 1　发行保荐书

4 – 2　保荐工作报告

5. 会计师关于本次发行的文件

5 – 1　最近三年的财务报告和审计报告及最近一期的财务报告

（最近一期的财务报告为在法定披露期限内披露的定期报告，第一次申请公开发行的，最近一期财务报告应当经审计）

5 – 2　盈利预测报告及审核报告（如有）

5 – 3　内部控制鉴证报告

5 – 4　经注册会计师鉴证的非经常性损益明细表

5 – 5　会计师事务所关于发行人前次募集资金使用情况的报告（如有）

6. 律师关于本次发行的文件

6 – 1　法律意见书

6 – 2　律师工作报告

6 – 3　发行人律师关于发行人董事、监事、高级管理人员、发行人控股股东和实际控制人在相关文件上签名盖章的真实性的鉴证意见

6 – 4　关于申请电子文件与预留原件一致的鉴证意见

7. 关于本次发行募集资金运用的文件

7 – 1　募集资金投资项目的审批、核准或备案文件（如有）

7 – 2　发行人拟收购资产（包括权益）的有关财务报告、审计报告、资产评估报告（如有）

7 – 3　发行人拟收购资产（包括权益）的合同或其草案（如有）

8. 其他文件

8 – 1　公司章程（草案）

8 – 2　发行人控股股东、实际控制人最近一年及一期的财务报告及审计报告

（如有）

8－3　承诺事项

8－3－1　发行人及其控股股东、实际控制人、持股5%以上股东以及发行人董事、监事、高级管理人员等责任主体的重要承诺以及未履行承诺的约束措施（如有）

8－3－2　发行人及其控股股东、实际控制人、全体董事、监事、高级管理人员、保荐机构（主承销商）、律师事务所、会计师事务所及其他证券服务机构对发行申请文件真实性、准确性、完整性的承诺书

8－3－3　发行人、保荐人关于申请电子文件与预留原件一致的承诺函

8－4　发行人不予披露信息情况的说明及保荐机构核查意见（如有）

8－5　特定行业（或企业）管理部门出具的相关意见（如有）

8－6　保荐协议。”

（四）全国股转公司审查

申请受理：全国股转公司收到申请文件后，在2个交易日内对申请文件的齐备性进行自律审查，作出是否受理的决定。发行人存在尚未实施完毕的股票发行、重大资产重组、收购、股票回购等情形的，全国股转公司不予受理。

审核方式：全国股转公司通过向发行人及其保荐机构、证券服务机构提出问询等方式对申请文件进行自律审查。全国股转公司可以根据自律审查需要，对发行人、保荐机构等主体实施检查，检查对象及相关人员应当配合。

审核机构：全国股转公司设立挂牌委员会对发行人股票在精选层挂牌申请进行审议。挂牌委员会通过合议形成通过或不通过的审议意见。全国股转公司结合挂牌委员会的审议意见出具自律监管意见或作出终止自律审查决定。全国股转公司自律审查通过的，根据发行人委托向证监会报送申请文件，同时报送自律监管意见和自律审查资料。

（五）证监会核准

全国股转公司审查通过后，根据发行人委托向证监会报送申请文件及自律监管意见、审查资料。证监会受理发行人申请文件后，依法对发行人是否符合公开发行条件、是否满足相关信息披露要求进行核准，在20个工作日内作出行政许可决定。

发行人在收到全国股转公司因不同意其股票在精选层挂牌而作出的终止自律审查决定或证监会作出的不予核准决定6个月后,可以再次提交申请文件。

(六)发行与承销

发行人及主承销商应当在取得中国证监会核准文件之后,及时向全国股转公司提交发行与承销方案,并按照发行与承销细则的规定开展定价、申购和配售等工作。发行完成后,发行人应当及时向全国股转公司提交发行结果报告、精选层挂牌推荐书(含发行结果)以及验资报告等文件;发行人符合进入精选层条件的,全国股转公司将其调入精选层。如出现审查不同意、不予核准等情形的,发行人应当在6个月后方可再次提交申请文件。

三、精选层等新三板挂牌对企业的价值

(一)提升融资效率并加强股票流动性

科创板推出后,新三板企业如江苏北人、迈得医疗、华特气体、赛伦生物、苑东生物、南微医学、紫晶存储、天准科技、久日新材、西部超导、泰坦科技、建龙微纳、八亿时空、有方科技、洁特生物纷纷转板,根本原因在于改革前的新三板股票流动性不足以满足企业的融资需求。

精选层实行连续竞价交易,以接近A股市场融资及交易规则的模式运行,将大幅提高优质挂牌公司的流动性,有效解决新三板当前面临的关键矛盾问题。这能够为企业带来更高的流动性水平和溢价,能够有利于企业融资,便利企业后续资本运作和机构股东等退出。实际上,优质的企业在新三板具有较强的融资能力,例如赛特斯(832800)于2020年2月4日公告股票发行认购结果,公司单次募集资金合计4.79亿元;原子高科(430005)于2020年2月5日取得证监会同意定向发行股票的批复,同意向原股东定增募集资金不超过6.74亿元。

(二)真实的体现股票价值

精选层的公开发行中,发行人和主承销商可以自主协商选择直接定价、竞价或询价方式确定发行价格。采取询价方式发行的,发行人和主承销商可以自主协商确定网下配售的原则和方式,并按事先确定的原则确定配售对象,股票公开发行可以向战略投资者配售。发行人的高级管理人员、核心员工可以通过专项资产管理计划、员工持股计划等参与本次发行战略配售。发行人和主承销商可以在发

行方案中采用超额配售选择权，采用超额配售选择权发行的股票数量不得超过本次发行股票数量的15%。

改革前的新三板优质公司如生物医药类的公司市值均较高，例如，2020年，君实生物（原833330）市值约277亿元，仁会生物（830931）市值约66亿元，其在新三板挂牌期间创造过无主营业务收入（投资收益等盈利过亿）市值过80亿元的情况，而此类公司若首发上市，其发行价格无法通过固定市盈率等标准来界定。正由于精选层的市场化定价方式决定了发行价格能够真实地体现精选层挂牌公司的股票价值，所以天地壹号（832898）、奥迪威（832491）、德众股份（838030）、羌山农牧（833302）、伊赛牛肉（832910）、方大股份（838163）、明石创新（832924）、东亚装饰（430376）等纷纷宣布冲刺精选层。

（三）扩大投资者规模

精选层的合格投资者标准低于新三板的其他层次，具有投资者结构丰富等优势，所以投资者规模进一步扩大。考虑到交易制度的优化，也会吸引更多的投资者，进而推动市场交易进入良性循环。

（四）扩张业务规模

过往具备一定规模的优质新三板企业由于受股权流动性、融资功能等不足的影响，很难通过并购重组方式快速实现产业规模的扩大和价值链的延伸，进而导致企业产品升级和附加值增加无法实现充分借力，核心竞争力的形成缺乏资本要素有力支撑，协同与规模效应短期较难实现。加之近年来中小板和创业板较高的“隐性”门槛，致使不少企业无法在发展关键期获得所需要的资源。符合精选层要求的年利润规模集中在1500万元到5000万元的优质中小企业属于融资需求强烈的企业。

新三板企业进入精选层后，则可以通过价值重估，提升并购重组的能力，实现内涵式和外延式的双向扩张，加速产业布局和业务规模的扩大，从而更好地实现资源整合能力，提高企业发展的效率，助力企业渡过发展难关。

（五）拓宽上市渠道

根据政策安排，经过公开发行并在精选层挂牌满1年、符合证券法上市条件和交易所相关规定的挂牌公司可以直接向交易所申请转板上市，不需要经过证监会审核。转板机制为企业提供一条新的上市道路，促进了多层次资本市场的优势互补、错位发展，提升资本市场服务实体经济的能力。同时，精选层本身就属于向特定合格投资者的公开发行，与首发上市具有异曲同工之处。例如，宣布开启精选层发行辅导的食品制造业企业红山河（831367）公告的2019年前三季度的净利润为1027万元（具体以其实际为准），龙泰家居（831445）公告的2019年前三季度的净利润为3807万元（具体以其实际为准），常辅股份（871396）公告的2019年前三季度的净利润为2214万元（具体以其实际为准），创远仪器（831961）公告的2019年前三季度的净利润为2123万元（具体以其实际为准），国源科技（835184）公告的2019年前三季度的净利润为2362万元（具体以其实际为准），对于红山河、龙泰家居等来说，精选层公开发行是更适合其自身的资本市场板块（是否能够发行成功以实际为准）。对于相类似暂时不适合主板或者创业板上市的中小优质企业，精选层等为其公开发行股份提供了有利的渠道。

四、适合精选层等新三板挂牌的企业

（一）无法实现分拆上市或受政策难以上市的企业

据统计，逾140家新三板挂牌企业的第一大股东为上市公司，依照上市公司分拆上市规定的条件，多数上市公司控股的新三板挂牌公司很难符合分拆上市的条件。从制度规定来看，分拆规定主要限于分拆子公司“IPO上市”和“借壳上市”，允许不符合分拆条件的上市公司的子公司公开发行股份并进入精选层，但暂时也无法通过精选层转板来绕开A股监管规定，所以上市公司的子公司苏轴股份（430418）、贝特瑞（835185）、颖泰生物（833819）纷纷宣布备战精选层。实际上，上市公司子公司规模一般相对较大，上市公司子公司中在新三板交易的市值超50亿元的有多家，如成大生物（831550）、颖泰生物（833819）、钢银电商（835092）、翰林汇（835281）。正是此类公司规模较大，同时符合分拆上市条件的公司又不多，若通过放弃挂牌公司的控制权强行分拆上市的成本过高，又容易使上市公司的市值等大幅减少，因此上市公司一般无动力放弃优质资产，难以通过变通分拆上市成功。精选层将成为上市公司新三板子公司的良好选择，也将吸引A股公司分拆子公司挂牌新三板。分拆上市的具体条件详见证监会发布的《上市公司分拆所属子公司境内上市试点若干规定》。

新三板的包容性较强，对挂牌企业的行业性质并无要求。现实中，对于一些发展较为稳定，也具有较强的盈利能力，但由于行业属性等原因，如担保公司、城商行、小贷公司，受IPO政策限制等暂时难以上市，但又希望借助资本市场平台的企业，挂牌则是进入资本市场公开发行股份的一个选择。

（二）利润规模暂不符合上市条件但有融资和规范需求

对于具有上市意愿，但目前一两年内的收入和利润规模无法满足上市条件的，可以考虑在新三板挂牌。若上市过程持续周期超过2年，公司的上市项目组人员就会疲惫，对相应的事项的规范性要求会不断地降低，管理理念随着整改过程以及周期的持续反而持续倒退。因此，如果未来上市周期要在2年以上，可以考虑通过挂牌来初步规范和约束管理团队以及各个部门之间的协调等，让整个公司处于一个良性的运转状态。当然也存在不同的声音，有人认为挂牌之后披露了很多信息，不利于调账等，实际上对于一个规范的公司本身就应当做到财务规范，不应当以需要对外披露信息降低规范性等，所以新三板挂牌并不会影响后期上市。

根据世界银行数据，我国中小微企业融资缺口达1.9万亿美元，占GDP的比重达17%，高于其他发展中国家；实际获得的资金中，又以短期贷款为主，直接融资、长期资金不足。中小企业中的民企获取融资的难度和成本更大。而在资本市场体系中，新三板无论从政策定位还是市场实践，都以服务中小企业、民营企业为主，精选层等改革后，基本能够匹配挂牌企业的融资需求等。

（三）寻求并购和被并购机会的企业

新三板市场属于对公司的一个公开推广平台。若属于优质的或者符合特定主体需求的挂牌公司，会有投资机构和收购方主动联系并购或者收购。企业通过新三板挂牌，增加公信力，节省了双方的沟通和信任成本，更容易促成并购机会，同时挂牌后收购估值显著高于非挂牌公司的估值。此外，在并购过程中，多个公开的监管渠道能够增强对双方的约束，减少甚至避免违约的风险系数。

（四）具有先进技术的初创型企业

通过对科创板研究发现：多个公司都是从新三板转板到科创板上市。另外，经对2019年度国家科学技术进步奖统计发现：共有6家新三板挂牌公司与其他主要完成单位共享这一殊荣。实际上，对于技术型企业，各个资本市场板块都欢迎。但对于初创型的高科技企业如芯片、生物技术、信息技术等行业的企业，受制于公司规模前期可能无法上市，同时投资人对公司的规范运作又提出一定的要求或者创始人团队均为技术人员而缺乏市场、财务、法律等专业人才的，企业可以通过挂牌新三板，转变创始人团队的管理理念，吸引人才。同时挂牌后，通过融资提升公司的资本实力，增强研发能力，为公司进一步发展提供支撑。前期技术缺乏认可度的企业可通过新三板挂牌反而有可能寻找到匹配的机构投资者，可以扩大公司被专业机构获知的渠道，从而解决公司发展过程中的资金压力。

（五）需要利用分红税收优惠政策的高利润企业

《财政部、税务总局、证监会关于继续实施全国中小企业股份转让系统挂牌公司股息红利差别化个人所得税政策的公告》规定："一、个人持有挂牌公司的股票，持股期限超过1年的，对股息红利所得暂免征收个人所得税。个人持有挂牌公司的股票，持股期限在1个月以内（含1个月）的，其股息红利所得全额计入应纳税所得额；持股期限在1个月以上至1年（含1年）的，其股息红利所得暂减按50%计入应纳税所得额；上述所得统一适用20%的税率计征个人所得税……持股期限是指个人取得挂牌公司股票之日至转让交割该股票之日前一日的持有时间。"

2016年大量的影视公司、文化传媒类公司选择新三板挂牌，实际上主要是考虑在新三板挂牌的企业分红是可以享受分红的所得税优惠政策。对于利润水平较高，且规范程度相对较高的企业，通过挂牌可以节省大量的所得税，如宝兴威等大量公司在挂牌期间进行分红充分利用了税收优惠政策。

（六）具有公司传承及锻炼管理团队需求的企业

随着公司实际控制人以及创始团队的精力、年龄、身体等因素影响，企业可能会涉及考虑公司的传承、接班等事宜，或者实际控制人认为管理团队需要磨炼、接受规范化管理的约束的问题，对于此类企业，可以通过新三板挂牌的形式，通过制度和信息披露、证监会监管、券商督导等多种形式倒逼企业的管理团队、管理人员、职业经理人、实际控制人的接班人等规范化运作，提升管理水平和能力，最起码实现规范意识，改变传统的个体户思维。

（七）发展遇到"瓶颈"的企业

企业经过初创期后，有相对稳定的市场地位，具备一定的盈利能力，而面对市场却无法突破业务规模，无法改变传统的业务模式，企业多年的业绩波动不大。遇到此种情况，迫切地需要一个规范化的改革，通过新三板挂牌，进入正轨的资本市场,接受不同机构、监管机构、券商等的梳理、监管、沟通等,突破公司的发展“瓶颈”。企业挂牌新三板市场后,一方面可以通过定向发行股票、私募债、优先股、可转债等融资手段募资实现规模化扩张,扩大市场份额;另一方面可以利用新三板挂牌为契机,规范企业内部运作,履行公众公司信息披露义务,让公司迈向新的成长阶段。

第三节 精选层的比较及发行承销特点

一、精选层与主板和科创板等的比较

(一)精选层与主板等比较的特征

1. 财务指标存在差异

精选层继科创板之后突出运用市值指标,同时相比科创板的市值指标标准有大幅降低。在现行制度中,主板、中小板、创业板的法定条件与实际执行尺度存在差异,虽然证监会一直对外强调并无法定之外的财务指标要求,但绝大多数通过审核的企业,其财务数据都在指导线标准之上。科创板在试点注册制,上市条件比主板等要求稍低,也允许未盈利企业上,但实际上科创板上市企业的平均利润率水平不比创业板的隐性财务指标标准低。同时,科创板有比较严格的行业属性限制,要求论证科创属性,这实际上限定了能够上科创板的企业范围。精选层的上市条件设定逻辑则与科创板基本一致,但具体指标低于科创板,且对行业的性质并未特别要求,显著有利于不符合科创板定位的又具有一定利润规模的企业。实际上,从能够上市或发行的企业增量来看,整个国家的中小企业占比更高,年利润规模在1500万元到5000万元的优质中小企业尤其是非科创类企业更适合精选层,其企业数量要显著多于能够满足创业板、科创板等条件公司的数量。

2. 发行难度及可能性存在差异

主板、中小板、科创板等目前实行核准制(暂不考虑创业板的注册制改革),在审查时间、审查尺度等方面,不确定性较高,IPO排队现象长期存在,近年来还多次出现因IPO停发而导致的“堰塞湖”。科创板在注册制下,上市速度明显快于主

板和创业板等。但在上交所审查、证监会注册的双重审查安排下，近期也出现企业通过上交所审查，而在注册阶段被证监会劝退或否决，这使选择科创板上市的企业面临额外的不确定性。精选层的企业均来自已经在新三板挂牌满一年的创新层公司，企业经营状况已有过连续几年的公开披露，在审查确定性方面，较其他板块 IPO 有明显的优势，难度系数可能会偏低。

3. 投资者规模数量存在区别

投资者数量直接影响了公开发行的难度和估值，也决定了二级市场交易的流动性水平。主板、中小板、创业板的 IPO 直接面向全部证券市场投资者，且在二级市场，主板、中小板、创业板的换手率水平较高。科创板设置了 50 万元的合格投资者门槛，投资者数量目前维持在 400 万人左右，精选层的投资者门槛为 100 万元，投资者数量会比科创板合格投资者数量减少一半左右，相比目前新三板的合格投资者数量有大幅提升。相较而言，精选层的投资者基数相对较少且结构单一。

4. 后续资本运作宽松程度存在区别

目前，主板、中小板、创业板、科创板对于企业上市后的再融资、并购重组等资本运作，包括主要股东的限售减持，都有非常严格的规定，并且处于周期性的宽严调整中。当前正处于趋向宽松的阶段，但市场主体普遍缺乏稳定预期。其中创业板和科创板还有更严格的并购重组限制：创业板曾长期禁止借壳上市，现在虽然放开借壳限制，但限于战略新兴产业；科创板则直接禁止跨行业重组。精选层公司则仍然在非上市公众公司的监管框架下，相比于上市公司监管要求更加宽松。

5. 挂牌或上市维持难度差异

目前，主板、创业板、科创板都对连续亏损的企业有退市要求，各板块在风险警示、暂停上市等具体流程安排上有所不同。而精选层的降层情形较退市要求更加宽松，更重要的是：从精选层降层的企业仍然是新三板挂牌公司，可以继续在创新层或者基础层挂牌，这是相对于退市更有弹性的制度安排。

总体而言，精选层企业相比于主板、创业板、科创板等，具有公开发行条件低、发行确定性较高、投资者数量少但具有较大幅度的流动性改善可能、后续运作要求宽松等特征。

(二)精选层与主板等上市和发行条件对比(见表7)

表7　精选层与主板等上市和发行条件对比

	主板/中小板	创业板	科创板	精选层
财务指标	最近3个会计年度净利润均为正数且累计超过人民币3000万元,净利润以扣除非经常性损益前后较低者为计算依据;且最近3个会计年度经营活动产生的现金流量净额累计超过人民币5000万元;或者最近3个会计年度营业收入累计超过人民币3亿元	最近两年连续盈利,最近两年净利润累计不少于1000万元	标准一:预计市值不低于人民币10亿元,最近两年净利润均为正且累计净利润不低于人民币5000万元,或者预计市值不低于人民币10亿元,最近一年净利润为正且营业收入不低于人民币1亿元	标准一:市值不低于2亿元,最近两年净利润均不低于1500万元且加权平均净资产收益率平均不低于8%,或者最近一年净利润不低于2500万元且加权平均净资产收益率不低于8%
		最近一年盈利,最近一年营业收入不少于5000万元。净利润以扣除非经常性损益前后孰低者为计算依据	标准二:预计市值不低于人民币15亿元,最近一年营业收入不低于人民币2亿元,且最近3年研发投入合计占最近3年营业收入的比例不低于15%	标准二:市值不低于4亿元,最近两年营业收入平均不低于1亿元,且最近一年营业收入增长率不低于30%,最近一年经营活动产生的现金流量净额为正
		—	标准三:预计市值不低于人民币20亿元,最近一年营业收入不低于人民币3亿元,且最近3年经营活动产生的现金流量净额累计不低于人民币1亿元	标准三:市值不低于8亿元,最近一年营业收入不低于2亿元,最近两年研发投入合计占最近两年营业收入合计比例不低于8%
		—	标准四:预计市值不低于人民币30亿元,且最近一年营业收入不低于人民币3亿元	标准四:市值不低于15亿元,最近两年研发投入合计不低于5000万元

续表

	主板/中小板	创业板	科创板	精选层
财务指标	—	—	标准五：预计市值不低于人民币40亿元，主要业务或产品需经国家有关部门批准，市场空间大，目前已取得阶段性成果，并获得知名投资机构一定金额的投资。医药行业企业需取得至少一项一类新药二期临床试验批件，其他符合科创板定位的企业需具备明显的技术优势并满足相应条件	—
股东人数	—	发行后股东人数不少于200人	—	公开发行的股份不少于100万股，发行对象不少于100人
设立年限	依法设立且持续经营3年以上的股份有限公司，但经国务院批准的除外	依法设立且持续经营3年以上的股份有限公司	依法设立且持续经营3年以上的股份有限公司	挂牌满12个月的创新层公司
净资产	最近一期末无形资产（扣除土地使用权、水面养殖权和采矿权等后）占净资产的比例不高于20%	最近一年期末净资产不低于2000万元	—	最近一年期末净资产不低于5000万元
股本总额	发行前股本总额不少于3000万元	发行后股本总额不少于3000万元	发行后股本总额不少于3000万元	公开发行后，公司股本总额不少于3000万元

续表

	主板/中小板	创业板	科创板	精选层
公开发行股份	公开发行的股份达到公司股份总数的25%以上;公司股本总额超过4亿元的,公开发行股份比例为10%以上	公开发行的股份达到公司股份总数的25%以上;公司股本总额超过4亿元的,公开发行股份比例为10%以上	公开发行的股份达到公司股份总数的25%以上;公司股本总额超过4亿元的,公开发行股份比例为10%以上	公开发行后,公司股东人数不少于200人,公众股东持股比例不低于公司股本总额的25%;公司股本总额超过4亿元的,公众股东持股比例不低于公司股本总额的10%

备注:暂未考虑创业板注册制改革后的发行条件,改革后的具体条件以实际为准。

二、精选层与新三板基础层、创新层的比较

新三板改革后增设精选层,公司如果准备在精选层公开发行股份,需要先在新三板挂牌进入基础层或者挂牌同时进入创新层,满1年后方可申报精选层公开发行股份,3个分层之间具有一定的递进关系,基础层和创新层为精选层输送优质的新三板企业。挂牌公司普通股票证券代码首两位代码为83、87、88,精选层挂牌公司公开发行股票的发行代码从88号段选取,首三位代码为889,挂牌公司优先股票证券代码首两位代码为82。

(一)投资者数量

在投资者数量上,精选层降低了投资者门槛。精选层投资者门槛降至100万元、创新层和基础层投资者门槛分别降至150万元、200万元。随着投资者适当性标准的降低,投资者基数将更大,其中精选层的合格投资者数量相对可能会更多。

(二)交易制度

在交易制度上,为与公开发行后的股份流通需求相匹配,精选层实行连续竞价交易,后续将根据实施效果情况,适时增加混合做市交易方式,优化市场交易定价功能,以适度提高流动性水平。基础层和精选层采用集合竞价交易与做市交易。

(三)投资者结构

在投资者结构上,此次新三板深改鼓励公募基金依规投资精选层挂牌公司,持续推动保险资金、企业年金等专业机构投资者入市,从而壮大了专业机构投资

者队伍,为市场不断增加长期稳定资金来源。公募基金能够进入的市场都是国内最主流资本市场。而允许公募基金进入精选层,无疑也从侧面反映了新三板精选层的地位,将逐步与 A 股趋同。

(四)目标企业

在目标企业上,精选层将承接完成公开发行、具有发展潜力的优质新三板挂牌企业,以引导中小企业走转型升级、高质量发展道路的作用。同时,由于精选层公司公众性高、监管尺度趋同于上市公司,其在信息披露、公司治理等方面也需符合更高的规范性,需按要求披露详细年度报告、半年度报告、季度报告。

(五)转板机制

在转板机制上,在精选层挂牌满 1 年的公司可直接向交易所申请转板上市。建立直接转板上市机制、畅通多层次市场之间的有机联系,是此次新三板深改的核心内容之一。根据政策安排,经过公开发行并在精选层挂牌满 1 年、符合证券法上市条件和交易所相关规定的新三板公司,可以直接向交易所申请转板上市。

三、精选层发行承销制度的特点

(一)设置多元化的定价机制

新三板精选层公开发行允许发行人与主承销商根据发行人基本情况和市场环境等,合理选择直接定价、竞价或询价等方式确定发行价格,以提高发行效率、实现市场化定价,对市盈率或市净率无要求。《非上市公众公司监督管理办法》第 66 条规定:"公司公开发行股票,可以与主承销商自主协商直接定价,也可以通过合格投资者网上竞价,或者网下询价等方式确定股票发行价格和发行对象。……发行价格可以参考公司股票的市场价格(如有)、同行业可比公司的市盈率或市净率等。如果发行价格明显偏离股票市场价格,公司应当对定价依据及定价方式、定价的合理性作出充分说明并披露,主承销商应当对本次发行价格的合理性、相关定价依据和定价方法的合理性,是否损害现有股东利益等发表意见。"

精选层挂牌公司向不特定合格投资者公开发行股票的,发行价格应当参考发行前一定期间的交易价格确定,但是可以超过历史价格,投资价值研究报告应当说明估值区间与历史交易价格和历史发行价格的偏离情况及原因。其中,历史交易价格是指本次申请公开发行前 6 个月内最近 20 个有成交的交易日的平均收盘价;历史发行价格是指本次申请公开发行前1年内历次股票发行的价格。股票公开发行采用询价方式的,承销商应当向网下投资者提供投资价值研究报告;采用竞价方式的,承销商应当提供投资价值研究报告并公开披露。

股票公开发行并在精选层挂牌采用直接定价或询价方式,发行人和主承销商确定的发行价格存在下列情形之一的,应当至少在申购日1周前发布投资风险特别公告:(1)超过历史交易价格或历史发行价格1倍;(2)超过网下投资者有效报价剔除最高报价部分后的中位数或加权平均数。

股票公开发行采用直接定价或竞价方式的,全部向网上投资者发行,不进行网下询价和配售。股票公开发行采用直接定价方式的,发行人与主承销商应当结合发行人所属行业、市场情况、同行业公司估值水平等因素审慎确定发行价格,并在招股文件和发行公告中披露。

(二)全额资金申购,适时推出保证金申购和其他申购方式

因新三板市场及投资者的特殊性,精选层公开发行初期采用全额资金申购机制,后期根据制度运行情况和市场需求择机选用保证金申购、市值申购或其他申购方式,促进公开发行顺利实施,维护市场平稳运行。

(三)询价方式下以网下投资者为主要配售对象,设置回拨机制

建立以机构投资者为参与主体的市场化询价、定价和配售机制,新三板公开发行网下初始发行比例应当不低于60%且不高于80%,有战略投资者配售股票安排的,应当扣除向战略投资者配售部分后确定网上网下发行比例。同时,充分考虑网上投资者的认购意愿,设置回拨机制,网下投资者有效申购数量低于网下初始发行量的,发行人和主承销商不得将网下发行部分向网上回拨,应当中止发行。网上投资者有效申购数量不足网上初始发行量的,不足部分可以向网下投资者回拨。网上投资者有效申购倍数超过15倍,不超过50倍的,应当从网下向网上回拨,回拨比例为本次公开发行数量的5%;网上投资者有效申购倍数超过50倍的,回拨比例为本次公开发行数量的10%。

股票公开发行并在精选层挂牌网下配售时,发行人和主承销商不得向下列投资者配售股票:

(1)发行人及其股东、实际控制人、董事、监事、高级管理人员和其他员工;发行人及其股东、实际控制人、董事、监事、高级管理人员能够直接或间接实施控制、

共同控制或施加重大影响的公司，以及该公司控股股东、控股子公司和控股股东控制的其他子公司。

（2）主承销商及其持股比例5%以上的股东，主承销商的董事、监事、高级管理人员和其他员工；主承销商及其持股比例5%以上的股东、董事、监事、高级管理人员能够直接或间接实施控制、共同控制或施加重大影响的公司，以及该公司控股股东、控股子公司和控股股东控制的其他子公司。

（3）承销商及其控股股东、董事、监事、高级管理人员和其他员工。

（4）前述3项所述人士的关系密切的家庭成员，包括配偶、子女及其配偶、父母及配偶的父母、兄弟姐妹及其配偶、配偶的兄弟姐妹、子女配偶的父母。

（5）过去6个月内与主承销商存在保荐、承销业务关系的公司及其持股5%以上的股东、实际控制人、董事、监事、高级管理人员，或已与主承销商签署保荐、承销业务合同或达成相关意向的公司及其持股5%以上的股东、实际控制人、董事、监事、高级管理人员。

（6）其他参与配售可能导致不当行为或不正当利益的自然人、法人和组织。

（四）丰富战略配售范围，明确配售比例及保荐机构不参与

1. 战略配售的相关条件

股票公开发行并在精选层挂牌的，可以向战略投资者配售股票，战略投资者不得超过10名。参与战略配售的投资者应当具备良好的市场声誉和影响力，具有较强资金实力，认可发行人长期投资价值，并按照最终确定的发行价格认购其承诺认购的发行人股票。

战略投资者参与股票配售，应当使用自有资金，不得接受他人委托或者委托他人参与，但以公开方式募集设立、主要投资策略包括投资战略配售股票且以封闭方式运作的证券投资基金除外。参与本次战略配售的投资者不得参与网上发行与网下发行，但证券投资基金管理人管理的未参与战略配售的证券投资基金除外。

发行人应当与战略投资者事先签署配售协议。发行人与主承销商应向全国股转公司报备战略配售方案，包括战略投资者名称、承诺认购金额或者股票数量、限售期安排等情况。

股票公开发行并在精选层挂牌的，发行人和主承销商应当在招股文件和发行

公告中披露是否采用战略配售方式、战略投资者的选择标准、战略配售股票总量上限、战略投资者名称、承诺认购金额或者股票数量、占本次发行股票数量的比例以及限售期安排等。主承销商应当对战略投资者的选择标准、配售资格及是否存在规定的禁止性情形进行核查、出具专项核查文件并公开披露,要求发行人就核查事项出具承诺函。在发行结果公告中披露最终获配的战略投资者名称、股票数量以及限售期安排等。发行人高级管理人员与核心员工通过专项资产管理计划、员工持股计划等参与本次发行战略配售的,应当在招股文件和发行公告中披露专项资产管理计划、员工持股计划的具体名称、设立时间、募集资金规模、管理人、实际支配主体以及参与人姓名、职务与持有份额等。

2. 战略配售的比例

公开发行股票数量在5000万股以上的,战略投资者获得配售的股票总量原则上不得超过本次公开发行股票数量的30%,超过的应当在发行方案中充分说明理由。公开发行股票数量不足5000万股的,战略投资者获得配售的股票总量不得超过本次公开发行股票数量的20%。战略投资者本次获得配售的股票持有期限应当不少于6个月,持有期自本次发行的股票在精选层挂牌之日起计算。

3. 高级管理人员(以下简称高管)和核心员工的战略配售

经发行人董事会审议通过,发行人高管与核心员工可以通过专项资产管理计划、员工持股计划等参与战略配售,获配的股票数量不得超过本次公开发行股票数量的10%,且股票持有期限不得少于12个月。但若专项资产管理计划、员工持股计划的实际支配主体为发行人高管的,该专项资产管理计划、员工持股计划获配的股份不计入社会公众股东持有的股份。

4. 战略配售的禁止情形

发行人和主承销商向战略投资者配售股票的,不得存在以下情形:

(1)发行人和主承销商向战略投资者承诺股票在精选层挂牌后股价将上涨,或者股价如未上涨将由发行人购回股票或者给予任何形式的经济补偿;

(2)主承销商以承诺对承销费用分成、介绍参与其他发行人战略配售等作为条件引入战略投资者;

(3)股票在精选层挂牌后发行人认购发行人战略投资者及其控股子公司管理的证券投资基金;

(4)发行人承诺在战略投资者获配股份的限售期内,任命与该战略投资者存在关联关系的人员担任发行人的董事、监事及高管,但发行人高管与核心员工设立专项资产管理计划、员工持股计划等参与战略配售的除外;

(5)除以公开方式募集设立、主要投资策略包括投资战略配售股票且以封闭方式运作的证券投资基金外,战略投资者使用非自有资金认购发行人股票,或者存在接受其他投资者委托或委托其他投资者参与本次战略配售的情形;

(6)其他直接或间接进行利益输送的行为。

综上,精选层的承销发行制度允许发行人引入战略投资者,发挥价值引导效应,促进发行成功。允许高管和核心员工通过资产管理计划、员工持股计划等参与战略配售,形式灵活。发行数量不超过 5000 万股的,战略配售数量占比不超 20%;超过 5000 万股的,战略配售数量占比原则上不超 30%,超过的需要充分说明理由。对发行人高管、核心员工参与战略配售取得的股票限售 12 个月,对其他投资者参与战略配售取得的股票限售 6 个月。另外,保荐机构的相关子公司不可以参与精选层发行的战略配售。

(五)允许设置超额配售选择权,维护价格稳定

精选层公开发行坚持市场化定价,股票公开发行并在精选层挂牌的,允许主承销商与发行人自主协商确定采用超额配售选择权稳定后市价格。采用超额配售选择权发行的股票数量不得超过公开发行股票数量的 15%。

采用超额配售选择权的,发行人应当授予主承销商超额配售股票并使用超额配售股票募集的资金从二级市场竞价交易购买发行人股票的权利。通过联合主承销商发行股票的,发行人应当授予其中 1 家主承销商前述权利。同时,主承销商与发行人签订的承销协议中,应当明确发行人对主承销商采用超额配售选择权的授权,以及获授权的主承销商的相应责任。采用超额配售选择权的主承销商,可以在征集战略投资者认购意向时,与投资者达成预售拟行使超额配售选择权所对应股份的协议,明确投资者同意预先付款并向其延期交付股票。主承销商应当将延期交付股票的协议报全国股转公司和中国证券登记结算有限责任公司北京分公司备案。

(六)加强老股东权益保护

为保护挂牌公司老股东权益,允许发行人在公开发行前召开股东大会审议确

定发行价格区间或发行底价，最终确定的发行价格应当在股东大会决议确定的价格区间内或高于发行底价。针对精选层挂牌公司公开发行股票，规定发行价格应参考发行人发行前一定期间的交易价格确定，同时允许全部或部分向原股东配售。

此外，为规范主承销商承销行为和网下投资者的询价申购行为，与现行监管体系协调统一，全国股转公司将主承销商和网下投资者纳入证券业协会管理体系，要求主承销商和网下投资者遵守中国证券业协会的自律规则。参与询价的网下投资者需在中国证券业协会注册且符合中国证券业协会的规定条件。

四、精选层保荐制度与其他市场差异

（一）规则依据及保荐机构要求的差异

保荐机构应当依据《非上市公众公司监督管理办法》的有关要求履行保荐职责，并遵守全国股转公司有关规定。为发行人提供保荐服务和主办券商持续督导服务的证券公司应当为同一家机构，或存在控制关系。在新三板市场开展保荐业务的保荐机构，除要求具备保荐机构资格外，还应当是在全国股转公司备案的主办券商。主办券商不具备保荐机构资格的，可以由其控股的承销保荐子公司开展保荐业务。

（二）持续督导职责及期限的差异

保荐机构持续督导职责与主办券商持续督导职责存在重合，为降低市场成本、明晰责任主体、避免遗漏或重复工作，《全国中小企业股份转让系统股票向不特定合格投资者公开发行保荐业务管理细则（试行）》对新三板保荐制度与主办券商制度作了衔接性安排，在保荐机构持续督导期间，由保荐机构承担《全国中小企业股份转让系统主办券商持续督导工作指引（试行）》规定的全部持续督导工作，保荐代表人应当统筹各项持续督导工作。保荐机构持续督导期限为股票公开发行完成后当年剩余时间及其后 2 个完整会计年度。保荐机构持续督导期限自公开发行股票完成之日起计算。

保荐机构持续督导期间，发行人出现下列情形之一的，全国股转公司可以视情况要求保荐机构延长持续督导时间：（1）发行人在规范运作、公司治理、内部控制等方面存在重大缺陷或者重大风险；（2）发行人受到证监会行政处罚或者全国股转公司公开谴责;(3)全国股转公司认定的其他情形。保荐机构的持续督导时间应当延长至上述情形发生当年剩余时间及其后 1 个完整的会计年度,且相关违规行为已经得到纠正、重大风险已经消除。

(三)披露文件及是否出具上市保荐文件的差异

依据全国股转公司发布的《全国中小企业股份转让系统股票向不特定合格投资者公开发行并在精选层挂牌规则(试行)》,挂牌公司申请新三板精选层公开发行,证监会作出核准决定后,发行人应当及时披露公开发行说明书(核准稿)、发行保荐书、财务报告及审计报告、法律意见书、精选层挂牌推荐书等文件。发行人收到全国股转公司出具的同意其股票在精选层挂牌函后,应当及时披露进入精选层的提示性公告。

采取直接定价方式发行的,发行人应当及时披露公开发行说明书(含价格)、发行公告、网上路演公告、发行结果公告等文件;采取竞价方式发行的,发行人应当及时披露公开发行意向书、竞价发行公告、投资价值研究报告、网上路演公告、发行结果公告等文件;采取询价方式发行的,发行人应当及时披露公开发行意向书、询价公告、发行公告、网上路演公告、发行结果公告等文件。

保荐机构在新三板精选层开展保荐业务,无须出具上市保荐书,但应当按照证监会和全国股转公司有关规定,出具股票在精选层挂牌推荐书以及其他与保荐工作相关的文件。

第三章　精选层等新三板挂牌实务

依照规定,挂牌满 1 年的创新层企业满足特定条件后方可申请进入精选层公开发行。特此,本章以基础层及挂牌同时进入创新层的新三板挂牌实务为基础,同时对精选层挂牌的实务问题予以特殊说明,将精选层的挂牌实务与基础层的挂牌实务融合分析。随着《全国中小企业股份转让系统精选层挂牌审查问答(一)》的推出,企业的基础层挂牌可能会面临更高的要求,过去的审核尺度和标准仅作为参考,企业需要力争最大限度的规范化,以成功实现基础层新三板挂牌及精选层公开发行等资本运作。

第一节　法律事项调查

一、股东主体适格

核查要求:核查公司股东是否存在或曾经存在法律法规、任职单位规定不得担任股东的情形或者不满足法律法规规定的股东资格条件等主体资格瑕疵问题,并对公司股东适格性发表明确意见;若曾存在股东主体资格瑕疵问题,请核查规范措施是否真实、合法、有效,以及规范措施对公司的影响,并就股东资格瑕疵问题是否影响公司股权明晰、是否影响公司设立或存续的合法合规性问题发表明确意见。

(一)股东主体适格的一般要求及依据

股东的主体适格问题,在一般的挂牌项目中可能不会过多涉及,即使个别公司涉及特殊情况,也仅关注相应问题的局部事项即可。但实务中,中介机构会面临各种各样的股东主体适格问题,甚至出现在挂牌审核过程中发现某一股东为证券从业人员而导致审核终止,甚至还有在中国证券登记结算有限责任公司(以下简称中登）登记股份阶段发现个别股东为军人而无法登记股份的现象。尽调时对股东适格性关注度不高，若出现特殊情况，则中介机构存在尽调不充分的问题，拟挂牌公司也会因此耽误挂牌进程甚至被采取纪律处分等措施，所以需要对股东主体的适格性进行研究分析。

1. 股东主体适格的一般要求

公司股东不得存在法律法规、任职单位规定不得担任股东的情形或者不满足法律法规规定的股东资格条件等，若过去存在前述情形则构成主体资格瑕疵问题，涉及需要采取补正措施等。

2. 股东适格性的主要规定和依据

对股东适格性的主要规定包括《公务员法》、《中央组织部、人事部关于印发参照公务员法管理的党中央、国务院直属事业单位名单的通知》（组通字〔2006〕33号）、《中共中央办公厅、国务院办公厅关于印发〈国有企业领导人员廉洁从业若干规定〉的通知》（中办发〔2009〕26号）、《国资委党委关于印发中央企业贯彻落实〈国有企业领导人员廉洁从业若干规定〉实施办法的通知》（国资党委纪检〔2011〕197号）、《中共中央纪委关于印发违反〈国有企业领导人员廉洁从业若干规定〉行为适用〈中国共产党纪律处分条例〉的解释的通知》（中纪发〔2012〕3号）、《中共教育部党组关于高等学校所属企业领导人员廉洁从业若干规定》（教党〔2015〕20号）、《中共中央办公厅、国务院办公厅关于党政机关在职干部不要与群众合办企业的通知》（中办发〔1984〕26号）、《中共中央、国务院关于严禁党政机关和党政干部经商、办企业的决定》（中发〔1984〕27号）、《中共中央、国务院关于进一步制止党政机关和党政干部经商、办企业的规定》（中发〔1986〕6号）、《中共中央办公厅、国务院办公厅关于县以上党和国家机关退（离）休干部经商办企业问题的若干规定》（中办发〔1988〕11号）、《中组部对〈关于县以上党和国家机关退（离）休干部经商办企业问题的若干规定〉中有关问题的说明》、中央军事委员会印发《中国人民解放军内务条令（试行）》（军令〔2018〕58号）、中共中央印发《中国共产党廉洁自律准则》（代替《中国共产党党员领导干部廉洁从政若干准则》）、中共中央纪委印发《关于"不准在领导干部管辖的业务范围内个人从事可能与公共利益发生冲突的经商办企业活动"的解释》和《省（部）级领导干部配偶、子女个人经商办企业或在外商独资企业、中外合资企业任职情况登记表》（中纪发〔2000〕4号）、《中共中央纪律检查委员会关于中央国家机关各部门制定的司(局)级以上领导干部配偶、子女个人经商办企业的具体规定适用于地方厅(局)级以上领导干部的通知》(中纪发〔2000〕9号)、《教育部关于印发〈中共教育部党组关于司(局)级以上领导干部配偶、子女个人经商办企业的具体规定〉的通知》(教监〔2000〕3号)、《中共中央纪委关于印发〈关于省、地两级党委、政府主要领导干部配偶、子女个人经商办企业的具体规定(试行)〉的通知》(中纪发〔2001〕2号)、《国务院国有资产监督管理委员会关于规范国有企业职工持股、投资的意见》(国资发改革〔2008〕139号)、《国务院国有资产监督管理委员会关于实施〈关于规范国有企业职工持股、投资的意见〉有关问题的通知》(国资发改革〔2009〕49号)、《海关总署关于海关领导干部及工作人员与经营、从事保税仓库和报关等业务的亲属实行回避的规定》(署监察〔1998〕510号)、《教育部关于积极发展、规范管理高校科技产业的指导意见》(教技发〔2005〕2号)、《中共中央纪委、教育部、监察部关于加强高等学校反腐倡廉建设的意见》(教监〔2008〕15号)、《中共教育部党组关于进一步加强直属高校党员领导干部兼职管理的通知》(教党〔2011〕22号)、《国务院机关事务管理局关于印发〈中央行政事业单位国有资产管理暂行办法〉的通知》(国管资〔2009〕167号)、《中国证监会、科技部关于印发〈关于支持科技成果出资入股确认股权的指导意见〉的通知》(证监发〔2012〕87号)、《中国银监会关于印发〈银行业金融机构从业人员职业操守指引〉的通知》(银监发〔2011〕6号)等。

3. 股东适格主要关注对象

由前述规定可知,对成为股东具有限制性或者禁止性要求的股东情况主要包括现任公务员,参照公务员管理的单位人员,离退休县级以上公务员,国企领导,国企领导配偶、子女及其他特定关系人,现役军人,党员领导干部(包括直属高校党员领导干部),领导干部配偶、子女,国有企业职工,高校教职工,银行业、证券交易所、证券公司和证券登记结算机构的从业人员,证券监督管理机构的工作人员等,对于具有特定身份的股东的适格性需要予以关注。

(二)大学等事业单位及其人员出任股东的情形

1. 老师作为股东适格性

《中共中央纪委、教育部、监察部关于加强高等学校反腐倡廉建设的意见》第2点第9项规定:"(九)加强对领导干部的管理和监督。学校党政领导班子成员应集中精力做好本职工作,除因工作需要、经批准在学校设立的高校资产管理公司兼职外,一律不得在校内外其他经济实体中兼职……”可知,高等学校的党政领导班子成员,除因工作需要、经批准在学校设立的高校资产管理公司兼职外,一律不得在校内外其他经济实体中兼职。而实务中,普通的教授、讲师等工作人员,是可以成为公司股东的,但一般都取得所在高校同意校外投资及任职的证明,以及关于不存在知识产权纠纷的说明。

案例 多名股东为山东大学的教师

依据《山东山大电力技术股份有限公司反馈意见回复》(山大电力、872972),该公司多名股东为山东大学的教师,其关于教师作为股东的情况披露如下:“根据《关于印发〈山东大学关于加强所属企业管理的暂行规定〉的通知》规定,学校处级以上领导干部本人、配偶、子女、其他特定关系人不得在学校所属企业入股。根据山东大学出具的确认函,山东大学同意并确认梁军、张波、丁磊、栾兆文、刘英亮、裴林、李欣唐作为申请人股东并担任申请人的董事、监事或高级管理人员等职务,不存在高校党员领导干部经商、办企业情况,符合法律法规、教育部规章以及山东大学相关纪律规定;山东大学对于上述人员的投资入股及任职无异议。根据山东大学电气工程学院出具的确认函,车仁飞、万芳、孙怡、王勇、闵越、张利作为申请人股东并担任中层管理人员等职务,不存在高校党员领导干部经商、办企业情况,符合法律法规、教育部规章、山东大学电气工程学院及山东大学相关纪律规定;山东大学电气工程学院对于上述人员的投资入股及任职无异议。根据山大产业集团出具的确认函,朱诚、王剑、王恩起作为申请人股东并担任监事、中层管理人员等职务,不存在高校党员领导干部经商、办企业情况,符合法律法规、教育部规章、山大产业集团及山东大学相关纪律规定;山大产业集团对于上述人员的投资入股及任职无异议。经核查,公司自然人股东中不存在高校领导干部。”

案例 高校教师作为拟挂牌公司子公司股东

依据《浙江摩多巴克斯科技股份有限公司反馈意见回复》(原:摩多科技、838462),申请挂牌时其子公司宁波钜智自动化装备有限公司有3名股东是北京工业大学的老师。审核机构要求补充核查:“(1)股东是否存在法律法规或任职单位规定不适合担任股东的情形;(2)对股东的适格性发表明确意见等。”

案 例 小学老师任股东的适格性描述

依据《北京山香时代教育科技股份有限公司反馈意见回复》(山香教育、872987),其关于股东适格性陈述如下:“该公司股东周红燕2008年9月至2016年3月任郑州市经济技术开发区实验小学教师,其于2012年3月参与投资设立有限公司,投资行为并未违反《教师法》及《教师职业道德规范》,且已于2016年2月辞去教师职务,具有股东适格性。”

2. 高校对外投资的股东适格性

《中共中央纪委、教育部、监察部关于加强高等学校反腐倡廉建设的意见》规定如下:“加强高校企业和国有资产管理和监督。……高校所属院系及各部处等非法人单位严禁对外开展任何形式的经营活动和投资活动……”另外,依据《教育部关于积极发展、规范管理高校科技产业的指导意见》(教科发〔2005〕2号),该文对部属高校作出了如下规定:“7. 高校除对高校资产公司进行投资外,不得再以事业单位法人的身份对外进行投资。高校以出资人身份向高校资产公司派出董事会和监事会成员,董事会和监事会依据《公司法》的规定行使相应职权。”

依照规定,高校不得以事业单位法人的身份直接投资办企业,高校所属院系及各部处等非法人单位严禁对外开展任何形式的经营活动和投资活动。所以高校等不属于股东适格的主体,但作为高校下属资产公司、其他教育局下属的事业单位具有投资拟挂牌公司的股东适格性。例如,天津津裕电业股份有限公司(津裕电业、873078)挂牌时法人股东天津市河北区中小学后勤管理服务中心为教育局下属事业单位;石大胜华(603026)的实际控制人为中国石油大学(华东);达瑞生物(832705)控股股东为中山大学达安基因股份有限公司,实际控制人为中山大学。

3. 中央行政事业单位的股东适格性

《国务院机关事务管理局关于印发〈中央行政事业单位国有资产管理暂行办

法〉的通知》(国管资〔2009〕167 号)第 29 条规定:“各部门行政单位和参照公务员法管理的单位,不得将国有资产用于对外投资。其他事业单位应当严格控制对外投资,不得利用国家财政拨款、上级补助资金和维持事业正常发展的资产对外投资。”因此,中央行政事业单位原则上不是适格股东。

对于一般性质例如中科院研究所之类的事业单位是可以作为股东。中科三耐(430513)的控股股东为中国科学院金属研究所,实际控制人为中国科学院;机科股份(835579)的控股股东为机械科学研究总院;中财股份(836473)的控股股东为经济科学出版社。

4. 社会团体法人股东适格性

依据《民政部、国家工商行政管理局关于社会团体开展经营活动有关问题的通知》,开展经营活动的社会团体,必须具有社团法人资格。不具备法人资格的社会团体,不得开展经营活动。社会团体开展经营活动,可以投资设立企业法人,也可以设立非法人的经营机构,但不得以社会团体自身的名义进行经营活动。社会团体从事经营活动,必须经工商行政管理部门登记注册,并领取《企业法人营业执照》等。

例如,鸿基科技(872363)申请挂牌时就存在江苏省工程勘测研究院工会作为股东。天津迈达医学科技股份有限公司(迈达科技,430220)的公司第二大股东为中国医学科学院生物医学工程研究所,持股比例为 16.709%。对于该股东的适格性问题,中介机构中对该问题作出了解释:“根据 1999 年 6 月 29 日《国家工商行政管理局关于企业登记管理若干问题的执行意见》(工商企字〔1999〕第 173 号)第 6 条和 2006 年 1 月 1 日实施的《事业单位登记管理暂行条例实施细则》第 57 条的规定,事业单位可以作为股东投资开办企业法人。2004 年 1 月 9 日,中国医学科学院生物医学工程研究所作为股东出资成立天津迈达医学科技有限公司,其上级单位中国医学科学院也没有进行限制性或禁止性规定,且符合国家鼓励科研院所开办公司的政策规定,经过工商行政管理机关登记确认。因此,该研究所作为股东适格。”另外,横店东磁(002056)的实际控制人为横店社团经济企业联合会。

5. 村民委员会、农村经济合作社的股东适格性

村民委员会、农村经济合作社并未禁止作为适格股东。例如,江苏华西集团有限公司持有华西股份(000936. SZ)44.2% 的股份,而华西集团股东为华西村村

委会及社区服务中心;南山铝业(600219)实际控制人南山村村民委员会;三房巷(600370)的实际控制人江阴市周庄镇三房巷村村民委员会持有控股股东三房巷集团95%的股权,同时拥有第二大股东100%的权益;韩建河山(603616)的实际控制人为北京市房山韩村河镇韩村河村经济合作社。

(三)政府等公职人员持股问题及补正

对于股东具有公职身份或者军人身份的,应当将其持有的股份依法予以转让,同时应当关注转让的真实性以及提供转让的真实性核查材料。对于公职人员任职期间成为公司股东的,对于一般职员若在申请挂牌时已经辞职或者退休的,审核机构可能不会过多关注其合法性以及是否存在违规行为,若属于领导行为,可能涉及任职期间是否存在重大违法违规、是否存在腐败等行为,一般需要通过任职机关出具同意投资或者任职、不具有违规事项、与过去监管的业务范围不属于同一范围的说明等解决。

案 例 股东为公职人员及其解释

依据《辽宁金孚抑尘科技股份有限公司反馈意见回复》(金孚抑尘、838471),审核机构要求核查具有公职身份的股东的合法性,回复如下:"问题:陈佩英于2005年5月从盘锦市经济和信息化委员会石化医药科科长的岗位退居二线,2008年6月正式从该单位退休。陈佩英于2007年投资设立有限公司,根据《公务员法》相关规定,其投资设立有限公司时,股东资格存在瑕疵。李文玉于2011年1月至2014年12月担任有限公司股东时,系盘锦市科学技术与知识产权局处级调研员。请主办券商及律师核查前述事项是否导致陈佩英和李文玉涉及重大违法违规、是否影响公司设立的合法有效性、前述瑕疵目前是否已经得到有效规范并发表明确意见。

"回复:依据《公务员法》第16条、第53条、第102条,《行政机关公务员处分条例》(2007年)第27条。根据盘锦市经济和信息化委员会出具的《情况说明》,陈佩英原系盘锦市经济和信息化委员会公务员,任科长职务,负责石化医药科工作。由于机构改革,精减人员的特殊政策,于2005年5月离岗,2008年6月退休。陈佩英所在石化医药科的职责与公司业务无关。根据上述文件规定,陈佩英投资设立有限公司的行为与法律、法规相冲突,其股东资格存在一定瑕疵。针对陈佩英参与营利性活动的行为,可能面临的处罚仅适用于陈佩英本人,不影响有限公司设立的合法有效性及经营。陈佩英亦作出承诺,如因股东资格问题而给公司带来损失由其承担全部赔偿责任。此外,陈佩英已于2008年6月正式退休,其离职3年内,曾在有限公司任职,但不存在从事与原工作业务直接相关的盈利性活动。因此,陈佩英作为公司发起人合法、合规。

"李文玉于2011年1月至2014年12月担任有限公司股东时,系盘锦市科学技术与知识产权局处级调研员,无具体工作。根据《公务员法》相关规定,其股东资格存在瑕疵,但根据《行政机关公务员处分条例》(2007版)相关规定,针对李文玉参与盈利性活动的行为,仅处罚李文玉本人,不会影响有限公司正常经营。李文玉亦作出相关承诺,如因股东资格问题而给公司带来损失的,由李文玉承担全部赔偿责任。此外,李文玉已于2015年1月正式退休,离职后,曾在有限公司任职,但于2015年12月已不再任职,同时根据盘锦市科学技术与知识产权保护局出具的《情况说明》,盘锦金孚机电设备有限公司从事的业务与李文玉原工作业务不相关,也不与李文玉原任职务管辖业务相关。李文玉未与股份公司签订劳动合同,未担任股份公司董事、监事、高级管理人员。因此,李文玉作为股份公司发起人合法、合规。"

案例 子公司存在含军人在内的多次股东适格性瑕疵

依据《湖南华顺人力资源服务管理股份有限公司反馈意见回复》(华顺股份、871903),其子公司股东适格性瑕疵的反馈如下:"问题:2.公司及子公司多次出现股东适格性瑕疵的问题。请主办券商及律师补充核查以下事项:瑕疵股权的受让方与转让方是否存在关联关系,具体规范措施是否真实、到位。

"回复:经核查公司及子公司工商档案,公司及子公司共出现3次股东适格性瑕疵问题。2015年至2017年公司原有股东吴晏宁因现役军人身份存在股东适格性瑕疵,通过股份转让给杨晓青规范解决;2007年至2008年杨晓青因属于国家工作人员,子公司湘潭华顺15万元出资额(持股比例15%)存在股东适格性瑕疵,通过股权转让给刘志毅规范解决;2008年至2009年杨晓青因属于国家工作人员持有子公司武汉华顺25.50万元出资额(持股比例51%)存在适格性瑕疵,2009年12月杨晓青已经从湘潭市工商联辞职,股东适格性瑕疵已经消除。股权转让过程中,吴晏宁与杨晓青、杨晓青与刘志毅之间均不存在三代以内近亲属关系,股权转让已经履行内部决策程序、签订股权转让协议、支付转让款项及缴纳税费,并完成工商变更手续,具体规范措施真实、到位。”

(四)关于未成年人是否能够成为股东的问题

《国家工商行政管理总局关于未成年人能否成为公司股东问题的答复》(工商企字〔2007〕131号)规定如下:“《公司法》对未成年人能否成为公司股东没有作出限制性规定。因此,未成年人可以成为公司股东,其股东权利可以由法定代理人代为行使。”但是要注意无民事行为能力或者限制民事行为能力的人不得担任公司的董事、监事、高管。

案 例 小学生、高中生、大学生等为公司股东

江苏丽洋新材料股份有限公司(丽洋新材、831783)申请挂牌时,其股东尤璇为未成年人,小学生在读,股东尤洋为上海交通大学在读大学生;浙江诚创精密机械股份有限公司(诚创精密、839929)于2016年申请挂牌时,存在一名未成年人股东徐经纬,系高中在读学生,为实际控制人之女;浙江斯菱汽车轴承股份有限公司(832147)挂牌时,股东姜楠为未成年人,其为实际控制人之一,鉴于姜楠为未成年人,股东权利由其母亲代姜楠行使。

(五)其他相关股东适格问题

1. 证券从业人员适格性

证券从业人员不属于适格股东,若类似特定主体持有拟挂牌公司股份的,则必须将相应的股份予以转让或者注销等。

依据《上海臻顺智能科技股份有限公司反馈意见回复》(原臻顺智能、838308),该公司申报过挂牌但终止审核,终止的原因是股东丁文韬作为证券从业人员持有公司股份,股东身份不适格。后再次提出挂牌申请时将相关问题反馈如

下:"丁文韬持有臻顺有限 50 万元的出资,占注册资本的比例为 4.69%。股改时丁文韬作为发起人之一,持股数量和比例不变。后臻顺智能增资扩股,丁文韬认购 30 万股,增资扩股完成后,丁文韬合计持有 80 万股,持股比例为 6.78%。由于丁文韬为证券从业人员,不符合《证券法》规定。为解决丁文韬的股东适格性问题,经丁文韬与公司控股股东、实际控制人乐顺生协商,将其所持全部股份转让给乐顺生。"

点评:《证券法》(2019 年修订)未开放证券从业人员的炒股事项,因此证券从业人员需要严格遵守法律规定,中介机构应通过查阅股东的社保证明或者缴费记录等直接证据核查其身份。

2. 中国公民取得国外永久居留权后对股东适格性的影响

中国公民取得国外永久居留权后是否影响股东适格性,更多的应该从公司业务所处的行业及领域判断,审查是否属于法律规定的禁止或者限制从事的行业。

东海长城(873331)的控股股东取得美国居留权,反馈要求核查是否影响股东资格以及对公司性质的影响。回复如下:"《国家外汇管理局综合司关于取得境外永久居留权的中国自然人作为外商投资企业外方出资者有关问题的批复》(汇综复〔2005〕64 号):'中国公民取得境外永久居留权后回国投资举办企业,参照执行现行外商直接投资外汇管理法规。中国公民在取得境外永久居留权前在境内投资举办的企业,不享受外商投资企业待遇。'根据上述规定及现有的 IPO 和新三板挂牌案例可知,实务中,取得境外永久居留权的中国公民在国内投资企业,其所持股份认定是内资股还是外资股以及由此是否导致企业性质变更的主要依据为资金的来源。

"根据高列挺所持美国永久居留权证显示,该永久居留证的取得日期是 2013 年 8 月 19 日,高列挺最后一次对公司增资并完成工商登记的时间为 2013 年 7 月 30 日,即高列挺对公司历次增资行为均发生在取得美国永久居留权之前。此外,历次出资币种均为人民币而非其他外币,根据《商务部关于外国投资者并购境内企业的规定》和《国家外汇管理局综合司关于取得境外永久居留权的中国自然人作为外商投资企业外方出资者有关问题的批复》的规定,高列挺取得并持有美国永久居留证,不影响企业性质。

"此外,公司主营业务为汽油、柴油等成品油及燃料油、轻循环油等非成品油及其他石油化工产品的批发贸易。经查阅《成品油市场管理办法》等行业相关法律法规及《外商投资准入特别管理措施(负面清单)》(2018 年版),公司目前所属行业并未对投资人有特殊限制或资质要求,亦未规定拥有外国永久居留权的居民不得投资该行业,因此高列挺持有美国永久居留权,不影响其股东适格性。"

3. 员工持股平台的主体适格性

新三板公司出于对股东人数以及流动性等的考量,对于非公开发行股份时认定单纯的员工持股平台为非适格的定增主体。但是员工持股平台可以作为适格股东,大量的公司挂牌前均存在员工持股平台。

4. 外资股东的适格性

除涉及外商投资限制的领域外,一般情况下外资股东是适格股东。是否符合外商投资产业政策的限制要求以及外商投资审批手续是否齐备属于关注重点。《外商投资法》(2020 年 1 月 1 日起施行)第 4 条第 1 款规定:"国家对外商投资实行准入前国民待遇加负面清单管理制度。"第 17 条规定:"外商投资企业可以依法通过公开发行股票、公司债券等证券和其他方式进行融资。"可知,除在特定领域对外商投资实施的准入特别管理措施外,国家对外商投资实行准入前国民待遇。但是对于不同时期的股东需要参考不同时期的法律规定。

中健包装(871393)的控股股东为香港山健包装有限公司,公司实际控制人为中国台湾籍居民谢森芳;久兆科技(原 871345)申请挂牌时实际控制人为外籍;科创板上市委审核过会的三友医疗器械,3 名实际控制人中 1 人拥有匈牙利永久居留权、1 人为美国国籍、1 人为法国籍;英飞特(300582)的实际控股人为外籍;德方纳米(300769)的实际控制人中存在外籍人员;电计研发(872644)的控股股东为日本电计株式会社。

二、出资合法合规调查

核查要求:核查公司历次出资的缴纳、非货币资产评估和权属转移情况(如有)、验资情况,并就公司股东出资的真实性、充足性发表明确意见。核查出资履行程序、出资形式及相应比例等是否符合当时有效法律法规的规定,对出资程序完备性和合法合规性发表明确意见。核查公司是否存在出资瑕疵,若存在,请核查以下事项并发表明确意见:(1)核查出资瑕疵的形成原因、具体情形,出资瑕疵对公司经营或财务的影响；（2）对公司前述出资瑕疵是否存在虚假出资事项、公司是否符合挂牌条件发表意见；（3）核查公司针对出资瑕疵所采取的规范措施情况，并对规范措施是否履行相应程序并合法有效、是否足以弥补出资瑕疵、出资瑕疵及其规范措施是否会导致公司面临相应的法律风险发表意见；（4）另请主办券商及会计师核查公司采取的规范措施涉及的会计处理方式是否符合《企业会计准则》的规定。

（一）验资相关事项

1. 出资是否必须验资

关于有限公司的验资要求，依照《公司法》（1994 年）第 29 条，股东全部缴纳出资后，必须经法定的验资机构验资并出具证明。而 2013 年 12 月 28 日修订的《公司法》删除了对有限公司验资的要求，所以对于 2014 年 3 月 1 日（2013 年修订的《公司法》实施日期）前的公司的设立及增资行为，验资属于法律的强制性规定，在此之前实务当中，工商局办理变更手续时，一般都要求提供验资报告或者银行汇款凭证等方可办理相应的股份变更事宜，所以在此之前的增资等股权变动行为，一般均存在验资报告或者具有实缴凭证等。但 2014 年 3 月 1 日后，随着注册资本认缴制的实施存在大量有限公司未验资的情况。

关于股份公司的验资要求：《公司法》（2018 年修正）第 89 条规定："发行股份的股款缴足后，必须经依法设立的验资机构验资并出具证明……"实际上，《公司法》对股份公司的验资一直均具有强制性要求。

2. 验资机构是否必须具有证券从业资质

《证券法》（2014 年修正）第 169 条规定："投资咨询机构、财务顾问机构、资信评级机构、资产评估机构、会计师事务所从事证券服务业务，必须经国务院证券监督管理机构和有关主管部门批准……"《证券法》（2019 年修订）第 160 条规定："会计师事务所、律师事务所以及从事证券投资咨询、资产评估、资信评级、财务顾问、信息技术系统服务的证券服务机构，应当勤勉尽责、恪尽职守，按照相关业务规则为证券的交易及相关活动提供服务。从事证券投资咨询服务业务，应当经国务院证券监督管理机构核准；未经核准，不得为证券的交易及相关活动提供服务。从事其他证券服务业务，应当报国务院证券监督管理机构和国务院有关主管部门备案。"

由此规定可知,2020 年 3 月 1 日前从事证券业务的验资机构必须具有经国务院证券监督管理机构和有关主管部门批准的资质。而在 2020 年 3 月 1 日之后,需要报国务院证券监督管理机构和国务院有关主管部门备案。对从事证券服务的机构要求从审批制转为备案制。在验资机构的变化之外,有一个重大变化就是律师事务所过去从事证券业务不涉及证券、期货从业资格的问题,而依照《证券法》(2019 年修订)的规定,律师从事相应的证券业务和审计、评估机构一样需要办理相应的备案。

3. 验资瑕疵及其补正

验资等瑕疵行为主要包括:

(1)历史出资或增资按照规定需要验资未经验资

①由于实务中各地对验资要求的标准不一致或者存在单行规定、优先试点不出具验资报告等

2013 年公司法修正前,依照法律规定公司增资事项需要验资,而有些地区地方规章规定,公司增资可以银行出具的资金凭证作为证明,具体如下:第一,《北京市工商局改革市场准入制度优化经济发展环境若干意见》(京工商发〔2004〕19 号)规定:投资人以货币形式出资的,应到设有"注册资本(金)入资专户"的银行开立"企业注册资本(金)专用账户"交存货币注册资本(金)。工商行政管理机关根据入资银行出具的《交存入资资金凭证》确认投资人缴付的货币出资数额。后该意见依据《北京市工商行政管理局关于印发行政规范性文件清理结果的通知》(京工商发〔2008〕136 号)废止。北京企业未验资的案例如下:原新三板挂牌企业淳中科技(603516),其 2014 年及 2015 年两次增资均于 2017 年才完成验;兆易创新(603986)于 2005 年 4 月设立时、2005 年 6 月增资时均未履行验资程序;华通热力(002893)于 2005 年 1 月增资未提供验资报告。第二,根据《福建省人民政府办公厅转发省工商局关于促进和服务我省企业发展若干意见的通知》(闽政办〔2004〕59 号)第 9 条,改革内资企业注册资本验证办法。以货币出资的,工商行政管理机关依据相关银行出具的入资资金凭证认定实缴出资额。后该通知于 2014 年 3 月 14 日依据《福建省人民政府关于规范性文件清理结果的通告》(闽政〔2014〕10 号)失效。福建企业未办理验资的案例如下:德艺文创(300640),该公司 2005 年 3 月、11 月的增资均未办理验资手续。

相关案例的情况虽然不符合当时适用的《公司法》和《公司登记管理条例》的规定,但符合当时的地方政府规章,同时只要出资款已足额缴纳到位,对公司上市或者挂牌不会构成实质性影响。

②无特殊情况的未按照规定验资

属于没有特殊情况直接未按照法律规定验资的情形,可以通过提供真实有效的出资凭证对历史进行补充验资确认或者股份制改制时对当时的出资情况进行补充确认等方式解决。例如,天津宝兴威科技股份有限公司(原871836)股改前存在未验资的行为,通过股改时对历史的出资情况进行确认,同时通过对历史上历次出资的明细情况进行详细说明的形式以印证出资的真实性和完整性。相关案例可以参考爆米花(839898)、钛能科技(839918)等。

(2)验资报告的本身存在瑕疵

验资报告存在瑕疵的表现形式:①验资报告出具时间或增资资金汇入公司账户时间早于增资股东会决议时间;②验资报告所述出资与实际出资不符等。

案 例 验资报告存在瑕疵

尚品宅配(300616)相关验资瑕疵问题如下:"2010 年 4 月 27 日,尚品有限召开股东会审议通过达晨财信和天津达晨以货币资金合计 3000 万元认缴尚品有限新增 825 万元注册资本,验资报告显示此部分资金已于 2009 年 9 月进入公司账户,请发行人说明上述情况产生的原因;请保荐机构和发行人律师对上述问题进行核查并发表明确意见。"另外,于 2017 年 11 月 15 日通过发审会的百华悦邦(300736),相关问题如下:"补充说明百邦有限股东会于 2011 年 5 月 20 日作出增资决议,但 2011 年 5 月 16 日中瑞岳华即出具增资资金已足额缴纳的验资报告,两者时间顺序上不合理的原因。"

(3)验资机构不具有证券、期货从业资格的进行验资行为,通常的补正方法为复核出资情况等,同时在股份制改制时对历史的出资情况进行补充确认等

例如,保隆科技(603197)公司改制时所聘请的资产评估机构和验资机构不具备证券期货业务资格,公司重新聘请了具有证券期货业务资格的资产评估机构和

验资机构进行复核。

（二）存在第三方借款或者垫款出资的问题

对于历史上存在借款或者垫款出资，同时公司设立并验资后，按照股东的指令对指定的路径进行付款的情形，实际上按照法律的精神不构成抽逃出资。但需关注借款及归还借款的真实性，实际上可能构成股东对公司资金的资金占用问题。首先要明确：该种情况存在汇款至公司的主体是股东，但是公司最终代股东付款时，收款方一般不是股东个人，可能是股东指定的第三方，此时对于应收账款确认的主体应当是公司股东，而非直接的收款账号主体。所以需要由股东出具指定付款路径的函以及相应的借款决议和协议等文件作为公司记账的依据和凭证。对于该问题的解决，需要关注最终资金的归还情况以及后期是否又形成资金占用的问题。

案 例 历史上存在第三方借款出资的问题

依据深圳捷佳伟创新能源装备股份有限的申报材料显示："2009 年 12 月，公司股东以现金形式等比例增加注册资本 2900 万元，其中深圳捷佳创、李果山、伍波和张勇以每注册资本一元的价格分别增资 1972 万元、348 万元、290 万元和 290 万元。资金来源为第三方过桥借款，增资完成后，深圳捷佳创委托捷佳有限代为向第三方付款 2900 万元，从而形成了捷佳有限对深圳捷佳创 2900 万元的其他应收款，同时形成了李果山、伍波和张勇对深圳捷佳创 348 万元、290 万元和 290 万元的借款。"

华测导航(300627)，依据其申报材料："公司前身设立时，股东以货币资金出资 100 万元，设立之后即以借款方式借出，形成股东对公司的资金占用 100 万元；公司股东已于 2003 年 9 月至 2004 年 6 月，通过货币、实物资产等形式陆续归还完毕上述欠款。"超讯通信(603322)，依据申报材料："2001 年 6 月及 2006 年 8 月两次增资款在缴付至公司后即根据股东指令转出的原因，是否构成抽逃出资，相关股东是否已归还发行人所占用资金及其依据，请对其合法合规性发表意见。"

点评：对于第三方向股东提供借款出资的情况，公司均未过多披露。对于该借款实际上属于股东的个人借款，后期公司代股东还款，构成股东对公司资金的占用,需要对资金占用进行解决并处理。

（三）非货币出资的评估及实物出资问题

依据《公司法》的修订情况,对于非货币财产的出资形式要求分为不同的阶段。

第一阶段,从1993年《公司法》制定后至2005年《公司法》修订为一个阶段,在此阶段,依照规定:股东可以用货币出资,也可以用实物、工业产权、非专利技术、土地使用权作价出资。对作为出资的实物、工业产权、非专利技术或者土地使用权,必须进行评估作价,核实财产,不得高估或者低估作价。土地使用权的评估作价按照法律、行政法规的规定办理。以工业产权、非专利技术作价出资的金额不得超过有限责任公司注册资本的20%,国家对采用高新技术成果有特别规定的除外。在此期间,非货币出资明确规定限定在实物、工业产权、非专利技术、土地使用权,并且要求必须评估。

第二阶段,从2013年《公司法》修正至今,要求股东可以用货币出资,也可以用实物、知识产权、土地使用权等可以用货币估价并可以依法转让的非货币财产作价出资;但是,法律、行政法规规定不得作为出资的财产除外。对作为出资的非货币财产应当评估作价,核实财产,不得高估或者低估作价。法律、行政法规对评估作价有规定的,从其规定。根据《公司法》(2013年修正),对非货币出资的范围明显扩大,要求的是可以用货币估价并可以依法转让的非货币财产出资,但是明确要求需要评估作价。

案例 实物出资未评估

依据《江苏鸿基水源科技股份有限公司反馈意见回复》(鸿基科技、872363),"关于实物出资。(1)请公司补充披露实物出资是否经过评估,是否符合'公司依法设立'的挂牌条件。(2)请公司补充说明实物出资具体内容,履行程序是否符合当时法律法规等相关规定、是否已办理实物出资产权的转移手续,实物出资与公司生产经营的关联性,实物出资定价的公允性,评估增值率。(3)请主办券商和律师对上述实物出资合法合规性,是否存在向关联方输送利益等损害公司利益的情形予以补充核查。(4)请申报会计师就上述实物出资入账价值合理性、价格公允性,是否存在减值等情形予以补充核查”。

“回复如下:鸿基有限设立时江苏省水利勘测设计研究院(实际为工勘院)以实物作价3,770,179.43元出资,占股比为86.27%。该实物出资未进行评估,但江苏兴源会计师事务所出具的《审验注册资金证明书》确认了该部分资产已经全部缴付至鸿基有限,并详细列明了实物出资的清单。

“公开转让说明书中补充披露如下:‘经核查,该次实物出资主要为柴油机、钻机等机器设备及坐落于扬州市盐阜东路工人二村150号1幢、2幢、3幢、21幢建筑面积合计为1818.52平方米的房屋建筑物;根据上述清单,出资实物主要为生产性固定资产,与企业经营相关……’

“鉴于公司已就该次出资办理了工商登记,公司从成立至今未受到工商部门的处罚,同时该行为发生在20多年前,目前鸿基有限已依法定程序整体变更为鸿基股份,系按照经审计后的账面净资产值折股;因此前述股东以实物出资未经评估的行为,不会对本次申请挂牌造成实质性障碍。

“根据《审验注册资金证明书》以及扬州市房屋产权产籍监理处出具的证明,该部分资产已经全部缴付至鸿基有限;2001年4月,江苏省水利厅、江苏省水利勘测设计研究院、鸿基有限共同出具《关于江苏鸿基岩土工程有限公司股东出资有关情况说明的函》,江苏省水利厅确认了工勘院对鸿基有限的上述出资;原控股股东对实物出资未评估出具了相关承诺。因此,本次实物出资不存在向关联方输送利益等损害公司利益的情形。

“根据《审验注册资金证明书》列举的实物出资清单、企业设立时账面固定资产的价值,实物出资以固定资产的账面净值入账,符合谨慎性原则;查阅公司历史账目,用于出资的设备报告期前均已折旧完毕,用于出资的房屋建筑物采用20年年限平均法计提折旧,并于2016年以账面价值转让给工勘院,上述资产均不存在减值的情形。

“经核查,主办券商及律师认为:实物出资未评估,不符合当时有效的《公司法》(1993年12月29日)关于实物出资必须进行评估的规定。但未评估事实不损害工勘院以外的股东利益,也不存在向关联方输送利益等损害公司利益。”

另外,特普科技(839933)存在以实物和无形资产出资未经评估和过户的情形。

案例 实物出资未及时办理产权转移

具体案例:恒大高新(002591),未履行过户手续的问题及解决方法如下:

1. 问题:恒大有限分别于1996年10月1日、1996年12月10日和1997年2月26日召开股东会,通过决议,同意恒大有限注册资本由人民币50万元增加至人民币150万元,其中朱星河以实物和现金认缴新增注册资本60万元,包括设备作价40万元和现金20万元,胡长清以现金和实物作价认缴新增注册资本30万元,包括其自有房产一套作价10.56万元,设备作价9.44万元和现金10万元,胡恩雪以现金认缴新增注册资本10万元。发行人历史上多次以实物或资产出资,但未履行过户手续。

2. 核查方式:核查股东历来出资情况,得出朱星河以位于枫林大道的土地使用权出资当时未办理过户至恒大有限名下的登记手续,但是恒大有限、南昌恒大新材料发展有限公司和朱星河于2002年4月26日签署了协议书,同意恒大有限以该土地使用权投入南昌恒大新材料发展有限公司,并直接由朱星河过户至南昌恒大新材料发展有限公司名下,恒大有限以该等土地使用权出资依法取得南昌恒大新材料发展有限公司相应股权并登记为该公司合法股东。由于自朱星河将该土地使用权对恒大有限出资时直至恒大有限以该土地使用权对南昌恒大新材料发展有限公司出资时止,未有包括朱星河在内的任何人提出任何形式和性质的权利主张,故在此期间恒大有限作为该土地使用权的权利人对该土地占有、使用、收益和依法处分的各项权能的享有和行使并未因登记过户手续的欠缺而受到任何实质性影响。经核查,恒大有限以上述土地使用权出资当时办理了过户至南昌恒大新材料发展有限公司名下的手续,南昌恒大新材料发展有限公司取得《中华人民共和国国有土地使用证》(洪北土国用2002字第66号)。

3. 解决方案:出具说明解释朱星河以土地使用权认购恒大有限增资当时未履行过户至恒大有限名下的登记手续,在法律程序上存在一定瑕疵,但是该土地使用权已实际投入恒大有限并由恒大有限作为出资投入南昌恒大新材料发展有限公司,其权属最终已有效转移,故朱星河以上述土地使用权认购恒大有限增资以及恒大有限以该等土地使用权认购南昌恒大新材料发展有限公司增资行为的合法性、真实性和有效性并不因该瑕疵而受到实质性影响。

华鹏飞(300350)存在车辆出资未办理转移手续、华东重机(002685)存在集体土地无法变更采用现金置换出资,其他存在实物出资瑕疵的案例可以参考神州精工(839944)、可为科技(870065)等。

案例 以公司财产出资

泰克电气(831921)在有限公司阶段,股东以公司财产增资,后通过减资的形式处理,减资后通过现金增资的形式将股本恢复至原来规模。晨宇电气(831957)在有限公司阶段增资至1000万元时,客观上存在股东以公司资产出资的问题,构成出资不实。但因2010年改制为股份公司时进行了评估调账,实际上对股份公司折股前的净资产进行了清产核资。以股改时点(2010年5月31日)看,之前出资不实问题已经得以消化。且青州市工商局于2014年9月16日就此事项出具专项证明,证实不会对公司的此次增资行为进行行政处罚。

点评:晨宇电气以公司股改时的评估值折股为依据,认为股份公司折股前的净资产进行了清产核资而导致历史问题消化,该处理方法过于激进,若出资额占公司总股本或者净资产数额的比例较小,则确实不构成重大影响。虽说该公司通过了审核,但是处理时慎用该方法。

案例 实物出资不实的补正

毅圣消防(873340)在反馈回复中,关于出资不实的房屋和车辆等出资,解决方案如下:“2002年9月27日,山西世信资产评估有限公司出具了《评估报告》,以2002年9月24日为评估基准日,陈仲毅用于出资的房屋建筑物的评估价值为50.535万元。陈仲毅、胡铁成、祁志强、冯其亮用于出资的实物车辆均未履行评估手续,不符合《公司法》对于实物出资的相关规定。根据企业的说明,上述实物在出资时均交付企业使用,但未履行产权变更手续,存在瑕疵。2003年1月10日,有限公司全体股东一致同意将注册资本由200万元变更为500万元,其中由股东陈仲毅以货币形式出资200万元,以实物形式出资100万元。股东陈仲毅本次用于出资的实物为3辆自卸车,是其本人于2003年1月购入,根据其陈仲毅购车时取得的发票,其采购单价为33.35万元,3辆车合计金额为100.05万元。公司本次实物增资未进行评估，亦未进行产权变更，不符合《公司法》对于实物出资的规定，存在瑕疵。

经核查，上述实物出资均以出资价值入账，其中陈仲毅出资的房屋因被认定为临时建筑已于2008年9月拆除，陈仲毅、胡铁成、祁志强、冯其亮用于出资的车辆均已报废处置。公司股东为补正上述出资瑕疵，采取了如下补正措施：公司历史沿革中上述实物出资存在瑕疵，其中胡铁成、祁志强、冯其亮合计实物出资55.64万元，3人所持有的股权经多次转让，受让人为张万利；陈仲毅合计实物出资174.355万元。2018年10月，陈仲毅通过向企业支付现金174.355万元，张万利向企业支付现金55.64万元，计入资本公积，用于补正企业上述实物出资瑕疵。2018年10月23日，北京德瑞会计师事务所(普通合伙)出具了《验资报告》，对于陈仲毅、张万利以货币出资补正实物出资瑕疵的实缴情况进行了审验。"

点评：关于实物出资等的论述方法和要点主要如下：(1)若相应出资实物资产是由股东购买所得且相关发票和收据显示的购买时间与公司设立时验资报告基准日时间间隔较短，能够合理体现实物资产的价值，自然也就不存在虚假出资或故意高估出资的情形；(2)投入的实物资产价值已经其他全体股东确认；(3)该实物资产出资已交付公司使用并办理了移交手续；(4)该实物出资已经具备证券从业资格的会计师事务所验资或复核；(5)发行人自成立至今未发生任何涉及该等出资的纠纷，亦未因上述实物资产出资未评估作价的事宜受到过处罚；(6)该等出资行为发生时间距今时间较长，且所涉金额小及出资比例较小，对公司影响作用有限；(7)实际控制人出具兜底承诺等。

(四)无形资产出资问题

1993年制定的《公司法》要求以工业产权、非专利技术作价出资的金额不得超过有限责任公司注册资本的20%；2005年修订的《公司法》要求全体股东的货币出资金额不得低于有限责任公司注册资本的30%，取消了工业产权、非专利技术作价出资比例限制；2013年修正《公司法》时，取消全体股东的货币出资金额不得低于有限责任公司注册资本的30%的限制。

实务中，大量公司并未按照《公司法》的规定比例或者要求的方式、评估等进行增资。存在为了取得高新技术企业的许可而以与公司主营业务无关的知识产权出资的情形,存在为了解决资金压力而高评知识产权的价格出资的情形,存在以公司的职务发明等作为股东的出资对公司增资的情形,甚至有将历史上出资的知识产权再次以较高的评估值作为二次评估结果对公司进行增资的情形。对于历史上存在的无形资产出资瑕疵问题需要有针对性的解决,避免解决不完善给审核造成负面影响,同时也要力争避免"一刀切"给股东造成不必要的损失。

另外,存在地方性规章制度与公司法关于无形资产出资比例限制不一致的情形,一般情况下,若专利技术对公司无重大不利影响,申请挂牌时无形资产出资占公司注册资本比较低的,一般不是必须替换。但是对于占比较大或者依赖该技术为公司创造的经济价值有限,则需要考虑采取补救措施。例如,根据北京市人民政府 2011 年 6 月 21 日审议通过的《中关村国家自主创新示范区企业登记办法》第 10 条规定,在示范区内设立企业或者增加注册资本,投资人以知识产权和其他可以用货币估价并可以依法转让的科技成果作价出资的,出资比例由投资方自行约定。导致北京存在大量的知识产权出资比例占比与公司法规定不一致的情形,从法理的角度,下位法违反上位公司法属于绝对无效的情形。

若以与公司主营业务无关的知识产权出资一般倾向于认定出资不实。股东以与公司实际从事的主营业务并无密切关系的知识产权出资,且投入公司后未产生相关效益,未来也不能给公司带来经济价值。则可认定股东并未真正履行出资义务,该股东应以货币或者其他与公司业务有关的非货币资产进行等额置换,否则会导致出资不实之情形出现。

案 例 以公司所有的无形资产出资

对于以公司的无形资产作为股东出资属于出资不实的情形之一,经常存在对于公司运营期间形成的职务发明作为个人的发明进行再次对公司进行出资的情形。实务中,甚至存在公司股东以无形资产出资后,再次对该无形资产进行评估出一个较高的价值,作为对公司的二次出资,此情形属于变相的以公司的无形资产再次出资。对于类似情形,需替换出资或者补充货币出资或者通过减资等形式处理。例如,浙江东鼎电子公司的股东存在以职务发明出资的情形,后通过减资的形式处理;山东蓝盟防腐科技公司存在以现金替换无形资产出资的情形;福民生物(870255)以现金替换的形式解决职务发明出资问题;光阳轴承(838648)存在股东以公司的商标权出资,后实际控制人以货币置换该无形资产出资。

点评:股东出资是否涉及职务发明的解释问题可参考《西北铁道电子股份有限公司挂牌反馈意见回复》,出具西安铁路局工务机械段出具证明:"就发明专利'轨道车专用信号监控装置(ZL03134275.2)'系专利权人陈立本人利用业余时间、自行出资研发,是陈立个人成果,不属于其当时本单位的本职工作,不属于其履行当时本单位交付的工作或分配的任务,亦未利用当时本单位的资金、设备等物质技术条件,不构成职务发明。本单位不会就上述发明专利主张任何权利,本单位与陈立之间不存在任何知识产权纠纷及其他潜在法律纠纷。"

案例 无形资产出资比例等瑕疵问题

依据《北京清网华科技股份有限公司挂牌申请文件的第一次反馈意见回复》(清网华、871997),该公司及子公司存在不符合公司法规定的知识产权出资比例限制问题,具体如下:"2015 年 5 月 20 日,清网华防雷召开股东会,会议决议:一致同意将清网华防雷注册资本由2000 万元减至100 万元,其中股东石磊减少非专利技术出资950 万元,股东仲铭减少非专利技术出资950 万元,清网华防雷在北京晨报做了减资公告并办理了工商变更手续,减资合法有效。反馈回复时主办券商认为公司存在出资瑕疵,但出资瑕疵的出现系因北京地方性法规做出了与《公司法》不一致的规定导致的,出资瑕疵对公司经营或财务没有产生不利影响,出资瑕疵不属于虚假出资的情形,公司符合'股票发行和转让行为合法合规'的挂牌条件,出资瑕疵的规范措施及履行的程序合法有效、足以弥补出资瑕疵,出资瑕疵及其规范措施不会导致公司面临相应的法律风险,规范措施涉及的会计处理方式符合《企业会计准则》的相关规定。"另外,中创互动(870069)存在相类似情形。

光库科技(300620)反馈意见:"请发行人说明:邱二虎用于出资光辰科技的'光纤传感的快速扫描波长连续可调激光器模块技术'的技术来源、形成过程及合法合规性,前述专有技术用于对光辰科技的出资是否经有证券资格的评估机构评估或复核,本次出资是否符合《公司法》等法律法规的规定。"

点评:关于无形资产的论述思路:(1)用于出资的无形资产真实存在并具有相

应的商业价值,为公司带来了经济利益,若为专利技术和非专利技术还需要同时说明来源为股东的非职务发明;(2)该无形资产已经移交给了公司使用;(3)无形资产已经具备证券从业资格的会计师事务所验资或复核;(4)虽然未经过评估,但事后有经过具备证券期货业务资格的评估师事务所评估,确认出资时点无形资产评估价值不低于协商入股价格,则公司不存在出资不实问题;若评估值低于协商入股价值,则需要进行补足。同时对于不符合法律规定的出资比例的问题,首先查找公司所在地的特殊规章制度,其次通过说明核心技术为公司创造的经济利益的总流入,从量化和经济价值的角度论证出资核心技术的价值以及有效性。

(五)债权出资的问题研究

依照《公司法》(2005 年修订),非货币出资仅能用实物、工业产权、非专利技术、土地使用权作价出资,无包括债权出资在内的其他情形。因此,依照规定债权出资是缺乏法律依据的,但是存在比如关于资产公司债券股的特定规定等。

所以对于 2013 年的债权出资,需要论证债权债务关系真实性,需要依法对转股行为进行评估、验资,需要核查转股行为是否取得公司的会议审议通过等。

案 例 债权出资问题

依据《浙江东海长城石化股份有限公司挂牌申请反馈意见回复》(东海长城、873331),针对债权出资问题,审核机构反馈:"是否存在债权出资事项。如有,用于出资的债权的形成过程,债权的真实性、合法性、有效性。"

"主办券商回复:通过查阅兴发油品工商登记资料、《验资报告》(宁东会验字〔2000〕2341 号)、兴发油品记账凭证及相关收据、农村信用社缴款单,对原出资人胡云国的儿子胡善波进行访谈,兴发油品债转股的情况如下:

"2000 年 10 月 20 日,兴发油品召开股东会并一致同意公司注册资本由 50 万元增至 205 万元,新增 155 万元注册资本由胡云国投入。2000 年 10 月 26 日,宁波东海会计师事务所出具《验资报告》,经审验,宁波兴发油品有限公司的股东胡云国先生以其拥有公司债权中的 155 万元作为增加投资款。

"经查验《验资报告》、公司记账凭证及相关收据、农村信用社缴款单,债转股

中债权形成明细表如下(有删减):

序号	记账日期	凭证号	交款人	交款方式	交款金额	记入科目	依据
1	1999年3月21日	总号第13号	胡云国	现金	30万元	实收资本—法人资本金	验资报告、记账凭证、收款收据
2	2000年9月25日	总号第14号	胡云国	银行现金缴款(甬农信NJ-98 <10>)	25万元	实收资本—法人资本金	验资报告、记账凭证、收款收据、农村信用合作社现金缴款单

“兴发油品此次债转股增资发生于2000年11月,当时应适用1999年修正后的《公司法》。根据当时的《公司法》第24条的规定:‘股东可以用货币出资,也可以用实物、工业产权、非专利技术、土地使用权作价出资。对作为出资的实物、工业产权、非专利技术或者土地使用权,必须进行评估作价,核实财产,不得高估或者低估作价。土地使用权的评估作价,依照法律、行政法规的规定办理。以工业产权、非专利技术作价出资的金额不得超过有限责任公司注册资本的百分之二十,国家对采用高新技术成果有特别规定的除外。’

“根据《公司法》(1999年修正)的规定,当时对非货币出资方式采取了封闭性的规定,仅限于实物、工业产权、非专利技术、土地使用权。若严格按照当时《公司法》字面意思理解,兴发油品此次债转股增资出资方式不符合当时《公司法》的规定,但兴发油品用于出资的债权来自于原股东真实投入的现金,其形成系真实、合法的,本次债权股履行了公司内部审批程序、进行了验资并完成了工商登记。兴发油品此次债转股虽不符合当时法律法规的规定,但该债权系真实、有效的,不构成本次挂牌的实质性障碍。

“核查结论:经主办券商核查,公司的全资子公司宁波兴发油品有限公司历史上存在原股东胡云国以155万元债权出资的情况。兴发油品此次债转股不符合当时法律法规关于出资方式的要求,但该债权来自于原股东真实投入的现金,系真实、有效的,因而不构成本次挂牌的实质性障碍。”

另外,和胜股份(002824)关于债权出资未评估的问题的反馈意见如下:“2006年8月金炯、李建湘以往来借款对金胜铝业增资,未履行评估程序。请保荐机构、发行人律师对本次增资的合规性，前述情况是否对公司发行上市构成法律障碍，以及公司资本的真实性、充实性发表明确意见。”

三、公司设立与变更调查

核查要求：(1)公司设立：设立（改制）的出资审验情况，如以评估值入资设立股份公司，补充说明是否合法、合规，是否构成“整体变更设立”。自然人股东纳税情况，如未缴纳，说明其合法合规性及规范措施。是否存在股东以未分配利润转增股本的情形，公司代缴代扣个人所得税的情况。若未代缴个人所得税，请说明若发生追缴税费的情形，相关防范措施情况。(2)股本变化：核查公司历次增资、减资等股本变化情况及履行的内部决议、外部审批程序，并就公司历次的增资、减资等是否依法履行必要程序、是否合法合规、有无纠纷及潜在纠纷发表明确意见。

精选层特有审核标准：发行人在审核期间实施现金分红、分派股票股利或资本公积转增股本的，应如何处理？有哪些核查要求？答：发行人申报前就已提出了现金分红、分派股票股利或资本公积转增股本方案的，应充分披露相关方案的执行是否对发行人符合发行条件和精选层进层条件造成影响，相关方案应在证监会核准发行前执行完毕；保荐机构应对前述事项的披露情况和相关方案执行完毕后发行人是否符合发行条件和精选层进层条件发表明确意见。发行人在申报受理后至进入精选层前原则上不应提出分派股票股利或资本公积转增股本的方案。发行人在审期间提出现金分红方案的，保荐机构和发行人应按重大事项报告要求及时进行报告，并遵循如下原则进行处理：(1)发行人如拟现金分红的，应依据公司章程和相关监管要求，充分论证现金分红的必要性和恰当性，以最近一期经审计的财务数据为基础，测算和确定与发行人财务状况相匹配的现金分红方案，并履行相关决策程序。如存在大额分红并可能对财务状况和新老股东利益产生重大影响的，发行人应谨慎决策。(2)发行人的现金分红方案应在证监会核准发行前执行完毕。(3)已通过挂牌委员会审议的企业，在进入精选层前原则上不应提出新的现金分红方案。(4)保荐机构应对发行人在审核期间进行现金分红的必要性、合理性、合规性进行专项核查，就实施现金分红对发行人财务状况、生产运营的影响，相关方案执行完毕后发行人是否符合发行条件和精选层进层条件发表明确意见。

（一）整体变更为股份公司时的所得税问题

有限责任公司整体改制成股份有限公司时，涉及是否将其中盈余公积或未分配利润转增股本，自然就涉及自然人股东是否需要履行缴纳个人所得税义务的问题。

1997年12月25日，《国家税务总局关于股份制企业转增股本和派发红股征免个人所得税的通知》（国税发〔1997〕198号）中，就针对股份制企业用资本公积金转增个人股本是否征收个人所得税的问题，明确回复如下：（1）股份制企业用资本公积金转增股本不属于股息、红利性质的分配，对个人取得的转增股本数额，不作为个人所得，不征收个人所得税。（2）股份制企业用盈余公积金派发红股属于股息、红利性质的分配，对个人取得的红股数额，应作为个人所得征税。

1998年5月15日，《国家税务总局关于原城市信用社在转制为城市合作银行过程中个人股增值所得应纳个人所得税的批复》（国税函〔1998〕289号）中，对不征收个人所得税的资本公积金的范围进行了界定，批复如下：（1）在城市信用社改制为城市合作银行过程中，个人以现金或股份及其他形式取得的资产评估增值数额，应当按"利息、股息、红利所得"项目计征个人所得税，税款由城市合作银行负责代扣代缴。（2）《国家税务总局关于股份制企业转增股本和派发红股征免个人所得税的通知》（国税发〔1997〕198号）中所表述的"资本公积金"是指股份制企业股票溢价发行收入所形成的资本公积金。

1998年6月4日，《国家税务总局关于盈余公积金转增注册资本征收个人所得税问题的批复》（国税函〔1998〕333号）中，对从税后利润中提取法定公积金和任意公积金转增注册资本是否缴纳个人所得税问题，批复如下：青岛路邦石油化工有限公司将从税后利润中提取的法定公积金和任意公积金转增注册资本，实际上是该公司将盈余公积金向股东分配了股息、红利，股东再以分得的股息、红利增加注册资本。因此，依据《国家税务总局关于股份制企业转增股本和派发红股征免个人所得税的通知》（国税发〔1997〕198号）精神，对属于个人股东分得并再投入公司（转增注册资本）的部分应按照"利息、股息、红利所得"项目征收个人所得税，税款由股份有限公司在有关部门批准增资、公司股东会决议通过后代扣代缴。

2010年5月31日，《国家税务总局关于进一步加强高收入者个人所得税征收管理的通知》（国税发〔2010〕54号）中，就"（二）加强利息、股息、红利所得征收管理”事项，规定如下：(1)加强股息、红利所得征收管理。重点加强股份有限公司分配股息、红利时的扣缴税款管理，对在境外上市公司分配股息红利，要严格执行现行有关征免个人所得税的规定。加强企业转增注册资本和股本管理，对以未分配利润、盈余公积和除股票溢价发行外的其他资本公积转增注册资本和股本的，要按照“利息、股息、红利所得”项目，依据现行政策规定计征个人所得税。(2)加强利息所得征收管理。要通过查阅财务报表相关科目、资产盘查等方式，调查自然人、企业及其他组织向自然人借款及支付利息情况，对其利息所得依法计征个人所得税。(3)加强个人从法人企业列支消费性支出和从投资企业借款的管理。对投资者本人、家庭成员及相关人员的相应所得，要根据《财政部 国家税务总局关于规范个人投资者个人所得税征收管理的通知》(财税〔2003〕158 号)规定，依照“利息、股息、红利所得”项目计征个人所得税。

《国家税务总局关于股份制企业用资本公积金转增个人股本是否征收个人所得税问题的通知》可知，股份有限公司对以未分配利润、盈余公积和除股票溢价发行外的其他资本公积转增注册资本和股本的，要按照“利息、股息、红利所得”项目，依据现行政策规定计征个人所得税。若公司注册资本(总股本)没有发生变动，即没有将盈余公积和未分配利润用来转增股本(注册资本)，则自然人股东无须缴纳个人所得税。

案　例　股改是否征税的处理

雄塑科技(300599)股改时，未将盈余公积和未分配利润转增股本，未将其进行实质性分配或者转增实收股本处理。该公司描述：“根据有关税收法规和主管机关的规定，公司股东在有限公司整体变更为股份有限公司时，对转入资本公积的留存收益，自然人股东暂不需缴纳个人所得税，待企业将该部分由盈余公积、未分配利润转入的资本公积实施分配或转增股本时缴纳个人所得税。”该描述属于对有限公司整体变更为股东公司时，将盈余公积和未分配利润转入资本公积处理是否纳税的通行认定意见。

整体变更时股本无变化不征税的案例可以参考赛摩电气股份有限公司(300466. SZ)，整体变更时增加股本征税的案例可以参考南京海辰药业股份有限公司(300584. SZ)。

但是也存在个别地方,对于股改时未分配利润转入资本公积是要求缴纳税务的,虽说这个不是通行的做法,但是需要予以关注。

例如,三超新材(300554. SZ)注册地位于江苏省南京市江宁区。针对证监会反馈意见回复如下:“三超有限整体变更为股份公司时,以未分配利润转入资本公积金额为25,538,448.7元,以盈余公积转入资本公积金额为3,074,184.91元,经发行人向主管税务部门申请,发行人以未分配利润、盈余公积转入资本公积的个人所得税分5年缴纳。其中,第1年、第2年不缴纳,第3年缴纳5%,第4年缴纳10%,第5年缴纳85%。发行人根据《财政部、国家税务总局关于个人非货币性资产投资有关个人所得税政策的通知》(财税〔2015〕41号)向南京市江宁区地方税务局第五税务分局提交分期缴纳整体变更时自然人股东个人所得税的申请,并取得分期缴纳的备案文件。”

(二)股改基准日后或整体变更时是否可以股份转让

股份有限公司申请股票在全国股转系统挂牌,应当依法设立且存续满2年,有限责任公司按原账面净资产值折股整体变更为股份有限公司的,存续时间可以从有限责任公司成立之日起计算。

因对法律规定的“整体变更”的理解的差异以及各地工商管理机关办理操作的差异,大部分地区工商机关认可有限公司整体变更为股份公司时可以同时变更或者增加股东,同时视同此类变更为整体变更,公司设立期限可以连续计算。但个别地区工商管理机关认为若整体变更时股东与有限公司的股东不一致则不构成整体变更,不予办理登记,要求予以在有限公司阶段重新变更股东后方可再次办理股份制改制,不认可理由为认定此类变更不属于整体变更。类似这些不接受整体变更时变更或者增加股东的地区,有时若不明确向工商登记机关表明股东人数发生变化,则也有可能会通过股份公司的变更登记事宜。事实上,大量的公司在股改基准日后变更股东,股改同时增加股东或者通过股改还原股份代持股东。

股改基准日后的股份转让一般不会对整体变更的判断及挂牌产生实质性影响,因为股份转让未对公司的财务状况产生重大不利影响等,大多数工商管理机关也认可股改基准日后的股份转让。但在股改基准日前后进行股份变动时需要谨慎选择交易时点,关于股份变动时点的选择按照如下顺位:首先,选择股改基准日之前股权转让;其次,选择在股改基准日当日进行股份转让或者增资等;再次,选择股改基准日后的股权转让,此时虽说增加或者变更了股东,但未改变公司的实缴资本和净资产,是可以谨慎采取的方法;最后,最激进的选择是在股改基准日之后的增资行为,对于此种操作方法不建议采取。对公司在股改基准日前的股份变动行为,挂牌审核过程中,审核机构也未过多从法律上判断其是否构成整体变更,更多关注对公司的财务状况是否产生不利影响。但是,作为拟挂牌公司及中介机构,仍应当按照规范的操作方法进行股份变动,谨慎选择股改基准日前后的股份变动时点,对在股改基准日后改变公司净资产或者注册资本的方法,不建议采纳。

另外,还存在一种特殊的股权变动情形,即创立大会召开时新股东以增资的方式成为发起人股东。此种方式并非严格意义上的有限公司的整体变更,实务界对此也存在争议,此方法亦需慎重采用。实际上,股改同时新增股东作为股份公司发起人的案例主要集中在股改同时还原代持股份的情形,而非增资引进新股东。

例如,辰州矿业(002155)股改基准日后股改前发生股权转让;川东环能(831295)的股改基准日为2014年3月31日,2014年4月21日公司发生股权转让;昆工恒达(831152)的股改基准日为2013年7月31日,2013年9月17日公司发生股权转让;博迁新材(871363)的股改前股份转让和增资同时进行;力博医药(839732)、金研科技(871714)、欧亚股份(831282)等均存在类似情况;麦达数字(原实益达、002137)、亿纬锂能(300014)均发生过股改基准日后发生股权转让的情形。

案 例 股改同时还原代持股东的操作

安达物流(831159)存在的相关情况如下:安达物流改制前,安达有限存在股权代持之情形,显名股东共计37名;2013年12月8日,安达有限召开股东会,审议通过安达有限部分显名股东股权转让及安达有限整体变更设立为股份有限公司事宜;根据安达有限部分显名股东与隐名股东先前签署的委托持股(代持股)协议，安达有限通过显名股东与隐名股东在形式上签订股权转让协议的方式，对股权代持进行清理，安达有限真实股东人数共计137名。因安达有限股东人数已然超过50名，经与天津市工商行政管理局沟通，该局建议安达有限在上述股权转让的同时，将安达有限整体变更设立为股份有限公司；2014年2月3日，安达物流137名发起人共同签署了《发起人协议》，并于2014年2月13日召开了创立大会；安达物流以截至2013年9月30日为基准日经审计的安达有限账面净资产168,936,430.02元折股50,000,000股，成立股份有限公司，安达物流整体变更前后，股东真实股权结构保持一致。

安达有限的股权代持关系通过股权转让方式并与整体变更设立股份有限公司程序一并完成。安达物流称其清理股权代持与整体变更同时进行系在天津市工商行政管理局建议下实施。

另外，天舟文化(300148)存在类似情况，具体如下：天舟文化改制前，天舟拓展存在工会受托持股之情形。显名股东共计2名，分别为湖南天鸿投资集团有限公司、湖南教育出版社工会。其中，教育工会受托102名自然人股东持有天舟拓展股权。2007年11月29日，天舟拓展召开股东会，同意将天舟拓展整体变更为股份有限公司；整体变更后的总股本保持不变，仍为5000万元；股份公司发起人为天鸿投资及102名自然人。根据教育工会保有的会员银行缴款凭证，天舟拓展通过显名股东教育工会与隐名股东在形式上签订股权转让协议的方式，对股权代持进行清理，天舟拓展真实股东人数共计103名。后天舟文化股权还原与整体变更设立股份有限公司一并进行。

另外，瑞丰高材(300243)存在类似情况，具体如下：山东瑞丰高分子材料股份有限公司系由瑞丰有限整体变更而来。瑞丰高材整体变更之前，瑞丰有限存在股权代持之情形，显名股东共计13名，实际股东共为151名。瑞丰有限存在的股权代持关系解除与有限公司整体变更设立股份有限公司程序一并完成。

点评：公司历史上存在股权代持的情形，公司于股份制改制之前需要采取有效措施将全部隐名股东显名，消除代持问题。若股改同时还原代持股份，公司整体变更前后，实际上并未增加新的股东，公司实际股东人数及其持股比例均保持不变。公司以经审计的账面资产折股，未以评估值入账，折合实收股本不超过经审计的净资产额，满足“有限责任公司按原账面净资产折股整体变更为股份有限

公司,存续时间可以从有限责任公司成立之日起计算”,符合“整体变更设立为股份有限公司”之规定。该方法需要沟通当地工商机关,为解决问题的有效方法之一,可以充分参考学习。

(三)减资的程序及合法性问题

拟挂牌公司股东若无法实缴认缴的注册资本,或者公司资金需求量与注册资本不匹配,或者公司存在较大的无形资产出资,或者出资存在瑕疵等,通过减资的形式处理也是一种方法,甚至是可以作为一种税务筹划措施等。《公司法》第177条规定:“公司需要减少注册资本时,必须编制资产负债表及财产清单。公司应当自作出减少注册资本决议之日起十日内通知债权人,并于三十日内在报纸上公告。债权人自接到通知书之日起三十日内,未接到通知书的自公告之日起四十五日内,有权要求公司清偿债务或者提供相应的担保。”实务中,工商机关一般都要求在报纸公告且满45日后方可办理相关的减资变更事宜,但对于编制资产负债表及财产清单是否存在出入、是否召开股东会等程序性合规事项进行核查,进而确定是否存在大量减资的程序违法事项。减资的法定程序和事项属于公司法层面的强制性要求,虽说不会单纯因为减资瑕疵造成挂牌的实质性障碍,但仍要力争符合法律的规定。

案　例　减资的关注事项

《山西毅圣消防工程股份有限公司挂牌申请文件反馈意见回复》(毅圣消防、873340),反馈意见如下:“(1)公司减资的具体原因及所履行的程序,减资的必要性、真实性、减资程序及公司债务处理是否合法合规及该减资是否对公司业务产生不利影响。(2)公司减资的会计处理是否合法合规。”公司关于减资情况反馈如下:“(1)公司本次减资的原因为注册资本中部分未实缴,股东暂时未有对注册资本进行实缴的计划,公司计划变更为股份有限公司,因此经全体股东一致同意对注册资本中未实缴部分进行减资,公司减资具有必要性和真实性。(2)公司减资过程履行了股东会审议、编制财务报表及财产清单、通知债权人、公告、工商变更登记、补充验资等程序,履行了必要的法定程序,公司减资程序合法合规。公司减资过程中履行了通知债权人及公告的程序，公司股东出具《债权债务承诺书》，股东承诺：公司按《公司法》规定和公司章程约定，如有债务以全体股东以其减资前所认缴的出资额为限，承担一切法律责任，并提供担保，承担连带责任。公司减资过程中债务处理合法合规，不存在损害债权人利益的情形。(3)公司本次减少的为注册资本中未实缴的部分，未减少公司营运资金，未对公司的正常生产经营造成不利影响。”

依据《平凉静宁苹果产业发展股份有限公司挂牌申请文件第一次反馈意见回复》(静宁苹果、873421)，相关的减资情况对外披露如下：“电商公司在甘肃日报刊登《减资公告》，有限公司在发布《减资公告》前未及时召开股东会形成决议，在之后召开股东会对其减资事项进行了追认。经向公司了解，当时公司为办理银行贷款需要，进行减资。减资过程中，因经办人员不熟悉相关流程，导致上述减资事项不足45日申请变更登记的行为，存在一定瑕疵。由于公司按照工商程序履行了变更；变更登记后，未有债权人对公司进行债权申报，减资后到当前公司已运行两年未发生由于债权、债务或者股权的纠纷。”公司控股股东、实际控制人田选宾出具承诺：“平凉静宁苹果产业发展股份有限公司因自设立起至2019年4月23日期间未及时办理工商变更登记手续等事宜而受到的任何行政处罚或不利法律后果，均由本人承担，保证不因上述潜在风险致使公司和挂牌后的公众股东遭受任何损失。静宁县市场监督管理局已出具的《确认函》确认，静宁苹果不存在因违反有关工商行政管理法律法规而受到或者需要受到行政处罚的情形。”

依据《营口华峰动力发展股份有限公司挂牌申请文件第一次反馈意见回复》(华峰动力、873320)，审核机构反馈：“2017年11月有限公司将注册资本由8000万元减至2600万元。补充披露此次减资的具体原因及所履行的程序；结合公司减资原因对公司此次减资的必要性、真实性、减资程序及公司债务处理是否合法合规，是否存在被处罚的风险进行核查并发表明确意见；对公司此次减资的会计处理是否合法合规进行核查并发表明确意见。”中介机构关于减资的必要性反馈回复如下：“经核查，2016年8月，有限公司第三次增加注册资本，公司注册资金由2600万元增加到8000万元，因增资金额数额较大，公司拟新三板挂牌，无法在短期内将增资额全部出资到位。公司股东综合考虑经营所需资金以及股东自身资金的前提下，同时满足挂牌新三板实缴注册资本的要求，决定将尚未实缴的注册资本进行减,此次减资具有必要性。”

另外,减资时用公司盈余公积退还股份减资款的瑕疵事项解决方法可以参考华孚股份(870634)。

案　例　股改时净资产低于注册资本则股改同时减资

原新三板挂牌企业东土科技(300353)在股改同时因为未分配利润为负导致公司净资产低于公司注册资本,该公司股改的同时减少注册资本。具体披露内容如下:“2006年7月31日,公司召开2006年临时股东会,同意《审计报告》,截至2006年4月30日,公司审计后净资产为7,603,915.94元,其中实收资本10,200,000元,资本公积133,155元,未分配利润-2,729,239.06元。据此,同意公司变更注册资本为760万元,3,915.94元余额转入资本公积,并根据股东原来的出资比例,将现有净资产做如下分配:李平685万元,张旭霞75万元。2006年9月18日,中磊会计师事务所出具中磊验字(2006)第0020号验资报告,确认:截至2006年4月30日,有限公司已收到公司发起人李平、张旭霞以净资产出资的注册资本合计760万元,并确认改制前,原东土国际2006年8月8日在北京《晨报》上发布了《减资公告》。”

点评:对于有限公司阶段存在未弥补亏损等情形的,若导致公司的净资产低于注册资本,则无法按照有限公司阶段的注册资本办理股改。对此问题的解决,需要在股改基准日前减资或者股改的同时按照不高于净资产折股,而按照不高于经审计的净资产折股因为注册资本变少同时构成减资。单纯从法理的角度来讲,有限公司整体变更为股份公司可以按照不高于净资产折股,则此种情况不应该属于减资,但是确实从形式上符合注册资本减少的条件,需要同时办理减资的程序。但是发生此种情形,稳妥的做法仍旧是股改基准日前减资,后期再办理股改。

案　例　减资出具验资报告

依据《昆山华都精工精密机械股份有限公司挂牌申请文件的反馈意见回复》,该公司报告期内存在两次减资,2017年3月减资和2018年4月减资均由苏州勤安会计师事务所(普通合伙)出具《验资报告》。

点评:减资并非构成挂牌的实质性障碍。对于存在减资事项的,重点关注减资的原因及真实目的,减资程序的合法合规性,减资是否涉及资金支出等对公司的影响。另外,对于减资事项,既然属于一个重点关注事项,尽量保证对减资出具验资报告。公司存续期间可能发生缩股的事项,缩股实际上属于变相的减资,可参考国有控股公司武侯高新(871326),该公司按照5:1等比例缩股,减少的股本超过10亿元均转入资本公积。

(四)股改存在瑕疵改回有限公司再次股改的分析

实务中,有些地区对于股份制改制的行为,操作时视同公司名称变更,如果公司自行召开会议申请变动为股份公司,则可直接更名为股份有限公司。所以造成拟挂牌公司可能存在股改时未召开创立大会,未审计和评估,以高于净资产的数额作为公司注册资本,对股份公司采取认缴制,股份公司聘请的审计机构等不具有相应的证券资质等不符合规定的各种特殊情况。对于股改存在瑕疵的,重新改回有限公司再改制为股份公司属于一个常见的解决方法。但是该方法并非适合所有股改存在瑕疵的公司,比如对于股改存在瑕疵,聘请审计机构对历史财务数据进行复核,同时由政府机关出具确认函的形式解决的也不在少数,对于高于净资产折股的,减资或者股东补充注册资本都是解决方法。具体的解决方法需要根据具体问题具体分析。

案 例　首次股改未聘请审计机构等

依据《甘肃新康源生物科技股份有限公司挂牌申请文件反馈意见回复》(新康源、872851),反馈意见如下:“关于整体变更。2016年4月,公司由股份公司变更为有限公司;2016年12月,有限公司再次整体变更为股份公司。(1)说明前述历次变更的原因,以及历次变更所执行的内外部决议程序、审计评估程序、工商变更程序等;(2)核查历次变更是否履行了必要的法律程序、公司历次变更是否合法合规,公司是否符合整体变更的有关要求,公司业绩能否连续计算,公司是否符合挂牌条件。”

公司关于两次股改的原因反馈如下:“2014年5月,公司第一次变更为股份公司时召开了董事会及股东大会，但未委托相应的中介机构进行审计、评估和验资。根据当时有效的《公司法》等相关法律法规的规定，有限责任公司变更为股份有限公司时，折合的实收股本总额不得高于公司净资产额。根据公司提供的截至2014年4月30日的资产负债表，公司的净资产低于折合的股本数；且本次整体变更未签署发起人协议、未召开职工代表大会选举职工代表监事，不符合《公司法》第79条‘发起人应当签订发起人协议，明确各自在公司设立过程中的权利和义务’、第117条‘监事会应当包括股东代表和适当比例的公司职工代表’的规定。因此公司本次股份制改造程序不符合当时有效的《公司法》等相关法律法规的规定，存在瑕疵。为纠正公司本次股份制改造的瑕疵，公司于2016年4月25日将公司变更为有限责任公司形式，并以2016年12月31日为审计基准日重新进行了股份制改造。”

依据《广州弘康医疗信息股份有限公司挂牌申请文件反馈意见回复》，两次股改的反馈意见回复如下："2014年6月，公司股东为了提高弘康医疗的公司治理水平、提高公司品牌影响力，一致决定变更公司组织形式为股份有限公司。由于缺少改制经验，公司未聘请券商、律师、会计师等专业机构指导，自行以截至2014年5月31日收益法评估结果10,555,100元股东权益折股为10,000,000万股，召开创立大会设立股份公司。本次股改，发起人股东未签署《发起人协议书》，未履行必要的审计程序，未履行注册资本验资程序，股改后公司亦未进行财务报表、财务账册、财务数据的调整。此外，本次股改还违反了《公司法》第95条‘有限责任公司变更为股份有限公司时，折合的实收股本总额不得高于公司净资产额’的规定。

2015年6月，为了纠正本次股改的瑕疵，公司股东决定由股份有限公司变更为有限责任公司，遵循‘原路返回’的原则，退回起点，公司重新变更回有限责任公司。2015年7月，公司股东决定以现金方式按原比例增资760万元，全部计入‘资本公积’，用于弥补以前年度亏损造成净资产不足注册资本的部分。

为了使公司获得更快的发展，公司决定登陆资本市场，实现新三板挂牌的目标。2015年8月公司启动第二次股改，经有证券、期货业务资质的会计师、评估机构审计和评估，全体股东签署《发起人协议》，将公司整体变更为股份有限公司，以广东正中珠江会计师事务所审计的截至2015年7月31日净资产10,099,309.87元按照1∶0.9902的比例折为1000万股，计入股份公司的总股本，净资产大于股本总额的99,309.87元部分计入资本公积。

2015年8月20日,公司召开了创立大会暨第一次股东大会。2015年8月28日,股份公司领取企业法人营业执照。”

另外,依据《山西新达科技股份有限公司挂牌申请文件反馈意见回复》(新达科技、838611),该公司于2015年3月由有限公司变更为股份公司未履行相应审计评估程序、未履行相关设立程序,2015年6月重新变更为有限公司,2015年10月再次变更为股份公司。

案 例 首次股改的中介机构不具有证券资质

依据《张家口中业科技股份有限公司挂牌申请文件反馈意见回复》(中业股份、872456),反馈意见及关于两次股改的原因反馈回复如下:“公司2016年7月第一次整体变更为股份公司、于2017年3月变更为有限公司,2017年8月第二次整体变更为股份公司。请主办券商及律师对以下事项发表明确意见:前述3次公司形式变更的原因、程序的合法合规性;股份公司设立的合法合规性;公司两次整体变更的有效性,公司是否满足存续满两年的挂牌条件。”

回复如下:“(1)公司2016年7月第一次整体变更为股份公司的原因:根据访谈及公司说明,为完善公司治理,并希望在区域股权中心挂牌筹集资金而将有限公司变更为股份公司。但因考虑到公司为高新技术企业且满足股转系统挂牌的条件,因此未在区域股权中心挂牌而积极筹备挂牌新三板。此次公司形式变更已经履行了《公司法》及其他法律、法规和《公司章程》规定的必要程序,包括审计、评估、召开董事会、监事会、创立大会等,该程序合法、有效。(2)公司2017年3月由股份公司变更为有限公司的原因:公司第一次股改时聘用了不具有证券期货业务资格的中介机构,出于谨慎性考虑,拟挂牌公司聘请了有证券期货资格的审计、验资和评估机构进行审计或评估;公司改制时存在大股东占款。”

案 例 两次股改的合法合规性

依据《安徽易元堂国药股份有限公司挂牌申请文件反馈意见回复》(易元堂、873216),反馈意见及回复内容如下:“关于公司存在两次股份改制的情形。请补充核查两次股改程序是否完备,是否合法合规,发表明确意见。”

“主办券商回复:核查两次股改程序是否完备,是否合法合规,发表明确意见。

“1. 分析过程

“(1)2017 年 9 月,第一次股改:2017 年 9 月 11 日,大华对易元堂国药以 2017 年 7 月 31 日为基准日进行了审计。根据该《审计报告》,易元堂国药经审计的净资产为 50,075,731.88 元。

“2017 年 9 月 13 日,易元堂有限股东会审议通过了关于整体变更设立安徽易元堂国药股份有限公司若干具体事宜的相关议案。同日,易元堂有限全体股东作为发起人签署了《发起人协议》。2017 年 9 月 28 日,公司召开了创立大会暨第一次股东大会。

“(2)2018 年 5 月,从股份公司变更为有限公司:2018 年 5 月 16 日,易元堂国药召开 2018 年第三次临时股东大会,决定将公司名称由安徽易元堂国药股份有限公司变更为安徽易元堂国药有限公司,公司性质由股份有限公司变为有限责任公司。

“(3)2018 年 7 月,第二次股改经核查,鉴于第一次股改时未对公司设立时的实物和无形资产出资的瑕疵进行弥补,为积极解决第一次股改的瑕疵,实际控制人王辉在 2018 年 3 月补足出资后,公司决定进行二次股改。二次股改程序具体如下:

“2018 年 7 月 6 日,易元堂有限股东会作出决议,同意以经审计的净资产值人民币 62,706,465.69 元(审计值)折合股本 5000 万股,每股面值人民币 1 元,其余人民币 12,706,465.69 元计入股份公司资本公积。

“2018 年 7 月 6 日,易元堂有限全体股东作为易元堂国药发起人签署了《发起人协议》。2018 年 7 月 9 日,股份公司召开创立大会暨第一次股东大会。同年 7 月 16 日,大华出具了《验资报告》。同年 7 月 18 日,股份公司正式设立。

“2. 核查结论

“《公司法》第 95 条规定‘有限责任公司变更为股份有限公司时,折合的实收股本总额不得高于公司净资产额’。公司于 2017 年 9 月和 2018 年 7 月进行的股改(股份公司设立)已依法履行了审计、评估、召开创立大会、验资等必要的法律程序,依法通过了股份公司新的章程、选举产生了董事、监事,聘任了高级管理人员,并分别以公司2017年7月31日和2018年5月31日经审计的账面净资产折股设立股份公司，折合的实收股本总额未高于公司净资产额。均符合我国《公司法》在有限公司整体变更股份公司方面的相关规定。综上，公司的两次股改的程序完备，合法合规。

"3. 相关会计处理

"根据第一次股改时大华会计师事务所出具的大华审字〔2017〕007926号审计报告，公司截至2017年7月31日经审计的净资产为50,075,731.88元，公司以经审计的净资产值人民币50,075,731.88元折合股本5000万股，每股面值人民币1元，其余人民币75,731.88元计入公司资本公积。鉴于第一次股改时未对公司设立时的实物和无形资产出资的瑕疵进行弥补，为解决第一次股改时的瑕疵，实际控制人王辉在2018年3月补足出资后，公司决定进行二次股改。根据二次股改时大华会计师事务所出具的大华审字〔2018〕009474号审计报告，公司截至2018年5月31日的净资产为62,706,465.69元，公司以经审计的净资产值人民币62,706,465.69元折合股本5000万股，每股面值人民币1元，其余人民币12,706,465.69计入公司资本公积。综合以上，公司两次股改的会计处理准确，合法合规。"

案 例 存在减资且两次股改的合法合规性

依据《无锡奇宝星科技股份有限公司挂牌申请文件反馈意见回复》(奇宝星、873303)，审核机构反馈如下："根据公开转让说明书披露，公司历史沿革中股份改制及增资过程存在瑕疵。公司历史沿革中存在两次股改、多次股权转让、增资及减资事项，请主办券商及律师就公司设立、历次股权变动、股改、增资、减资、涉及改制过程个人所得税缴纳等事项的合法规范性进行核查并发表核查意见，梳理历次变动是否存在程序瑕疵、股权纠纷及补正措施，是否符合依法设立、股权明晰的挂牌条件。"具体回复情况省略。

点评：抛开反馈回复内容的质量，更多关注对于历史错误的认可以及有效描述，同时要明确历史错误是否有法律风险，有关机构是否出具确认文件，对于瑕疵的补正方法等，关注改回有限公司后的审计数据与前次股改的差异，关注再次股改的合法性等。

案 例 经审计调整股改时股本超过净资产

原新三板企业北鼎晶辉(430532)的IPO招股说明书显示:"2017年8月28日,因前期股改时公司存在净资产不足情况,由股东张北、张席中夏及世纪金马以现金全额进行补足,补足金额为1247万元,其中自然人张北代晶辉电器集团补足出资,金额为997.6万元;自然人张席中夏代万融通补足出资,金额为191.79万元;世纪金马补足金额为57.6万元。"信永中和对此出具《验资报告》。按照2012年,其净资产1.03:1的折股比例测算,在4年后的2017年,股东张北、张席中夏及世纪金马等股东为解决当年股改不合法问题而进行的新一轮变相的增资扩股中,其入股价格依然为多年前的1.03元/股。

火星人厨具股份有限公司(在审)整体变更为股份公司时,存在未弥补亏损,公司按照不高于扣除未弥补亏损后的净资产折股,详见其招股书。

(五)公司章程的完备性问题

2017年之前,虽说审核机构要求上传的文件包括公司章程,但是审核机构未过多关注挂牌公司的章程条款和内容等。2017年之后,审核机构对章程事项关注比较密切,一般均通过反馈的形式要求公司及中介机构核查章程内容和事项是否符合《公司法》《非上市公众公司监督管理办法》《非上市公众公司监管指引第3号——章程必备条款》《治理准则》的规定。对该问题一般需要列表对比回答相应的条款和内容是否完善。对于章程的要求指的是股改后和挂牌前的公司章程,对于过去的章程无须过多关注条款内容的完备性问题。

2020年1月10日,《全国股转公司关于做好实施〈全国中小企业股份转让系统挂牌公司治理规则〉等相关制度准备工作的通知》发布,要求:"挂牌公司应当于2020年5月1日前,按照《全国中小企业股份转让系统挂牌公司治理规则》相关要求,对照《完善公司章程等相关制度的要点提示表》完成公司章程的修订工作,履行审议程序并公告。对于申请挂牌公司,主办券商应当督导其按照《全国中小企业股份转让系统挂牌公司治理规则》的规定,完善相关制度。"对于章程的要点内容需要律师和公司充分参考该《要点提示表》。

申报精选层特有要求:发行人申报时提交的公司章程(草案)内容应当符合要

求，对利润分配、投资者关系管理、独立董事、累积投票等内容在公司章程（草案）中予以明确或者单独制定规则。

案 例 章程完备性的反馈意见

审核机构关于章程的反馈问题为："关于公司章程完备性的问题。(1)请公司补充说明公司章程是否载明以下事项并说明具体内容：公司股票的登记存管机构及股东名册的管理、保障股东权益的具体安排、为防止股东及其关联方占用或转移公司资金或资产或其他资源的具体安排、控股股东和实际控制人的诚信义务、股东大会审议的重大事项的范围以及须经股东大会特别决议通过的重大事项的范围、重大担保事项的范围、董事会对公司治理机制及公司治理结构进行讨论评估的安排、公司依法披露定期报告和临时报告的安排、信息披露负责机构及负责人、利润分配制度、投资者关系管理工作的内容和方式、纠纷解决机制（选择仲裁方式的，是否指明具体的仲裁机构）、关联股东和关联董事回避制度、累积投票制度（如有）、独立董事制度（如有）。(2)请主办券商及律师核查公司章程是否符合规定、相关条款是否具备可操作性并发表明确意见。(3)公司章程是否已在工商登记机关备案；如为附条件生效章程，除以挂牌作为生效条件外，是否附有其他生效条件，是否影响章程效力。"云南云金珠宝股份有限公司、山东蓝盟防腐科技股份有限公司、烟台云沣生态环境产业发展股份有限公司等均有相同的问题反馈。

点评：对于该问题，需要律师在公司股改时结合公司的实际情况详尽地书写章程条款，对比规章制度的要求，核查章程的完备性。在章程制定时，主办券商和公司需要关注律师起草的章程内容完备性以及匹配性，同时关注其他的信息披露制度的完整性和齐备性，后期避免给公司增加不必要的麻烦。

（六）报告期内发生重大资产重组是否符合挂牌条件

新三板相关制度并未明确要求发生重大资产重组的公司需要运行一定的周期，也没有明确不符合挂牌条件。报告期内发生重大资产重组或者主营业务员发生变更不违反挂牌的条件。实务中，存在报告期内发生重大资产重组的案例。

精选层特有审核标准：发行人申报后发生重大事项的，有哪些核查要求？发行人及中介机构应当按照精选层挂牌审查相关规定,对下列重大事项进行报告、核查并发表明确意见:(1)发行人及其实际控制人、控股股东等发生重大媒体质疑、涉及重大违法行为的突发事件;(2)发生涉及公司主要资产、核心技术等的诉讼仲裁,或者公司主要资产被查封、扣押等;(3)发行人控股股东和受控股股东、实际控制人支配的股东所持发行人股份被质押、冻结、拍卖、托管、设定信托或者被依法限制表决权,或发生其他可能导致控制权变更的权属纠纷;(4)公司发生重大资产置换、债务重组等公司架构变化的情形;(5)发生影响公司经营的法律、政策、市场等方面的重大变化;(6)发生违规对外担保、资金占用或其他权益被控股股东、实际控制人严重损害的情形,或者损害投资者合法权益和社会公共利益的其他情形;(7)发生可能导致中止或终止审查的情形;(8)存在其他可能影响发行人符合发行条件、精选层进层条件和相应信息披露要求,或者影响投资者判断的重大事项。

案 例 报告期内存在重大资产重组

吉麻良丝(873249),反馈问题如下:"报告期内公司存在重大资产重组,请主办券商、律师对重大资产重组是否履行必要的决策审批、资产评估程序,价格是否公允,对公司生产经营影响发表意见。请公司补充披露上述内容。"

威海万方人才合作股份有限公司(万方人才、872813)、济南邦德激光股份有限公司(邦德激光、838249)等报告期内发生了重大资产重组。

四、股权调查

核查要求:(1)股权明晰:请主办券商及律师:核查公司是否存在或曾经存在股权代持的情形,若存在,请核查股权代持的形成、变更及解除情况以及全部代持人与被代持人的确认情况,并对代持形成与解除的真实有效性、有无纠纷或潜在纠纷发表意见。核查公司是否存在影响公司股权明晰的问题以及相关问题的解决情况,以及公司现有股权是否存在权属争议纠纷情形。结合核查的具体事实情况对公司是否符合"股权明晰、股票发行和转让合法合规"的挂牌条件发表明确意见。(2)股权变动与股票发行合法合规:请主办券商及律师核查公司历次股权转让是否依法履行必要程序、是否合法合规、有无纠纷及潜在纠纷并发表明确意见。核查公司历次股票发行情况(如有)并就公司股票发行的合法合规性发表意见。核查公司的控股子公司或纳入合并报表的其他企业的股票发行及股权转让情况并对其合法合规性发表意见。

(一)股权代持的认定及解决

无论新三板挂牌还是IPO,股权代持问题均是审核部门关注的重点,若存在相应问题不解决则构成挂牌或上市障碍。但不是说历史上存在代持就构成挂牌的障碍。对于股份代持的问题,新三板挂牌规则要求拟挂牌公司对股权代持进行彻底清理,而目前的清理,基本上都是采取股权转让的方式。可由隐名股东将股权转让给名义股东或有关联的第三方,或者将股权转让给无关联的第三方。股权代持的解决难点在于对其形成原因、代持的背景、代持的确认依据、代持的真实性、代持的演变及解除过程(真实性、合法性、彻底性)的确认,确保不存在因此而发生的潜在纠纷等。

关于历史上存在股权代持的原因,主要包括:(1)特定股东身份违反法律的禁止性规定,不具有股东适格性,如正新农贷(833843);(2)股东具有适格性,但某些股东的身份当时不适合做股东,通过代持间接向企业投资,例如万佳科技(836572)的代持原因:谭煜东当时在西安交通大学就读计算机专业,由于万佳科技的主营业务也与计算机软件相关,考虑到就业后可能会存在竞业禁止限制,所以采取了股份代持设立公司,还可参考万佳科技(836572);(3)股东所在任职单位等存在禁止从业对外投资或者同业的协议约定或者不便于对外持股,如思维实创(834560)、晨晓科技(835820);(4)股东初期对公司发展前景未看好,出于观察期,例如毅航互联(834212),关于代持的原因解释为:一方面创立初期股东对股份权利人的合规性认识不足,另一方面系对创立期的企业成长性风险规避;(5)实际投资者人数太多,将部分股份集中在少数股东名下,既保证了工商程序的简便也便于管理,如天智科技(833145)、澳沙科技(833051)、华虹计通(300330);(6)为了相互担保银行融资,为了业务便利,通过代持的方式设立多家名义上非关联企业,如麦克韦尔(834742);(7)工会或者持股会等代持,如苏州设计(300500);(8)直系亲属之间代持等,如欧浦钢网(002711)、富源智慧(836772);(9)名义上是股东实际上是借贷关系等,如艾迪普(836600)存在姐弟间借贷关系的股份代持。

另外,关于股份代持,需要区分表决权委托或者股份的受托管理等。例如,四通新材(300428)存在股份的委托管理,关于相应的原因解释:"臧娜因生育孩子未在发行人处任职,也未参与发行人的经营决策与管理,为保证发行人经营决策的连续性与稳定性,遂将其持有的发行人股份委托其父管理;臧永建、臧亚坤、臧永奕、臧永和虽已成年,但当时尚在上学,无经营管理企业的条件,且从未参与发行人的实际经营管理,为保证发行人经营决策的连续性与稳定性,遂将其持有的发行人股份委托其父管理。"表决权的委托案例可以参考浙江凯融公司收购凯恩股份(002012)的权益变动报告书等。

案例 多次股份代持及还原股份至直系亲属名下

依据《关于苏州合展设计营造股份有限公司挂牌申请文件的第一次反馈意见》(合展设计、871491),关于代持挂牌公司及其子公司的股权代持的反馈及回复如下。关于股权代持。请公司补充披露:

1. 提供代持认定的证据文件

合展设计及子公司合展广告历史上均存在股权代持,其中许可代替戴钧义持有合展设计的股权;戴钧义、许可、费景芳代替沈晨冰持有合展广告的股权。由于合展设计及子公司合展广告历史沿革中的股权代持发生时间较早,距今已有十余年的时间,根据实际股东及名义股东的说明,股权代持仅为口头约定,并未签订股权代持协议,也无法提供届时资金转让的支付凭证。为了确认股权代持的真实性,公司已取得戴钧义等的确认函,均确认代持真实有效,不存在任何虚构成分。同时,戴钧义等于2017年3月1日在公证处将上述股权代持进行公证,以证实代持的真实、有效性。

2. 公司历史上存在多次股权代持的原因及解除代持的具体情况

[合展设计股权代持]

(1)第一次代持:合展有限于1997年成立时,正值国家经济体制改革的推进,市场竞争日益激烈,由于戴钧义任职于合展装饰,在设计制作方面具有一定的专业技术及市场资源,为了便于公司成立后业务的顺利开展,许可决定让戴钧义代替其持有10万元股权。(2)第二次代持:1999年有限公司第一次增加注册资本时,许可决定继续由戴钧义代持有限公司股权,同时由戴钧义代替许可新增注册资本40万元,本次增资后戴钧义代替许可持有有限公司50万元股权。(3)第三次代持:2003年许可因与其配偶准备办理离婚手续,故将其名下持有的合展有限50万元股权全部转让给戴钧义为其代持,本次转让后戴钧义共计代替许可持有有限公司100万元股权。(4)代持还原:为明晰公司股权,合展有限于2016年5月25日召开股东会,全体股东一致同意股东戴钧义将其代替许可所持有的合展有限股权全部转让进行还原。同日,戴钧义与许可签订《股权转让协议》,约定了本次股权转让的具体事宜及相关权利义务。本次股权转让为戴钧义与许可之间股权代持的还原,无须支付股权转让款。戴钧义、许可均出具承诺函,承诺本次转让后双方之间不存在股权代持,也不存在任何股权纠纷及其他潜在的争议。

[合展广告股权代持]

(1)代持形成:由于合展有限于1998年进行经营范围变更,公司主营业务准备向建筑工程设计施工方向发展,因此,合展有限与沈晨冰决定成立一家广告公司专门从事广告业务。因戴钧义、许可及费景芳在合展有限工作时积累了一定的广告市场资源,为了方便公司日后工作开展,沈晨冰决定让戴钧义、许可、费景芳代替其持有合展广告的股权。(2)第一次代持还原:2007年2月26日,合展广告召开股东会同意戴钧义将其所持的20万元股权、许可所持的10万元股权进行代持还原至沈晨冰的女儿沈一飞。(3)第二次代持还原:2009年11月19日,合展广告召开股东会同意费景芳将其所持的10万元股权进行代持还原至沈晨冰的女儿沈一飞。

综上,公司及子公司历史上存在股权代持的解除已经取得全部代持人和被代持人的书面确认。

点评:该股份代持案例比较典型,挂牌公司及子公司均存在代持行为,同时一名隐名股东过去为教师,挂牌公司的股权代持行为无代持协议,代持行为无资金出资流水,隐名股东无分红,同时子公司的股份还原非同一批次还原,子公司的代持股份直接还原至隐名股东的女儿名下。对于没有代持协议和代持资金往来的事实确认,各个股东之间通过签署协议同时对于代持的事项进行确认,且协议经过公证处公证。实际上中介机构对于代持行为的核查需要建立在了解真实的背

景基础上,从可提供关于基础材料的判断。对于确实无法从协议和流水上判断的,需要由股东共同补充确认,并经过公证确认为最好。

另外,关于股份代持过程中发生的股份转让行为,需要关注是否取得隐名股东的同意情形,以及是否有争议等。

（二）控股股东等股份质押是否构成挂牌障碍

对于拟申请新三板挂牌的公司,现行法律、法规和业务规则并未明确禁止公司在申请挂牌前进行股权质押,但对于股权质押的具体情况应予以披露,且需说明股权质押是否会给公司股权结构的稳定性带来影响,是否存在纠纷或潜在纠纷,对是否符合“股权明晰,股票发行和转让行为合法合规”的基本条件需要充分核查和论证。

审核机构对存在股份质押的关注要点:（1）公司股权权属是否明晰,是否存在潜在纠纷,是否存在公司控制权发生变化的风险、是否影响公司持续经营能力;（2）股权质押是否影响公司治理、是否影响公司持续经营;（3）结合公司财务状况,测算并说明对股权质押的行权可能性及所对应债务的偿还能力;（4）股权质押事项对控制权变更影响;（5）股权质押的原因、质押程序的合法合规性,是否侵犯公司其他股东的权益,是否导致公司及控股股东违反与其他投资人签订的投资协议条款;（6）股权质押的合同签署情况及质押手续办理情况;（7）将股权质押情况及可能导致的风险作重大事项提示。

案 例 相关股份质押的案例

空港物流（873157）,昆明银燕航空货运有限公司持有本公司股权比例为43%,银燕货运将持有的本公司37%股权设定质押,质权人为海宁皮革城担保有限公司;力诺电力集团股份有限公司的股东力诺控股、力诺集团以及公司部分子公司均存在股权质押的情况;哈尔滨博威动力设备股份有限公司的控股股东的股份存在质押于中信银行,为银行贷款提供担保;易元堂（873216）,上海易元堂以所持易元堂国药29.63%股权质押给亳州市融资担保有限责任公司,上海永涵堂以所持易元堂国药10.37%股权质押给亳州市融资担保有限责任公司,公司股东合计将公司股权的40%质押给亳州市融资担保有限责任公司;颐泰智能(873148),实际控制人将其持有的公司8.05%股份质押给兴业银行,为公司借款提供担保。

点评:存在股权质押的首先应当如实完整地披露,对股权质押的原因、质押程序、质押的合同情况、质押的手续办理情况进行披露,另对股权质押担保的债权履行情况进行披露,对该债权到期的履行情况进行充分披露,包括但不限于对每期偿还本金或利息的履约情况,以及对主债权人的偿债能力分析,以此说明对上述股权质押的行权可能性及所对应债务的偿还能力。另将该股权质押情况及可能导致的风险作重大事项提示。取得公司股东或股东的法定代表人的股份是否存在质押等转让限制情形、是否存在股权纠纷或潜在纠纷的书面声明,如若存在上述情形,取得相关股东对其债务正常按约履行、其偿债能力等情况的声明承诺。

此外,公司及中介机构应当通过查阅工商登记材料、借款合同、质押合同、投资协议等材料,查阅股权质押担保的公司内部决策程序,以此分析程序的合法合规性,及是否侵犯公司其他股东的权益、是否导致公司及控股股东违反与其他投资人签订的投资协议条款;对于报告期内的股权质押已经解除的,应核查解除的履行情况,以此分析是否存在潜在纠纷。

(三)曾在区域股交中心挂牌的合规性问题

在区域股交中心挂牌无特殊问题是符合挂牌规定的。对于曾在股交中心挂牌的,首先关注的是区域股交中心的合法合规性,是否属于清理整顿的区域股交中心的范畴;其次是公司股票是否存在公开发行或变相公开发行情形;最后是公司是否符合"股权明晰,股份发行和转让行为合法合规"的挂牌条件等。

案例 在区域股交中心挂牌的特殊事项

依据《深圳安视睿信息技术股份有限公司反馈意见回复》(安视睿、873092),反馈意见如下:"请公司说明并请主办券商核查公司是否(曾)在区域股权交易中心挂牌。若存在上述情形,请公司披露是否已按相关区域股权交易中心的要求进行摘牌或停牌;请主办券商和律师核查公司在区域股权交易中心挂牌期间的以下事项并发表明确意见:(1)根据《国务院关于清理整顿各类交易场所切实防范金融风险的决定》(国发〔2011〕38号),公司股权在区域股权交易中心挂牌转让,投资者买入后卖出或卖出后买入同一交易品种的时间间隔是否少于5个交易日;权益持有人累计是否超过200人。(2)公司股票是否存在公开发行或变相公开发行情形,公司股权是否清晰。(3)公司本次向全国股份转让系统公司提出挂牌申请,是否属于《国务院关于全国中小企业股份转让系统有关问题的决定》第2条约束的情形。(4)公司是否符合'股权明晰,股份发行和转让行为合法合规'的挂牌条件。请公司补充披露上述核查事项。"

另外,广东绿太阳旅游股份有限公司申请挂牌时在上海股权托管交易中心挂牌;江苏轩瑞减振设备股份有限公司曾在江苏股权交易中心挂牌;东方阿胶曾在齐鲁股权交易中心挂牌;南京西格玛医学技术股份有限公司曾在江苏股权交易中心及南京联合产权(科技)交易所有限责任公司挂牌等。

(四)国有股权核查

1. 国有股东身份标识和国有股权设置问题

关于国有股东身份标识及国有股权设置的批复问题,一直是实务中的难点,从审核机构到律师判断文件,均无明确的法律依据来支撑。依据《国务院国有资产监督管理委员会〈关于进一步明确非上市股份有限公司国有股权管理有关事项的通知〉的问题解答》:"……一、新设股份公司或有限责任公司变更为非上市股份有限公司是否需要申请办理股东标识管理?答:如果该股份公司设立后近期拟在证券交易所申请发行股票并上市的,就需要申请办理股东标识管理;如该股份公司暂无上市计划,则不需要申请办理股东标识管理。二、股份公司拟在新三板挂牌是否需要申请办理股东标识管理?答:不需要。三、股份公司拟在香港或境外证券交易所首次申请发行股票并上市,是否需要申请办理股东标识管理?答:需要。"可知,公司在新三板挂牌目前是不需要办理股东标识管理。

2. 国有出资的有限合伙企业的性质

在2018年5月《上市公司国有股权监督管理办法》颁布之前,关于国有出资或者国有主体担任执行事务合伙人的有限合伙企业的性质认定以及决策程序的审批、关于国有股权的管理等,存在不一致的做法,是法律事项中的难点。依据《上市公司国有股权监督管理办法》第78条:国有出资的有限合伙企业不作国有股东认定,其所持上市公司股份的监督管理另行规定。自此,关于国有出资的有限合伙企业的性质定论有了法律依据,明确不作国有股东认定。

案 例 国有基金投资决策文件替代国资监管机构设置批复文件

依据《关于甘肃绿能农业科技股份有限公司挂牌申请文件的第一次反馈意回复》,关于国有基金股东出资合规性反馈回复如下:"公司设立的主体、程序需合法、合规。公司股东中含有财政参与出资的政府引导型股权投资基金的,可以基金的有效投资决策文件替代国资监管机构或财政部门的国有股权设置批复文件。2016 年 12 月 21 日,国有股东现代农业基金的管理人甘肃华龙金城投资管理有限公司召开甘肃现代农业产业创业投资基金第十三次投资决策委员会会议,同意现代农业基金以现金方式对股份公司以每股 4 元的价格合计投资 1500 万元。公司国有股东出资公司的程序合规。"

另外,例如北京开心麻花娱乐文化传媒股份有限公司(开心麻花、835099),中国文化产业投资基金持有申请挂牌公司 13.8% 的股权。反馈意见:"请主办券商和律师补充核查中国文化产业投资基金的性质,其投资于公司的程序的合法合规性;公司是否需要取得国有股权设置批复文件,说明判断依据。""中国文化产业投资基金(有限合伙)(下称'文产基金')成立于2011 年9 月15 日,执行事务合伙人为中国文化产业投资基金管理有限公司。中国文化产业投资基金管理有限公司内设投资决策委员会负责对基金资产的投资和退出进行审核并作出独立最终决策。经核查中国文化产业投资基金管理有限公司投资决策委员会决议及相关批复文件,经基金理事会办公室审核并报理事长批准,同意文产基金向麻花有限出资人民币 4500 万元,占其稀释后股权比例的 15% 。"

3. 国有出资的评估瑕疵

国有企业存在瑕疵的一个重要问题主要为应当评估而没有评估,或者评估了但没经相关财政部门或国资监管部门的批准或备案。实践中,股转系统公司较关注挂牌企业国有资产出资、国有股权转让、企业增资导致国有股权比例下降等行为是否履行了评估手续。对于该事项建议在申请挂牌前聘请有国有资产评估资格的中介机构对相关事项进行补评估,并向主管部门申请补充确认。对此瑕疵问题:(1)承认未能及时履行评估手续的瑕疵行为;(2)公司行为已获得相关主管部门的确认;(3)该瑕疵行为未造成国有资产的流失或贬值,主管财政部门及国资委确认不对其违规行为进行处罚,因此,该瑕疵行为对公司挂牌不构成实质性障碍。例如,威门药业(430369),该公司增资未履行国有资产评估备案程序,后履行国资监管部门进行确认;行悦股份(430357)因增资导致国有股权比例下降未履行国有资产评估备案程序,后未补评估。

案 例 校办国有企业股权变动及瑕疵补正

依据《浦华环保股份有限公司挂牌申请文件反馈意见回复》(浦华环保、835956),关于国有股权变动瑕疵问题反馈意见及回复如下:

"请公司说明并补充披露:(1)国有股权转让的基本事项,包括且不限于转让主体的性质、出资单位、主管部门情况,内部决策程序的履行情况,有权机关的批准或备案情况,清产核资、资产评估及相应核准、备案程序履行情况,转让交易方式、权属登记情况。(2)存在国有股权变更瑕疵的,公司采取的措施、有权机关的确认。请主办券商、律师核查以下事项并发表明确意见:(1)转让和受让主体以及批复或备案机构的适格性;(2)股权转让程序的合法合规性及相关依据;(3)存在国有股权变更瑕疵的,通过整改措施是否已足以弥补瑕疵,公司股权是否存在潜在纠纷;(4)股权转让是否存在侵害职工权益的情形;(5)公司是否符合'股权明晰,股票发行和转让行为合法合规'的挂牌条件。"

答复:

"1. 公司历史沿革中国有股权转让的基本情况

"根据公司提供的相关文件资料和说明,浦华有限于 2002 年 9 月设立时,股东清华科技园和紫光集团系隶属于清华大学的企业,其中清华科技园于 2003 年被北京清华大学企业集团吸收合并,而北京清华大学企业集团于 2004 年改制为清华控股;紫光集团于 2005 年改制为公司制企业后成为清华控股下属公司。此外,公司发起人股东中启迪控股亦为清华控股的控股子公司。根据公司提供的相关文件资料和说明,并经主办券商于全国企业信用信息公示系统网站查询,清华控股系清华大学履行出资人职责的国有独资公司。

"浦华有限历史上相关国有股东发生的股权转让情况包括2004年3月清华科技园划转55.43%股权至清华控股、2006年4月华清基业转让公司21.74%股权至启迪控股、2007年11月启迪控股转让公司2%股权至华清基业、2007年12月紫光集团转让公司22.83%股权至清华控股、2011年11月清华控股转让公司35.77%股权至锐银投资等,有关情况如下:

时间	转让方	受让方	出资单位/主管部门	内部决策程序	资产评估	评估备案	有权机关批准	转让方式
2004年3月	清华科技园	清华控股	清华大学	股东会决议	不适用	不适用	清校发〔2003〕3号、国办函〔2003〕30号	无偿划拨
2006年4月	华清基业	启迪控股	清华大学	股东会决议	未履行	未履行	—	协议转让
2007年11月	启迪控股	华清基业	清华大学	股东会决议	未履行	未履行	—	协议转让
2007年12月	紫光集团	清华控股	清华大学	股东会决议	不适用5	不适用	不适用	协议转让
2011年11月	清华控股	锐银投资	清华大学	董事会决议	中发评报字〔2011〕第054号	备案表	教技发函〔2011〕31号	挂牌转让

"根据《国有资产评估管理办法》第3条,就上述情况,清华控股有限公司出具《关于确认浦华环保有限公司历史沿革中相关国有产权变动情况的批复》,确认'浦华环保有限公司历次股权变动系浦华环保及其股东的自主经营行为,已经履行了决策程序,有关股权变动事宜合法有效,不存在国有资产流失的情形。'

"2.关于公司历史沿革中国有股权转让的核查情况

"(1)转让双方主体、批复机关的适格性根据公司提供的相关文件资料和说明,于前述国有股权转让发生时,转让方及受让方均系依法设立并有效存续的企业法人,具有签署并履行相关股权转让协议的主体资格。

"根据《国有资产评估管理若干问题的规定》第3条、《国务院办公厅关于北京大学、清华大学规范校办企业管理体制试点问题的通知》(国办函〔2001〕58号)、《国务院办公厅关于同意北京大学、清华大学设北大资产经营有限公司和清华控股有限责任公司的复函》(国办函〔2003〕30号)等有关规定,清华控股作为清华大学出资设立的国有独资有限责任公司以及清华大学经营性国有资产的管理机构,代表清华大学统一持有、经营、监督和管理校办企业及学校对外投资的股权。

“(2)国有股权转让程序的合法合规性。根据公司提供的工商档案、相关交易协议、股东会/董事会决议等文件资料和说明,就前述国有股权转让行为,相关方已经履行了相应的程序或手续,包括:①公司已履行内部审议及表决程序,并相应修改公司章程及/或合资合同;②相关方已真实签署股权转让协议并适当履行;③公司及相关方已及时办理了变更登记及备案等手续。

“但主办券商、律师注意到,就公司历史上国有股权转让事宜,存在以下情形:根据《企业国有资产评估管理暂行办法》等适用规定,前述的2006年4月华清基业转让公司21.74%股权至启迪控股、2007年11月启迪控股转让公司2%股权至华清基业等事宜,未履行相应的国有资产评估等相关程序;根据《企业国有产权转让管理暂行办法》等适用规定,前述的2006年4月华清基业转让公司21.74%股权至启迪控股、2007年11月启迪控股转让公司2%股权至华清基业等事宜,未发现转让方/受让方就其股权转让履行相应的主管部门批准程序。

“(3)国有股权转让程序的瑕疵及其规范解决。根据公司提供的相关文件资料和说明,公司已根据本次挂牌中介机构的建议,就上述国有股权转让中存在的未履行国有资产评估及/或主管部门批准程序等情形,通过适当途径尽力促成相关方履行、补充及完善相应手续,并已取得相关确认情况如下:

“《国务院办公厅关于同意北京大学清华大学设立北大资产经营有限公司和清华控股有限责任公司的复函》(国办函〔2003〕30号)的有关规定如下:‘一、原则同意北京大学、清华大学分别设立国有独资的北大资产经营有限公司和清华控股有限责任公司,代表学校统一持有、经营、监督和管理校办企业及学校对外投资的股权,并承担相应的保值增值责任……三、同意清华大学将其全资企业北京清华大学企业集团依法改制为清华控股有限责任公司,在改制前将学校所属校办企业的资产(含股权)全部无偿划入公司,相应调增公司注册资本。公司出资人为清华大学。公司法定代表人由清华大学委派。公司依法经营所属全资企业、控股企业、参股企业中由学校投资形成的国有资产及国有股权,主要从事科技成果转化和推广,高科技企业孵化,技术信息咨询,投资管理,资产运营和资本运作。’

“2015年9月7日，清华控股出具《关于确认浦华环保有限公司历史沿革中相关国有产权变动情况的批复》，确认‘浦华环保有限公司历次股权变动系浦华环保及其股东的自主经营行为，已经履行了决策程序，有关股权变动事宜合法有效，不存在国有资产流失的情形’。

“如前文所述，清华控股作为清华大学出资设立的国有独资有限责任公司以及清华大学经营性国有资产的管理机构，代表清华大学统一持有、经营、监督和管理校办企业及学校对外投资的股权，并有权决定其子企业的产权转让。因此，清华控股出具的上述证明文件具有确认效力。

“（4）国有股权转让不涉及职工安置及侵害职工权益情形根据公司提供的相关文件资料及说明，并经核查，前述国有股权转让系公司股东层面的股权转让，并不涉及职工安置问题，公司仍然作为劳动合同主体来履行与职工的劳动合同，即不存在侵害职工权益的情形。

“3. 核查意见

“综上，尽管浦华有限历史沿革过程中涉及的国有股权转让情况存在未履行国有资产评估及/或主管部门批准程序等情形，但鉴于相关协议经当事方签署并实际履行、相应的工商变更登记手续已办理完成等股权转让已经实质履行完成的相关法律事实和客观情况，并结合相关股权转让已取得有权机构清华控股确认的事实情况，该等股权转让行为真实有效，没有导致国有资产流失的情形，不会对公司本次挂牌构成实质性法律障碍。”

（五）股东人数超过200人的核查

依据证监会发布的《非上市公众公司监管指引第4号——股东人数超过200人的未上市股份有限公司申请行政许可有关问题的审核指引》（〔2013〕54号），对于股东人数已经超过200人的未上市股份有限公司（以下简称200人公司），符合规定的，可申请公开发行并在证券交易所上市、在全国中小企业股份转让系统挂牌公开转让等行政许可。对200人公司合规性的审核将纳入行政许可过程中一并审核，不再单独审核。

1. 审核标准

200人公司申请行政许可的合规性应当符合下列要求：

（1）公司依法设立且合法存续

200 人公司的设立、增资等行为不违反当时法律明确的禁止性规定，目前处于合法存续状态。城市商业银行、农村商业银行等银行业股份公司应当符合《财政部、中国人民银行、银监会等关于规范金融企业内部职工持股的通知》（财金〔2010〕97 号）。

200 人公司的设立、历次增资依法需要批准的，应当经过有权部门的批准。存在不规范情形的，应当经过规范整改，并经当地省级人民政府确认。

200 人公司在股份形成及转让过程中不存在虚假陈述、出资不实、股权管理混乱等情形，不存在重大诉讼、纠纷以及重大风险隐患。

（2）股权清晰

200 人公司的股权清晰是指股权形成真实、有效，权属清晰及股权结构清晰。具体要求包括：

①股权权属明确。200 人公司应当设置股东名册并进行有序管理，股东、公司及相关方对股份归属、股份数量及持股比例无异议。股权结构中存在工会或职工持股会代持、委托持股、信托持股以及通过"持股平台"间接持股等情形的，应当按照本指引的相关规定进行规范。"持股平台"是指单纯以持股为目的的合伙企业、公司等持股主体。

②股东与公司之间、股东之间、股东与第三方之间不存在重大股份权属争议、纠纷或潜在纠纷。

③股东出资行为真实，不存在重大法律瑕疵，或者相关行为已经得到有效规范，不存在风险隐患。

申请行政许可的 200 人公司应当对股份进行确权，通过公证、律师见证等方式明确股份的权属。申请公开发行并在证券交易所上市的，经过确权的股份数量应当达到股份总数的 90% 以上（含 90%）；申请在全国股转系统挂牌公开转让的，经过确权的股份数量应当达到股份总数的 80% 以上（含 80%）。未确权的部分应当设立股份托管账户，专户管理，并明确披露有关责任的承担主体。

（3）经营规范

200 人公司持续规范经营，不存在资不抵债或者明显缺乏清偿能力等破产风险的情形。

(4)公司治理与信息披露制度健全

200 人公司按照证监会的相关规定,已经建立健全了公司治理机制和履行信息披露义务的各项制度。

2. 应当报送省级人民政府出具的确认函的情形

省级人民政府出具的确认函应当说明公司股份形成、规范的过程以及存在的问题,并明确承担相应责任。下列情形需要省级人民政府出具确认函:

(1)1994 年 7 月 1 日《公司法》实施前,经过体改部门批准设立,但存在内部职工股超范围或超比例发行、法人股向社会个人发行等不规范情形的定向募集公司。

(2)1994 年 7 月 1 日《公司法》实施前,依法批准向社会公开发行股票的公司。

(3)按照《国务院办公厅转发证监会〈关于清理整顿场外非法股票交易方案〉的通知》(国办发〔1998〕10 号),清理整顿证券交易场所后“下柜”形成的股东超过 200 人的公司。

(4)证监会认为需要省级人民政府出具确认函的其他情形。

(5)股份已经委托股份托管机构进行集中托管的,应当由股份托管机构出具股份托管情况的证明,不需要省级人民政府出具确认函。股份未进行集中托管的,应当按照前款规定提供省级人民政府的确认函。

属于 200 人公司的城市商业银行、农村商业银行等银行业股份公司应当提供中国银行业监督管理机构出具的监管意见。

3. 关于股份代持的处理

(1)一般规定

股份公司股权结构中存在工会代持、职工持股会代持、委托持股或信托持股等股份代持关系,或者存在通过“持股平台”间接持股的安排以致实际股东超过 200 人的,在申请行政许可时,应当已经将代持股份还原至实际股东、将间接持股转为直接持股,并依法履行了相应的法律程序。

(2)特别规定

以私募股权基金、资产管理计划以及其他金融计划进行持股的,如果该金融计划是依据相关法律法规设立并规范运作,且已经接受证券监督管理机构监管的,可不进行股份还原或转为直接持股。

案 例 股东人数超过200人的公司

济南圣泉集团股份有限公司(圣泉集团、830881),挂牌前股东人数合计3563人,总股本25,748.84万股。圣泉集团自2013年11月12日开始,公司对股东的持股情况进行确认,确认过程全程录像并聘请章丘市公证处对股权确认过程进行现场公证,项目组和律师全程参与了公司股权确认的过程。截至2014年1月28日,已完成托管登记的股份25,737.0504万股,托管比例为99.95%,本次股权确认共确定股东人数2899名,该等股东持有24,509.9684万股,占公司总股本的95.19%,股份确权比例达到80%以上。圣泉集团系根据1993年3月22日章丘市体制改革委员会批文(章体改股字〔1993〕6号)及1993年12月30日济南市体改委批文(济体改股字〔1993〕56号),由原济南圣泉化工实业总公司整体改制,并同时发行内部职工股,募集设立的股份公司。其中内部职工股338万股,涉及内部职工562名。实业总公司以净资产1127万股,折为1127法人股,占股份总额的77%;向内部职工发行338万股,占股份总额的23%。2014年4月25日,山东省人民政府出具《关于报送确认济南圣泉集团股份有限公司股份形成及规范情况的函》(鲁政字〔2014〕88号),对圣泉集团内部职工股的股份形成、变化及规范等情况进行确认。

另外,圣泉集团于1995年2月24日,经山东省证券管理委员会以《关于济南圣泉集团股份有限公司股权证转让申请材料的初审意见》(鲁证管办字〔1995〕4号)批准,公司内部职工股在山东企业产权交易所挂牌转让,公司内部职工股转为社会个人股。1998年,根据《国务院办公厅转发证监会关于〈清理整顿场外非法股票交易方案〉的通知》(国办发〔1998〕10号)规定,根据企业产权交易所出具的说明,圣泉集团在山东产权交易所于1998年12月19日停止挂牌交易。2014年4月25日,山东省人民政府出具《关于报送确认济南圣泉集团股份有限公司股份形成及规范情况的函》(鲁政字〔2014〕88号),对圣泉集团内部职工股股份形成、变化及规范等情况进行确认。

山东征宙机械股份有限公司(征宙机械、831293)挂牌新三板前,于2014年5

月启动股份确权工作,律师对公司股东的访谈及股东确认,现有股东确权人数占公司股东人数的比例为98.51%,确权股份总额占公司总股本的比例为99.74%,股份确权比例达到80%以上。另外,征宙机械历史上存在股权委托代持的情形,公司53名工商登记在册股东中13名股东为委托代持股东代表,在股权代持关系解除前,张平和等13名股东代表与315名股东之间存在委托代持关系。2014年5月24日,公司召开2014年第三次临时股东大会,审议通过了《关于解除委托持股关系的议案》。确认不再履行委托方与受托方之间签署的《委托持股协议》,解除双方之间的委托持股关系。2014年6月5日,公司在齐鲁股权交易中心按照当前实际的股东持股情况(335名股东)进行了股权托管。根据齐鲁股权交易中心出具的截至2014年6月9日征宙机械的股东名册,公司现有股东335名,合计持有1718万股股份。至此,公司已经将代持股份还原至实际股东,委托持股关系解除。

江苏省铁路发展股份有限公司(江苏铁发、430659)新三板挂牌时股东人数合计11,512人,总股本14,674.31万股。江苏铁发于2013年8月启动股份确权工作,截至2013年9月30日,公司已在华泰证券登记、托管的股份为145,428,110股,登记、托管率为99.10%,其中,参与公司于2013年8月启动的股份确权程序且股份得以确认的股东的持股比例为86.74%,股份确权比例达到80%以上。

另外,山东开泰石化股份有限公司(开泰石化、831928)存在挂牌时股东人数超过200人的情形。

(六)持股平台的限售及股权激励的回购条款

1.持股平台的限售

新三板项目中,员工持股平台多以有限合伙企业的形式搭建,对于此类有限合伙形式的员工持股平台的股份限售要求,根据《全国中小企业股份转让系统业务规则(试行)》第2.8条的规定及股转系统的实际操作标准,需要区别对待:

(1)有控股股东、实际控制人参与(根据出资比例及是否担任GP、合伙协议具体约定等实质判断是否能控制持股平台)

①控股股东、实际控制人控制持股平台

对于持股平台持有的新三板挂牌公司股份,则应认定为控股股东或实际控制人间接持有的股票，从而导致应整体遵循“两年三批次”的转让限制规定（该类有限合伙整体限售，而非仅针对控股股东或实际控制人持有的部分，而且该持股平台所持有的股份应单独遵循两年三批次，而不是计入控股股东、实际控制人所持有的所有股份，比如持股平台持有挂牌公司5%的股份，那么挂牌时持股平台的解限售数量应当为5% ×1/3 ×股份总数）。

②控股股东、实际控制人不控制持股平台

如不符合其他情况，该持股平台无须遵循控股股东、实际控制人的限售要求，没有法定限售限制。

(2)无控股股东、实际控制人参与

①如果该持股平台持有的公司股份系在挂牌前12个月以内受让自控股股东或实际控制人的（主办券商为开展做市业务取得的做市初始库存股票除外），则其股份转让的限制同样等同于控股股东和实际控制人，参考“有控股股东、实际控制人参与的”的情形。

②如果该持股平台持有的公司股份并非挂牌前12个月内受让自控股股东或实际控制人的，则持股平台持有的新三板挂牌公司股份并无法定的转让限制（持股平台或其中的合伙人为获取新三板挂牌公司股份而做出的股份转让限制性约定的除外）。

2. 股权激励中股份回购事项的合法合规性

挂牌公司不仅可以存在员工持股计划，也可以存在股权激励，对于股权激励中符合规定的股权回购的条款也是有效的，目前主要制度依据为《全国中小企业股份转让系统挂牌公司回购股份实施办法》。相关事项确实给中介机构增加不少的工作量，但需要充分的核查相应条件的合规性及其实施情况等。

案 例 股权激励方案约定的股份回购的合法合规性

依据《中船九江精达科技股份有限公司挂牌申请文件的第二次反馈意见回复》（中船精达、873322），相关反馈意见及回复如下：“报告期内，公司实施了股权激励计划，相关股权激励方案中约定了公司回购股权条款。(1)请公司补充披露公司实施股权回购的具体情况（如有）。(2)核查相关回购条款的合规性与可行性,并发表明确意见。”

问题(1)公司回复如下:“截至目前,21 名股权激励对象作为公司骨干员工,均在公司正常履职,尚未出现考核未达标、离职、解雇、丧失劳动能力、死亡、退休等情形,截至本反馈回复出具之日公司股权激励尚未出现回购情形。”公司已在公开转让说明书中补充披露如下:“截至本公开转让说明书签署之日,21 名股权激励对象作为公司骨干员工,均在公司正常履职,尚未出现考核未达标、离职、解雇、丧失劳动能力、死亡、退休等情形,截至本公开转让说明书签署之日公司股权激励尚未出现回购情形。”

问题(2)主办券商回复如下:“依据《股权激励方案》以及《国有科技型企业股权和分红激励暂行办法》第 22 条、《挂牌公司股票发行常见问题解答(四)——特殊投资条款》、《全国中小企业股份转让系统挂牌公司回购股份实施办法》第 4 条的相关规定。

“公司在《股权激励方案》中针对激励对象发生异动,如出现考核未达标、离职、解雇、丧失劳动能力、死亡、退休及其他情形等,提出了具体的处理方法:(1)激励对象在获得九江精达股权后,若出现考核不合格,或连续两年考核未达到良好及以上情形的,取得的股权应当在半年内全部由九江精达回购(或减资),其个人出资部分按照九江精达最近一期期末经审计净资产对应价格返还本人。(2)激励对象在与任职单位约定的服务期限未满情况下自己主动申请辞职的,取得的股权应当在半年内全部退回公司,其个人出资部分按照九江精达最近一期期末经审计净资产对应价格返还本人。(3)激励对象因违反法律、法规、任职单位规章制度被解除劳动关系,取得的股权应当在半年内全部退回公司,其个人出资部分由公司按照上一年度审计后净资产计算退还本人。如因法律法规规定不得转让或限制转让的,则在该不得转让或者限制转让的法定情形消除或满足后,该当事自然人股东应及时按照上述约定进行股份转让。(4)因公调离本公司的,取得的股权应当在半年内全部退回公司,其个人出资部分由公司按照上一年度审计后净资产计算与实际出资成本孰高的原则返还本人。(5)激励对象死亡或者丧失劳动能力的,取得的股权应当在半年内全部退回公司,其个人出资部分由公司按照上一年度审计后净资产计算与实际出资成本孰高的原则返还本人。(6)激励对象因达到国家和任职单位规定的退休年龄退休而离职的,取得的股权应当在半年内全部退回公司，其个人出资部分由公司按照上一年度审计后净资产计算与实际出资成本孰高的原则返还本人。激励对象职务变更的，股权不进行调整；激励对象出售限制解除后，有权将其持有的公司股权进行转让，公司其他股东享有优先购买权；在职激励对象不得以任何理由要求公司收回激励股权。

"上述回购条款约定是按照《国有科技型企业股权和分红激励暂行办法》（财资〔2016〕4 号）第 22 条规定而制定并已在公开转让说明书中充分披露回购条款；公司《股权激励方案》已经职工大会、董事会、股东会审议通过，并由中船集团出具了批复，且激励对象发生异动时其个人出资部分由公司按上一年度审计后净资产计算或者按照上一年度审计后净资产计算与实际出资成本孰高的原则退还激励对象本人，公司作为受益人不存在利益受损害的情形，符合《全国中小企业股份转让系统挂牌公司回购股份实施办法》第 4 条及第 51 条的规定；且根据《挂牌公司股票发行常见问题解答（四）——特殊投资条款》相关规定，公司股权激励约定的回购条款并不属于禁止情形。

"根据《回购股份实施办法》第 51 条、第 53 条、第 55 条及第 56 条的规定，因股权激励行使权益的条件未成就（如激励对象提前离职、业绩未达标），公司根据相关回购条款回购激励对象所持股份时，在不影响公司的债务履行能力和持续经营能力的情形下，可以根据相关回购条款确定的价格向特定激励对象回购确定数量的股份，且公司回购条款中约定的回购价格由公司按上一年度审计后净资产计算或者按照上一年度审计后净资产计算与实际出资成本孰高的原则确定，回购价格合理，不存在损害挂牌公司利益的情形。回购方案经审议后公司可直接向全国股转公司提交定向回购股份过户并注销申请，无须通过竞价或做市方式回购、要约回购，公司的回购条款合法合规并具有可行性。

"经核查，主办券商认为，公司的回购条款合法合规并具有可行性。"

五、控股股东与实际控制人调查

核查要求：核查控股股东、实际控制人的认定的理由和依据，并对认定依据是否充分、合法并发表意见。核查公司的控股股东、实际控制人最近 24 个月内是否存在重大违法违规行为，对控股股东、实际控制人的合法合规情况发表意见。

精选层特有审核标准：发行人及其控股股东或实际控制人曾出具公开承诺

的,申请公开发行时有哪些注意事项?有哪些核查及披露要求?发行人及其控股股东或实际控制人曾出具公开承诺的,应当诚实守信,最近12个月内不得存在违反公开承诺的情形。针对发行人及其控股股东或实际控制人作出的尚未履行完毕和新增的公开承诺,发行人和中介机构在进行信息披露和核查时应当重点关注下列事项:(1)承诺事项内容应当具体、明确、无歧义、具有可操作性,符合法律法规和业务规则的相关要求。承诺无法履行或者无法按期履行的,发行人应按照《全国中小企业股份转让系统挂牌公司治理规则》(以下简称《公司治理规则》)的要求及时履行变更程序并做重大事项提示。(2)承诺事项不符合《公司治理规则》相关规定的,承诺相关方应当进行规范,中介机构应当对规范后的承诺事项是否符合规定发表意见。

(一)控股股东和实际控制人的认定

1. 控股股东及其形式

控股股东指其持有的股份占公司股本总额50%以上的股东;或者持有股份的比例虽然不足50%,但依其持有的股份所享有的表决权已足以对股东大会的决议产生重大影响的股东。公司控股股东的形式:第一大股东为控股股东;前几大股东或者存在一致行动关系几个股东为控股股东;不存在控股股东。

在认定控股股东的过程中,从概念以及法理出发,控股股东的前提应当是公司股东,只有当时公司的直接股东才有可能构成公司的控股股东,不是公司的股东不宜认定为公司的控股股东。对于该问题未进行过深入思考的人,可能认为该问题属于一个非常简单问题。但是面对复杂的情况时,即使专业的律师机构在认定控股股东过程中都会存在疑虑或者内心不确信。比如若存在表决权委托等特殊情况的,是将表决权委托主体的或受托主体作为控股股东。从表决权委托的基础法律关系来讲,表决权委托仅仅是一个授权委托关系,虽说能构成控制,但是并未造成股东变更,同时不会影响原有股权的处置权等,亦不会影响法院的司法拍卖等,所以对于单纯的表决权委托等,一般情况下,不宜认定受委托主体为控股股东。当然,若受委托方本身就持有公司股份,同时股份比例接近第一大股东而对于表决权委托的部分也签订了股份转让协议甚至办理了质押登记等,需要综合考量对控股股东进行认定。

控股股东从法理的角度,应该是个单一的概念。如世博新材(832445)、合兴铁链(832441)等认定单一控股股东,存在多名实际控制人,此类做法是符合法理的认定。而在实务中,出于谨慎的角度,以及出于对夫妻关系、契约义务的遵守等角度,大量存在认定多名控股股东情形。对于从保护投资者及广大中小股东利益保护和谨慎的角度出发,认定多人共同构成控股股东是可以理解并支持的。如震宇科技(833934)、纳科诺尔(832522)、美通筑机(832506)等认定多名控股股东和实际控制人。

个别公司将实际控制人控股的多家公司均认定为控股股东,此种做法不建议采用,但是对于特殊情况,比如两个公司的股份相当等特殊情况可以劣后选择认定。实际上对于类似的情形,无任何一个股东持股比例能够控制公司的,可以考虑认定公司无控股股东。例如,深担保(835403)挂牌时,公开转让说明书记载由于股东深圳卓越柏盛顾问管理有限公司与深圳市胜策投资有限公司分别持有公司35%的股份,持有股份相同,且均未超过50%,公司无单一控股股东。鉴于卓越柏盛与胜策投资均为实际控制人,共同控制经营决策,故认定卓越柏盛与胜策投资为公司的共同控股股东。

另外,浙江双鸟锚链股份有限公司申请挂牌时,其股东双鸟集团与自然人股东汤善国签署了一致行动协议,但公司仅认定双鸟集团为控股股东。对于存在一致行动协议而仅认定第一大股东为控股股东,从控股股东的层面是合理的。同时需要关注一些特殊情况,如浦华环保(835956)挂牌时第一大股东 AsukaCITF, Limited 持股40%,但认定公司无控股股东及实际控制人。

整个控股股东的认定在操作中相对比较混乱,不同的机构出于不同的考量作出不同的认定,但是各机构需要坚持专业的基础上从实际出发作出合理认定。从目前操作惯例来看,出于谨慎角度的认定是比较容易得到认可的做法。

2. 实际控制人及其形式

实际控制人指通过投资关系、协议或者其他安排,能够支配、实际支配公司行为的自然人、法人或者其他组织。公司的实际控制人的形式:存在单一实际控制人;由多人共同控制;无实际控制人。

控制指有权决定一个公司的财务和经营政策,并能据以从该公司的经营活动中获取利益。有下列情形之一的,为拥有挂牌公司控制权:(1)为挂牌公司持股50%以上的控股股东;(2)可以实际支配挂牌公司股份表决权超过30%;(3)通过实际支配挂牌公司股份表决权能够决定公司董事会半数以上成员选任；(4)依其可实际支配的挂牌公司股份表决权足以对公司股东大会的决议产生重大影响；(5)证监会或全国股转公司认定的其他情形。

实际控制人不需要直接持股，如果是通过多层嵌套的形式持股，则不会因为嵌套的形式改变实际控制人的控制地位。对实际控制人的认定一般应追溯至自然人、国有资产出资或者管理部门、村委会等主体，对于多人共同控制的可以认定多人为实际控制人。

例如，浙江力诺流体控制科技股份有限公司（浙江力诺、830985）认定自然人股东陈晓宇、任翔、王秀国、戴美春、吴平、余建平为公司共同实际控制人。陈晓宇等6人均直接持有公司股份比例合计77.36%，此外，陈晓宇和余建平还通过诺德投资间接支配公司2.91%股份的表决权。

实际控制人的认定一般应追溯至自然人等，但也有例外情形将普通法人股东认定为实际控制人。例如翰林汇（835281），其公开转让说明书披露"公司控股股东为TCL集团，其直接持有公司9580万股股份，持股比例为73.6923%，控股股东性质为法人股东（国内上市公司）。根据TCL集团2014年度报告、2015年半年报告描述以及股权结构情况，作为上市公司，TCL集团没有实际控制人，因此公司控股股东TCL集团即为公司的实际控制人"。严格意义上讲，该公司实际上因为控股股东无实际控制人，则该公司应该无实际控制人。而公司及中介机构从事实以及谨慎角度出发，认定作为普通法人的控股股东作为实际控制人属于值得肯定的做法。

对实际控制人的认定不需要以该人是否在公司任职为条件。一个人即使不在公司董事会或者经营管理层任职，还是可以通过股东大会等行使股东权利。对于实务中认定多人控制的，若以个别股东不在公司任职为由而不认定其为实际控制人之一的实际上是欠妥的。同时，审核机构对于不在公司任职的人作为实际控制人反而会要求说明认定的理由，实际上是对实际控制人的认定存在一定的偏差。例如，依据《深圳市北鼎晶辉科技股份有限公司创业板首次公开发行股票申请文件反馈意见》（北鼎晶辉、430532），审核机构要求："关于发行人的控股股东、实际控制人及其控制的企业情况。申报材料显示，发行人控股股东为晶辉电器集团。晶辉电器集团系根据香港法律于1999年设立，持有发行人6100万股股份，占公司股本总额的比例为37.41%。GEORGEMOHANZHANG、张北合计控制公司69.81%的股份,系公司实际控制人。GEORGEMOHANZHANG持有晶辉电器集团100%的股权,其通过晶辉电器集团间接持有公司37.41%的股权。张北系回复GEORGEMOHANZHANG之父,张北直接持有公司32.40%股份。请发行人回复:2015年4月,晶辉电器集团通过股转系统将其持有的1500万无限售条件流通股以每股1.2元的价格转让给张北,张北持有公司14.42%股份,成为公司股东。张北未在发行人处任职。说明认定GEORGEMOHANZHANG、张北为发行人实际控制人的依据,实际控制人的认定是否符合公司实际、是否准确。"

案　例　实际控制人持股比例低于20%认定依据的充分性

特殊情况下审核机构会关注认定持股比例低于30%甚至低于20%的人作为实际控制人的依据及合理性。例如,亿华通(834613)在其科创板上市申请中,审核机构反馈:"实际控制人张国强目前持股比例为25.09%,预计本次发行完成后,张国强持股比例不低于17.56%,其能否实质控制发行人,是否存在一致行动协议或其他利益安排,其他股东是否存在控制发行人的可能性。公司从管理层、财务投资者、产业投资者等的持股比例以及新三板挂牌前后重大事项的决策等角度论证实际控制人认定的依据。"

(二)报告期内实际控制人是否可以发生变更

申请首发上市有明确的规定在两年或者三年内实际控制人不得发生变更。进而对申请新三板挂牌的企业发生实际控制人变更的事项存在疑虑。实际上,新三板挂牌是允许企业存在实际控制人变更的情形,前提是实际控制人的变更不影响公司持续经营能力。报告期存在实际控制人变更的案例较多,如中汇税务(836553)、大宇纺织(836593)、新亚股份(836389)、安怀信(836426)、绿泽园林(836357)、信汇金融(834172)、亿友慧云(836687)、欧晶科技(836724)、瑞欧宝(836549)、丽源科技(836620)、齐思信息(836401)、浮力森林(836436)、赛尔通信(836345)、博岳股份(836461)、星推网络(836511)。

1. 判断实际控制人是否变更时的注意事项

(1)如果报告期内持有、实际支配公司股份表决权比例最高的股东发生变化，且变化前后的股东不属于同一实际控制人，视为公司控制权发生变更。

(2)实务中，如果主张多人共同拥有公司控制权的，应当符合以下条件：①每人必须直接持有公司股份和/或间接支配公司股份的表决权；②公司治理结构健全、运行良好，多人共同拥有公司控制权的情况不影响公司的规范运作；③多人共同拥有公司控制权的情况，一般应当通过公司章程、协议或者其他安排予以明确，有关章程、协议及安排必须合法有效、权利义务清晰、责任明确。

(3)公司不存在拥有公司控制权的人或者公司控制权的归属难以判断的，如果符合以下情形，可视为公司控制权没有发生变更：①公司的股权及控制机构、经营管理层和主营业务在报告期内没有发生重大变化；②公司的股权及控制结构不影响公司治理的有效性；③公司及主办券商和律师能够提供证据充分证明。相关股东采取股份锁定等有利于公司股权及控制结构稳定措施的，监管部门可将该情形作为判断公司控制权没有发生变更的重要因素。

(4)因国有资产监督管理需要，国务院或者省级人民政府国有资产监督管理机构无偿划转国有控股企业的国有股权或者对该等企业进行重组等导致公司控股股东发生变更的，如果符合以下情形，可视为公司控制权没有发生变更：①有关国有股权无偿划转或者重组等属于国有资产监督管理的整体性调整，经国务院国有资产监督管理机构或者省级人民政府按照相关程序决策通过，且公司能够提供有关决策或者批复文件；②公司与原控股股东不存在同业竞争或者大量关联交易，不存在故意规避挂牌条件的情形；③有关国有股权无偿划转或者重组等对公司的经营管理层、主营业务和独立性没有不利影响。

2. 实际控制人变更时需要关注的要点

(1)公司股权是否真实、明晰，是否存在潜在的股权纠纷

股权是否清晰以及是否存在股份争议涉及整个公司的经营能力可持续性及稳定性问题。中介机构需要结合交易背景、新股东的履历以及资金实力、学历、设立时间、其他投资情况、对外任职情况、股权转让款是否实际支付、股东之间是否存在关联关系等综合判断股权交易是否真实，双方的股权是否清晰，是否存在潜在纠纷。中介机构一般需要取得身份信息、工商资料、银行凭证、税收缴纳凭证、

访谈并取得出让股东和受让股东关于股权转让款支付与收受情况的说明(访谈、承诺、声明),从而判断股权转让真实性以及是否存在潜在纠纷。

(2)实际控制人变更的原因、背景和目的

新的实际控制人取得股份或者控制权,定然主要基于一定的基础法律关系。最普通的股份收购导致的实际控制人变更,基础法律关系则是双方的股权买卖关系;若一方通过债务清偿抵账取得股份,双方基础法律关系则是债权债务关系;若一方将股份赠与新的实际控制人,则双方存在赠与的基础法律关系等。

原实际控制人退出公司及现实际控制人加入公司的原因大致有如下几类:

第一,原实际控制人不参与公司管理仅为财务投资、个人精力有限,出于自身投资领域转变,将股权进行转让(齐思信息、星推网络、丽源科技);第二,原实际控制人因公司投资项目失败、个人经营理念及技术与公司整体发展速度不适、资金周转困难等(中天园林、博岳股份、安怀信、大宇纺织等);第三,原实际控制人取得其他地区永久居民资格(信汇金融);第四,现实际控制人资金实力强,能实缴,由其受让原实际控制人股权、向公司增资(赛尔通信、新亚股份);第五,现实际控制人对运营公司起到关键作用,使公司实现高速增长(赛尔通信、博岳股份、安怀信、信汇金融);第六,因股权架构调整导致股权比例分散,为确保控制及治理的稳定性,持股比例较高的股东签署一致行动协议(信汇金融、浮力森林)。

(3)主营业务的变更及新业务的开展情况

实际控制人变更后,对原有业务的开展情况以及新业务情况进行比较分析,同时应当如实地披露。中介机构需要核查公司是否改变公司业务方向、主营业务,并发表关于公司业务发展方向、业务具体内容(未)发生重大变化的说明。

(4)收入、利润变化情况

实际控制人变更前后收入、利润并未发生重大波动或者有所增长时,则无须过多论证。若实际控制人变更后营业收入、净利润显著下降时,需要充分论证发生的不利变化与实际控制人变更不存在必然的联系。例如,浮力森林的回复:报告期内实际控制人变更前后公司的月均营业收入、月均净利润的较大波动并非因实际控制人变更所致,公司 2014 年 3 月 7 日至 11 月 26 日营业收入、净利润下降主要系因受到 2014 年“3·15”消费者权益日中曝光的杭州广琪贸易公司销售过期原料事件影响,杭州地区烘焙食品行业销售整体大幅下降;公司2014年11月26日至2015年7月31日营业收入下降、净利润为负数的主要原因为公司销售收入具有季节性波动特点,公司主营业务产品的销售存在明显的季节性,各年度主营业务产品的销售收入呈现出上半年少、下半年多的销售分布情况。

(5)公司客户发生变化情况

实际控制人变更前后客户没有发生重大变化则无须过多论证。但若客户发生重大变化,只要有合理解释,也不影响持续经营能力的认定。例如,大宇纺织的回复,“报告期内公司为保持持续的盈利能力,随着市场供需的变化,不断调整产品结构,导致客户出现较大变动。公司所属客户的变动系公司产品结构调整而发生的变动,有利于公司提高持续的盈利能力,并不是实际控制人变化所致”。

(6)对持续经营能力的影响

实际控制人发生变更不属于挂牌的障碍,但是对公司持续经营能力的影响属于首要关注事项。需要结合前述事项,从多方面综合判断变更事项对经营能力的影响。无论从证明客户、收入规模、管理人员情况中的哪个角度出发,均需要以是否对持续经营能力产生重大影响作为落脚点。

案例 实际控制人变更的审核反馈问题

依据《苏州乐米信息科技股份有限公司反馈意见回复》,审核机构要求:“报告期内公司实际控制人发生变更。请主办券商、律师补充核查以下事项并发表明确意见:(1)实际控制人发生变更的原因,目前公司股权是否明晰,是否存在潜在的股权纠纷;(2)对比公司管理团队的变化,说明实际控制人经营公司的持续性、公司管理团队的稳定性;(3)对比实际控制人变更前后公司业务的发展方向、业务具体内容的变化;(4)对比实际控制人变更前后客户的变化情况;(5)实际控制人变更前后公司收入、利润变化情况。主办券商就实际控制人变更对公司业务经营、公司治理、董监高变动、持续经营能力等方面是否产生重大影响发表明确意见,公司结合上述内容就实际控制人变更事项做重大事项提示。”

案 例 实际控制人的认定由工会变更为基金会的解释

依据《关于海航航空技术股份有限公司挂牌申请文件第一次反馈意见的回复》，审核机构要求：“请主办券商和律师补充说明公司实际控制人先后认定为海航工会和慈航基金会，请主办券商和律师补充说明公司不同时期实际控制人的认定依据并说明其是否合理合法。”

“主办券商回复如下：

“1. 过程和事实依据

“查阅公司股东名册、相关企业工商公示信息、高管访谈记录、上市及新三板挂牌企业披露信息等相关资料。

“2. 分析过程

“(1)2015年9月前，实际控制人为海航工会的认定依据及合法合理分析

“①认定依据：海技有限成立至2015年9月，海航工会通过慈航基金会、盛唐发展、海南交管、海航集团控制海航航空集团，海航航空集团持有海航技术51.92%的股权，因此海航工会被认定为公司实际控制人。

“2005年3月4日，海航工会受让盛唐发展(香港)有限公司持有的盛唐发展(洋浦)有限公司65%的股权。盛唐发展(洋浦)有限公司受让海南交管控股50%的股权，海南交管控股持有海航集团70%股权。在股权受让完成后，海航工会成为海航集团的实际控制人。

“2013年9月5日，海航工会与慈航基金会签订《股权捐赠协议》，将其持有的盛唐洋浦65%的股权捐赠给慈航基金会。股权捐赠后，慈航基金会直接持有盛唐洋浦65%的股权，并通过盛唐洋浦间接享有对海航集团的相应投资权益。

“由于慈航基金会为独立的慈善公益组织，海航工会与慈航基金会不存在股权或其他任何权益隶属关系，但作为慈航基金会的主要捐赠人，海航工会对慈航基金会的决策机构组成、决策过程、主要职务任免、日常管理、检查监督等方面具有重大影响，并通过该重大影响间接控制海航集团。据此，本次捐赠完成后，海航集团的实际控制人未发生变更，海航工会在本次捐赠前后均为海航集团的实际控制人。

“②合法合规性分析：A. 海航工会可以合法对外投资并取得公司股东身份。

海航工会系依据《工会法》成立并依据《中国工会章程》的规定履行工会各项职责,海航工会目前持有海南省总工会颁发的工法证字第213800023号《工会法人资格证书》,已取得社团法人资格。因此海航工会可以合法对外投资并取得公司股东身份。

"B.海航工会为实际控制人不会导致公司适用《非上市公众公司监管指引第4号——股东人数超过200人的未上市股份有限公司申请行政许可有关问题的审核指引》(以下简称《4号指引》)规范的'超过200人公司'认定的分析。海航工会系依据《工会法》成立,并依据《中国工会章程》的规定履行工会各项职责。海航工会目前持有海南省总工会颁发的'工法证字第213800023号'《工会法人资格证书》,已依法取得资格。因此,海航工会可以合法对外投资并取得公司的股东身份。

"《4号指引》规定:'200人公司的股权清晰,是指股权形成真实、有效,权属清晰及股权结构清晰。具体要求包括:股权权属明确。200人公司应当设置股东名册并进行有序管理,股东、公司及相关方对股份归属、股份数量及持股比例无异议。股权结构中存在工会或职工持股会代持、委托持股、信托持股以及通过"持股平台"间接持股等情形的,应当按照本指引的相关规定进行规范。本指引所称"持股平台"是指单纯以持股为目的的合伙企业、公司等持股主体。'

"《4号指引》所约定的'股份公司股权结构中存在工会代持、职工持股会代持、委托持股或信托持股等股份代持关系,或者存在通过"持股平台"间接持股安排以致实际股东超过200人'之情形规范是'股份代持'的法律关系。海航工会拥有独立的决策机制,其对外投资、行使股东权利均根据自身决策机制进行,具备合法对外投资并取得公司股东身份的社会团体法人资格,不适用《4号指引》所规范的情形。

"C.工会持股具有其历史成因,并非规避200人海航工会持股是海航发展形成过程中的历史遗留问题。《4号指引》所规范的情形是'故意规避'而非'历史形成',主要系防止公司借职工持股会及工会的名义变相发行内部职工股,甚至演变成公开发行、挂牌前的私募行为,并不适用有限公司的实际情况。

"D.关于海航工会作为实际控制人不违背《关于职工持股会及工会持股有关问题的法律意见》以及《关于职工持股会及工会能否作为上市公司股东的复函》等

证监会文件分析。根据证监会《关于职工持股会及工会能否作为上市公司股东的复函》(法律部〔2000〕24号)和证监会法律部《关于职工持股会及工会持股有关问题的法律意见》(法协字〔2002〕115号)的规定,证监会暂不受理工会作为股东或发起人的公司公开发行股票的申请;与发行申请人有关的工会持股情形,对已上市公司而言,在受理其再融资申请时,要求发行人的股东不存在工会,如存在的,应按照法律部〔2000〕24号文要求规范。根据上述两份文件,证监会对工会持股持否定态度,即不允许工会作为股东或发起人的公司公开发行股票。但海航工会作为实际控制人并非有限公司或公司的股东,未直接持有有限公司股权或公司股份,其主要通过多层次投资方式实现对有限公司的控制。海航工会拥有独立、明确的决策机制,一直以来通过工会决策机制实施对下属公司的控制,海航工会曾经作为有限公司的实际控制人不会影响有限公司经营决策机制和控制权的稳定。

“E.海航工会作为实际控制人不违背法律、法规及其他规范性文件的禁止规定。《基层工会法人资格登记办法》第3条第1款规定:‘基层工会依照本办法的规定经核准登记、领取证书后,即取得工会法人资格,依法独立享有民事权利和承担民事义务。’海航工会成立于1993年2月10日,现持有海南省总工会颁发的‘工法证字第213800023号’《工会法人资格证书》,具有工会法人资格,依法独立享有民事权利和承担民事义务。

“根据《全国总工会、国家工商行政管理局、国家税务局关于工会兴办企业若干问题的规定》(工总事字〔1992〕11号)的相关规定,‘中华全国总工会、地方工会、产业工会及具有社团法人资格的基层工会,依据国家产业政策和国民经济发展的要求,可以兴办为职工生活服务的第三产业,也可以兴办国家政策允许、社会需要的其他企业’。根据上述规定,海航工会具有独立法人资格,独立享有民事权利和承担民事义务,其曾经作为实际控制人没有违背现行法律、法规或规范性文件的禁止性规定。

“据此规定,海航工会具有工会法人资格,依法独立享有民事权利和承担民事义务,其作为海航技术的实际控制人未违背现行法律、法规、规范性文件的禁止性规定。

“(2)2015 年 10 月 13 日慈航基金会通过修订章程后,公司实际控制人重新认定为慈航基金会的认定依据及合法合规性分析

“①认定依据:2015 年 9 月至今,慈航基金会通过盛唐发展、海南交管、海航集团控制海航航空集团,海航航空集团持有海航技术 60.78% 的股权,因此重新认定慈航基金会为公司的实际控制人。

“A. 基金会章程的修改。2015 年 10 月 13 日,慈航基金会召开理事会并审议通过了《海南省慈航公益基金会章程》修订案,同日,修订后的《基金会章程》经海南省民间组织管理局核准。本次《基金会章程》修订方案主要涉及慈航基金会理事、理事长、副理事长、秘书长及监事等重要人员的提名及选举程序。本次修订与公司实际控制人认定事项有关的条款,在修订前后内容对比具体如下:

修订前基金会章程内容	修改后基金会章程内容
第八条　本基金会的决策机构为理事会,由 9 名理事组成。每届理事任期 5 年,任期届满,连选可以连任。理事会设理事长 1 名,副理事长 1 名。本基金会设名誉理事 1 名……	第八条　本基金会由 7 名理事组成理事会。每届任期 5 年,任期届满,连选可以连任
第十条　理事的产生和罢免:(一)第一届理事会由业务主管单位,主要捐赠人分别提名并共同协商确定。(二)理事会换届改选时,由业务主管单位,主要捐赠人分别提名新一届理事候选人,经现任理事会全体成员三分之二以上同意通过。新一届理事会中,主要捐赠人提名的理事不得少于理事会总人数的三分之二。(三)任期内,如理事会理事人数少于 9 人,主要捐赠人可以提名增补理事。增补理事应当由理事会全体成员三分之二以上同意通过;增补理事的任期至当届理事会任届期满为止……	第十条　理事的产生和罢免:(一)第一届理事会由业务主管单位、主要捐赠人分别提名并共同协商确定;(二)理事会换届改选时,由业务主管单位、理事会、发起人、主要捐赠人共同提名候选人并组织换届领导小组,组织全部候选人共同选举产生新一届理事;(三)在任期内,如理事会中理事人数少于 7 人,业务主管单位、理事会、发起人、主要捐赠人可共同提名增补理事。增补理事应当由理事会全体成员三分之二以上同意通过;增补理事的任期至当届理事会任期届满为止……
第十二条　理事会行使下列职权……	第十二条　本基金会的决策机构是理事会,理事会行使下列职权……
第十六条　本基金会由 4 名监事组成监事会,设监事长 1 名。监事任期与理事任期相同,任期届满可以连任	第十六条　基金会设监事 4 名。监事任期与理事任期相同

续表

修订前基金会章程内容	修改后基金会章程内容
第二十二条　理事会设理事长、副理事长和秘书长,从理事中选举产生。理事长、副理事长的产生,需经名誉理事或二分之一以上理事提名和建议,并经理事会全体成员三分之二以上同意通过;秘书长的产生,需经理事长、名誉理事或二分之一以上理事提名,并经理事会全体成员三分之二以上同意通过	第二十二条　理事会设理事长、副理事长和秘书长,从理事中选举产生
第二十八条　本基金会的收入来源于:(一)海南航空股份有限公司工会委员会的自愿捐赠(主要来源):1. 海南航空股份有限公司工会持有盛唐发展(洋浦)有限公司的股权;2. 盛唐发展(洋浦)有限公司股权转让给本基金会所需缴纳的税款,按合同规定,在过户手续完成后,由本基金会负责缴纳;3. 其他自愿捐赠;(二)海航集团有限公司及其下属成员单位,所有员工、教职工、学生,海航集团工会和海航集团下属成员单位工会的自愿捐赠;(三)投资收益;(四)银行存款的增值部分;(五)国内外捐赠;(六)其他合法收入	第二十八条　本基金会为非公募基金会,本基金会的收入来源于:(一)海南航空股份有限公司工会委员会的自愿捐赠:1. 海南航空股份有限公司工会持有盛唐发展(洋浦)有限公司的股权;2. 盛唐发展(洋浦)有限公司股权转让给本基金会所需缴纳的税款,按合同规定,在过户手续完成后,由本基金会负责缴纳;(二)海航集团有限公司及其下属成员单位,所有员工、教职工、学生,海航集团工会和海航集团下属成员单位工会的自愿捐赠;(三)投资收益;(四)自然人、法人或其他组织自愿捐赠;(五)其他合法收入

"B. 修订《基金会章程》中关于慈航基金会理事等人员提名、选举方式及程序,将对慈航基金会主要捐赠人海航工会产生以下影响:

"a. 根据前述《基金会章程》第10条内容的修订,主要捐赠人海航工会无法保证其仍拥有慈航基金会理事2/3以上人数的提名权,并因此导致其在慈航基金会决策机构(即理事会)及其决策过程中的影响力存在一定的不确定性。

"b. 根据前述《基金会章程》第22条内容的修订,本次《基金会章程》修订后,慈航基金会不再设置名誉理事职务。因此,海航工会将不再具备通过名誉理事所拥有的提名、建议慈航基金会理事长、副理事长及秘书长人选的权利,对慈航基金会日常管理和投资管理活动施加影响的能力。

"C. 修订《基金会章程》对公司实际控制人认定的影响:慈航基金会为独立的慈善公益组织,海航工会与慈航基金会不存在股权或其他隶属关系。本次《基金会章程》修订导致主要捐赠人海航工会对慈航基金会的决策机构组成、决策过程、主要职务任免、日常管理、检查监督，以及慈航基金会对外投资管理等方面不再产生重大影响，并导致海航工会不再符合认定其为公司实际控制人的结论意见。因此慈航基金会重新认定为公司的实际控制人。

“②合法合规性分析：

“A. 慈航基金会的决策机制。根据2015年10月13日修订的《海南省慈航公益基金会章程》的规定，慈航基金会的决策机构是理事会，现由7名理事组成，理事会行使的职权包括：制定、修改章程；选举、罢免理事长、副理事长、秘书长；决定重大业务活动计划，包括资金的募集、管理和使用计划；年度收支预算及决算审定；制定内部管理制度；决定设立办事机构、分支机构、代表机构；听取、审议秘书长的工作报告，检查秘书长的工作；决定基金会的分立、合并或终止；审议捐赠人对捐赠财产使用提出的异议，决定其他重大事项。理事会每年召开两次会议，会议须有2/3以上理事出席方能召开，理事会议须经出席理事过半数通过方为有效，重要事项须经全体理事2/3以上表决方为有效。

“B. 慈航基金会的性质。依据基金会章程，慈航基金会为非公募基金会，并取得了海南省民政厅颁发的《基金会法人登记证书》。根据2004年3月8日国务院颁布的《基金会管理条例》的规定，基金会是指利用自然人、法人或者其他组织捐赠的财产，以从事公益事业为目的，按照条例的规定成立的非营利性法人。因此，慈航基金会具有法人资格，能够独立享受民事权利和承担民事义务。

“C. 慈航基金会作为实际控制人，不违反法律、法规和规范性文件的规定。a. 慈航基金会属于非营利性法人，其作为盛唐洋浦的股东获得回报，必然按基金会章程的规定用于公益事业，通过开展慈善活动回馈社会。b. 公司发起人和股东为海航航空集团、海南航空股份，慈航基金会并非公司的发起人或股东，慈航基金会作为实际控制人，未直接持有公司的股份，其主要通过多层次投资方式实现对公司的控制。c. 慈航基金会作为非营利性法人，其财产来源于社会捐赠和投资收益等，其作为基金会并没有股东，不存在股权代持，更不存在规避股东人数200人的问题。

“因此，慈航基金会作为公司的实际控制人，没有违反法律、行政法规和规范性文件的规定。

“3. 结论性意见

“主办券商认为：公司不同时期实际控制人的认定合法合理。”

点评：海航航空技术详细地说明了实际控制人的认定依据以及将基金会和前期的工会认定为实际控制人的合法性问题，在解决将基金会等单位认定为实际控制人的问题中可以参考本案例的论证思路。

(三)多人共同控制的认定

共同实际控制人的存在情形主要集中在股东股权比例较为分散，且没有一方持股到50%以上的。在判断能否认定为共同实际控制人时需要考虑多方在报告期内是否形成一致行动关系以及在挂牌后能否确保在一定期间内仍保持一致行动关系。主张多人共同控制是符合实际控制的概念以及法理要求的，但是主张多人共同控制应当具有一定的依据，比如亲属关系、夫妻关系、一致行动协议等。

1. 具有直系亲属关系的家人均认定为实际控制人

将具有亲属的关系的家人认定为共同控制及当然的一致行动人是正确的做法。如果不把直系亲属列为共同的实际控制人，反而需要充分的证据来证明。

案　例　将一家三口均认定为实际控制人

山东福航新能源环保股份有限公司挂牌时(福航环保、831714)，公司控股股东为王亮，持有公司43.00%股份，公司第二大股东王志恒持有20.00%股份，第三大股东祝桂兰持有18.30%股份。王志恒、祝桂兰为夫妻，王亮为王志恒、祝桂兰之子，合计持有公司81.30%的股权，3人共同对公司形成实质控制，是公司的共同实际控制人。王志恒担任公司董事长、王亮担任公司总经理，王志恒、祝桂兰、王亮能够通过股东大会、董事会决议影响公司经营管理决策及管理人员的选任，具有实际控制公司的经营管理能力。另外，可参考宁波世茂能源股份有限公司和太湖金张科技股份有限公司的首发招股书中关于实际控制人的认定。

案 例 父女均认定为实际控制人

华特气体(87086)挂牌时,其关于实际控制人的记载如下:"石平湘直接持有公司14.12%的股权,并通过华特投资等间接持有公司28.83%的股权,合计持有公司42.95%的股权。石思慧直接持有公司6.00%的股权。石平湘和石思慧为父女关系,两人签订一致行动人协议,合计持有公司48.95%的股权。同时,石平湘为公司的创始人,自公司成立以来实际参与公司的经营决策与运营管理,石平湘为公司董事长,石思慧为公司副董事长、副总经理。综上,石平湘、石思慧为公司控股股东、实际控制人。"浙江斯菱汽车轴承股份有限公司(斯菱股份、832147)挂牌时认定际控制人为姜岭、姜楠父女二人,其中姜楠为未成年人,股东权利由其母亲(姜岭先生的配偶)代姜楠行使。另外,黑芝麻(000716)的实际控制人为李汉朝等李氏家族中的7人。

2. 因一致行动关系被认定为共同实际控制人

一般情况下具有一致行动关系的多人均应当认定为实际控人。广东捷玛节能科技股份有限公司挂牌时依据聂保华与冯育周二人签署的《一致行动协议》,认定其二人为公司的共同实际控制人。合诚工程咨询股份有限公司(合诚股份、603909)的控股股东、实际控制人均认定黄和宾、刘德全、何大喜、陈天培、陈俊平、林东明、黄爱平、高玮琳共8人,认定的依据是前述8人签署的一致行动协议。另外,欧普照明股份有限公司(欧普照明、603515)、三祥新材(603663)均存在多名实际控制人的情形。北京盈建科软件股份有限公司的陈岱林、张建云、任卫教、张凯利4名自然人,分别持股22.38%、20.54%、8.72%和8.72%,合计持有公司60.35%,对公司实施共同控制,为公司的实际控制人。

若签订一致行动协议的目的是加强实际控制人的控制地位,同时形成一致行动的决定也是以实际控制人的意见为准,那可以不认定其他一致行动人为共同实际控制人。例如,浙江双鸟锚链股份有限公司申请挂牌时,其股东双鸟集团与自然人股东汤善国签署了一致行动协议,但公司仅认定双鸟集团为控股股东,仅认定双鸟集团的实际控制人张文忠一人为公司实际控制人,并未将汤善国认定为共同控制人。另外,伊赛牛肉(832910)因一致行动关系认定实际控制人买银胖之外的等20多个自然人和单位为其一致行动人。

钟舟电器(430415)在实际控制人认定时并未将其他一致行动人认定为实际控制人。挂牌时关于实际控股人认定的反馈意见如下:“钟舟电器控股股东顾方钟与股东夏玲、顾萍霞、顾平娟分别为夫妻、兄妹关系,依法属于控股股东顾方钟的法定一致行动人。根据顾方钟与夏玲、顾萍霞、顾平娟的关系、持股比例以及实际任职情况,可以判定该三人为顾方钟的一致行动人。”公司回复:“顾萍霞、顾平娟虽为顾方钟的一致行动人,但根据对其持股比例及任职状况的分析,可以知道其对公司的财务、人事、经营决策等不具有实际控制力,不符合实际控制人的认定条件,因此,未将其列为实际控制人,认定仅有顾方钟一人为实际控制人,是合法合规的。”另外,埃维股份申请挂牌时,仅认定第一大股东及其丈夫为实际控制人,未认定其他一致行动人为公司的实际控制人。

点评:在认定实际控制人时,对于存在一致行动关系的,倾向于首先选择认定所有存在一致行动关系的人为共同实际控制人。只有在特殊的情况下,如其他一致行动人完全依据第一大股东等表决结果行使表决权的,表决权委托是为了增加第一大股东的表决权总额或者其他一致行动人不在公司任职等情形的,可以具体问题具体分析,仅认定部分人为实际控制人。

3. 夫妻或者父女均持股仅认定其中部分人为实际控制人

浙江诚创精密机械股份有限公司(诚创精密、839929)的股东徐华高父女二人均持有公司股份,而仅认定父亲徐华高一个人为公司实际控制人。具体理由如下:“徐华高自公司成立起,其持有公司的股份比例均为60%以上,系公司第一大股东,其直接和间接共计持有公司90%股份。徐华高自诚创有限设立以来一直担任公司执行董事兼总经理,股份公司成立后担任股份公司董事长兼总经理,足以对股东大会、董事会的决议产生实质性影响,对董事和高级管理人员的提名及任免起到决定性作用,系公司的控股股东及实际控制人。”

只认定夫妻一方为实际控制人的案例的有联佳股份(839920)、澳泰药业(838950)、三信防务(838586)等。另外,圣泉集团(830881)首发上市申请文件仅认定唐一林父子为实际控制人,未认定唐一林之妻为实际控制人。对于此类认定,不讨论对实际控制人认定的准确性,仅陈述相关的事实。

点评:对于存在夫妻关系、父子关系等直系亲属关系的股东,属于当然的一致行动人,若均持股理应属于实际控制人之一,没有特殊情况,如属于未成年人的例外情形倾向于优先认定属于共同实际控制人之一。

(四)无实际控制人的认定

挂牌公司可能存在无实际控制人,如果认定公司无实际控制人则需要在股权分布基础上充分论证公司无人能够实际控制公司等。无实际控制人并非一个挂牌的障碍,实务中,若实际上确实无实际控制人,则无须为了凑公司具有实际控制人而使几个股东签署一致行动协议。当然,也不能通过分散持股,隐匿一致行动关系或者亲属关系规避公司具有实际控制人的事实。

另外,个别公司的股东持股比例超过30%甚至接近50%,仍旧认定公司无实际控制人。对于此种情况需要充分解释公司其他股东持股比例接近,同时单一股东均无法控制公司等论证公司无实际控制人,但若持股比例50%,无特殊情况不易认定公司无实际控制人,需要解释的难度比较大。

案 例 持股比例较高仍认定无实际控制人

东营三协化学股份有限公司:公司共有两名股东,分别为山东垦利石化集团有限公司和三协化成株式会社。公司单个股东持有的公司股份均占总股本50%,对东营三协的重大决策及经营管理虽然都有重大影响,但均无法独立控制公司,因此公司无控股股东。同时,两名股东之间相互独立,不存在控制与被控制或同时受另一方控制的情形,亦无法独立直接或间接控制公司,因此公司无实际控制人。由于公司无控股股东及实际控制人,决定了公司所有重大行为必须民主决策,由全体股东充分讨论后确定,避免了因单个股东控制引起决策失误而导致公司出现重大损失的可能性,但可能存在决策效率被延缓的风险。

江苏银珠:银珠集团持股95%,但银珠集团各股东持股相对分散,前三大股东铭源投资、苏洪投资和李立持股比例分别为33.6840%、20.1408%和16.6470%,其他17名股东单一持股比例均不超过10%。银珠集团的股东与海拜科技的其他股东均无法决定董事会多数席位,公司的经营方针及重大事项的决策需经股东大会充分讨论后确定,无任何股东能够决定和作出实质影响,公司无实际控制人。

铱迅信息:公司股权结构分散,无实际控制人。公司主要股东张昱、杨谦、魏忠、奇虎360和铱慧投资持股比例分别为30.60%、22.95%、22.95%、15%和8.5%,无单一股东持有公司50%以上的股权,上述股东所委派的董事均未超过董事总数的半数,无单一股东可以对公司决策形成实质性控制。由于公司前三大股东持股比例较为接近,不排除公司控制权发生变动的风险。

另外,金智教育、沛县九鼎农村小额贷款股份有限公司、成都安美科燃气技术股份有限公司、杭州威利广光电科技股份有限公司均依据公司不存在单一股东控制股东大会的情形,无法决定董事会多数席位等认定公司无实际控制人。

案 例 因控股股东无实际控制人而无实际控制人

科传股份(430371):公司控股股东为科传控股,持有公司股份总额的99%,但科传控股5个股东中的自然人股东及法人股东的控股方中,即骆永基、刁继业、廖浩生、梁伟昌、陈耀清5名最终持股人中的任一单个自然人直接或间接持有的股权比例分别为33.86%、26.23%、17.21%、16.19%、6.51%,均无法决定股份公司董事会多数席位,股份公司的经营方针及重大事项的决策系由骆永基、廖浩生、刁继业、梁伟昌、陈耀清充分讨论后确定,无任何一方能够决定和作出实质影响,股份公司无实际控制人。

苏丝股份(831336):经查阅,博雅生物[股票代码深圳:(300294)]所发布《首次公开发行股票并在创业板上市招股意向书》中关于实际控制人认定情况与本公司较为相似,同样因控股股东无实际控制人而认定上市公司无实际控制人。因此,认为泗绢集团无实际控制人,该公司亦无实际控制人。

信音电子(831741):公司的控股股东为信音控股,持股比例为86.80%。而信音控股为BVI信音的全资子公司,BVI信音为我国台湾信音的子公司,所以台湾信音为信音电子控股股东母公司之母公司。台湾信音为我国台湾地区的上柜公司,绝大部分股份被社会公众分散持有,任何单一股东均无法控制股东会或决定半数以上董事会成员的选任,且董事会成员之间无任何关联关系或其他利益关系,任一董事均无法控制董事会的表决结果。故台湾信音无实际控制人,本公司也无实际控制人。与该情形类似的挂牌公司还可参考智达康(430735)。

金新股份(831716):公司法人股东金柱集团持有公司42.3335%股份,为公司控股股东,但金柱集团股权结构较为分散,任何单一股东均无法控制金柱集团。公司自然人股东除兹留柱持有公司5%股份外,其他自然人股东的持股比例均低于2%。公司无实际控制人,也不存在多人共同拥有公司控制权的情形。

深冷能源(831177):控股股东为新乡市深冷新能源开发有限公司,持股比例为37.15%,其余股东均为自然人,且单个自然人股东持股比例未超过10%;同时,由于深冷新能源股权较为分散,且不存在通过协议或其他方式控制公司的情况,故公司无实际控制人。

案例 持股显著分散而无实际控制人

宁波公运(832399):公司股权比较分散,除一家法人股东持股10%外,其余2282名股东为自然人,且持股比例均未超过5%。没有任一单一股东可以对公司决策形成实质性的影响,公司没有实际控制人。

征宙机械(831293):公司共有335名股东,第一大股东平原县投资公司(国有法人股)持股比例为23.12%;第二大股东张平和持股比例为12.24%;其他333位股东持股比例均在5%以下,合计为64.64%。公司不存在单一股东持股比例超过30%的情况,不存在一个单一股东对公司决策构成实质性影响,股权比较分散,公司没有实际控制人。由于股权过于分散,公司存在因敌意收购导致实际控制人出现重大变化,影响公司经营管理稳定的风险。另外交控科技(688015)以不存在单一股东实际支配发行人股份表决权超过30%的情形认定公司无实际控制人,其股东京投公司与基石基金系一致行动人,合计持有其26.67%股份,交大资产与交大创新系一致行动人,合计持有其14.62%股份。

点评:若公司无实际控制人,则需重点关注董事、监事、高管等的同业竞争和对外持股情况、对外任职以及第一大股东或前五大等股东的相关情况。对于公司的经营稳定性风险需要如实的披露。依照《全国中小企业股份转让系统挂牌公司治理规则》第80条的规定,挂牌公司无控股股东、实际控制人的,公司第一大股东及其实际控制人应当比照第74条"控股股东、实际控制人及其控制的企业不得在挂牌公司挂牌后新增同业竞争"等关于控股股东、实际控制人的要求履行相关义务,并承担相应的责任。实务中,认定公司无实际控制人的企业有可能存在实际控制人的，甚至确实无实际控制人的企业也存在管理层实际控制公司的可能性。审核机构多数时候无法真正的核查到实际控制人的真实性，这需要券商等中介机构予以充分的调查和分析。

（五）外籍实际控制人的合法合规性

依照不同时期的外商投资法等，对外商投资具有不同的规定。除特殊的投资领域外，已不再限制投资。但需要关注公司设立不同时期的法律规定，分阶段论证不同时间的合法合规性。

案　例　外籍实际控制人自身及出资的合法合规性

依照《久兆新能源科技股份有限公司挂牌申请文件第二次反馈意见回复》（原：久兆科技、871345）关于外籍实际控制人的合法合规性反馈以及回复如下："公司实际控制人为外籍，请主办券商和律师就控股股东、实际控制人自身和出资合法合规性的核查意见，并说明核查程序。"

主办券商回复如下：

"1. 事实依据

"公司工商登记，相关主体出具的声明和承诺，济南亚马逊翻译服务公司翻译的加拿大 DentonsCanadaLLP 律师事务所出具的《尽职调查报告》、个人征信报告，《无犯罪记录证明》、《外商投资企业批准证书》，济南齐业商贸有限公司出具的《关于股权转让的声明与承诺》，济南市投资促进局的批准文件、股权转让协议、股权转让款项支付凭证及山东君楷会计师事务所出具的《验资报告》，全国法院失信被执行人名单信息公布与查询系统、信用中国网站、全国企业信用信息公示系统、证监会证券期货市场失信记录查询平台查询记录、访谈记录。

"2. 分析过程

"（1）公司控股股东、实际控制人自身的合法合规：

"①公司控股股东为济南齐业商贸有限公司（以下简称齐业商贸），实际控制人为吴立春。

"②项目组通过执行访谈吴立春；查阅由济南亚马逊翻译服务公司翻译的加

拿大DentonsCanadaLLP律师事务所出具的《尽职调查报告》、个人征信报告、济南市公安局高新技术产业开发区分局出具的《无犯罪记录证明》;检索全国法院失信被执行人名单信息公布与查询系统、信用中国网站、中国证监会证券期货市场失信记录查询平台等核查程序,认为吴立春最近24个月内不存在因涉嫌犯罪被司法机关立案侦查,尚未有明确结论意见的情形;不存在被列入失信被执行人名单、被执行联合惩戒的情形;未受到证监会行政处罚或者被采取证券市场禁入措施。

“③项目组通过执行访谈齐业商贸法定代表人;检索全国法院失信被执行人名单信息公布与查询系统、信用中国网站、全国企业信用信息公示系统、证监会证券期货市场失信记录查询平台等核查程序,认为齐业商贸不存在被列入失信被执行人名单、被执行联合惩戒的情形;未受到行政机关或主管部门行政处罚、未被列入经营异常名录;未受到证监会行政处罚或者被采取证券市场禁入措施。

“(2)公司控股股东、实际控制人出资的合法合规性:

“根据公司的工商档案资料、《审计报告》、吴立春、吴立胜等出具的说明及访谈记录,吴立春在有限公司设立时,系通过吴立胜代其持有有限公司的股权。吴立胜对有限公司的出资的实际出资人均为吴立春,历次出资均经过公司股东会审议通过,并经会计师事务所审验,办理了工商登记手续。吴立春通过股权代持人受让取得的股权经过有限公司股东会审议,并已支付全部的股权转让款项,并办理了工商登记手续。以上出资、股权转让款项的来源均为吴立春在境内投资取得的收益。2016年7月,吴立春以股权转让的方式还原了其作为公司股东的身份,该次股权转让经过有限公司股东会审议,并取得了《外商投资企业批准证书》,办理了工商登记手续。

“公司主营业务不属于发改委、商务部发布的《外商投资产业指导目录(2007年修订)》《外商投资产业指导目录(2011年修订)》《外商投资产业指导目录(2015年修订)》中禁止或限制外商投资的行业。吴立春作为外籍自然人投资境内企业虽应取得商务部门的审批,但公司从事的经营范围不属于禁止或限制外商投资的行业,公司也未享受外商投资企业的税收优惠政策,前述出资瑕疵未对公司产生重大不利影响。吴立春已将代持股权还原,公司性质由内资变成外资企业取得了相关部门的审批,且吴立春及公司未受到行政处罚。吴立春针对前述出资瑕疵所采取的规范措施情况履行了相应程序并合法有效,前述出资瑕疵及其规范措施不会导致吴立春及公司面临重大的法律风险。

“3. 结论意见

“综上所述，公司控股股东、实际控制人自身合法合规，公司控股股东出资合法合规，公司实际控制人作为外籍自然人投资境内企业虽应取得商务部门的审批，但公司从事的经营范围不属于禁止或限制外商投资的行业，公司也未享受外商投资企业的税收优惠政策，前述出资瑕疵未对公司经营产生重大不利影响。吴立春已将代持股权还原到其名下，公司性质由内资企业变成外资企业取得了相关部门的审批，且吴立春及公司未受到行政处罚。吴立春针对前述出资瑕疵所采取的规范措施情况履行了相应程序并合法有效，前述出资瑕疵及其规范措施不会导致吴立春及公司面临重大的法律风险。”

点评：对实际控制人核查的重要事项包括如下几个重点方面：(1)重大违法违规：需要核查实际控制人是否存在重大违法违规行为，同时对相关的情况如实披露，对于一般的信用逾期、车辆违章等行政处罚等可以不披露，或者在中介机构尽调报告中描述即可。(2)独立性：独立性是需要特别关注和核查的重点问题，尤其是需要特别关注和核查同业竞争、关联交易等问题，也需要特别注意和规范资产、资金、财务等独立性问题。对于没有实际业务的持股平台等，若注册地和拟挂牌公司在一起并不构成障碍，毕竟仅为持股未开展相应的业务。(3)控制权结构清晰完整：挂牌公司的控制权应当稳定且权属清晰，需要如实披露各级的持股情况至最终实际控制的自然人或者政府主体等。(4)海外持股架构：对于控股股东设立在境外且持股层次复杂的，需要关注采取该等结构的原因并对此作出合理解释，并需要核查境外合法合规情况。(5)限售期问题：实际控制人的股票需要严格遵守挂牌公司股票限售期的规定。(6)信用和债务问题：通过信用报告等关注是否有重大担保、重大到期债务等。(7)核查实际控制人银行流水等印证收入和利润等的真实性，是否有其他体外收入或者体外承担成本费用等。对于实际控制人的相关问题核查仅列举了相关的重要事项，仍需要从细微之处调查核实相关情况。实务中，对实际控制人的了解和观察，很大程度上能够判断一个公司业绩的真实性。

（六）对赌协议

对于是否存在对赌协议的核查事项，重点是对股权或者出资事项的核查，与股东的投资入股等相伴。但是，对于对赌协议等保密事项，更多时候可能只有控股股东或者实际控制人等少数人知悉相应的情形及真实的情况。所以把对赌协议的核查放置在对控股股东和实际控制人的核查中。

对赌协议（Valuation Adjustment Mechanism，VAM）直译为"估值调整机制"，能反映出其本质的含义，然而从一开始引进国内时就被翻译为"对赌协议"，或因表达符合中国特有文化，很形象，所以一直沿用至今。更准确地说是投资者对自身投资资金的一种安全保障机制，通过协议的形式来保障自己的利益。

依据全国股转公司发布的《挂牌公司股票发行常见问题解答（四）——特殊投资条款》，投资者参与挂牌公司股票发行时约定的特殊投资条款，不得存在以下情形：（1）挂牌公司作为特殊投资条款所属协议的当事人，但投资者以非现金资产认购或发行目的为股权激励等情形中，挂牌公司作为受益人的除外；（2）限制挂牌公司未来股票发行融资的价格或发行对象；（3）强制要求挂牌公司进行权益分派，或者不能进行权益分派；（4）挂牌公司未来再融资时，如果新投资方与挂牌公司约定了优于本次发行的特殊投资条款，则相关条款自动适用于本次发行认购方；（5）发行认购方有权不经挂牌公司内部决策程序直接向挂牌公司派驻董事，或者派驻的董事对挂牌公司经营决策享有一票否决权；（6）不符合相关法律法规规定的优先清算权、查阅权、知情权等条款；（7）触发条件与挂牌公司市值挂钩；（8）其他损害挂牌公司或者其股东合法权益的特殊投资条款。虽说制度规定的是挂牌公司定向发行时应当遵守该规定，但是实务中，对于挂牌前的增资事项等也需要遵守该规定。同时对于对赌协议的条款等需要董事会和股东大会审议通过，并依法将内容予以披露。

另外，关于投资者与股东尤其是实际控制人个人签署的对赌协议不涉及（拟）挂牌公司承担义务又不涉及禁止情形的是允许的，对于挂牌前存在的以挂牌或者上市为对赌条件之一的，是可以签署附生效终止条件的补充协议，比如挂牌成功，则终止适用与规定不匹配的对赌协议条件，若后期挂牌不成功则自动恢复原对赌协议条款的执行。

案　例　对赌协议约定公司承担义务并解除

依据《北京喂呦科技股份有限公司三次反馈意见回复》(喂呦科技、873398),反馈意见:“关于特殊条款事项。北京互联创业投资合伙企业(有限合伙)与公司及股东签订的《北京喂呦科技有限公司A轮融资及股东协议》《北京喂呦科技有限公司A轮融资及股东协议之补充协议》《北京喂呦科技有限公司A轮融资及股东协议之补充协议(二)》,公司均作为协议的当事人。请主办券商及律师按照《挂牌公司股票发行常见问题解答(四)——特殊投资条款》的规定进行核查,是否存在《挂牌公司股票发行常见问题解答(四)——特殊投资条款》规定的情形。请公司补充披露上述事项。”反馈回复如下:“经核查,2016年2月,公司、互联创投及当时股东签署了《北京喂呦科技有限公司A轮融资及股东协议》,并分别于2019年8月、2019年10月签署了《北京喂呦科技有限公司A轮融资及股东协议之补充协议》《北京喂呦科技有限公司A轮融资及股东协议之补充协议(二)》,公司虽未作为特殊条款的义务承担主体,但是作为特殊投资条款所属协议的当事人,不符合《挂牌公司股票发行常见问题解答(四)——特殊投资条款》的相关规定。”

“2019年11月12日,公司、互联创投及相关股东签署《解除协议》,解除《北京喂呦科技有限公司A轮融资及股东协议》《北京喂呦科技有限公司A轮融资及股东协议之补充协议》《北京喂呦科技有限公司A轮融资及股东协议之补充协议(二)》。2019年11月14日,公司与互联创投签订《北京喂呦科技股份有限公司A轮融资事项之确认协议》,对互联创投对公司投资事项进行确认,该协议不含业绩承诺及补偿、股份回购、反稀释等特殊条款。2019年11月12日,唐阳、唐悦、田雪峰、赵晓峰与互联创投签订《唐阳、唐悦、田雪峰、赵晓峰与北京互联创业投资合伙企业(有限合伙)关于北京喂呦科技股份有限公司A轮融资之股东协议》,约定了互联创投提前退出的特殊权利,但是不包含《挂牌公司股票发行常见问题解答(四)——特殊投资条款》规定的禁止情形(内容略)。”

“《解除协议》《北京喂呦科技股份有限公司A轮融资事项之确认协议》《唐阳、唐悦、田雪峰、赵晓峰与北京互联创业投资合伙企业(有限合伙)关于北京喂呦科技股份有限公司A轮融资之股东协议》均为附解除条件的协议,即如果公司未在 2019 年 12 月 31 日前取得全国股转系统关于新三板挂牌申请的受理函或者虽已受理但最终未取得股转公司同意股票在全国股转系统挂牌的函,则上述三协议自动失效。在协议签订时至审查期间生效,如果解除条件不成就,则协议继续有效,效力不受影响。"

"综上,通过相关主体签订新的协议,对各自权利义务进行重述,不存在《挂牌公司股票发行常见问题解答(四)——特殊投资条款》规定的情形。"

另外,公司在经营风险中补充公司管理层股东与机构投资者存在对赌失败的风险,具体内容为:"公司管理层股东(唐阳、田雪峰、赵晓峰)及唐悦与投资者互联创投签署《唐阳、唐悦、田雪峰、赵晓峰与北京互联创业投资合伙企业(有限合伙)关于北京喂呦科技股份有限公司 A 轮融资之股东协议》。上述协议就挂牌时间、盈利能力、合规经营等指标或条件进行了对赌约定。上述包含对赌条款的协议履行正常,尚未触发对赌条款。但随着公司的发展,市场条件变化等因素,对赌条款可能被触发,出现公司管理层股东根据协议约定回购股份的风险。"

案例 国有股东涉及对赌的反馈

依据《广东捷玛节能科技股份有限公司反馈意见回复》,反馈意见:"2018 年 10 月,广州科学城创业投资管理有限公司(以下简称科学城创投)向公司出资 789.5 万元,持有公司 20% 的股份,并与公司实际控制人聂保华、冯育周签订了对赌协议。(1)科学城创投是科学城(广州)投资集团有限公司的全资子公司。请主办券商及律师核查科学城创投是否属于国有股东,若是,其向公司出资及股份制改造时是否履行了国有资产评估、备案、审批等国资管理程序并发表明确意见。(2)公司本次增资价格与既往增资或股权转让价格差异较大。请公司补充说明本次增资定价的标准及合理性。(3)请主办券商及律师核查并补充说明对赌协议的主要内容及履行情况,并就相应的对赌条款是否属于《关于挂牌公司股票发行有关事项的规定》中禁止的特殊条款情形发表明确意见。(4)请主办券商及律师结合对赌协议的主要内容、公司股东及公司在协议中的权责关系和地位、相关责任主体的履约能力,就该协议的履行是否会对公司的资金使用、控制权及股权结构、公司治理、未来持续经营及其他权益产生不利影响进行核查并发表明确意见。"

山东爱福地生物股份有限公司(爱福地、873275)挂牌时反馈意见回复详细的说明书了股东承担的对赌协议等事项,可以参考。另外,河北三明通信股份有限公司(三明股份、873238)、广西辽大农业科技集团股份有限公司(辽大股份、873293)等均存在对赌事项。

六、董监高及核心员工调查

核查要求:

(1)董事、监事、高管任职资格:现任董事、监事、高管是否存在不具备法律法规规定的任职资格或违反法律法规规定、所兼职单位规定的任职限制等任职资格方面的瑕疵,若存在,请核查具体瑕疵、解决情况和对公司的影响;现任董事、监事和高管最近 24 个月内是否存在受到证监会行政处罚或者被采取证券市场禁入措施的情形;对公司董事、监事和高管的任职资格发表明确意见。

(2)董事、监事、高管合法合规:现任董事、监事、高管是否存在违反法律法规规定或章程约定的董事、监事、高管义务的问题,若存在,请核查具体情况、对公司的具体影响以及公司的解决措施。公司的董事、监事、高管最近 24 个月内是否存在重大违法违规行为。对公司董事、监事、高管的合法合规情况发表意见。

(3)竞业禁止:公司董事、监事、高管、核心员工(核心技术人员)是否存在违反竞业禁止的法律规定或与原单位约定的情形,是否存在有关上述竞业禁止事项的纠纷或潜在纠纷,若存在请核查具体解决措施、对公司经营的影响;公司董监高、核心员工(核心技术人员)是否存在与原任职单位知识产权、商业秘密方面的侵权纠纷或潜在纠纷,若存在,请核查纠纷情况、解决措施、对公司经营的影响。

(4)董事、监事、高管重大变化:核查报告期内管理层人员发生重大变化的原因、对公司经营的影响。

精选层特有审核标准:发行人在经营中与其控股股东、实际控制人或董事、监事、高管存在共同投资行为的,有哪些核查及披露要求?发行人如存在与其控股股东、实际控制人、董事、监事、高管及其亲属直接或者间接共同设立公司情形,发行人及中介机构应主要披露及核查以下事项:①发行人应当披露相关公司的基本情况,包括但不限于公司名称、成立时间、注册资本、住所、经营范围、股权结构、最近一年及一期主要财务数据及简要历史沿革。②中介机构应当核查发行人与上述主体共同设立公司的背景、原因和必要性，说明发行人出资是否合法合规、出资价格是否公允。③如发行人与共同设立的公司存在业务或资金往来的，还应当披露相关交易的交易内容、交易金额、交易背景以及相关交易与发行人主营业务之间的关系。中介机构应当核查相关交易的真实性、合法性、必要性、合理性及公允性，是否存在损害发行人利益的行为。④如公司共同投资方为董事、高管及其近亲属，中介机构应核查说明公司是否符合《公司法》第148条的规定。

（一）董监高的任职资格

1. 公司法关于董监高任职资格规定

《公司法》第146条规定了关于董监高任职资格，属于根本性要求。

2. 全国股转系统关于董监高的任职资格规定

《全国中小企业股份转让系统挂牌公司治理规则》关于董监高的任职资格规定如下：“第47条：董事、监事、高级管理人员候选人的任职资格应当符合法律法规、部门规章、业务规则和公司章程等规定。挂牌公司应当在公司章程中明确，存在下列情形之一的，不得担任挂牌公司董事、监事或者高级管理人员：(一)《公司法》规定不得担任董事、监事和高级管理人员的情形；(二)被中国证监会采取证券市场禁入措施或者认定为不适当人选，期限尚未届满；(三)被全国股转公司或者证券交易所采取认定其不适合担任公司董事、监事、高级管理人员的纪律处分，期限尚未届满；(四)证监会和全国股转公司规定的其他情形。财务负责人作为高级管理人员，除符合前款规定外，还应当具备会计师以上专业技术职务资格，或者具有会计专业知识背景并从事会计工作三年以上。”

“第48条：精选层挂牌公司董事会中兼任高级管理人员的董事和由职工代表担任的董事，人数总计不得超过公司董事总数的二分之一。挂牌公司董事、高级管理人员的配偶和直系亲属在公司董事、高级管理人员任职期间不得担任公司监事。”

“第49条：董事、监事和高级管理人员候选人存在下列情形之一的，挂牌公司应当披露该候选人具体情形、拟聘请该候选人的原因以及是否影响公司规范运作，并提示相关风险：(一)最近三年内受到中国证监会及其派出机构行政处罚；(二)最近三年内受到全国股转公司或者证券交易所公开谴责或者三次以上通报批评；(三)因涉嫌犯罪被司法机关立案侦查或者涉嫌违法违规被中国证监会立案调查，尚未有明确结论意见。上述期间，应当以公司董事会、股东大会等有权机构审议董事、监事和高级管理人员候选人聘任议案的日期为截止日。”

《全国中小企业股份转让系统股票挂牌条件适用基本标准指引》规定：“公司现任董事、监事和高级管理人员应具备《公司法》规定的任职资格，履行《公司法》和公司章程规定的义务，且不应存在以下情形：(1)最近24个月内受到中国证监会行政处罚，或者被中国证监会采取证券市场禁入措施且期限尚未届满，或者被全国中小企业股份转让系统有限责任公司认定不适合担任挂牌公司董事、监事、高级管理人员；(2)因涉嫌犯罪被司法机关立案侦查或者涉嫌违法违规被中国证监会立案调查，尚未有明确结论意见。”“公司及其法定代表人、控股股东、实际控制人、董事、监事、高级管理人员、下属子公司，在申请挂牌时应不存在被列为失信联合惩戒对象的情形。”

若申报精选层，则需要在申报时满足董监高(含董秘和财务负责人)应当符合《全国中小企业股份转让系统挂牌公司治理规则》规定的任职要求，并符合精选层挂牌公司董事兼任高管的人数比例、董事或高管的亲属不得兼任监事的相关要求。

3. 县级以上党和国家机关退(离)休干部的范围及任职含义

依据《中共中央办公厅、国务院办公厅关于县以上党和国家机关退(离)休干部经商办企业问题的若干规定》(中办发〔1988〕11号)、《中组部对〈关于县以上党和国家机关退(离)休干部经商办企业问题的若干规定〉中有关问题的说明》，“《规定》所称县以上党和国家机关，是指县和县以上党和国家机关指县和县以上各级党委机关、国家权力机关、行政机关、审判机关、检察机关，也包括工会、共青团、妇联等联合团体机关，以及隶属上述机关编制序列的事业单位。规定所称‘县以上党和国家机关退(离)休干部’，是指县和县以上党和国家机关中已办理退(离)休手续的所有干部，不只是指这些机关中曾任县和县级以上领导职务的退(离)干部。县以上党和国家机关中到了退休年龄、因工作需要经组织批准继续留任的干部，涉及经商办企业问题时，按在职干部的有关规定执行。对应该退休而未办退休手续、已到企业任职的干部，原所在机关应按有关规定为其办理退休手续，然后按本《规定》办理。”

关于“任职”的含义。《中共中央办公厅、国务院办公厅关于县以上党和国家机关退(离)休干部经商办企业问题的若干规定》中所说不得到商业性企业、全民所有制企业和外商投资企业"任职"是指不得担任上述企业内设置的各种领导职务(含名誉职务)和其他管理职务,比如厂长、经理、董事长、董事、理事长、理事等各种领导职务;顾问、名誉会长、名誉董事长和名誉理事长等名誉职务;会计、出纳、经销和采购等管理职务。至于临时为企业进行技术咨询和应聘从事门卫、巡逻、清扫等各种劳务工作的,不属于文件规定的"任职"范围。

4. 其他关于董监高任职的特殊规定

(1)银行从业人员未经批准不得兼职。依据《中国银监会关于印发〈银行业金融机构从业人员职业操守指引〉的通知》(银监发〔2011〕6 号),所称从业人员是指按照《劳动合同法》规定,与银行业金融机构签订劳动合同的在岗人员;银行业金融机构董(理)事会成员、监事会成员及高级管理人员;以及银行业金融机构聘用或与劳务代理机构签订协议直接从事金融业务的其他人员。从业人员未经批准不得在其他经济组织兼职。

(2)央企董监高任职需核查禁入限制。《国资委关于印发〈中央企业禁入限制人员信息管理办法(试行)〉的通知》(国资发监责规〔2019〕131 号)关于央企董监高的任命,第 3 条第 1 款规定:"本办法所称禁入限制,是指国资委和中央企业根据有关规定,对相关违规经营投资责任人作出在一定时期内不得担任中央企业董事、监事、高级管理人员的处理。其中高级管理人员包括企业的经理、副经理、财务负责人、董事会秘书和公司章程规定的其他人员。"第 11 条规定:"国资委和中央企业任命董事、监事、高级管理人员时,应当查询拟任人员禁入限制情况。"第 22 条规定:"中央企业所属子企业参照本办法执行。"

《国务院国资委关于规范国有企业职工持股、投资的意见》(国资发改革〔2008〕139 号)规定:"国有企业中层以上管理人员,不得在职工或其他非国有投资者投资的非国有企业兼职。"

其他关于董监高任职资格的规定,散见于《公务员法》、《企业法人法定代表人登记管理规定》(工商行政管理局令第 90 号)、《中共中央纪委、教育部、监察部关于加强高等学校反腐倡廉建设的意见》(教监〔2008〕15 号)、《中共中央组织部关于进一步规范党政领导干部在企业兼职(任职)问题的意见》(中组发〔2013〕18 号)、《国务院办公厅关于建立国有企业违规经营投资责任追究制度的意见》、《中央企业违规经营投资责任追究实施办法(试行)》等。

点评:由前述规定可知,有些情形属于担任董监高的绝对禁止情形。《挂牌指引》与《治理准则》存在一定的不一致,对于挂牌的要求,仍应当按照挂牌的标准,《治理准则》更多强调的是挂牌后的治理。依照《全国中小企业股份转让系统挂牌公司治理规则》,最近3年内受到证监会及其派出机构行政处罚、最近3年内受到全国股转公司或者证券交易所公开谴责或者3次以上通报批评、因涉嫌犯罪被司法机关立案侦查或者涉嫌违法违规被证监会立案调查,尚未有明确结论意见的,并非完全禁止担任董监高,需要披露拟聘请候选人的原因以及是否影响公司规范运作,并提示相关风险。对于该规定属于新的制度一大进步性规定,过去对于董监高的任职限制反而比交易所的规定更加严格,通过的新制度对于任职规定与交易所的趋同。但是前述关于董监高的规定仅适用于挂牌公司的后期治理以及关于精选层挂牌前的要求。

案　例　董事兼任社会职务

江苏丽洋新材料股份有限公司(丽洋新材、831783),其股东尤祥银先生任职情况:"在公司担任董事长兼总经理;教育部高等学校纺织类专业教学指导委员会非织造材料与工程分委员会委员;南通市崇川区第八届政协委(有省略)。上述学术性、社会性及行业协会职务均为兼职,且上述兼职单位对于上述兼职职务人员是否持有公司股权并没有禁止性规定,与尤祥银的作为丽洋新材料公司的股东身份没有冲突之处。"

依据《甘肃绿能农业科技股份有限公司反馈意见回复》(绿能农科、873143),"黄昌荣工作于甘肃政法学院(现已更名为甘肃政法大学);马忠仁历任西北民族大学生命科学与工程学院助理研究员、副研究员、教授、副院长和甘肃省动物细胞工程技术研究中心主任等职务。高校任职的黄昌荣、马忠仁在公司担任董事职务符合规定,根据《高等学校教师职业道德规范》第3条,高校教师不得从事影响教育教学工作的兼职。根据中共中央组织部《关于进一步规范党政领导干部在企业兼职(任职)问题的意见》,现职和不担任现职但未办理退(离)休手续的党政领导干部不得在企业兼职(任职)。黄荣昌和马忠仁均为中共党员,大学教师,未担任任何行政职务,不属于党政领导干部。黄荣昌和马忠仁仅担任公司董事,未担任高级管理人员,不存在其他劳动关系,不会影响教育教学工作。"

（二）不得对董监高选举设置违规批准程序

《全国中小企业股份转让系统挂牌公司治理规则》第 71 条规定:"控股股东、实际控制人对挂牌公司及其他股东负有诚信义务,应当依法行使股东权利,履行股东义务。控股股东、实际控制人不得利用其控制权损害挂牌公司及其他股东的合法权益,不得利用控制地位谋取非法利益。控股股东、实际控制人不得违反法律法规、部门规章、业务规则和公司章程干预挂牌公司的正常决策程序,损害挂牌公司及其他股东的合法权益,不得对股东大会人事选举结果和董事会人事聘任决议设置批准程序,不得干预高级管理人员正常选聘程序,不得越过股东大会、董事会直接任免高级管理人员。"

点评:《全国中小企业股份转让系统挂牌公司治理规则》实际上是依据法律对现实中可能存在的董监高任命的违规现象进行明确规定,制度虽说仅强调了结果状态,未明确从程序等角度进行实质性约束,但对相应的事项进行规定属于一大进步。

（三）选举董事等是否必须采取累积投票制

《全国中小企业股份转让系统挂牌公司治理规则》第 24 条规定:股东大会选举董事、监事时,应当充分反映中小股东意见。鼓励挂牌公司股东大会在董事、监事选举中推行累积投票制。采用累积投票制的挂牌公司应当在公司章程中规定具体实施办法。

精选层挂牌公司单一股东及其一致行动人拥有权益的股份比例在 30% 以上的,股东大会在董事、监事选举中应当推行累积投票制。

点评:对于基础层和创新层挂牌公司并未强制要求选举董事时采取累积投票制。而对于精选层挂牌公司单一股东及其一致行动人拥有权益的股份比例在 30% 以上的,股东大会在董事、监事选举中应当推行累积投票制。前提是对于大股东持股 30% 以上的公司的,选举董事和监事都需要采用累积投票制。但是新的制度并未明确规定是在选举两名以上董事或者监事时方适用累积投票制,仅要求特定情况下的精选层挂牌公司应当采用该制度。

实务中,大量的新三板挂牌公司都在章程中约定采用累计投标制,但是执行中挂牌公司自身以及审核机构都未过多关注累积投票制的表决等问题。随着精选层的推出,相应的制度规定以及执行情况会不断地完善。

(四)是否可以约定董事长的特别职权

《全国中小企业股份转让系统挂牌公司治理规则》第33条规定:"董事会授权董事长在董事会闭会期间行使董事会部分职权的,挂牌公司应当在公司章程中明确规定授权的原则和具体内容。挂牌公司重大事项应当由董事会集体决策,董事会不得将法定职权授予个别董事或者他人行使。"

点评:公司的实际控制人一般兼任公司的董事长,存在外部机构投资者的公司实际控制人对董事长的权限比较关注。实际上很少有制度明确规定董事长可以拥有单独的特别职权,而挂牌公司的制度对此有很大的创新,明确规定董事长在董事会闭会期间,可以行使"公司章程中明确规定授权的原则和具体内容"的事项。这个属于一大创新,对于公司的治理现状具有重大的实践意义。

(五)是否必须设置独董和董秘等

1. 拟挂牌公司是否必须设置独立董事及专门委员会

《全国中小企业股份转让系统挂牌公司治理规则》第31条规定:"董事会的人数及人员构成应当符合法律法规、部门规章、业务规则和公司章程的要求。董事会成员应当具备履行职责所必需的知识、技能和素质。

"鼓励挂牌公司建立独立董事制度。精选层挂牌公司应当设立两名以上独立董事,其中一名应当为会计专业人士。独立董事的管理及任职资格等事宜由全国股转公司另行规定。

"董事会可以根据需要设立审计、战略、提名、薪酬与考核等相关专门委员会。专门委员会对董事会负责,依照公司章程和董事会授权履行职责。专门委员会的组成、职责等应当在公司章程中规定。"

若申报精选层,设立独立董事的最晚时点为挂牌委员会审议发行申请之前,发行人应当设立两名以上(含两名)独立董事。独立董事的任职资格、备案程序等应当符合全国股转公司的相关规定。

2. 拟挂牌公司是否必须设置董事会秘书

《全国中小企业股份转让系统挂牌公司治理规则》第36条规定:"精选层、创新层挂牌公司应当设董事会秘书作为信息披露事务负责人，董事会秘书应当取得全国股转系统董事会秘书资格证书，负责信息披露事务、股东大会和董事会会议的筹备、投资者关系管理、股东资料管理等工作。基础层挂牌公司未设董事会秘书的，应当指定一名高级管理人员作为信息披露事务负责人负责上述事宜，全国股转公司参照董事会秘书的有关规定对其进行管理。信息披露事务负责人应当列席公司的董事会和股东大会。信息披露事务负责人空缺期间，挂牌公司应当指定一名董事或者高级管理人员代行信息披露事务负责人职责，并在三个月内确定信息披露事务负责人人选。公司指定代行人员之前，由董事长代行信息披露事务负责人职责。”

案 例 因董秘不具有资质被调出创新层

全国股份转让系统于2018年10月25日公告：“汇实科技(839712)、多尔克司(833627)和蓝天园林(832136)3家公司原董事会秘书离职后，未及时聘请取得董事会秘书资格证书的董秘，不满足创新层公司治理要求且持续时间已达3个月。根据规定，调整至基础层。”

点评：由前述规定可知，精选层公司必须设置两名以上独立董事，其中一名属于会计专业人士。制定制度时想表达的真实意思应该是至少一名独立董事属于会计专业人士，但是制度是“其中一名属于会计专业人士”属于表达的不严谨，并非规定只能设置一名属于会计专业的独立董事。挂牌公司并未强制要求设立董事会的专门委员会，这个也是比较符合现实的。精选层、创新层挂牌公司应当设董事会秘书作为信息披露事务负责人，并且需要取得董秘资格证书属于强制性规定。而基础层挂牌公司未要求强制设置董事会秘书，若未设置则公司应当指定一名高管作为信息披露事务负责人负责相关事宜。

（六）董监高和核心技术是否存在竞业禁止或者技术侵权

中介机构需要核查公司董监高、核心员工（核心技术人员）是否存在违反竞业禁止的法律规定或与原单位约定的情形，是否存在有关上述竞业禁止事项的纠纷或潜在纠纷；以及是否存在与原任职单位知识产权、商业秘密方面的侵权纠纷或潜在纠纷。实务中,存在不少公司的创始股东、董监高、核心人员均来源于同一个竞争公司,对于类似情形,首先要考虑整个拟挂牌公司的技术和业务来源的合法性,这是涉及业务来源和技术的整个合规性问题,是否存在侵犯其他单位的知识产权或者商业秘密;其次是考虑个别技术人员是否存在竞业禁止的情形。若不存在整个公司的大部分股东或者董监高、核心人员来源于同一个公司的情形,则主要关注其与上一个单位是否存在竞业禁止或者是否侵犯其他单位的知识产权或商业秘密的事项。

案例 是否存在竞业禁止或知识产权侵权等

依据《成都天大仪器股份有限公司挂牌申请文件的第二次反馈意见回复》(天大仪器、872414),当时该公司董事、副总经理张懿在2011年6月离开原单位四川九洲电器集团有限责任公司时签署保密承诺书,约定保密期限为2年。

依据《关于上海宽惠网络科技股份有限公司挂牌申请文件的第一次反馈意见》(宽惠网络、872143),反馈意见如下:"公司多名董监高、核心技术人员均曾就职于上海复旦华安科技发展有限公司、数码通信息产业(集团)有限公司。请主办券商、律师核查并说明:(1)公司与上海复旦华安科技发展有限公司、数码通信息产业(集团)有限公司是否存在关联关系;(2)公司的现任董监高及核心技术人员是否仍在上述公司任职,是否仍存在竞业禁止/限制等义务,公司原始取得的软件著作权是否存在侵犯原任职单位知识产权、商业秘密的纠纷或潜在纠纷的情形。"

《湖南浏阳经开区水务股份有限公司挂牌申请文件的第二次反馈意见回复》(浏经水务、872577)反馈意见如下:"公司董监高林大军曾任浏阳工业园城管分局局长,黎海曾任浏阳经开区城管分局副局长,二人辞去以上职务后即在公司任高级管理人员,请补充说明上述人员任职是否经过相应程序,是否合法合规,是否存在竞业限制的情形。"

案 例 外籍董事任职

浦华环保(835956)存在两名董事为日本籍。具体如下:"滨口正夫,日本籍,毕业于东京大学法学系。1980年至今任职于日本旭化成化学株式会社,现任膜水处理事业部长;2015年9月兼任浦华股份董事。丰岛俊弘,日本籍,先后就读于东京大学法律系、麻省理工学院城市规划与房地产专业;曾任任日本政策投资银行投资顾问;2015年9月兼任浦华股份董事。"

案 例 多名员工来源于同一公司且存在侵犯商业秘密案

依据《唯捷创芯(天津)电子技术股份有限公司挂牌申请文件反馈意见回复》(原:唯捷创芯、834550),反馈意见及回复如下:"公司多名员工曾在威讯联合半导体有限公司或其关联方工作。请公司补充披露公司董监高人员、核心技术人员从原任职单位离职到公司时与原任职单位关于保密、竞业限制的约定和履约情况。请主办券商及律师结合公司核心技术的来源,就公司及核心技术人员是否存在侵犯他人知识产权、商业秘密的纠纷或潜在纠纷进行核查并发表明确意见。"

回复如下:"截至本反馈回复出具之日,公司、公司全资子公司共取得17项集成电路布图设计专有权、1项已登记的计算机软件著作权、5项专利权(含申请中)。主办券商已取得相关知识产权证明文件、申请表,并在国家知识产权局进行了核查。公司、子公司的核心技术依托于上述集成电路布图设计、专利和软件著作权。根据公司及相关人员书面确认:(1)公司、子公司系通过自主研发原始取得上述知识产权,公司已书面承诺:不存在侵犯他人知识产权的情形,不存在潜在纠纷。(2)公司目前确定的核心技术人员共两位,即林升、白云芳。根据林升、白云芳的确认:其对加入公司前的任职单位均没有竞业禁止义务,也没有收到任何竞业禁止补偿金;其在公司任职期间,没有从事任何侵犯前任职单位任何商业秘密或其他合法权益的行为;截至目前,其没有被任何单位或个人起诉构成知识产权侵权、不正当竞争、存在劳动争议纠纷或成为任何与公司核心技术侵权相关的诉讼/仲裁的当事人。(3)公司参与、曾经参与技术研发或提供辅助工作的其他员工包括:牛旭、陈吉、陈正等。根据该等人员的分别确认:其均不对任何公司以外的单位负有竞业禁止义务,也没有收到任何单位支付的竞业禁止补偿金;其在公司任职期间,没有从事任何侵犯任何单位任何商业秘密或其他合法权益的行为;截至目前,其没有被任何单位或个人起诉构成知识产权侵权、不正当竞争、存在劳动争议纠纷或成为任何与公司核心技术侵权相关的诉讼/仲裁的当事人。(4)除上海一中院受理的前述RFMicroDevices,Inc.、威讯联合半导体(北京)有限公司主张的侵犯商业秘密及不正当竞争纠纷案件外,截至本反馈回复出具之日,公司、子公司没有就核心技术遭受任何诉讼/仲裁。

"根据《劳动合同法》第23条、第24条的规定,用人单位如要求劳动者在劳动合同解除或终止后承担竞业限制义务的,用人单位和劳动者应就此进行相应的约定、用人单位且应按月给予劳动者相应的经济补偿。此外,竞业限制期限不得超过两年。据此,针对公司两位核心技术人员:该两人离开前任职单位均已经在4年左右,和前任职单位没有任何竞业禁止约定且没有收到任何竞业限制补偿金。因此,该两位核心技术人员和前任职单位不存在竞业限制纠纷。关于可能涉及的知识产权侵权或商业秘密违约/侵权,该两人离开前任职单位均已经在4年左右,但截至目前,两人均未受到前任职单位关于违反保密义务或侵犯商业秘密或侵犯其他知识产权的任何诉讼/仲裁。

"经核查,主办券商认为:公司核心技术均为自主研发取得;除与威讯联合半导体有限公司、威讯联合半导体(北京)有限公司关于侵犯商业秘密及不正当竞争纠纷案件外,公司及核心技术人员不存在侵犯他人知识产权的情形,不存在商业秘密的纠纷或其他潜在纠纷。"

点评:科技属性越强的公司,对公司整体的技术来源合法性、是否存在侵犯其他单位知识产权等事项的关注度越高。科创板上市委审核过会的上海三友医疗器械公司,其主营医用骨科植入耗材的研发、生产与销售,其3名实际控制人均为外籍且3人均曾工作于法国美敦力公司,实控人之一DavidFan(范湘龙)入职公司时尚在2年的竞业限制期限内,违反了其与美敦力公司的《雇员协议》。律师认为即使被起诉,也已过了诉讼时效。对于科技属性高且存在竞业限制的公司相关的问题解释和反馈可以参考该案例。

(七)管理层的诚信状况调查

依照规定,券商需要调查公司管理层的诚信情况,取得经公司管理层签字的关于诚信状况的书面声明，书面声明至少包括以下内容：(1)最近2年内是否因违反国家法律、行政法规、部门规章、自律规则等受到刑事、民事、行政处罚或纪律处分；(2)是否存在因涉嫌违法违规行为处于调查之中尚无定论的情形；(3)最近2年内是否对所任职(包括现任职和曾任职)公司因重大违法违规行为而被处罚负有责任；(4)是否存在个人负有数额较大债务到期未清偿的情形；(5)是否有欺诈或其他不诚实行为等情况。通过查询中国人民银行征信系统、工商行政管理部门的企业信用信息系统等公共诚信系统，咨询税务部门、公司贷款银行等部门或机构，咨询公司律师或法律顾问，查阅相关记录以及其他合理方式，核实公司管理层是否存在不诚信行为的记录，评价公司管理层的诚信状况。

《主办券商尽职调查工作指引(试行)》关于董事和监事的规定："调查公司董事、监事的简要情况，主要包括：姓名、国籍及境外居留权、性别、年龄、学历、职称；职业经历(参加工作以来的职业及职务情况)；曾经担任的重要职务及任期；现任职务及任期；本人及其近亲属持有公司股份的情况；是否存在对外投资与公司存在利益冲突的情况。"这也是董监高提供并披露相应信息的制度依据之一。例如，南京西格玛医学技术股份有限公司挂牌反馈意见中审核机构要求完整披露实际控制人从参加工作开始之简历。

参考《全国中小企业股份转让系统股票定向发行临时公告模板》以及实务的需要，在核实失信情况时，查询范围必须包括但不限于下列5个网站，包括中国执行信息公开网(http://zxgk. court. gov. cn/zhixing/)、中国裁判文书网(http://wenshu. court. gov. cn)、国家企业信用信息公示系统(http://www. gsxt. gov. cn)、证券期货市场失信记录查询平台(http://neris. csrc. gov. cn/shixinchaxun/)、信用中国(http://www. creditchina. gov. cn)。不仅应当查询管理层的诚信状况，对于拟挂牌公司及其子公司、控股股东和实际控制人的诚信状况需要按照相同的方法予以核查。

七、合法规范经营调查

核查要求：

(1)业务资质。请主办券商及律师核查以下事项并发表明确意见：①公司是否具有经营业务所需的全部资质、许可、认证、特许经营权，并对公司业务资质的齐备性、相关业务的合法合规性发表意见。②公司是否存在超越资质、经营范围、使用过期资质的情况，若存在，请核查公司的规范措施、实施情况以及公司所面临的法律风险、相应风险控制措施，并对其是否构成重大违法行为发表意见。③公司是否存在相关资质将到期的情况，若存在，请核查续期情况以及是否存在无法续期的风险，若存在无法续期的风险请核查该事项对公司持续经营的影响。请公司就相应未披露事项作补充披露。

(2)环保。请主办券商及律师：①核查公司所处行业是否为重污染行业，以及认定的依据或参考。②若公司不属于前述重污染行业，请核查：A. 公司建设项目的环保合规性，包括且不限于公司建设项目的环评批复、环评验收及“三同时”验收等批复文件的取得情况；B. 公司是否需要办理排污许可证以及取得情况；C. 结合公司的业务流程核查公司日常环保合规情况，是否存在环保违法和受处罚的情况。③若公司属于重污染行业，请核查：A. 关于公司建设项目，请核查公司建设项目的环评批复、环评验收及“三同时”验收等批复文件的取得情况。建设项目未完工或尚未取得相关主管部门的验收文件的，请核查环评批复文件中的环保要求的执行情况。对建设项目环保事项的合法合规性发表意见。B. 关于污染物排放，请结合公司的业务流程核查公司是否存在污染物排放，若存在污染物排放，请核查公司的排污许可证取得和排污费缴纳情况，公司是否属于污染物减排对象，公司的排放是否符合标准，是否遵守重点污染物排放总量控制指标。C. 关于公司的日常环保运转，请核查：公司有关污染处理设施是否正常有效运转；公司的环境保护责任制度和突发环境应急预案建设情况；公司是否存在公司工业固体废物和危险废物申报和处理情况；公司是否有禁止使用或重点防控的物质处理问题。D. 公司是否被环保监管部门列入重点排污单位名录，是否依法公开披露环境信息。E. 公司是否存在环保事故、环保纠纷或潜在纠纷、是否存在处罚等；公司曾受到处罚的，是否构成重大违法行为，以及公司的相关整改情况。④请核查公司是否存在排污许可、环评等行政许可手续未办理或未办理完成等环保违法情形，若存在，请核查违法原因以及公司的补救措施，相应补救措施的进展及是否可行、可预期，请说明向环保监管机构的尽职调查情况，并分析公司存在的风险、相应的风险管理措施及其有效性、风险可控性，以及是否影响公司的持续经营能力。⑤请主办券商及律师综合以上事项对公司的环保事项的合法合规性发表明确意见。请公司就相应未披露事项作补充披露。

(3)安全生产。请主办券商及律师核查以下事项并发表明确意见:①公司是否需要并取得相关部门的安全生产许可,建设项目安全设施验收情况;②公司日常业务环节安全生产、安全施工防护、风险防控等措施;③公司报告期以及期后是否发生安全生产方面的事故、纠纷、处罚,若发生,请核查其具体情况、公司的整改措施、对公司持续经营的影响,就其是否构成重大违法行为发表明确意见。请主办券商及律师就公司安全生产事项的合法合规性发表意见。请公司就相应未披露事项作补充披露。

(4)质量标准。请主办券商及律师核查以下事项:①公司采取的质量标准;②公司的质量标准是否符合法律法规规定。请公司就相应未披露事项作补充披露。

(5)公司或其股东的私募基金备案。自2015年3月20日之日起申报的公司或其股东属于私募投资基金管理人或私募投资基金的,请核查其私募基金备案问题。请主办券商、律师核查以下事项:①应核查公司或其股东是否按照《证券投资基金法》、《私募投资基金监督管理暂行办法》及《私募投资基金管理人登记和基金备案办法(试行)》等相关规定履行了登记备案程序,并请分别在《推荐报告》《法律意见书》中说明核查对象、核查方式、核查结果并发表意见。②申请挂牌同时发行股票的,应核查公司股票认购对象中是否存在私募投资基金管理人或私募投资基金,是否按照《证券投资基金法》、《私募投资基金监督管理暂行办法》及《私募投资基金管理人登记和基金备案办法(试行)》等相关规定履行登记备案程序,并请分别在《推荐报告》、《法律意见书》或其他关于股票发行的专项意见中说明核查对象、核查方式、核查结果并发表意见。请公司就相应未披露事项作补充披露。

(6)公司违法行为。请主办券商及律师核查以下事项并发表意见:①公司最近24个月是否存在违法行为,并对以上违法行为是否构成重大违法行为发表意见。②针对公司受到处罚的情况,请核查公司受处罚的原因、公司的整改措施及其有效性,处罚事项对公司经营的影响以及公司风险管理措施的有效性。请公司就相应未披露事项作补充披露。

(7)其他合规经营问题。请主办券商及律师核查公司是否存在其他如劳动社保、消防、食品安全、海关、工商、质检等合规经营方面的问题和法律风险。请公司就相应未披露事项作补充披露。

(8)未决诉讼或仲裁。公司存在未决诉讼或仲裁的,请主办券商及律师核查:①公司诉讼、仲裁的具体事由和进展情况;②诉讼、仲裁事项对公司经营的具体影响,若存在不利影响,公司应披露所采取的措施。请公司就相应未披露事项作补充披露。

精选层特有审核标准:对《全国中小企业股份转让系统分层管理办法》中规定的"其他涉及国家安全、公共安全、生态安全、生产安全、公众健康安全等领域的重大违法行为",判断标准如下:最近 36 个月内,发行人及其控股股东、实际控制人在国家安全、公共安全、生态安全、生产安全、公众健康安全等领域,存在以下违法行为之一的,原则上视为重大违法行为:被处以罚款等处罚且情节严重;导致严重环境污染、重大人员伤亡、社会影响恶劣等。有以下情形之一且保荐机构及发行人律师出具明确核查结论的,可以不认定为重大违法:违法行为显著轻微、罚款数额较小;相关规定或处罚决定未认定该行为属于情节严重;有权机关证明该行为不属于重大违法。但违法行为导致严重环境污染、重大人员伤亡、社会影响恶劣并被处以罚款等处罚的,不适用上述情形。

(一)未取得业务资质的相关问题

资质属于关键事项,属于整个公司业务合法合规的基础,同时资质证书涉及拟挂牌主体的可持续经营能力的问题,所以资质需要重点关注。但实务中,不少公司存在未取得资质前已经开展业务或者超越资质范围或者等级开展业务的情形,对此需要针对具体问题具体分析,判断是否构成挂牌的障碍等。

案　例　未取得环保工程资质开展业务

依据《格林斯达(北京)环保科技股份有限公司反馈意见回复》(格林斯达、873139),关于资质的反馈意见如下:"关于业务活动开展的合规问题。(1)报告期内,公司存在未取得环保工程专业承包资质而承揽业务的情况。请公司说明并披露承揽的中芯国际集成电路制造(北京)有限公司的一处洗涤塔维保业务最新进展情况、拟采取的规范措施。(2)公司及子公司存在将劳务施工工作分包给部分不具备相关资质的外包方，请公司说明相关业务是否已经全部履行完毕；若未履行完毕，请说明规范措施。”

依据《建筑法》第67条、《建设工程质量管理条例》第60条。措施如下：“北京经济技术开发区建设发展局出具《证明》，‘公司自成立至今，在我局管辖区内未发现违法违规行为，未受到我局相关行政处罚’。虽然主管部门出具了合规证明，但根据相关法律法规规定公司仍存在因未取得相关资质承揽业务被认定为重大违法违规行为而被处罚的风险。公司为此采取了以下规范措施：(1)格林斯达实际控制人戴恩平、沈娇出具承诺，若公司因超越资质承揽业务或公司及子公司因向无资质外包方进行分包等违规行为而受到主管部门处罚或第三方追责，公司及子公司因此而遭受的损失全部由戴恩平、沈娇承担；(2)公司之子公司于2016年12月8日取得环保工程专业承包资质，相关环保工程业务由子公司实施；(3)公司制定了《项目分包管理制度》，对分包商的筛选、签署分包合同及分包合同的履行等作了规定。公司将严格执行该制度选任合格的分包商。”

另外，依据《武汉园外园绿化景观股份有限公司三次反馈意见回复》，该公司存在超经营开展业务以及劳务分包单位无资质的现象。

案例 未取得机电安装资质开展业务

依据《苏州鸿基洁净科技股份有限公司挂牌申请文件反馈意见回复》，相关反馈以及回复如下：公司(及子公司)是否存在超越资质、经营范围、使用过期资质的情况，若存在，请核查公司(及子公司)的规范措施、实施情况以及公司所面临的法律风险、相应风险控制措施，并对其是否构成重大违法行为发表意见。回复如下：

“2015年、2016年分别发生工程收入，于2017年3月9日取得《建筑机电安装工程专业承包叁级》。根据《建筑法》《建设工程质量管理条例》规定，公司在报告期内存在未取得相关资质而提供工程服务的情形，不符合规定。但上述无资质经营不构成公司本次挂牌的实质障碍，具体分析如下：(1)报告期内，公司存在未取得机电安装资质但为部分客户提供工程服务的情况，工程项目已完成验收，对公司整体影响较小。(2)主管部门意见：公司已取得苏州工业园区规划建设委员会出具的《证明函》，确认报告期内未发现公司因违反有关规划建设管理方面的法律、法规、规章及规范性文件而受到处罚的情形。此外,公司取得苏州工业园区市场监督管理局出具的《证明》,根据证明内容,公司在报告期内不存在违反其职责的相关法律、法规的情形。(3)相关法律法规规定:①根据《建筑法》《建设工程质量管理条例》规定,未取得资质证书承揽工程的,予以取缔,并处罚款;有违法所得的,予以没收;②《行政处罚法》第27条;③《行政处罚法》第29条。(4)实际控制人的承诺。(5)与客户进行确认根据客户签署的确认函,确认公司均已通过验收,不存在质量问题,不存在纠纷或潜在纠纷。(6)违法行为消除情况:公司于2017年3月9日取得苏州市住房和城乡建设局核发的《建筑机电安装工程专业承包叁级证书》,并于同年9月取得《安全生产许可证》,未来可以在资质范围内提供相关工程服务。

"综上,公司违法情形已通过取得资质证书得到规范,且根据主管部门的确认,报告期内未受到相关处罚,此外,客户已确认公司提供的工程服务已完成验收,未产生任何纠纷。因此,公司未取得机电安装资质经营的行为,依据《行政处罚法》第27条的规定,已得到及时纠正,没有造成危害后果。属于从轻或者减轻行政处罚或不予行政处罚的情形。此外,公司最后一笔工程竣工验收时间至项目申报之日已过2年。综上,报告期内公司无资质提供工程服务行为不会对本次挂牌造成实质性障碍。"

案 例 未取得设计资质

依据《六环景观(辽宁)股份有限公司反馈意见回复》(六环景观、872826),相关反馈意见回复内容如下:"公司子公司存在超越资质、范围经营的情况。针对上述情况,注销公司子公司。主办券商认为:公司子公司虽然对外提供了设计服务,但2005年经修订后的《公司登记管理条例》中已经删除了超出核准的经营范围从事经营活动的处罚规定,因此公司子公司不存在超范围经营而受到行政处罚的风险。公司子公司未取得资质对外提供了设计服务,形式上违反了《建设工程勘察设计管理条例》的相关规定,但公司子公司违反相关规定系由于合同及招标文件的特殊约定,公司具备履行合同的相关资质和能力,但为了履行合同约定将税收留在项目地,且必须以设立子公司的形式纳税,公司依照合同约定设立了子公司,选派了具备资质的人员至子公司完成合同设计任务，从实质上与公司自身完成合同内容并无差异。《建设工程勘察设计管理条例》的相关规定禁止没有资质的设计单位承揽设计业务是由于设计业务需要专业人员和专业知识，具有资质的设计单位有能力确保建设工程的安全。公司本身具备承接上述合同的资质和能力，通过派遣专业人员至子公司完成设计任务，并未从实质上损害建设工程的安全或造成其他不利影响。子公司未因上述事项受到行政处罚。综上，主办券商认为：公司子公司超越资质经营行为不属于重大违法行为。”

案例 子公司未取得广播制作许可委托母公司进行影视制作

依据《浙江红点影视股份有限公司反馈意见回复》，记载：“报告期内子公司存在未取得《广播电视制作许可证》期间，对外签订合同后委托母公司进行影视（含电视）制作的情形。两家子公司后均取得了《广播电视节目制作经营许可证》，至此，两家子公司均已及时消除了无经营许可证经营的瑕疵。”

点评：关于未取得资质的案例，解决方法通常为：论证未产生严重后果且未受到处罚，取得主管机构的证明，实际控制人出具兜底承诺，后期已经取得资质纠正了违法行为等论证不构成重大违法违规等。关于特殊行业需要取得特殊的资质，需要重点关注，如消防产品、危险化学品、互联网行业、军工，尤其关注军工类、食品类等涉及多种许可证的企业。比如，军工类涉及保密以及武器承制等多个资质，可参考斯达股份（873130）；白酒类可能涉及生产许可和食品流通类许可，可参考九华山酒（831799）。

（二）环保

环保事项的具体要求可以参见《挂牌条件适用基本标准指引》规定。

1. 重污染行业的环保要求

拟挂牌公司及其子公司所属行业为重污染行业，根据相关法规规定应办理建设项目环评批复、环保验收、排污许可证以及配置污染处理设施的，应在申报挂牌前办理完毕；如公司尚有在建工程，则应按照建设进程办理完毕相应环保手续。

其中，环评批复是指新开工项目必须经过有关专家对环境影响评估，编制环境影响报告书,上报国家环境主管部门审核,该项目通过国家主管部门的批准即为环评批复,其性质上属于行政许可。《环境影响评价法》对环评批复的机关、流程、内容等作了明确的规定,同时,《放射性污染防治法》《放射性同位素与射线装置安全和防护管理办法》《水污染防治法》《大气污染防治法》《固体废物污染环境防治法》《噪声污染防治法》《海洋环境保护法》《海洋石油勘探开发环境保护管理条例》等法律对需要办理建设项目环评批复的情形作出了明确的规定。

环保验收是指建设项目竣工后,环境保护行政主管部门根据《建设项目竣工环境保护验收管理办法》的规定,依据环境保护验收监测或调查结果,并通过现场检查等手段,考核该建设项目是否达到环境保护要求的活动,其性质属于行政许可,适用对象是通过环境影响评价批复且建设完毕的项目。

排污许可证是指国家对在生产经营过程中排放废气、废水、产生环境噪声污染和固体废物的行为实行许可证管理,其性质属于行政许可。截至 2020 年,《环保法》《大气污染防治法》《水污染防治法》《固体废物污染环境防治法》对排污许可证进行了明确的规定。

配置污染处理设施是指建设项目配置环评报告中要求增加的污染处理设施,实际上是“三同时制度”的验收,它是环评批复和环保验收中的重要内容,在《环保法》《大气污染防治法》《水污染防治法》《固体废物污染环境防治法》《噪声污染防治法》等都有明确的规定,解答公告将其单独列出,是对三同时制度的进一步强调。基于此,可以将重污染行业挂牌的环保条件归纳为“三个行政许可一个制度”,即环评批复、环保验收、排污许可和三同时制度验收,但如果是在建项目,则应按照前文的建设前、建成后、试生产后、验收后四个阶段履行相应的环保手续。

一般情况下,一个建设项目取得上述审批的流程分四个步骤:建设以前,建设项目环境影响评价审批;建成后,建设项目试生产申请;试生产以后,建设项目竣工环保验收(包括三同时);验收以后,排污许可证申领。

2. 一般污染行业环保要求

如果拟挂牌公司及其子公司所属行业不属于重污染行业,但根据规定必须办理排污许可证和配置污染处理设施的,在申报挂牌前应办理完毕。相比于重污染行业公司挂牌的基本环保条件,非重污染行业比较简单,只需要排污许可和三同时制度验收(一个行政许可一个制度)。但非重污染行业公司仍需要进行环评批复、环保验收。在实践中,非重污染行业公司对环境的影响相对较小,故允许其存在先办理排污许可和配置污染设施后办理环评批复和环保验收的情况。

3. 重大环保违法事项的认定

重大违法违规行为是指公司最近24个月内因违犯国家法律、行政法规、规章的行为,受到刑事处罚或适用重大违法违规情形的行政处罚。刑事处罚是指公司最近24个月内存在涉嫌犯罪被司法机关立案侦查,尚未有明确结论意见的情形。重大违法违规情形的行政处罚是指凡被行政处罚的实施机关给予没收违法所得、没收非法财物以上行政处罚的行为,属于重大违法违规情形,但处罚机关依法认定不属于的除外;被行政处罚的实施机关给予罚款的行为,除主办券商和律师能依法合理说明或处罚机关认定该行为不属于重大违法违规行为的外,都视为重大违法违规情形。

从前述的规定可以看出,重大违法违规行为包括两种情形:一是刑事处罚。在最近24个月内因环保问题被刑事立案就被认为是重大违法违规行为,属于"一票否决"。在实践中,单位因为环保问题而被刑事立案主要是指《刑法》第338条至第345条规定的破坏环境资源保护罪的情形。二是行政处罚。包含两种情形:(1)没收违法所得、没收非法财物(处罚机关依法认定不属于的除外);(2)罚款(主办券商和律师能依法合理说明或处罚机关认定该行为不属于的除外)。从刑事处罚和行政处罚的对比来看,刑事处罚被认定为重大违法违规行为不存在例外情况,刑事处罚是拟挂牌公司的红线,而行政处罚被认定为重大违法违规行为的条件比较严格,同时还存在例外情况,这些例外的存在就意味着可通融。在实践中,虽然大多数公司能够拿到部门出具的不属于重大违法违规证明,保荐机构和律师仍需要对具体事项进行分析。

案例　子公司属于重污染行业承诺办理排污许可

依据《山东鸿祥汽车内饰件股份有限公司反馈意见回复》(鸿祥股份、872981),相关反馈意见及回复内容如下:"公司不属于重污染行业。请公司补充披露:(1)子公司是否属于重污染行业。(2)公司及子公司是否属于根据相关法规规定必须办理排污许可证和配置污染处理设施的情况,是否在申报挂牌前办理完毕。(3)无法办理《排污许可证》是否取得属地县市级以上环保部门出具的书面说明。(4)公司及子公司应对排污物采取的处理措施。请主办券商、律师:对公司及子公司办理《排污许可证》是否存在法律障碍,报告期内公司日常环保是否合法合规,是否存在环保方面的重大违法违规情形,是否符合'合法规范经营'的挂牌条件发表意见。"相关回复如下:

"问题(1)公司回复:公司已在公开转让说明书补充披露如下:根据《上市公司行业分类指引》(2012 年修订),公司所处行业属于'C17 纺织业';根据《国民经济行业分类》(GB/T 4754—2017),公司所处行业为'C17 纺织业'中的'C17·81 非织造布制造'。公司子公司保定鸿祥、四川宜人、天津宜人的经营业务与母公司相同,所处行业均为 C1781 非织造布制造;子公司天津宜人暂未开展相关业务。依据《环境保护部、国家发展和改革委员会、中国人民银行、中国银行业监督管理委员会关于印发〈企业环境信用评价办法(试行)的通知〉》(环发〔2013〕150 号)中所列举的重污染行业范围,公司所处大行业属于重污染行业。依据环保部 2018 年 2 月 6 日向国家发展改革委、财政部、商务部、人民银行等 14 个部门印送了《环境保护综合名录(2017 年版)》中进一步细化'高污染、高环境风险'产品名录,经细化的重污染纺织业分类只包括'1713 棉印染精加工、1722 毛织造加工、1731 麻纤维纺前加工和纺纱、1741 缫丝加工、1751 化纤织造加工、1752 化纤织物染整精加工'。因此,公司及其子公司经营的非织造布织造不属于重污染行业。

"问题(2)公司回复:根据环保部于 2018 年 1 月 10 日环保部公布的《排污许可管理办法(试行)》第 3 条规定:'……纳入固定污染源排污许可分类管理名录的企业事业单位和其他生产经营者应当按照规定的时限申请并取得排污许可证;未纳入固定污染源排污许可分类管理名录的排污单位,暂不需申请排污许可证。'根据环保部 2017 年 7 月 28 日印发的《固定污染源排污许可管理名录(2017 年版)》(环保部令第 45 号),公司及其子公司目前所处的非织造布制造行业归类于化学纤维制造业,适用化学纤维制造工业的排污许可行业技术规范,按照规定该行业在 2020 年实施排污许可申请。公司所处行业的排污许可技术规范文件尚未出台,因此公司及其子公司目前无须办理排污许可证。

"公司及其子公司已经出具相关承诺:在实施时限内申请排污许可证,即于 2020 年之前申请排污许可证。公司控股股东及实际控制人出具相同承诺。公司目前的生产经营严格按照环境影响报告书中的要求进行污染物处理,公司的污染物处置设施完备,满足环保的要求。

"问题(3)公司回复:因公司所处行业未实际开展《排污许可证》办理程序,公司无须取得《排污许可证》和所属地县市级以上环保部门出具的书面说明。

"问题(4)公司回复:在公开转让说明书补充披露如下:公司建立了环境管理网络体系,制定了环境保护职责、三废设施操作规程、日常环境监测管理制度等环境保护管理制度,设置了环境管理人员,落实各项环保要求。

"公司实施了雨污分流、清污分流,废水管道按照市政要求,采用地下管网布设。项目无工艺废水产生。在公司内每个排水口都设有沉淀池,沉淀池过滤后再将生活废水通过管道排入城市管网集中处理。项目废气通过排气筒排放,排气筒均装有布袋除尘器、过滤棉或者活性炭吸附装置,废气经处理后达到《大气污染物综合排放标准》二级标准后由排气筒排出。项目废气治理设施采用吸风罩、防泄漏管阀接头、密闭生产等措施减少无组织排放废气的产生量。

"公司主要噪声源为机器运转过程中产生,公司采取在设备底部加装减震垫,同时通过隔声、吸声及距离衰减等措施降低噪声对环境的影响。公司的噪声已进行测量,符合标准要求。公司产生的固体废物主要有废包装材料等,按照《危险固废贮存污染控制标准》(GB 18597—2001)分类收集,并按要求建有一个50多平方米固体废物临时堆存场所。公司与日照翰跃板业有限公司签署《废弃物处置协议书》,委托专业机构处理生产中产生的固废。

"问题(5)公司回复:根据《环境保护法》第42条、第55条,《环境信息公开办法》第11条、第20条。公司主营业务是汽车内饰无纺面料的研发、生产、销售。根据《国民经济行业分类》(GB/T 4754—2017)标准,公司所处行业属于C1781非织造布制造。根据环保部向国家发展改革委、财政部、商务部、人民银行等14个部门印送的《环境保护综合名录(2017年版)》,公司经营的非织造布织造不属于重污染行业。

经查询威海市、广安市、保定市环境保护局网站,未发现环保部门要求公司及其子公司对环保事项进行公示的情形,公司及其子公司未被列入国家重点监控企业名单,不属于强制公开披露环境信息的范围。公司经营的业务不存在排放固体、液体、气体废弃物的情形,不属于《环境保护法》等规定需要制定环境保护制度、公开披露环境信息的范畴。”

案例 整个业务未办理环评竣工验收及排污许可，同时存在处罚

依据《山东泰星新材料股份有限公司反馈意见回复》（泰星股份、873321），相关反馈意见及回复如下：关于公司环保事项。（1）目前公司“年产4000吨无卤阻燃剂项目”整体尚未达到办理环评竣工验收的条件。请主办券商及律师结合相关法律法规核查“年产4000吨无卤阻燃剂项目”目前的环评竣工验收进度是否符合法律法规的规定并发表明确意见。（2）目前公司未办理《排污许可证》。请主办券商及律师结合公司业务情况、环境保护措施、前期办理的手续及相关法律法规的规定等核查公司办理《排污许可证》是否符合法律法规规定、是否存在法律障碍并发表明确意见。回复如下：

问题（1）回复：“年产4000吨无卤阻燃剂项目”包含年产1000吨六苯氧基环三磷腈和年产3000吨AP20阻燃剂。2016年8月30日，章丘市发展和改革委员会出具《山东省建设项目登记备案证明》（章发改投资备〔2016〕78号），该项目通过立项。2018年8月3日，济南市环境保护局出具《关于济南泰星精细化工有限公司年产4000吨无卤阻燃剂项目环境影响报告书的批复》（济环报告书〔2018〕17号），同意该项目建设。根据《环境影响评价法》第24条，《建设项目环境保护管理条例》第12条、第17条，《建设项目竣工环境保护验收管理办法》第9条规定，由于年产1000吨六苯氧基环三磷腈正在建设中，尚未达到预定可使用状态；年产3000吨AP20阻燃剂尚未开工建设，故该项目未办理环评竣工验收。该项目于2018年8月取得环评批复，尚在5年的建设有效期内，项目正在建设过程中，环评竣工验收进度符合法律法规的规定。

综上所述，主办券商认为：由于“年产4000吨无卤阻燃剂项”尚未建设完成，故未申请该建设项目的竣工环境保护验收，其竣工验收进度符合法律法规的规定。

问题（2）回复：公司主要从事阻燃剂、阻燃母料和阻燃专用料的研发、生产、销售业务，所处的化工产品制造业属于“C2661化学试剂和助剂制造”。公司在生产经营中产生的污染物主要为废水、粉尘和固体废弃物，排放达标。

根据《国务院办公厅关于印发控制污染物排放许可制实施方案的通知》(国办发〔2016〕81号)、《排污许可管理办法(试行)》(环境保护部令第48号)的相关规定,纳入固定污染源排污许可分类管理名录的企业事业单位和其他生产经营者应当按照规定的时限申请并取得排污许可证;未纳入固定污染源排污许可分类管理名录的排污单位,暂不需申请排污许可证。国家根据排放污染物的产生量、排放量和环境危害程度,实行排污许可重点管理和简化管理,公司应当按照名录的规定申请排污许可证。《固定污染源排污许可分类管理名录(2017年版)》(环境保护部令第45号)规定,公司属于的"专用化学产品制造(266)"办理排污许可证的实施时限为2020年。

针对上述事项,公司与主管环保部门进行了沟通,并于2019年3月5日取得济南市章丘区环境保护局开具的《关于排污许可工作情况的说明》:"按照济南市环保局统一部署,根据《排污许可管理办法(试行)》(中华人民共和国环境保护部令第48号)和《固定污染源排污许可分类管理名录(2017年版)》的规定,国家是分行业制定不同的技术规范,按照规定的时限进行核发,到2020年之前全部核发完。下一步,章丘区将按照济南市环保局统一部署,将按照国家规定的时限和技术规范对其他尚未核发的企业进行核发。"

同时,公司出具承诺:"根据规定,公司应当在2020年办理排污许可证,公司届时将依法及时向政府环保主管部门提交办理排污许可证所需的各项申请材料,积极配合主管部门的工作,确保在规定时限内取得排污许可证。"

由于根据新规要求,主管机关尚未开展公司所属行业办理《排污许可证》的工作,所以公司暂未开展办理排污许可证的工作。但是公司当前日常生产能够遵守国家有关环保政策、法律、法规、规章及各级政府相关规定。公司成立以来未发生环境污染事故,未因违反环境保护法律法规受到过行政处罚或正在接受该等调查。公司目前生产经营符合环境保护的相关要求,已建设完成的项目取得了政府部门出具的环境影响批复和验收手续。公司已制定了环境保护管理制度,落实建设项目"三同时"制度,已经设置排污设施,无法按期办理排污许可证的风险较小。

综上所述,主办券商认为:公司前期虽存在环保违规行为,但已进行整改规范,未发生重大环境污染事故,未受到环保方面的行政处罚,相关建设项目已获得立项同意,并取得政府部门出具的环评批复,建设完成的项目已取得环保验收批复,公司目前日常环保情况合法合规,公司未来按期办理《排污许可证》不存在明显的法律障碍。

点评:该公司整个业务未办理环评竣工验收,但反馈意见回复的理由相对高明,明确"年产4000吨无卤阻燃剂项目"包含年产1000吨六苯氧基环三磷腈和年产3000吨AP20阻燃剂。事实上是整个项目未达到整体验收的条件。同时对于环保违规解释不存在重大事项已经整改,属于对环保违规解释的通行做法。

(三)安全生产

1. 特定行业需要取得安全生产许可

《安全生产许可证条例》第2条:"国家对矿山企业、建筑施工企业和危险化学品、烟花爆竹、民用爆破器材生产企业(以下统称企业)实行安全生产许可制度。企业未取得安全生产许可证的,不得从事生产活动。"可知,对于从事特殊行业的必须取得生产许可证,尤其是危化品行业以及民用爆破器材行业,具有极大的危险性,需要取得许可方可开展业务。

2. 安全生产事故重大的区分标准

《生产安全事故报告和调查处理条例》第3条第1款规定:"根据生产安全事故(以下简称事故)造成的人员伤亡或者直接经济损失,事故一般分为以下等级:(一)特别重大事故,是指造成30人以上死亡,或者100人以上重伤(包括急性工业中毒,下同),或者1亿元以上直接经济损失的事故;(二)重大事故,是指造成10人以上30人以下死亡,或者50人以上100人以下重伤,或者5000万元以上1亿元以下直接经济损失的事故;(三)较大事故,是指造成3人以上10人以下死亡,或者10人以上50人以下重伤,或者1000万元以上5000万元以下直接经济损失的事故;(四)一般事故,是指造成3人以下死亡,或者10人以下重伤,或者1000万元以下直接经济损失的事故。"

案例 发生安全事故

依据《上海钢联物流股份有限公司二次反馈意见回复》,反馈意见及回复如下:"2017年1月20日,上海益钢仓储有限公司一区堆场发生一起安全事故,目前,益钢仓储尚在积极与有关部门沟通协调本次事故的处理。请主办券商及律师结合相关法律法规以及处理机关的意见核查本次安全事故是否构成公司的重大违法违规,是否会对公司的生产经营产生重大影响。”

回复如下:“2017 年 1 月 20 日,上海益钢仓储有限公司一区堆场发生一起安全事故,石油管吊装作业时一名地面作业人员因站位不当、未及时躲避,吊装过程中受到石油管撞击,经送医抢救无效死亡。

根据公司的说明,事故发生后,公司立即上报相关部门,宝山区市场监督管理局、淞南镇安全管理处及时到达现场,调查事故原因。公司随后立即内部通报本起事故,并组织全体员工学习安全生产操作规程;公司也积极与死者家属沟通善后工作,并且已于 2017 年 1 月 22 日与死者家属达成善后赔偿协议。

宝山区市场监督管理局特种设备安全监察科对事发的作业设备进行了调查,经事后设备监察,确认设备符合安全要求,年检证书齐全,2017 年 2 月 17 日,上海市宝山区市场监督管理局出具了‘宝市监案强解字〔2017〕第 1301807 号’《解除查封(扣押)决定书》,对本次事故涉及的作业设备进行了解封。目前,公司已全面恢复正常的生产经营活动。

因此,事故发生时公司的作业设备均已通过安全年检,不存在安全隐患,且事故发生系因员工未按照安全制度进行设备操作。事故发生后,公司内部已积极采取措施对员工进行安全教育,加强公司的安全管理及执行,防范类似事故的再次发生。主办券商及律师核查了《生产安全事故报告和调查处理条例》等法律法规的规定,公司在事故发生后的处理工作及时有效,未发生违反相关法律法规规定的情形。

主办券商及律师于 2017 年 2 月 17 日走访了本次事故调查单位宝山区市场监督管理局特种设备安全监察科,对本次事故调查负责人进行了访谈确认,本次事故为一般事故,主要系因作业人员的违规操作,本次事故涉及的行车设备已通过安全年检且不存在安全隐患,公司虽存在一定的监管责任,但公司的安全制度和安保措施是合法有效的,公司在事故发生后的处理及时到位、合法合理,本次事故不构成重大违法违规行为。

综上所述,主办券商认为本次事故中,公司不存在重大安全隐患及过错,事故发生后公司及时、有效的开展事故处理工作,未发生违反相关法律法规规定的情况，目前益钢仓储的生产经营活动已全面恢复。本次安全事故公司不构成重大违法违规行为，对公司的生产经营没有重大的不利影响。律师认为：益钢仓储本次事故不构成重大安全生产事故，不构成重大违法违规行为，不构成公司挂牌的实质性障碍。"

案例 经营场所未办理消防备案手续

云沣环境(873348)挂牌时反馈意见："公司及子公司所租赁的经营场所均未办理消防备案手续。请主办券商及律师补充核查下列事项并发表明确意见：(1)公司及子公司生产经营场所根据相关法律法规是否需要办理消防验收、消防备案或接受消防安全检查；(2)对于应办理而未办理消防验收、消防备案或通过消防安全检查的场所，公司是否已采取规范措施，相应措施是否有效；(3)公司及子公司日常消防合法合规情况。"

相关反馈回复如下："主办券商和律师认为：公司及子公司租赁的经营场所不属于《消防法》规定的公众聚集场所，无须申请消防安全检查；公司租赁房产所在的兴园路16号九七大厦以及金沙江路131号科研楼已办理消防验收并验收合格；全资子公司租赁的青年南路118号房产适用《消防条例》(1998年9月1日废止)，该处房产无须向公安消防机构申请办理消防验收或备案；公司租赁的位于烟台市芝罘区幸福中路330号房产需要办理消防验收或消防备案但未办理。除新租赁的位于烟台市开发区金沙江路131号科研楼房产拟进行装修外，公司在租赁上述房产后，未进行改建，不涉及改建的消防备案。对于应办理而未办理消防验收或备案的房产，公司已积极采取了消防安全规范措施，应对措施较为完善并能够有效执行，消防安全方面的风险较低；若因消防问题而停止使用该处房产的，对公司财务状况和持续经营能力影响较小。公司及子公司日常消防合法合规。"

依据《苏州鸿基洁净科技股份有限公司挂牌申请文件反馈意见回复》，反馈意见如下："关于公司消防安全问题。请公司补充披露日常经营场所的具体情况，包括但不限于日常经营场所的地址、建筑面积、消防设施配备情况等有关消防安全的信息，并结合《消防法》、《建设工程消防监督管理规定》、《建筑工程施工许可管理办法》和《消防监督检查规定》等相关法律法规对公司涉及消防验收、消防备案、消防安全检查以及日常消防监督检查的相关事项予以披露。请主办券商和律师补充核查以下事项并发表明确意见:(1)公司日常经营场所是否需要进行消防验收、办理消防备案或接受消防安全检查以及上述事项的办理情况;(2)无法按相关规定通过消防验收、完成消防备案或通过消防安全检查的场所是否已经停止施工、停止使用或暂停对外经营活动,是否存在被消防处罚的风险;(3)量化分析上述日常经营场所停止使用对公司财务状况及持续经营能力的影响,公司是否已对该情况做重大事项提示;(4)公司日常经营场所是否存在消防安全方面的风险,对相关风险的应对措施及其有效性;(5)公司是否符合'合法规范经营''具有持续经营能力'的挂牌条件。"反馈回复如下:"公司租赁的厂房系属于依法需要办理消防备案的建设工程,公司租赁的生产经营场所在投产前未依法办理相关消防备案手续。截至本回复出具之日,公司已与具有资质的设计单位签署相关协议,并在准备相关申报备案材料。公司建设工程竣工验收消防备案手续目前正在办理过程中。"上海威锐电子科技股份有限公司和山东泰星新材料股份有限公司均存在相应的反馈意见。

(四)股东的私募基金备案

公司或其股东属于私募投资基金管理人或私募投资基金的,需要核查其私募基金备案问题。按照目前的政策,如果属于私募资金,并非要求报送材料前就需要解决备案事宜,可以在反馈过程中解决私募基金的备案。

实际上对于私募资金备案首要关注的问题,应该是该公司或者合伙企业是否构成私募基金。如果对于几个合伙人为专门投资公司成立的合伙企业没有对外募集资金,未来也不具有开展私募业务的计划,则该公司并不一定属于私募资金。判断是否属于私募基金,最核心的是合伙人出资的资金来源,另外需要关注合伙人的人数及其合伙人的来源。

案例 股东中合伙企业众多且合伙人众多的特殊反馈

依据《黑龙江省博龙牧业股份有限公司反馈意见回复》(博龙牧业、872973)反馈意见:"漠河县中和投资管理有限公司、嘉兴全盛虎安防爆科技有限公司经营范围均为投资管理,鉴于漠河博道投资管理中心(有限合伙)、嘉兴市昊禹投资管理合伙企业(有限合伙)有限合伙人数较多,请主办券商及律师核查:(1)有限合伙具体协议内容,是否存在承诺收益以及普通合伙人收取管理费、投资收益分成的协议内容;(2)有限合伙主体范围来源以及分布情况,是否属于普通合伙人范围以外的主体;(3)是否需要履行私募基金备案程序。"

反馈回复:"股东漠河博道投资管理中心(有限合伙)的有限合伙主体的21个有限合伙人主要分布在公司所在地黑龙江省漠河县。通过访谈进一步了解到公司在漠河县图强镇建立养殖基地并开展北极狐的人工训繁业务已经有10多年的时间,在当地已经具有一定的声誉。此外,当地又大力开展林下经济改革,支持从事特种毛皮动物的养殖。因此,在2016年公司增资扩股时引入了上述股东,上述股东自愿投入博龙牧业。股东嘉兴市昊禹投资管理合伙企业(有限合伙)的有限合伙主体均来自中国浙江地区(披露了全部人员所在地区为浙江,并未细化),上述投资者系公司2016年增资扩股时引入的合作伙伴。述两家合伙企业设立的目的仅是投资博龙牧业,且均以自由资金投资,不存在向他人募集资金,不涉及委托基金管理人进行管理的情形,也不属于《私募投资基金监督管理暂行办法》和《私募投资基金管理人登记和基金备案办法》所定义的私募投资基金。漠河博道投资管理中心(有限合伙)、嘉兴市昊禹投资管理合伙企业(有限合伙)均已经出具承诺:本单位自成立以来从未从事私募证券投资、创业投资等私募投资基金业务。本单位的全体合伙人均不属于私募投资基金管理人或私募投资基金。本单位完全是以自有资产认购博龙牧业的股份,不是利用募集资金认购博龙牧业的股份。本单位愿意承担因违反以上声明和承诺而给博龙牧业或其股东造成的全部经济损失。"

依据《天水四〇七医院股份有限公司反馈意见回复》,反馈意见:"请主办券商和律师补充核查公司非自然人股东的性质、基本情况、出资人结构、出资人实缴出资额、是否为员工持股平台、是否系真实出资、是否存在出资代持或签署对赌、股权回购等协议的情形、公司出资或受让股份的资金来源、是否需要办理私募备案及办理情况、主营业务、与公司及控股股东、实际控制人、董事、监事、高级管理人员之间的关联关系并对公司是否符合挂牌条件发表明确意见。"公司反馈:"公司现共有华科众康、天水四博、天水四航、天水四新、天水华健、前海兆和6名非自然人股东。其中,华科众康、天水四博、天水四航、天水四新、天水华健系公司主要管理人员、员工以自有合法资金出资设立的持股平台。除投资股份公司外,未开展实际经营活动;前海兆和系公司外部投资机构,主营业务为股权投资及管理咨询服务。本公司以股东自有合法资金出资设立,不存在以非公开方式向合格投资者募集资金、资产由基金管理人管理的情形;不存在担任私募投资基金管理人的情形。"

案 例 是否属于私募基金的综合反馈

依据《南京智真电子科技股份有限公司反馈意见回复》,反馈意见:"公司股东存在机构投资者。请主办券商和律师补充核查:(1)机构投资者的股权结构及主营业务,私募基金情形;若存在私募,请进一步核查备案情况。(2)公司、原股东与机构投资者签署的协议中是否存在涉及对赌、股权回购等条款的内容,若存在请进一步核查是否存在损害公司和债权人利益情形。(3)请说明公司穿透计算后股东人数是否超过200人。"

依据《北京联东物业管理股份有限公司反馈意见回复》,反馈意见:"关于股东的基金备案情况。请主办券商及律师核查公司股权架构中直接和间接股东是否属于私募投资基金管理人或私募投资基金,是否按照《证券投资基金法》、《私募投资基金监督管理暂行办法》及《私募投资基金管理登记和基金备案办法(试行)》等相关规定履行登记备案程序,并请分别在《推荐报告》《法律意见书》中说明核查对象、核查方式、核查结果;尚未按照前述规定履行备案程序的,请说明有无履行备案程序的计划和安排。"

(五)公司违法行为

对于公司违法行为要求比较明确,各中介机构对该问题的把握一般难度不大,通过典型案例的形式对公司违法行为的解决等进行说明。

案 例 是否涉及预付卡以及合法性问题

对于特殊行业的消费卡是否属于涉及金融牌照的预付卡属于比较复杂的认

定事项，也属于比较重要的事项，如果涉及《非金融机构支付服务管理办法》规定的预付卡就涉及金融牌照的问题。对于不在发行机构或者集团之外的商户消费的预付卡一般仅认定为单用途的预付卡，类似于结算类卡，不具有较强的金融属性。相关事项可参考湖南亚米酒店管理股份有限公司、重庆骐鸣健身股份有限公司、北京幸运时间餐饮文化股份有限公司等。

案　例　药品资质证书被收回

依据《金七药业股份有限公司反馈意见回复》，相关反馈意见和回复如下："云南省药品监督管理局于2017年9月收回了公司子公司云南金七的《药品GMP证书》；并两次对云南金七恢复'片剂'生产进行现场检查，分别发现存在1项主要缺陷，一般缺陷8项及1项主要缺陷，一般缺陷7项。(1)请主办券商及律师分析说明云南金七被收回《药品GMP证书》的性质，是否属于行政处罚，是否构成重大违法违规行为，并就该事项对公司经营的影响以及公司风险管理措施的有效性发表意见。(2)请公司补充说明并披露云南金七的相关整改措施及其有效性、整改后生产质量管理仍存在缺陷的具体情况及原因，核查前述事项并就相关整改措施的有效性发表意见。"

回复如下：

1.《行政处罚法》(2017年修正)第8条规定："行政处罚的种类：(一)警告；(二)罚款；(三)没收违法所得、没收非法财物；(四)责令停产停业；(五)暂扣或者吊销许可证、暂扣或者吊销执照；(六)行政拘留；(七)法律、行政法规规定的其他行政处罚。"

《药品生产质量管理规范认证管理办法》第33条规定："有下列情况之一的，由药品监督管理部门收回《药品GMP证书》。(一)企业(车间)不符合药品GMP要求的；(二)企业因违反药品管理法规被责令停产整顿的；(三)其他需要收回的。"第34条规定："药品监督管理部门收回企业《药品GMP证书》时，应要求企业改正。企业完成改正后，应将改正情况向药品监督管理部门报告，经药品监督管理部门现场检查，对符合药品GMP要求的，发回原《药品GMP证书》。"

2017年9月，云南金七因为未严格按照《复方岩白菜素片工艺规程》进行生产，违反了《药品生产质量管理规范认证管理办法》第33条第1款的规定，被药品监督管理部门收回"片剂"生产范围《药品GMP证书》，2018年云南金七按照GMP要求进行了整改，按照《药品生产质量管理规范认证管理办法》第34条规定，整改情况经过药品监督管理部门现场检查，符合药品GMP要求，发回原《药品GMP证书》。

云南金七已经按照药品GMP要求建立《质量风险管理制度》，明确质量部负责制订质量风险管理的计划，并组织进行质量风险评估、控制与审核协调、管理等相关事宜，其他相关部门负责实施，质量部应指定专人负责质量风险的管理。对风险所关联的已经识别的危险因素进行评估，是对事件发生的可能性、伤害严重性进行定量分析的过程。评估风险发生和重现的可能性，也可考虑测定风险发生或重现的能力。针对不同的风险项目需选择应用不同的分析工具。其中对质量管理体系的风险管理措施如下：

"(1)文件：审核法规方面最新的释义和应用，确定开发新的SOP。

"(2)教育与培训：员工素质的基础教育、经验的传授和工作习惯的形成，以及对前阶段培训的定期评价或效果。

"(3)质量缺陷：为识别、评估和沟通可疑的质量缺陷、投诉、趋势、偏差、调查和OOS结果等对产品质量的潜在影响提供基础，促进与药品管理机构之间的风险沟通及确定解决严重的质量缺陷的适宜措施。

"(4)自检、检查：在确定自检的范围和频率时，不论是内部的还是外部的，应考虑以下因素：现行的法规要求、企业总体符合规范的状况和历史、场地的复杂性、生产工艺的复杂性、药品本身特性的复杂性、质量缺陷的数量和严重性、以前自检和检查结果、各种变更、产品的生产情况等。

"(5)周期性审核：选择、评估和解释产品质量评审所得数据的趋势结果、解释监控数据。

"(6)变更控制：基于药品开发和生产过程中积累的知识和资料来管理变更。评估变更对最终产品的可获得性的影响。评估厂房、设备、物料、制造工艺或技术转移的变更对产品质量的影响。在实施变更前确定应采取的适宜行动，如附加测试、(再)确认、(再)验证、与管理机构沟通。

"(7)作为开发的一部分的质量风险管理：选择最佳的产品设计和工艺设计、

加强不同的物料性质、不同的加工方式和工艺参数对产品性能的影响，了解评估原料、溶剂、活性成分的起始物料、活性成分、辅料或包装材料的关键属性，建立适宜的规格标准与生产控制要求，以减少质量属性的变化、评价与放大和技术转移相关的附加研究需求。”

主办券商认为：云南金七已经按照《药品生产质量管理规范(2010 版)》第 13 条、第 14 条、第 15 条的规定，建立质量风险管理制度，以确保能持续稳定地生产出符合预定用途和注册要求的药品，在整个产品生命周期中采用前瞻或回顾的方式，对质量风险进行评估、控制、沟通、审核的系统过程，能够保证风险管理措施的有效性。

上述云南金七“片剂”生产范围《药品 GMP 证书》被药品监督管理部门收回，公司主要产品七叶神安滴丸和三七口服液的生产销售照常，未对公司正常经营产生重大不利影响，未收到《行政处罚法》(2017 年修正)第 39 条规定的行政处罚决定书，并不属于《行政处罚法》(2017 年修正)第 8 条规定的行政处罚，不构成重大违法违规行为。另外，复方岩白菜素片并非公司主要产品，“片剂”生产范围《药品 GMP 证书》被收回后，公司主要产品七叶神安滴丸和三七口服液正常生产和销售，该事项并未对公司经营产生重大不利影响。

2.“片剂”生产范围《药品 GMP 证书》被收回后，公司立即开展了针对主要缺陷事项的整改工作，具体如下：

(1)针对岩白菜素片低限压片缺陷的整改措施：①严格按照《复方岩白菜素片工艺规程》中计算公式[片重 = 标示量(94% ~105%)/颗粒主药含量 ×100%]下达《片重通知单》。②核查过去生产的所有批次产品含量检测情况及对外送检检验结果情况。

(2)针对复方岩白菜素片生产工艺缺陷的整改措施：复方岩白菜素片严格按注册批准的处方工艺进行生产，进行 3 批的试生产，并完成相关的验证工作。

(3)针对数据可靠性的问题的整改措施：①对复方岩白菜素片 20160301、20160302、20160303 批加速试验进行偏差处理及风险评估。②新购进带审计追踪功能的紫外分光光度计。③培训《培训管理制度》中对新员工的入职的管理规定。

(4)针对检验人员培训不到位的整改措施：①重新对化验室人员进行公司质量控制文件的培训及检验知识的培训。②对化验室人员进行玻璃仪器的培训。

③在《检验记录及报告单管理制度》SMP - QC - 01201 文件中详细规定，所有检验记录中的计算过程应详细进行记录，便于复核及追溯。

主管部门两次现场检查整改后仍存在的缺陷非严重，现场检查结果以综合评定结果为准，仍存在的缺陷为需要完善的事项，不会影响产品工艺和质量。公司均在药品监督管理部门检查组发现缺陷事项后及时进行了整改完善，以达到GMP 要求。

主办券商和律师通过检查主管部门对公司历次的现场检查报告，实地查看片剂生产车间，问询公司现场检查的整改情况，认为云南金七"片剂"生产范围《药品GMP 证书》被收回的风险事项以及消除，公司并未因为该事项受到行政处罚，且公司已经整改完毕，"片剂"生产范围《药品 GMP 证书》已发回，不会对公司的正常经营造成重大不利影响。整改后生产质量管理仍存在的缺陷非严重缺陷，后续按照 GMP 的要求进行整改即可，不影响综合评定结果为合格的结论。

案 例 劳务派遣用工违规

天津津裕电业股份有限公司（津裕电业、873078）劳务派遣用工存在违规。在其报告期内，公司的订单量持续增长，为满足生产用工需求及考虑到生产人员的流动性，公司部分用工采用了劳务派遣的方式，2016 年年末、2017 年年末、2018 年 3 月末劳务派遣人数占公司用工总数比例分别为 36.14%、44.31%、46.52%，而根据《劳务派遣暂行规定》第 4 条，用人单位劳务派遣工不能超过总用工数的 10%；用工单位只能在临时性、辅助性或者替代性的工作岗位上使用被派遣劳动者。公司劳务派遣人数超过用工总量的 10%，存在用工瑕疵。公司虽然已于 2018 年 6 月规范劳动用工形式，与部分劳务派遣人员签订劳动合同，对于不愿意签订劳动合同的人员仍采用劳务派遣方式，将比例控制在 10% 以内，但仍存在受到监管部门处罚的风险。

点评：劳务派遣受到许多限制，其中最难突破的法律障碍就是劳务派遣用工数量不得超过其用工总量的 10%。因此，越来越多的企业采用"劳务外包"形式作为降低企业用工成本的重要手段。东尼电子（603595）存在劳务外包问题，并成功解决了劳务外包遇到的上市障碍，值得借鉴。另外，2020 年 2 月特殊时期，盒马、阿里巴巴、西贝等在探索的共享员工模式形式上属于员工借用，实质上与劳务外包等更为接近，需要针对相应的问题进行具体分析。

案　例　存在大量的行政处罚的案例

依据《上海华齿口腔医院投资管理股份有限公司反馈意见回复》(华齿口腔、873311)，关于处罚事项。“公司多次因违反《消毒管理办法》等业务领域的法律法规受到行政处罚。请主办券商和律师补充核查以下事项：(1)被处罚事项的规范情况；(2)截至审查期间是否存在新发生的行政处罚；(3)结合处罚次数及金额综合分析报告期内受到的行政处罚是否涉及重大违法违规情形；(4)类似处罚对公司经营的具体影响，公司所采取的具体防范措施。请主办券商和律师就公司是否符合‘合法规范经营’的挂牌条件发表明确意见。”

问题(1)和(2)回复：

“1. 核查程序

“主办券商全面梳理了公司业务所涉及的行业法律法规、行政管理规范、政策等规定；登录上海市卫生健康委员会网站、信用中国等网站进行相关信息查询；查阅了公司子公司主管部门出具的守法证明；查阅了公司医护人员的资质证书；实地核查了公司废物收集、储存设备，废水消毒设备，医疗器械消毒情况、工作人员消毒流程、放射人员健康证等，检查公司执业环节是否符合《医疗机构管理条例》《医疗机构管理条例实施细则》《放射诊疗管理办法》《消毒管理办法》等法律法规规范的规定；核查了公司制定的相关制度、培训计划、门诊出具的整改报告、实地核查整改情况。

“2. 事实依据及分析过程

(1)公司已根据《消毒管理办法》《放射诊疗管理规定》《医疗广告管理办法》等业务领域的法律法规及监管要求对被处罚的事项进行了整改及规范，具体情况如下(删除多个处罚)：

时间	处罚部门	处罚对象	事由	处罚形式	整改及规范措施
2017/04/10	上海市松江区卫生和计划生育委员会	华齿尚仁	未执行国家有关规范、标准和规定，定期开展消毒与灭菌效果检测工作。依据《消毒管理办法》第42条处罚	罚款3500元	已建立消毒管理组织并制定了消毒管理制度，定期开展消毒与灭菌效果监测工作
2017/04/10	上海市松江区卫生和计划生育委员会	华齿尚仁	未执行国家有关规范、标准和规定，定期开展消毒与灭菌效果检测工作。依据《消毒管理办法》第42条处罚	罚款3500元	已建立消毒管理组织并制定了消毒管理制度，定期开展消毒与灭菌效果监测工作
2017/3/27	上海市松江区卫生和计划生育委员会	华齿尚仁	未办理诊疗科目登记或者未按照规定进行校验。依据《放射诊疗管理规定》第38条第2项处罚	警告并罚款2100元	已办理《放射诊疗许可证》并已按规定进行校验
2018/8/9	上海市金山区卫生和计划生育委员会	华齿古思	华齿古思未按照《医疗广告审查证明》中核准的广告成品样件内容发布户外类别的医疗广告，属于医疗机构违规发布医疗广告行为，系违反了《医疗广告管理办法》第17条的规定，依据《医疗广告管理办法》第20条第1款的规定处罚	警告	已按照《医疗广告审查证明》中核准的广告成品样件内容发布广告
2018/12/18	上海市杨浦区卫生和计划生育委员会	沪齿	沪齿未在医疗废物暂存处张贴“禁止饮食”“禁止吸烟”的警示标识，违反了《医疗废物管理条例》第17条第2款、《医疗卫生机构医疗废物管理办法》第21条第7项的规定，依据《医疗废物管理条例》第46条第1项、《医疗卫生机构医疗废物管理办法》第40条第1项规定处罚	警告	已张贴“禁止饮食”“禁止吸烟”等警示标志

续表

时间	处罚部门	处罚对象	事由	处罚形式	整改及规范措施
2018/6/11	上海市杨浦区公安消防支队	华开	华开存在电器线路的敷设不符合规定，涉嫌违反了《消防法》第27条第2款之规定。依据《消防法》第66条规定处罚	责令停产停业；罚款2000元	根据《消防法》的有关规定重新敷设了电路
2017/9/28	上海市杨浦区卫生和计划生育委员会	长康	长康未按照规定进行校验、未给从事放射工作的人员办理《放射工作人员证》、未经批准使用牙科全景X射线机超出批准范围从事放射诊疗工作，违反了《放射诊疗管理规定》第17条第1款、《放射工作人员执业健康管理办法》第6条第1款的规定，依据《放射诊疗管理规定》第38条第2项、第3项、《放射工作人员执业健康管理办法》第39条的规定处罚	警告及罚款4000元	已按规定对《放射诊疗许可证》进行校验；已为从事放射工作的人员办理《放射工作人员证》；《放射诊疗许可证》的登记事项；已新增牙科全景X射线机
2018/5/21	上海市嘉定区卫生和计划生育委员会	华齿嘉亭	华齿嘉亭未给从事放射工作的人员办理《放射工作人员证》，违反了《放射工作人员职业健康管理办法》第6条第1款的规定，依据《放射工作人员职业健康管理办法》第39条的规定处罚	警告	已为从事放射工作的人员办理《放射工作人员证》
2018/11/2	上海市浦东新区卫生和计划生育委员会	华齿金台	华齿金台未制定、实施护士在职培训计划，违反了《护士条例》第24条第1款的规定，依据《护士条例》第30条第1项规定处罚	警告	已制订了护士培训计划
2018/5/8	上海市松江区市场监督管理局	中齿实业	中齿实业未经许可擅自将获批的生产地址2、3层内的仓库和铸造间搬至1层及6层、超范围生产保持器	没收违法所得；没收违法生产用原材料；罚款103,479.41元	已将仓库和铸造间重新安排在获批生产地址的2、3层内；已停止生产保持器

(2)审查期间公司及子公司新发生的行政处罚情况如下(删除多个处罚):

时间	处罚部门	处罚对象	事由	处罚形式	规范情况
2019/5/22	上海市松江区卫生健康委员会	华齿尚仁	擅自安排护士单独为患者开展口腔洗牙诊疗活动,系违反《医疗机构管理条例》第28条,依据《医疗机构管理条例》第48条处罚	罚款2100元	开展口腔洗牙等诊疗活动均由医生完成

“问题(3)回复:根据每家子公司受到行政处罚次数的情况、被处罚的金额及被处罚的情节轻重程度判断,公司子公司最近2年存在的上述违法违规及受处罚情况不属于重大违法违规。公司受到的行政处罚主要来源于卫生行政部门,且处罚形式一般为罚款及警告类,基本属于情节轻微的处罚,不涉及吊销许可证或营业执照等影响公司持续经营能力的处罚,因此对公司的经营不会产生重大不利的影响。

“问题(4)回复:经过主办券商核查,针对上述被处罚行为,公司高度重视,进行积极整改,具体如下:

“1. 加强统一管理和培训

公司在内部成立了培训中心,针对各家门诊部经常遇到的问题及监管的重点,定期邀请有实力的护士、医生或者外部的专业培训讲师,来为各门诊部的医护人员进行统一培训,并安排经验交流、案例研讨等活动,提高医务人员技术水平,确保医疗质量。

“2. 定期进行内部质量监督及评比

公司内部已经成立了质量小组,采用定期检查和不定期抽查相结合的方式,开展经常性的质量检查,并给各家门诊部进行评分,纳入各门诊的月度考核中。同时,公司质量小组还负责定期更新并制定日常业务中所涉及的各项规章制度,并联合培训中心对医护人员进行统一的宣讲。目前,公司的口腔医疗服务机构已经严格按照《医疗机构管理条例》《医疗质量管理办法》等相关规定经营,并针对口腔医疗服务质量管理,结合自身经营特征,建立了《口腔诊疗消毒隔离制度》《卫生规范制度及职业卫生安全防护》等医疗质量管理制度,编制了《消毒作业指导书》《护士作业指导书》《洁牙师作业指导书》等操作流程手册,来规范医务人员的临床诊断、治疗和护理行为。

“3. 统一的管理

公司目前对各门诊部医护人员进行统一管理，具体包括医护人员的配置、招聘由总公司统筹规划，医务人员的培训由总公司定期组织等。公司力争通过建立统一的管理模式来进一步提高医护人员的执业水平。

“4. 加强了生产基地管理

在义齿加工生产方面，中齿实业对定制式固定义齿及定制式活动义齿进行了医疗器械产品的风险评估，并为上述产品制定了《成品检验规程》《质量跟踪制度》等检测操作规定以及质量控制制度，保证生产产品的质量。在安全生产方面，公司已经制定了《作业环境规定和产品清洁要求》《新设备、新材料、新工艺试验管理制度》《设备操作规程》《设备和计量工具的报废规定》等相关安全制度规范员工的生产操作工作。公司定期组织员工学习安全生产相关的方针政策，加强员工安全生产意识，并对员工进行规范作业培训，保证公司生产的安全进行。通过公司采取的上述措施，积极防范相关处罚风险，力争做到服务和质量的双优。

综上，主办券商认为：公司受到的行政处罚均不属于重大违法违规的情形，不影响公司的持续经营。公司已采取控制措施力争避免将来类似事件的发生。公司符合‘合法规范经营’‘具有持续经营能力’的挂牌条件。”

点评：本案例具有典型性，公司报告期内各个分支机构存在几十次行政处罚，对于存在行政处罚的拟挂牌公司可参考。东方阿胶（838841）挂牌时因存在因产品质量、产品包装不规范、未及时取得相关证书和环境保护等问题先后受到6次行政处罚的情形；在日播时尚（603196）首发上市时报告期的3年时间内，其旗下产品共13次被抽检不及格而受到行政处罚。

案 例 报告期内违法开具承兑汇票

依据《湖北博瑞生物科技股份有限公司反馈意见回复》（博瑞生物、872404），反馈意见如下：“违规开具无真实交易背景的银行承兑汇票的处罚风险。请主办券商、申报会计师就上述问题进行详细核查，请主办券商、律师对公司是否符合‘合法规范经营’的挂牌条件发表明确意见并详细说明判断依据。”

"报告期内,公司未制定严格的资金管理制度,为付款上操作方便,公司通过收款人监利乐思生物制品销售有限公司及湖北湖源食品有限公司开具了合计1863万元无真实交易背景的银行承兑汇票,截至2017年8月1日,以上银行承兑汇票均已到期并正常承兑付款,截至2017年8月21日未给银行及收款人造成不良影响与经济损失,不属于重大违法违规,但公司违规开具无真实交易背景的银行承兑汇票的行为,仍有可能招致金融监管部门处罚的风险。

"主办券商回复:(1)公司汇票开具情况。报告期内,公司开具的无真实贸易背景的银行承兑汇票的详细清单请参见上述'公司回复'。报告期内,金额150万元以上的银行承兑协议合计1000多万元,加上低于150.00万元的银行承兑协议累计为1870万元,其中开具的无真实交易背景的银行承兑汇票合计1863万元,均已按期足额解付,不存在未按时解付的银行承兑汇票。

"(2)公司开具无真实交易背景的银行承兑汇票的合理性。分析可知公司货款预付比例比较高,而且事先无法确定应支付货款的供应商,开具银行承兑汇票时需要银行内部审批,耗时费力,因此,预先为收款人监利乐思生物制品销售有限公司及湖北湖源食品有限公司开出汇票,一旦确定采购对象需要付货款时,就可以立即背书转让了,付款操作上比较便利。此外,单个供应商单次付款金额一般10万元到30万元,而银行与企业方面不愿意为每个单个供应商收款人签订承兑协议,因此,一次性与收款人监利乐思生物制品销售有限公司或湖北湖源食品有限公司签订100万元以上的承兑协议,可以开出多笔10万元到30万元小金额的银行承兑汇票,需要付货款时再背书转让,操作方便。

"(3)公司建立的防范违规开具无真实贸易背景的银行承兑汇票的措施与效果。股份公司成立后,公司已建立严格的资金管理制度,规定在申请银行承兑汇票时,审批协议后附供应商采购发票。股份公司成立后至申报审查期间,公司未开出不存在真实贸易背景的银行承兑汇票。

"(4)分析采用该等票据融资与采用其他合法融资方式的融资成本的差异及对公司财务状况的影响。银行承兑汇票开票手续费一般是按票面金额的0.5‰收取,期限一般为半年,而公司一年期流动资金贷款利率6.8%,因此,融资成本的差异为3.35%,报告期内银行汇票融资1863万元,节省融资成本62.41万元。报告期内,公司产生净利润849.95万元,因开具无真实交易背景的银行承兑汇票节省的融资成本占公司净利润的比重为7.34%(未考虑所得税抵扣的有利影响),对公司财务状况的影响有限,公司若不采用该等票据融资方式,对公司持续经营并无重大不利影响。此外,公司若不采用银行承兑汇票而是直接采用银行电汇的方式,供应商采购价格方面可能会有进一步优惠。

"(5)合法合规分析。报告期内,公司未制定严格的资金管理制度,为付款上操作方便,公司通过收款人乐思生物及湖源食品开具了合计1863万元无真实交易背景的银行承兑汇票,违反了《票据法》第10条关于出票人需要依据有真实交易背景的业务开具银行承兑汇票的规定:第10条规定票据的签发、取得和转让,应当遵循诚实信用的原则,具有真实的交易关系或债权债务关系。

"公司已取得监利县金融办出具的证明:公司能遵守国家有关票据、金融方面的法律、法规及规范性文件,不存在重大违法违规行为。公司开具的无真实交易背景的银行承兑汇票,均已到期并正常承兑付款,未给银行及收款人造成不良影响与经济损失,也未影响金融秩序。

"综上所述,公司在有限公司阶段曾违规开具银行承兑汇票,但不属于重大违法违规行为,在股份公司阶段进行了规范,在票据开具上合法合规,因此,公司符合'合法规范经营'的挂牌条件。"

案例 转板企业的行政处罚影响

中旗股份(300575.SZ)即原新三板挂牌公司江苏中旗(831223.OC),就曾受到行政处罚,公司在报告期内存在两次环保行政处罚的情形,两次处罚合计罚款11.2万元。但此后,公司拿到了南京市环保局的《证明》文件,公司两次行政处罚不属于重大行政处罚,对IPO不构成实质性障碍。

原新三板企业三力制药(832708.OC)曾发布公告称:"公司水污染物在线监控系统未安装,同时污水处理工艺未按照环评相关要求进行建设,并出现外排生产废水超标的情况,于2016年4月15日受到了安顺市环保局的行政处罚:停产整改并罚款5万元。"后该公司IPO首发申请成功过会。

另外,未按照规定排放废水被环保局行政处罚的案例可参考颐丰食品(839934);未办理取水许可证擅自取用地下水被水务局处罚的案例可参考百裕制药(839935);被海关多次采取行政处罚措施的案例可参考昶辉生物(839916);被多次采取消防和交通违法类行政处罚措施的可参考巨星建材(870281)。

第二节　公司业务调查

一、技术与研发

核查要求:"请披露并核查:(1)公司所使用的技术工艺及其在公司产品或服务中的作用,公司技术或工艺的创新性、比较优势及可替代情况。(2)研发基本情况,包括且不限于研发机构的部门设置情况、研发人员数量和构成、核心技术(业务)人员情况、研发支出的具体情况及其占营业收入比例、研发项目与成果。(3)公司所取得的技术的明细,以及是否存在侵犯他人知识产权情形。请公司区分技术的不同取得形式进行披露:①若是原始取得,应披露是否存在其他单位的职务发明问题、是否侵犯他人知识产权、是否存在竞业禁止问题;②若是合作研发取得,应披露合作概况、相关权属和利益分配的约定;③若是受让取得,应披露受让的原因、受让概况、技术是否存在权属瑕疵。针对以上情况,公司应披露相应技术是否存在纠纷或潜在纠纷,公司的相应应对措施。(4)若公司为高新技术企业,请结合研发投入、收入、研发人员等情况核查公司申请通过高新技术企业资格复审所存在的风险。"

精选层特有审核标准:精选层进入标准中"研发投入"如何认定?研发相关内控有哪些要求?中介机构应当如何进行核查?

(1)研发投入认定:研发投入为企业研究开发活动形成的总支出。研发投入通常包括研发人员工资费用、直接投入费用、折旧费用与长期待摊费用、设计费用、装备调试费、无形资产摊销费用、委托外部研究开发费用、其他费用等。本期研发投入为本期费用化的研发费用与本期资本化的开发支出之和。

(2)研发相关内控要求:发行人应制定并严格执行研发相关内控制度,明确研发支出的开支范围、标准、审批程序以及研发支出资本化的起始时点、依据、内部控制流程。同时,应按照研发项目设立台账归集核算研发支出。发行人应审慎制定研发支出资本化的标准,并在报告期内保持一致。

(3)中介机构核查要求:①保荐机构及申报会计师应对报告期内发行人的研发投入归集是否准确、相关数据来源及计算是否合规、相关信息披露是否符合公开发行说明书准则要求进行核查,并发表核查意见。②保荐机构及申报会计师应对发行人研发相关内控制度是否健全且被有效执行进行核查,就以下事项作出说明,并发表核查意见:A. 发行人是否建立研发项目的跟踪管理系统,有效监控、记录各研发项目的进展情况,并合理评估技术上的可行性;B. 是否建立与研发项目相对应的人财物管理机制;C. 是否已明确研发支出开支范围和标准,并得到有效执行;D. 报告期内是否严格按照研发开支用途、性质据实列支研发支出,是否存在将与研发无关的费用在研发支出中核算的情形;E. 是否建立研发支出审批程序。③对于合作研发项目,保荐机构及申报会计师还应核查项目的基本情况并发表核查意见,基本情况包括项目合作背景、合作方基本情况、相关资质、合作内容、合作时间、主要权利义务、知识产权的归属、收入成本费用的分摊情况、合作方是否为关联方;若存在关联方关系,需要进一步核查合作项目的合理性、必要性、交易价格的公允性。

(一)不宜夸大技术且不能混淆工艺

对于拟挂牌主体的技术与研发问题,首先要明确是否存在核心的技术以及核心技术是什么。有些类型的公司实际上不存在核心技术,但是可能存在先进的工艺、关键人员的优势、销售渠道优势、资金进入壁垒等。尤其是存在生产工艺优势的,不能硬要说自己具有核心的技术优势。实际上投资机构和审核机构多数对公司是否有技术优势还是有一定的判断能力的,过多地拼凑或者描述自己实际上不存在的技术优势,反而对自身的融资以及业务描述存在一定反向作用。

对于个别公司,可能技术先进性并不是很突出,但是在特定的时期,由于产品的竞争主体较少,则可能维持销售价格和利润率水平的绝对优势,此类公司应当不断地加强技术研发和巩固自身的行业地位,通过内延式和外延式相结合的方法巩固并扩大公司市场地位和竞争力水平。此类公司就应当凭市场进入先占优势,通过参与行业标准、协会标准、国家标准等的制定以及技术更新换代等维持竞争地位等。

(二)传统行业具有技术优势的企业应当说明

区别于扩大自身技术优势的企业,另外也存在无法让机构投资者以及审核机构发现自身优势的公司。对于传统行业的公司,投资机构以及审核机构从主观上倾向于认定公司是不具有技术类优势的,这样对存在一定技术传统产业的新材料或者新技术的研发公司来说也是不公平的。而多数时候并非责任完全在于投资者或者挂牌审核的机构,而公司管理层自身以及主办券商可能并未发现或者并未通过数据或者合同等体现公司的优势。对于有一定研发、设计、技术服务优势的传统行业公司,也一定要通过合同、业务、营业执照的登记范围、审计报告的业务分类等充分体现公司自身区别于其他传统行业公司的设计、技术服务等优势。

(三)披露的相关注意事项

1. 公司技术或工艺等描述

对于公司的产品或者服务所采取的核心技术应当如实披露,不应当无根据地夸大技术的先进性及其优势。实际上,通过竞争对手以及商业上下游的产品和技术应用很容易理解技术的先进性。公司的利润率水平在一定程度上也代表了技术的优势。对于已经应用的技术以及代表公司未来发展方向的技术应当区分描述,同时对未来发展方向所代表的技术应当重点描述。不能将目前已经采用的技术和没有形成销售收入的技术混为一谈。实际上在行业部分和在财务部分都可以对形成销售收入的技术有一定的描述,特别是报告期末的时候,新技术若形成一定的订单或者销售收入可以特别说明。不能仅把先进性描述得比较突出,同时有的技术形成时间较长,而多年未形成销售收入,对于类似情形需要解释相关的原因,如成本原因。

对于技术的创新性、优势和可替代性以及能够发挥的价值可以适当地描述。

2. 研发基本情况

对于公司的研发机构的部门设置情况、研发人员数量和构成、核心技术(业务)人员情况、研发支出的具体情况及其占营业收入比例、研发项目与成果等属于研发披露的基本内容。若拟挂牌主体对相关事项不理解,中介机构可以拿制度依据说服拟挂牌主体。实际上如果认定自身存在研发等,就需要按照规定披露相关信息。

研发存在研发模式的问题,有时候披露的合同有委托研发合同或者技术合作合同,而公司披露的研发模式是单一的独立研发。实际上从披露合同来看,公司披露的研发模式是不准确的。

若存在联合研发、委外研发的情况，需要关注知识产权的归属，研发费用的支出以及归类，是否存在争议，更主要的是如何判定后期技术或者知识产权的利用以及经济利益的分配等。如果联合研发主体为政府控制的研究所、大学等机构，需要关注是否侵犯了相关主体的利益，是否取得了相关机构的审批，相关的技术属于前述主体单位的权利还是属于个人的权利等。

3. 披露技术明细以及是否存在侵权

披露公司所取得的技术的明细，以及是否存在侵犯他人知识产权情形。针对公司取得技术的形式不同进行不同方面的核查：(1)若是原始取得，核查是否存在其他单位的职务发明问题、是否侵犯他人知识产权、是否存在竞业禁止问题，实际上从发明人的履历、学历、成果等也能判断其是否为真实的技术发明人，个别公司的技术来源可能并非登记的发明人，需要关注是否存在研发团队以及是否是通过受让的方式取得的技术；(2)若是合作研发取得，核查合作概况、相关权属和利益分配的约定；(3)若是受让取得，核查受让的原因、受让概况、技术是否存在权属瑕疵。有些公司的核心技术可能是通过受让取得的，甚至个别公司的核心技术仅仅是授权使用，对于类似情形应当充分论证技术的先进性以及如何保证使用的稳定性等。

案 例　关于技术与研发等问题的常规反馈

依据《山西豪钢锻造股份有限公司挂牌申请文件反馈意见回复》，关于技术与研发的反馈意见与核查要求的内容完全一致。

案 例　核心技术来源及人员与原单位是否存在竞业禁止

阿尔特(原836019)首发上市相关反馈意见："发行人主要从事整车设计及其他汽车行业相关的技术服务。请发行人：说明发行人核心技术的来源及形成发展过程，发行人现有各项知识产权、核心技术是否涉及董事、高级管理人员或其他核心人员在曾任职单位的职务成果，是否存在权属纠纷或潜在纠纷；前述人员是否违反与曾任职单位之间的竞业禁止协议(义务)或保密义务。补充披露发行人与国内外主要竞争对手、同行业企业或其他主体之间是否存在知识产权相关的诉讼、仲裁或其他纠纷;报告期内发行人在业务开展中是否存在侵犯他人知识产权或被他人侵犯知识产权的情形,如存在,请披露具体情况。补充披露发行人各项专利权的取得方式,受让取得2项著作权的具体情况;说明发行人实际控制人目前是否拥有其他与发行人业务相关的专利等知识产权。说明发行人是否存在合作研发的情形,如存在,请按照招股说明书信息披露准则的要求进行补充披露。结合发行人业务的特点,说明报告期内发行人的核心设计团队是否稳定,发行人的经营是否对个别关键核心人员构成重大依赖;说明发行人对设计方案等资料的保密措施,并就核心人员流失、设计方案泄密等风险进行补充风险提示。"

案例 多名实际控制人来源于一家公司

依据《浙江力诺流体控制科技股份有限公司创业板首次公开发行股票申请文件反馈意见》(浙江力诺、830985),审核机构要求:"6名实际控制人中有4人曾任职瑞安调节阀厂。请发行人说明:瑞安调节阀厂的基本情况,发行人与瑞安调节阀厂在资产、技术、人员、业务、客户、供应商等方面的关系;发行人的核心技术的来源,是否涉及相关主体曾任职单位的职务发明,是否存在纠纷或潜在纠纷。请保荐机构、发行人律师核查上述问题、说明核查过程并发表核查意见。"

原新三板企业北京盈建科软件股份有限公司,其创业板首次公开发行股票申请文件反馈意见中关于知识产权内容如下:"发行人主要从事建筑结构设计软件的开发、销售及相关技术服务。发行人前身设立于2010年12月。发行人实际控制人之一、董事长陈岱林自1985年1月至2010年9月就职于中国建筑科学研究院;实际控制人之一任卫教自1992年9月至2010年11月就职于中国建筑科学研究院。发行人其他核心人员王贤磊、董智力曾任职于建研科技股份有限公司等同行业企业。发行人有3项软件著作权为与他人共有。请发行人:(1)说明发行人核心技术的来源及形成发展过程,发行人现有各项知识产权、核心技术,是否涉及董事、高级管理人员或其他核心人员曾任职单位的知识产权,是否存在权属纠纷或潜在纠纷;前述人员投资发行人或在发行人任职,是否违反与其曾任职单位之间的竞业禁止协议(条款)或保密义务。(2)说明发行人继受取得软件著作权、域名的具体情况(交易时间、交易对方、是否构成关联交易、交易原因及定价依据);

说明发行人实际控制人目前是否拥有与发行人业务相关的专利、软件著作权等知识产权。(3)就3项发行人与他人共有的软件著作权,说明后续使用情况以及均未产生收入的原因。(4)结合发行人业务的特点,说明报告期内发行人的核心团队是否稳定,发行人的经营是否对个别关键核心人员构成重大依赖。将发行人研发技术人员拥有相应技术资格的情况(资质类别、级别、人数等)与主要竞争对手进行比较,补充披露发行人的核心竞争力及市场地位。请保荐机构、发行人律师核查上述问题并发表意见。”

案　例　部分技术属于受让取得

原新三板企业贵州三力制药股份有限公司在其首次公开发行股票申请文件反馈意见中记载:“发行人部分专利系通过受让方式取得。(1)请发行人补充说明发行人主要产品及对应的专利申请和获取情况,主要产品是否处于专利保护期内,剩余的专利保护期限及到期后的相关措施。(2)发行人通过受让方式取得部分专利的原因,出让人的身份情况及其与发行人的关系,发行人与出让人是否存在纠纷或潜在纠纷。(3)专利‘一种乌鸡白凤软胶囊及其制备方法和有效成分检测方法’系发行人从原始权利人黄伟民处受让取得,受让价格为80,000元,发行人于2013年12月将该专利转让给珠海金鸿,转让价格为700万元,请发行人补充说明发行人受让及转让专利价格差异的原因及合理性。”

依据《金七药业股份有限公司挂牌申请文件反馈意见回复》,反馈意见如下:“公司披露:公司的主要技术之一主治失眠等症的七叶神安滴丸制备技术为受让取得,该项技术专利权人经历了多次变更。请公司补充说明并披露历次变更的原因、相关手续的办理情况以及转让款的支付情况,是否存在争议纠纷或权属不明情形,以及对公司合法规范经营、持续经营能力的影响。请主办券商及律师核查并发表意见;存在纠纷诉讼或仲裁的,请量化分析诉讼或仲裁对公司持续经营能力的影响。”“公司披露:2015年12月,云南金七与金盛康签订《技术转让(技术秘密)合同》;2016年12月,云南金七与金三奇药业签署《技术转让合同》《注册商标转让合同》,目前均未履行完毕。补充披露:(1)金盛康、金三奇药业的基本情况及与公司及其控股股东、实际控制人的关系,是否存在关联关系;(2)前述合同签署的原因、有效性，相关技术及商标在公司生产和经营中发挥的作用，是否支付对价与定价依据，是否存在不当利益输送等损害公司、公司股东以及第三方合法权益的情形；(3)合同履行及有关手续办理的最新情况，是否存在不能履行或办理的障碍和风险，如有，对公司业务、持续经营能力的影响以及公司的应对措施。请主办券商及律师核查并发表意见。”

（四）高新技术企业重点关注复审风险

若公司在挂牌前处于研发投入周期的，则前期研发投入较大。随着公司规模的扩大以及技术投入的成熟，可能技术研发投入占比有所降低。对于此种问题，不能为了凑高新技术企业的指标而作虚假的账务处理，而应当真实地反映财务状况。审核机构对于研发费用的支出，尤其是研发费用资本化均会重点关注。对于公司前期获得高新技术企业资质的条件一般不会过多关注，主要是关注高新技术企业资格复审的风险，一般需要结合研发投入、收入、研发人员等情况核查公司是否符合高新技术企业资格复审的条件，并披露相应的风险。

案 例 高新技术企业复审风险

依据《安徽晶赛科技股份有限公司反馈意见回复》，反馈意见为：“结合研发投入、研发人员情况等分析公司是否存在无法通过复审的风险。”回复如下：“母公司建立了专门研发机构并制定必要的研发相关制度，拥有多项自主知识产权的专利技术。报告期内，母公司研发投入占营业收入比例分别为4.00%、5.59%；截至2017年3月，母公司共有员工144人，其中研发人员19人，研发人员占比13.19%。母公司拟于2017年8月申请高新技术企业复审，公司不通过复审风险较小，但不排除通不过的可能，公司已作了风险提示。报告期内，由于子公司铜陵晶威特、合肥晶威特均不是高新技术企业，不涉及高新技术企业审批风险。”

安徽晶赛科技未通过量化对比条件分析高新技术企业复审风险，反馈意见回复过于笼统，现参考一个通过对比条件进行分析的案例。

依据《青岛新诚志卓轨道交通装备股份有限公司反馈意见回复》，关于高新技术企业复审风险情况披露如下：

“1. 高新技术企业认定条件

“根据《高新技术企业认定管理办法》(2016 年 1 月 29 日科技部、财政部、国家税务总局修订,国科发火〔2016〕32 号)第 11 条规定,认定为高新技术企业须同时满足以下条件:(1)企业申请认定时须注册成立 1 年以上。(2)企业通过自主研发、受让、受赠、并购等方式,获得对其主要产品(服务)在技术上发挥核心支持作用的知识产权的所有权。(3)对企业主要产品(服务)发挥核心支持作用的技术属于《国家重点支持的高新技术领域》规定的范围。(4)企业从事研发和相关技术创新活动的科技人员占企业当年职工总数的比例不低于10%。(5)企业近3 个会计年度(实际经营期不满 3 年的按实际经营时间计算,下同)的研究开发费用总额占同期销售收入总额的比例符合如下要求:①最近 1 年销售收入小于 5000 万元(含)的企业,比例不低于 5%;②最近 1 年销售收入在 5000 万元至 2 亿元(含)的企业,比例不低于 4%;③最近 1 年销售收入在 2 亿元以上的企业,比例不低于 3%。其中,企业在中国境内发生的研究开发费用总额占全部研究开发费用总额的比例不低于 60%。(6)近 1 年高新技术产品(服务)收入占企业同期总收入的比例不低于 60%。(7)企业创新能力评价应达到相应要求。(8)企业申请认定前 1 年内未发生重大安全、重大质量事故或严重环境违法行为。”

“2. 公司基本条件对比分析

公司目前持有的高新技术企业证书在 2018 年 12 月 4 日到期,公司需要在此前提交高新技术企业复审申请,根据《高新技术企业认定管理办法》第 11 条规定的高新技术企业认定条件,逐条分析公司情况如下:(1)公司符合成立满 1 年的条件;(2)公司通过不断研发创新,并在经营过程中积累经验,拥有专业的设备及团队,并注册了多项专利,拥有相关技术、证书的所有权;(3)公司产品属于《国家重点支持的高新技术领域》之‘八、现金制造与自动化’之‘(七)汽车及轨道车辆相关技术’之‘5. 轨道车辆及管件零部件技术’固定的范围,符合对应规定;(4)公司的研发主要由技术中心负责(技术中心现有 25 人),工艺部(9 人)、生产部(216 人)等部门根据需要参与配合,同时,公司鼓励全员参与,公司项目较多,需要技术中心、工艺部办公室人员全程参与,在试生产、调试等环节需要生产部人员参与,公司从事研发和相关技术创新活动的科技人员占企业当年职工总数的比例不低于 10%;(5)公司近 3 个会计年度数据为 2015 年度、2016 年度及 2017 年度数据,公司营业收入在5000万元至2亿元(含),研究开发费用总额占同期销售收入总额的比例应不低于4%,报告期内,公司研究开发费用总额占同期销售收入总额的比例分别为5.32%、4.96%及6.48%,均不低于4%;(6)公司主营业务明确,主要高新技术产品收入占比均不低于60%;(7)根据相关规定,企业创新能力评价应达到相应要求,由负责高新技术企业认定的专家负责评价;(8)公司未发生重大安全、重大质量事故或严重环境违法行为,公司将继续严格执行各项管理规定,规范经营。

"综上,公司不能通过高新技术企业复审认定的风险相对较低,但审核结果需以认定机构检查、公示等程序后最终确定。"

另外,依据《常州龙翔气弹簧股份有限公司反馈意见回复》,该公司关于高新技术企业复审的反馈也比较专业,有针对性,可以参考。

点评:关于高新技术企业研发投入占比的指标计算:企业近3个会计年度(实际经营期不满3年的按实际经营时间计算,下同)的研究开发费用总额占同期销售收入总额的比例符合如下要求:(1)最近1年销售收入小于5000万元(含)的企业,比例不低于5%;(2)最近1年销售收入在5000万元至2亿元(含)的企业,比例不低于4%;(3)最近1年销售收入在2亿元以上的企业,比例不低于3%。其中,企业在中国境内发生的研究开发费用总额占全部研究开发费用总额的比例不低于60%。研发费用占比是企业近3个会计年度的研发开发费用总额占同期的销售收入比例,并非要求3个会计年度均需符合比例要求或者最后1个会计年度的比例需符合要求,但是判断占比的比例是以最近1年的销售收入为判断标准。

案 例 新三板企业的技术先进性代表

据中国证券报报道,通过对47个通用项2019年度国家技术发明奖和146个通用项2019年度国家科学技术进步奖统计发现,共有6家新三板挂牌公司与其他主要完成单位共享这一殊荣。从奖项等级来看,华联电子参与的项目获得2019年度国家科技进步奖一等奖,惠嘉生物、九通衢、司南导航获得2019年度国家科技进步奖二等奖,美创医疗、邦普刀具获得2019年度国家技术发明奖二等奖。"具体技术如下:(1)华联电子参与完成的项目叫作'高光效长寿命半导体照明关键技术与产业化’。该项目面向半导体照明产品光电转化效率、长期工作可靠性等核心技术难题，从半导体照明材料、芯片、封装、模组与应用全链条开展产研联合技术攻关，形成具有自主知识产权的高光效长寿命半导体照明全套技术，研制出国际领先的半导体照明器件与光源，实现了全链条技术产业化推广。(2)惠嘉生物参与完成的项目叫作‘猪健康养殖的饲用抗生素替代关键技术及应用’。该项目主要针对生猪养殖饲用抗生素过量使用和滥用引起的细菌耐药、抗生素残留、肉品质下降及土壤水体污染风险等严重威胁我国养猪业和饲料产业的问题，历经16年的系统研究，在新型饲用氨基酸创制、内源氨基酸合成激活与氮高效利用、新型低蛋白质饲料制备等核心技术方面实现了创新突破。目前，该成果获国家饲料添加剂新产品证书3个，制定行业标准3项。(3)九通衢参与完成的项目叫作‘混凝土结构非接触式检测评估与高效加固修复关键技术’。该项目历经10余年，在结构检测评估、可控高效加固和复杂条件加固三方面取得突破，形成了针对混凝土结构病害‘精准筛查与诊断’‘常见病’高效快速治、‘疑难病’有效精准治的技术体系。目前项目成果应用于全国90%以上的地区，并在铁路、公路等500余项重大工程中发挥重要作用。(4)司南导航参与完成的项目叫作‘北斗性能提升与广域分米星基增强技术及应用’。该项目突破了卫星导航系统自身实时分米级服务的技术‘瓶颈’，提出了北斗卫星导航系统的基本导航、广域差分与精密定位服务集成方法，完成了一体化工程实现，解决了卫星数量和监测站分布受限条件下的北斗性能提升难题；研制了基于通用芯片、模块、板卡的定位性能提升终端，使得普通用户能够基于北斗实现更高精度的服务体验等。(5)美创医疗参与完成的项目叫作‘微创等离子前列腺手术体系的关键技术与临床应用’。该项目创建了微创等离子前列腺切除手术体系，发明了具有完整自主知识产权、全新模式的腔内手术器械，实现了前列腺切除由电刀向等离子刀技术的历史性跨越，并被欧美发达国家权威指南采纳，使我国跃入该领域世界领先行列。项目成果已在5000余家医院得到应用，县域医院已半数覆盖，优质医疗资源的下沉助推了‘大病不出县’的健康中国战略。(6)邦普刀具参与完成了‘新型复合碳氮化物固溶体粉末及其高性能硬质材料’项目。

前述6家公司均来自基础层，且相对注重研发。其中，司南导航的研发费用占公司总营收比例最高，九通衢、美创医疗次之。(1)司南导航公司是一家集研发、生产、销售、服务为一体的高新技术企业，致力为全球用户提供自主知识产权的北斗高精度GNSS板卡、接收机和全方位、多领域的行业应用解决方案。公司2018年年报显示：报告期内的研发费用为4318.96万元，同比增长32.2%，占营业收入的比例为22.60%。(2)九通衢主要从事桥梁、隧道检测与评估等，公司有相当一部分资金投入研发中。2018年年报显示：公司2018年的研发费用为983.03万元，同比增长7.57%，占营收的比重为11.68%。(3)美创医疗的研发投入力度在6家公司中排名第三。公司2018年研发费用为807.82万元，同比增长62.05%，占营业收入的7.88%。截至2018年年底，美创医疗拥有2项软件著作权以及17项专利技术，其中发明专利3项、实用新型专利11项、外观专利3项。"

(五)精选层关于国家和商业秘密不予披露信息的要求

由于国家秘密、商业秘密等特殊原因导致相关信息确实不便披露的，发行人可以不予披露但应当提交相关说明，对上述情况监管及核查要求如下：

发行人有充分依据证明拟披露的某些信息涉及国家秘密、商业秘密的，可以不予披露，但发行人及其保荐机构应当在提交发行申请文件或问询回复时，一并提交"发行人不予披露信息情况的说明"(以下简称披露情况说明)。

1. 披露情况说明的内容

披露情况说明中应逐项说明相关信息涉及国家秘密或商业秘密的依据和理由，并说明信息披露文件是否符合公开发行说明书准则及相关规定要求，未披露相关信息是否对投资者决策判断构成重大障碍。

2. 涉及国家秘密的要求

发行人从事军工等涉及国家秘密业务的，应当符合以下要求：(1)提供国家主管部门关于发行人相关信息为涉密信息的认定文件；(2)提供发行人全体董事、监事、高管出具的关于股票公开发行并在精选层挂牌的申请文件不存在泄密事项且能够持续履行保密义务的声明；(3)提供发行人控股股东、实际控制人对其已履行和能够持续履行相关保密义务出具承诺文件；(4)在披露情况说明中说明相关信息披露文件是否符合《军工企业对外融资特殊财务信息披露管理暂行办法》及有关保密规定；(5)说明内部保密制度的制定和执行情况，是否符合《保密法》等法律法规的规定，是否存在因违反保密规定受到处罚的情形；(6)说明中介机构是否符合《军工涉密业务咨询服务安全保密监督管理办法》及其他相关规定对中介机构军工涉密业务咨询服务的安全保密要求;(7)对审查中提出的信息披露调整意见,发行人应相应回复、补充相关文件的内容,有实质性增减的,应当说明调整后的内容是否符合相关规定、是否存在泄密风险。

3. 涉及商业秘密的要求

发行人因涉及商业秘密提交披露情况说明的,应当符合以下要求:(1)发行人应当建立相应的内部管理制度,并明确相关内部审核程序,审慎认定不予披露事项;(2)发行人的董事长应当在披露情况说明中签字确认;(3)不予披露的信息应当尚未泄露。

4. 中介机构核查要求

保荐机构及发行人律师应当对发行人未披露相关信息是否符合相关规定、是否影响投资者决策判断、是否存在泄密风险出具专项核查报告。申报会计师应当对发行人审计范围是否受到限制、审计证据的充分性、未披露相关信息是否影响投资者决策判断出具核查报告。

二、业务情况

核查要求:(1)业务描述:请公司结合报告期内业务收入分类,准确、具体地阐述公司的业务、业务分类的标准、产品或服务。请主办券商核查前述披露事项并就公司业务描述是否准确、公司披露的产品或服务与营业收入分类是否匹配发表意见。(2)商业模式:请公司结合自身实际情况清晰准确披露商业模式,可参照"公司业务立足或属于哪个行业,具有什么关键资源要素(如技术、渠道、专利、模式),利用该关键资源要素生产出什么产品或提供什么服务,面向哪些客户(列举一两名典型客户),以何种销售方式销售给客户,报告内利润率高于或低于同行业利润率的概要原因"总结公司的商业模式(鼓励企业家自我归纳)。请主办券商对公司商业模式的可持续性发表意见。(3)重大业务合同:请公司披露报告期内对公司持续经营有重大影响的业务合同及履行情况,包括披露标准、合同主体、合同标的、合同期间、合同总价,披露的合同应与报告期内收入成本相匹配,包括履行完毕的、仍在履行的;并请按采购合同、销售合同、借款合同、担保合同(若有)等分别列示。请主办券商及律师对前述事项予以核查。

精选层特有审核标准:关于精选层准入要求中的“经营稳定性”应当如何理解?中介机构应当如何进行核查?发行人应当保持主营业务、控制权、管理团队的稳定,最近24个月内主营业务未发生重大变化;最近12个月内曾实施重大资产重组的,在重组实施前发行人应当符合《全国中小企业股份转让系统分层管理办法》第15条中规定的4套标准之一(市值除外);最近24个月内实际控制人未发生变更;最近24个月内董事、高管未发生重大不利变化。保荐机构对发行人的董事、高管是否发生重大不利变化的认定,应当本着实质重于形式的原则,综合两方面因素分析:一是最近24个月内变动人数及比例,在计算人数比例时,以上述人员合计总数作为基数;二是上述人员离职或无法正常参与发行人的生产经营是否对发行人生产经营产生重大不利影响。变动后新增的上述人员来自原股东委派或发行人内部培养产生的,原则上不构成重大不利变化;发行人管理层因退休、调任、亲属间继承等原因发生岗位变化的,原则上不构成重大不利变化,但发行人应当披露相关人员变动对公司生产经营的影响;如果最近24个月内发行人上述人员变动人数比例较大或上述人员中的核心人员发生变化,进而对发行人的生产经营产生重大不利影响的,应视为发生重大不利变化。

(一)公司行业分类

公司确定挂牌时,需要关注自身的行业分类。主办券商对行业分类需要提前进行,同时与公司之间要达成一致。在挂牌进程中,甚至公开转让说明书起草完成之后,对于公司行业分类产生分歧的不在少数。随着股转系统针对不同的行业区分了不同的公开转让说明书以及信息披露格式后,对于公司行业的分类显得尤为重要。

个别公司为了满足高新技术企业、软件企业、信息系统集成企业等资质要求,会对公司行业分类有不同的理解,在挂牌前做账的时候也会有所侧重。实际上,公司应当按照实际情况对公司的行业进行分类。最实质的情况就是业务合同,以及审计报告对公司业务收入的分类。收入和利润来源是最真实最根本的行业分类基础。拟挂牌主体的实际控制人或者管理层不能仅仅因为公司的技术含量高就认定自身属于专业技术服务类或者软件类企业,不能违背依据收入和利润来源的事实。

另外,申请精选层挂牌转让,发行人不得属于产能过剩行业或《产业结构调整指导目录》中规定的限制类、淘汰类行业。产能过剩行业的认定以国务院主管部门的规定为准。精选层设立初期,优先支持创新创业型实体企业,暂不允许金融和类金融企业进入精选层,后续将结合深化新三板改革措施落地情况及监管环境统筹考虑。前述金融和类金融企业是指:由中国人民银行、中国银保监会、证监会监管并持有相应监管部门颁发的《金融许可证》等证牌的企业,私募基金管理机构,以及小额贷款公司、融资担保公司、融资租赁公司、商业保理公司、典当公司等具有金融属性的企业。

案 例 行业分类变更对股价的影响

2020 年 1 月 13 日,泛海控股(000046)发布公告称:"经证监会核准,泛海控股的行业分类由房地产业门类更新为金融业门类,行业大类为其他金融业。公司正式宣告从单一房地产上市公司转型为'金融 + 房地产 + 投资'综合性上市公司。"公告披露后的股价波动情况也充分体现了行业分类的影响。

(二)业务描述

拟挂牌公司应当结合报告期内业务收入分类,准确、具体的阐述公司的业务、业务分类的标准、产品或服务。

公司在行业部分应当将自己的产品和服务精确到具体的内容,精细化让审核机构和投资机构通过公开转让说明书能够直观了解公司从事的业务以及具体的产品。对于未来拟开展的业务也可以适当地描述,对于是否形成收入也应如实地披露。如果通过公开转让说明书的业务描述,无法让公众明白一个公司的业务或产品,则该公司的披露是存在一定问题的。

案 例 业务描述不符合实质

原新三板公司博拉网络有限公司 2019 年冲刺科创板被否,其把自己定位为大数据服务提供商。科创板上市委员会(以下简称上市委)的三轮问询均涉及对公司业务实质的"拷问"。第三轮问询中,上市委要求公司进一步论证发行人业务实质不为数字营销、广告投放业务,而将公司定位于“大数据服务提供商”不存在误导投资者的原因及合理性。此次上市委会议问询的第一个问题,也要求博拉网络以浅显直白、简单易懂的语言说明公司业务模式和业务实质、核心技术,以及技术先进性以及核心技术在主营业务中的应用情况。说明此前的回复未让上市委认可。博拉网络在招股书中对主营业务描述为:“企业大数据服务提供商基于自主研发的 E2C(E - service to Company)数字商业大数据云平台,通过‘大数据 + 技术产品 + 应用服务’的业务模式,为企业客户提供技术开发服务和大数据应用服务。”“发行人未充分披露大数据在其提供的大数据营销及运营、数字媒体投放、电商及其他 3 类服务中的应用过程及具体表征,未能清晰、准确地披露其为企业提供大数据服务全过程的相关内容。”

(三)公司的行业地位和竞争情况等描述应当客观

公司对行业地位、竞争力度等描述应当客观公正。应当根据权威机构提供的数据,或者官方机构提供的数据以及客观的情况如实披露。不能定向委托其他机构提供数据,以及使用定制的报告、一般性网络文章或非公开资料等缺乏权威性的数据。

对于行业竞争地位的评价应当客观,通过与其他竞争主体收入和利润的对比,能够体现公司的竞争地位。避免不同公司之间的描述差异过大甚至相互冲突。

精选层特有审核标准:发行人在申报及审核过程中提交的文件涉及第三方数据的,有哪些核查及披露要求?第三方数据主要指涉及发行人及其交易对手之外的第三方相关交易信息,如发行人的交易对手与其客户或供应商之间的交易单价及数量、可比公司或可比业务财务数据等。考虑到第三方数据一般较难获取并具有一定的隐私性,发行人及中介机构在公开披露的文件中引用的第三方数据可以限于公开信息,并注明资料来源,一般不要求披露未公开的第三方数据。中介机构应当核查第三方数据来源的真实性及权威性、引用数据的必要性及完整性、与其他披露信息是否存在不一致,说明第三方数据是否已公开、是否专门为本次发行准备以及发行人是否为此支付费用或提供帮助,确保直接或间接引用的第三方数据有充分、客观、独立的依据。

案 例 行业规模及竞争情况等描述应当客观、权威

依据《温州康宁医院股份有限公司首次公开发行股票申请文件反馈意见》，反馈意见如下："招股说明书披露，'作为国内领先的精神专科医院，公司……'请说明'国内领先'用语的恰当性。招股说明书关于行业竞争格局的数据来源于 Frost & Sullivan 研究报告，请保荐机构说明引用数据来源的权威性，说明数据是否公开、是否专门为编写本次招股说明书而准备以及发行人是否就获得此数据支付费用或提供帮助。请勿使用定制的报告、一般性网络文章或非公开资料等缺乏权威性的数据。请保荐机构及发行人律师核查招股说明书全文，及时更新数据，对于没有数据支持的说法提供证据，或者予以修正；删除广告性和恭维性的语言。"

案 例 审核机构反馈业务行业地位的真实性后更改描述

依据《海南鸿昌兴科技股份有限公司挂牌申请文件反馈意见回复》，反馈意见如下："公司披露：公司是'品牌知名度和销售渠道广泛度海南省前三的电线电缆企业'。请公司补充说明该披露内容的具体依据；主办券商核查该披露内容的真实性与准确性，并发表意见。"

公司回复如下："公司依据长期对区域行业市场的了解；核心经销商对于区域市场的销售反馈；依据工商管理局对于区域同行业不超过3家公司（含公司）颁发'著名商标'荣誉为依据进行描述披露。但因2018年5月8日七届海南省人民政府第5次常务会议审议通过《海南省人民政府关于废止〈海南省著名商标认定和管理办法〉的决定》，已不再颁发'著名商标'相关荣誉。公司在《公开转让说明书》将相关描述修改为：'公司电线电缆业务始于海南正式生产的第一扎铜芯电线，其自成立以来一直专注于从事"68"品牌电线电缆的研发、生产、销售与服务，经过多年的持续较快发展，已经成长为海南省内电线电缆行业知名民营企业之一。2006～2016年，公司拥有的"68"商标连续10年获得海南省工商行政管理局颁发的海南省著名商标证书；2007～2017年，公司主营"68"品牌的聚氯乙烯绝缘无护套电线电缆连续10年荣获海南省名牌产品认定委员会颁发的海南省名牌产品认定证书。目前，公司在海南省各市县派驻业务代表，建立销售网络和经销商体系，全面覆盖海南省（三沙市除外）。依托于优异及稳定的产品质量，全区域的

营销覆盖，丰富的销售渠道，公司的经营业绩稳步增加，企业形象及区域影响力也进一步提升，成长为海南省电线电缆行业知名的民营企业之一。'公司将相关描述修改为：'依托于优异及稳定的产品质量，全区域的营销覆盖，丰富的销售渠道，公司的经营业绩稳步增加，企业形象及区域影响力也进一步提升，成长为海南省电线电缆行业知名的民营企业之一。'"

（四）商业模式描述以合同等商业实质为基础

公司的商业模式是指公司如何使用其拥有的关键资源，通过有效的业务流程，形成一个完整的运行系统，并通过这一运行系统向客户提供产品或服务，满足客户需求，从而获得收入、利润和现金流。依照规定需要披露拟挂牌公司的商业模式，主要是采购、销售、生产、研发等模式。实务中，各申请挂牌公司一般都会披露商业模式，因为对相关模式的重视程度不高，导致披露的商业模式可能与公司披露的合同内容体现的商业模式存在冲突。例如，公司与代理商签订一个大额的代理合同，而公司的商业模式披露的是公司只有直销一种模式。类似情况就属于对商业模式的错误披露，可能未过多地对相关的情况进行考虑和归纳总结。审核机构可能未过多地关注公司的商业模式的描述，但是中介机构出于尽责，应当如实地调查并了解公司的商业模式并完整地披露。

公司需要结合自身实际情况清晰准确披露商业模式，可参照"公司业务立足或属于哪个行业，具有什么关键资源要素（如技术、渠道、专利、模式），利用该关键资源要素生产出什么产品或提供什么服务，面向那些客户，以何种销售方式销售给客户，报告内利润率高于或低于同行业利润率的概要原因"等总结公司的商业模式。同时，主办券商需要对公司商业模式的可持续性进行分析并发表明确意见。

申请精选层的发行人业务如涉及委托加工、线上销售、经销商、加盟等经营模式的，相关核查要求如下：

1. 生产过程中存在委托加工

委托加工一般是指由委托方提供原材料和主要材料，受托方按照委托方的要求制造货物并收取加工费和代垫部分辅助材料加工的业务。当发行人与同一主体既有采购又有销售业务时，应结合业务合同的属性类别及主要条款、原材料的保管和灭失及价格波动等风险承担、最终产品的完整销售定价权、最终产品对应账款的信用风险承担、对原材料加工的复杂程度等方面判断业务是作为独立购销业务,还是作为委托加工或受托加工处理。

如为委托加工,保荐机构及申报会计师应核查以下事项并发表明确意见:委托加工的主要合同条款、具体内容及必要性、交易价格是否公允,会计处理是否合规,是否存在受托方代垫成本费用的情形;受托加工方的基本情况、与发行人的合作历史以及是否与发行人及其关联方存在关联关系;发行人委托加工产品质量控制的具体措施以及公司与受托加工方关于产品质量责任分摊的具体安排;结合委托加工产品的产量占比量化分析报告期内委托加工价格变动情况以及对发行人经营情况的影响。

2. 存在线上销售情形

保荐机构及申报会计师应结合客户名称、送货地址、购买数量、消费次数、消费金额及付款等实际情况,以及其他数据、指标、证明资料等,对线上销售收入确认是否符合企业会计准则规定、是否存在通过刷单虚增收入的情形以及收入的真实性等进行核查,说明采取的核查方法、程序以及核查结果或结论,并就报告期发行人线上销售收入的真实性、准确性、完整性发表明确意见。

3. 存在经销商模式

保荐机构及申报会计师应对经销业务进行充分核查,并对经销商模式下收入的真实性发表明确意见。主要核查事项包括但不限于:(1)采取经销商模式的必要性及经销商具体业务模式,经销商的主体资格及资信能力;(2)发行人报告期内经销商模式下的收入确认原则、费用承担原则及给经销商的补贴或返利情况,经销商模式下收入确认是否符合《企业会计准则》的规定;(3)发行人经销商销售模式、占比等情况与同行业可比公众公司是否存在显著差异及原因;(4)经销商管理相关内控是否健全并有效执行;(5)经销商是否与发行人存在关联关系;(6)对经销商的信用政策是否合理;(7)结合经销商模式检查经销商与发行人的交易记录及银行流水记录;(8)经销商的存货进销存情况、退换货情况及主要客户情况,经销商所购产品是否实现终端客户销售。

4. 存在加盟模式

保荐机构及申报会计师应结合加盟协议关键条款、行业惯例、加盟商的经营情况、终端客户销售、退换货情况等,核查加盟相关业务收入确认政策是否符合企业会计准则规定。发行人频繁发生加盟商开业或退出的,保荐机构及申报会计师应核查发行人加盟相关收入确认政策是否谨慎、对部分不稳定加盟商的收入确认是否恰当,并结合与相关加盟商的具体合作情况说明发行人会计处理是否符合企业会计准则规定。保荐机构及发行人律师应核查发行人加盟协议的主要内容、加盟业务经营过程,并对其合法合规性发表明确意见。

案例 关于商业模式的描述

关于商业模式的描述,同时匹配业务合同予以解释的,可以参考《北京时代凌宇科技股份有限公司公开转让说明书》的描述。

案例 形式线上销售实质上为线上获取商业机会加线下交易

依据《广东锦星纽扣科技股份有限公司反馈意见回复》(锦星股份、872839),反馈意见如下:"报告期内公司存在通过电商平台阿里巴巴吸引新客户。(1)请公司补充披露与电商平台销售模式是否为买断式,收入确认时点(存在7天无理由退货情形)的风险报酬转移是否符合《企业会计准则》相关规定。(2)请公司补充披露网络销售流转税缴纳的合法合规性。(3)请公司补充披露在各第三方电子商务平台开户是否以公司唯一名义设立,相关收付行为是否符合公司内部资金管理规定;相关款项收付与公司账户对应关系,是否具备唯一性,相关资金转入银行对公账户的周期和频率。(4)请会计师对上述资金收款行为的合规性(是否存在坐支现金情形)、资金安全性,资金管理内控制度设计合理及执行有效性发表意见;同时请会计师对网络销售真实性(可能存在网购刷单等),退货的处理等进行补充核查,说明采取哪些必要审计程序,核实收入真实性并对公司收入确认政策、确认时点是否符合《企业会计准则》相关规定发表意见。(5)请主办券商补充核查上述事项。"

公司回复如下:

"问题(1):由于阿里巴巴平台客户的特殊性,阿里巴巴平台客户以公司为主,同时由于纽扣产品的特殊性,报告期内不存在个人采购事项,公司通过阿里巴巴平台用于吸引消费者、进行沟通、定制样品并邮寄样品,实际采购商为线下交易,阿里巴巴线上客户采购公司商品时，公司销售员将客户引导至线下，通过客户线下考察，签订合同。阿里巴巴平台实质上为公司宣传平台，公司通过宣传吸引客户，并采用传统的线下交易模式进行销售。由于公司不存在线上销售，故不存在7天无理由退款的情形。线下销售收入确认时点符合企业会计准则的要求。问题(2)：由线上引入客户已根据实际采购缴纳流转税。问题(3)：第三方电子商务平台以公司唯一名义设立，并通过企业身份认证。线上无资金流入。”

主办券商回复：“尽调过程：(1)对公司财务负责人、销售负责人进行访谈；(2)获取第三方平台交易记录，并进行核对；(3)通过第三方平台记录检查入账凭证；(4)获取公司银行对账单；(5)查看第三方平台账户资料；(6)获取阿里巴巴等服务合同。公司在使用支付宝服务时，公司申请了唯一编号的支付宝账户，支付宝账户持有人可自行设置密码，查询交易产生的款项收付账务明细，支付宝账号所有权为公司所有。《支付宝服务协议》约定将自有资金和用户资金分开存放，承诺不挪用、占用用户资金。

经核查，主办券商认为第三方支付平台是独立于公司的，其提供资金流水的可靠性、资金安全性不存在重大问题。检查公司银行流水，无相关资金转入。阿里巴巴平台为公司营销平台，无实际业务产生，其相关会计处理符合《企业会计准则》的相关规定。”

案例 前五大客户和供应商占比较高

依据《北京交大思诺科技股份有限公司创业板首次公开发行股票申请文件反馈意见》(原：交大思诺、871196)，关于供应商和客户占比较高的情况反馈如下：“报告期内前五大客户销售额占销售总额的比例分别为88.96%、90.02%、82.79%。请发行人：(1)结合下游客户列控系统集成商、铁路‘四电’工程总承包商和各铁路局的集中度情况、市场份额占比情况，补充披露并量化分析报告期内发行人客户集中度较高的原因，对中国通号、交控科技是否存在重大依赖；(2)补充披露报告期内发行人与前五大客户的合作时间，与前五大客户是否存在长期合作协议，前五大客户是否存在合格供应商名录或者类似准入资质，结合发行人的技术优势等方面详细说明发行人与前五大客户业务合作的稳定性、可持续性；(3)详细说明并分析在中国通号全资子公司通号设计院为发行人主要竞争对手的情况下，发行人对主要客户中国通号的未来销售是否会受到不利影响、是否存在被通号设计院替代的风险；(4)补充披露2016年通号设计院向发行人采购应答器系统的原因；(5)说明报告期各期均发生交易的客户各期合计交易金额及占当期营业收入比重，2017～2018年均发生交易的客户各期合计交易金额及占当期营业收入比重；(6)补充说明报告期内前十大客户情况，包括客户名称、是否为境内外上市公司(如是列出代码)、客户简介、成立时间、注册及实缴资本、股东结构、主营业务、近3年又1期主要财务数据，以及当期销售内容、销售金额及占发行人当期营业收入比重、第四季度销售金额占对该客户当期销售金额比重、销售金额占该客户当期营业收入比重(单独列表汇总各期该比例占比超过20%以上的情形并分析占比较高的原因、销售公允性)、是否与客户收入规模及财务经营状况相匹配、前十大客户各期变动的合理性，若前十大客户中存在新增客户的请发行人具体说明原因(合并计算的销售客户请同时列示明细)；(7)说明报告期各期前十大客户是否存在注册成立当年或次年即成为发行人前十大客户(含报告期外)的情形，如存在请详细说明情况及合理性；(8)说明报告期各期前十大客户，与发行人、发行人董事、监事、高管、其他核心人员、实际控制人、主要股东及上述关联方是否存在关联关系或其他利益安排。”

“招股说明书披露，报告期内发行人对前十大供应商的采购占比分别为67.85%、65.43%、67.56%。请发行人：(1)报告期内发行人委托中国通号下属企业对发行人生产的应答器系统、轨道电路读取器进行整机生产组装，请补充披露外协加工的具体内容、环节、是否涉及核心技术及核心生产环节，对中国通号是否存在重大依赖；(2)补充披露报告期内发行人轨道电路读取器产品委托中国通号下属企业整机生产组装后，再销售给中国通号下属企业的合理性，详细分析报告期内发行人应答器系统、机车信号CPU组件、轨道电路读取器三类产品对中国通号同时存在购销的原因、具体内容、销售金额、采购(外协)金额、单位外协采购价格占单位产品销售价格的比例，结合首发业务财务问答详细分析发行人与中国通号交易的实质为委托加工业务还是独立购销业务；(3)补充披露报告期各期外协加工费的明细构成及占比，量化分析外协加工费较大的原因、公允性；(4)补充说明报告期内是否存在贸易供应商情形，如存在，请说明各期向贸易商采购的内容、金额、占比,采购价格是否公允;(5)补充说明报告期内前十大供应商的简介、成立时间、注册资本、股东结构、财务经营状况、发行人采购内容、采购金额及占该供应商当期销售金额比例(单独列表汇总报告期各期发行人采购金额占供应商当期销售金额比例超过20%的详细情况),详细分析发行人与供应商的采购作价是否公允、是否存在关联关系;(6)补充说明报告期各期均发生交易的供应商各期合计交易金额及占当期采购总额比重,说明2017~2018年均发生交易的供应商各期合计交易金额及占当期采购总额比重;(7)补充说明发行人报告期内的前十大供应商是否存在注册成立当年或次年即成为发行人前十大供应商(含报告期外)的情形,如存在请说明详细情况并说明合理性;(8)说明报告期内前十大供应商与发行人控股股东、董监高、其他核心人员、其他股东是否存在关联关系,是否存在为发行人代垫费用、代为承担成本或转移定价等利益输送情形。"

案 例 前五大客户占比极高且全部为关联方

依据《关于海航航空技术股份有限公司挂牌申请文件第一次反馈意见的回复》,审核机构要求:"关于报告期内前五大客户占比较为集中。请公司:(1)补充说明披露主要客户的获取方式、交易背景、定价政策和销售方式;(2)补充披露与前五大客户是否存在关联关系,是否对前五大客户存在重大影响;(3)补充分析客户对象构成稳定性、客户忠诚度及未来变化趋势,说明是否符合公司的行业与产品经营特征。请主办券商、会计师对前五大客户真实性进行核查并发表明确意见。"

公司回复如下:

"问题(1):主要客户的获取方式:'公司主要承接海航系内部航空运营公司的维修业务。由于海航系内部航空运输业发展良好,维修业务需求不断增加,海航技术优先满足集团内部航空运营公司的维修需求。同时,海航技术也正在积极开发集团外第三方维修业务,主要通过成立中外合资公司,引进先进维修技术,提高机体大修及发动机维修方面的维修能力,挖掘第三方维修市场,提高市场竞争力。'

"交易背景:'2015年度和2016年度,前五大客户销售收入分别占公司总销售收入的82.24%和86.61%。其中,对海南航空的销售额在报告期内占比均超过40%,前五大客户合计占比均超过80%,公司对前五大客户存在一定依赖性,其原因与公司所在的行业特点密切相关。民航维修行业内的大型维修企业其业务收入基本上来源于其所属的航空公司的维修业务需求。出于成本和安全性的考虑,各大航空公司通常将自己的维修业务包给旗下所属的维修部门或者所属第三方维修机构。虽然公司对前五大客户有一定的依赖性,但其业务主要来源于集团的下属航空公司,失去主要客户的可能性低,其主要客户群黏性和稳定性较强。'

"定价政策:已在公开转让说明书中进行补充披露如下:'关联出售商品、提供劳务的关联交易全部为对海航集团下属航空公司提供飞机维修及服务,航材销售,2015年度、2016年度此类关联交易金额占公司同类业务销售总额的比例分别为92.91%、90.96%,关联交易占比较高,主要由于国内飞机维修行业主要依托航空公司的发展而逐步发展,各大型航空公司均建立了关联飞机维修企业,关联企业优先获取业务,因此形成了目前国内飞机维修市场竞争不充分的局面,所以公司的维修业务也主要来自海航集团下属各航空公司。交易价格为双方根据《民用机场收费改革实施方案》(民航发〔2007〕159号)中的收费标准基准价为基础进行协商确定。目前公司的维修服务收费模式为集团内企业采用包小时收费模式,此收费模式国际国内MRO企业均使用此模式,国内海航包小时收费模式与东方航空委托东航技术模式相似,剔除包修的范围差异,定价基本一致。同时,根据报告期内公司航线维修量等相关基础数据按照《民用机场收费改革实施方案》(民航发〔2007〕159号)中的收费标准基准价进行了关联方交易整体测算和对比,关联交易的定价基本按照民航发〔2007〕159号相关规定执行,基本符合市场公允价值定价。'

"销售方式:已在公开转让说明书中进行补充披露如下:'公司充分发挥在航空维修领域20多年积累的技术及品牌优势,并根据不同领域的客户需求特征,建立了良好的市场营销体系。同时,与各合作伙伴从单项的合作逐渐转向全方位的合作伙伴。服务从提供单一项目,单一产品、单一服务向提供"一揽子"的服务项目、系列产品、综合服务的全方位服务转变。在维修类的销售方面,公司针对集团内部客户例如海南航空、首都航空等采用飞行小时包干价的方式,即在框架协议阶段与客户约定价格,然后按照实际的飞行小时数进行结算。针对集团外部客户,如南方航空、东航技术,销售方式为协议工时价格乘以每项工作实际工时的方式。

‘公司的航材销售类业务分别由采购部和附件维修事业部负责。采购管理部负责消耗件销售,主要形式有:(1)AOG支援销售指各航空公司和维修单位在日常运营保障过程中发生飞机非计划停场时向公司请求支援发生的销售,根据协议费率价格进行收费。(2)分销业务,公司已取得分销商资质,作为航材生产商的授权分销商进行正常分销业务。

‘公司附件维修事业部的航材销售独立于公司其他的航材销售,主要采用以下3种销售模式:(1)单件维修:针对每一笔附件单件维修业务,根据工时、航材销售及管理费进行收费;(2)小时包修:根据飞行小时和航空公司签协议,根据具体飞行时间收取费用;(3)固定价包修:一个附件不论换多少航材,价格均为签订时的协议的价格,刹车与机轮等都属于固定价包修范围。’”

问题(2):“海南航空控股股份有限公司为公司股东,北京首都航空有限公司是公司同一控制下的关联方,天津航空有限责任公司是公司其他关联方,云南祥鹏航空有限责任公司是公司其他关联方,中国新华航空集团有限公司是公司其他关联方。”“2015年度和2016年度,前五大客户销售收入分别占公司总销售收入的82.24%和86.61%。其中,对海南航空的销售额在报告期内占比均超过40%,前五大客户合计占比均超过80%,公司对前五大客户存在一定依赖性,其原因与公司所在的行业特点密切相关。民航维修行业内的大型维修企业其业务收入基本上来源于其所属的航空公司的维修业务需求。出于成本和安全性的考虑,各大航空公司通常将自己的维修业务包给旗下所属的维修部门或者所属第三方维修机构。虽然公司对前五大客户有一定的依赖性,但其业务主要来源于集团的下属航空公司,失去主要客户的可能性低,其主要客户群黏性和稳定性较强。”

问题(3):“公司对前五大客户存在一定依赖性,其原因与公司所在的行业特点密切相关。民航维修行业内的大型维修企业其业务收入基本上来源于其所属的航空公司的维修业务需求。出于成本和安全性的考虑,各大航空公司通常将自己的维修业务包给旗下所属的维修部门或者所属第三方维修机构。虽然公司对前五大客户有一定的依赖性,但其业务主要来源于集团的下属航空公司,失去主要客户的可能性低,其主要客户群黏性和稳定性较强。”“公司的客户来源主要为海航系内部航空运营商,2015 年及 2016 年前五大客户未发生变化,客户对象构成比较稳定。由于主要客户均来自海航系关联方,客户忠诚度较高,其符合民航维修业的经营特征。未来,海航技术将积极开拓第三方维修市场,预计关联交易比例会随着第三方市场的开发而逐步降低。尽管公司前五大客户收入占比较高,公司对其存在一定依赖,但其符合民航维修业的经营特征且构成稳定、忠诚度较高,不会对公司的可持续性发展产生不利影响。"

点评:本案例不具有绝对的可参考性,毕竟飞机维修属于特许行业,行业客户具有一定的特殊性。同时本案例也表明,并非前五大客户显著集中同时收入绝大多数来源于关联方的企业不可申请新三板挂牌,需要根据具体情况具体分析。

案例 要求说明走访和函证情况印证业务真实性

依据《关于深圳市口袋搜网络股份有限公司挂牌申请文件的第三次反馈意见的回复》,审核机构要求:"关于公司业务真实性。请主办券商及会计师:(1)补充说明对前五大客户和供应商走访及函证情况,对公司采购与销售的真实性及完整性执行的具体尽调及审计程序,确认的金额占总金额的比重,说明取得的相关的内外部证据,并发表明确意见。(2)结合同行业可比公司毛利率、业务特点补充核查公司毛利率的合理性,是否符合行业特点,并发表明确意见。"

(五)线上业务是否刷单及其核查

刷单是电子商务行业蓬勃发展的新生产物,并非 IPO 和新三板挂牌审核的红线,但其行为本身触犯了《电子商务法》《消费者权益保护法》《反不正当竞争法》等法律法规规定,从根本上说违反了诚实信用原则,同时让监管机构对其销售收入真实性及诚信状况存疑。

个别拟挂牌公司出于投资机构的压力等,可能会将刷单部分确认收入,尤其在通过体外资金操作情形下,核查难度较大。主办券商应根据公司实际经营模式,采取以下核查手段:

(1)券商和会计师(必要时聘请专业机构)对公司执行 IT 审计程序,对相关存储、交易、结算等系统进行测试，重点关注相关数据是否存在被篡改痕迹，评估相关数据的可信任程度。

(2)对相关数据执行分析性复核程序：①网页访问量(以独立 IP 地址为准)与订单的匹配是否合理：②订单与实际物流记录是否匹配；③消费频次分布及合理性分析；④客单价分布及合理性分析；⑤佣金、快递费与营业收入是否匹配。

(3)对天猫、京东等电商平台进行走访和函证，核实相关数据、交易模式与发行人提供的是否一致。

(4)对快递公司进行走访和函证，核实相关物流信息是否准确，是否存在寄发空包裹、虚构快递单号等情形。

(5)抽取一定比例的终端消费者进行电话访谈，核实相关交易的真实性。

(6)与同行业公司相关数据进行分析比较。

(7)核查平台对账单，以及与银行流水的一致性。

(8)通过退单量等的稳定性倒退销售收入的真实性。

案例 存在线上销售的反馈问题

依据《常州龙翔气弹簧股份有限公司挂牌反馈意见》，反馈内容如下："关于公司电商销售。请公司补充披露公司电商销售的平台情况，包括但不限于合同的获取、价款的支付与结算、合作的持续性。请主办券商及律师核查分析公司电商销售的合法规范性并发表明确核查意见。"

案例 如实披露刷单行为

依据《北京市九州风神科技股份有限公司反馈意见回复》(九州风神、873121)，关于网购及刷单行为反馈如下：

"针对网购问题，主办券商执行了如下核查、分析程序：

“1. 核查程序(见表1)

表1　核查程序列表

序号	尽调过程	事实依据
1	访谈公司的管理层、财务人员和业务人员,了解公司网销售模式、交货方式、退货情况、退货原因、刷单的原因、刷单的情况及流程	访谈文件
2	获取公司网上商城销售报告期内全部订单清单,与公司资金流水、账面信息进行比对	第三方平台销售清单、公司银行资金流水
3	对第三方商城的销售与公司销售出库清单进行对比	第三方平台销售清单、公司销售出库清单
4	通过京东平台、天猫平台获取2016年度、2017年度、2018年1~4月公司所有的订单,对比公司全部的发货记录,筛选出具备真实交易背景的订单,剩下的订单即与公司刷单的记录进行比对,与公司业务人员核对,确定刷单的数量	网上商城订单清单,存货进销存清单
5	在剔除刷单业务后剩余的订单中随机抽取部分订单,检查是否有出库单及快递发货记录等,以验证剔除刷单后的真实订单的有效性以及收入的真实性,进行双向核查	第三方平台销售收入明细账、会计凭证、出库单、快递发货记录
6	主办券商对报告期的京东平台、天猫平台的真实订单按照月度区分,进行了客户数量变动、平均购买频次、订单数量、月度订单均价、发货分布情况、购买者地区分布情况、累计消费金额区间、复购次数、客单价等指标进行了分析性复核	天猫商城、京东商城销售情况分析性复核记录
7	主办券商对报告期后的京东平台、天猫平台的全部订单,执行了上述程序,核查报告期后是否存在刷单行为。主办券商对2018年5月至8月线上销售情况执行上述核查手续,未发现期后刷单情况	同上

“2. 分析过程

“报告期内公司刷单情况如下:报告期内,公司在天猫九州风神旗舰店及京东POP店销售存在刷单行为,天猫九州风神旗舰店、京东POP店的刷单期间均为2016年、2017年,天猫九州旗舰店与京东POP店均在报告期内主动停止刷单。公司海外网上销售不存在刷单情形。公司刷单行为是一种营销手段,为达到一定的月度促销量,提高在平台的销售排名,刷单的产品类型包括风扇及机箱等不同产品。公司的刷单不使用员工账户进行刷单,具体操作流程如下:

“公司业务人员寻找第三方刷单,由第三方自然人即刷单员在公司平台采购产品,公司业务人员在平台录入相关的物流信息并点击确认发货,实际上公司并不发出任何包裹。公司业务员向财务部借款,用以支付刷单员货款和刷单费用。刷单员收到公司业务员所支付的货款和刷单费,及在物流信息流转完毕后,刷单员点击确认收货,刷单交易完成。平均每单笔刷单费用为10元至15元,刷单费由公司业务员以费用形式进行报销(见表2)。

表2 报告期内公司刷单情况

项目	2017年度		2016年度	
	数量(单)	金额(元)	数量(单)	金额(元)
京东POP店	515	526,050.76	769	759,958.30
天猫旗舰店	150	45,182.18	3423	650,602.00
合计	665	571,232.94	4192	1,410,560.30

“公司刷单的产品类型包括风扇及机箱等不同产品,刷单的金额占公司收入的比重分别为2017年占比0.12%,2016年占比0.38%,公司已于2017年主动停止刷单,2018年公司不存在刷单。

“公司刷单过程的分录如下:

“第一,业务员向公司财务借款 借:其他应收款——业务员A 贷:银行存款A

“第二,公司收到京东平台货款 借:银行存款A 贷:其他应收款——业务员A

“第三,业务员报销刷单费用 借:销售费用D 贷:银行存款D

“刷单的产品不会真实出库发货,而公司收到刷单的货款后冲销业务员的借款,不确认收入,因此对公司的营业收入和现金流量表中的‘销售商品、提供劳务收到的现金’不造成影响。主办券商认为上述会计处理方法符合《企业会计准则》的规定,能够保证报告期内公司收入的真实、准确和完整性。

“对于刷单的真实性测试:主办券商获取了报告期内天猫商城、京东商城的全部订单信息,并与公司的刷单清单、第三方平台账户的资金流水、账面信息进行比对,从而确认刷单情况的真实性;同时,主办券商核查了报告期内收入确认情况,刷单交易未确认为收入。

“对于刷单的完整性测试:取得公司销售出库清单,销售商品数量与仓库发出商品数量一致,刷单不涉及商品出库。针对天猫商城、京东商城的全部订单,对报告期内每个月的真实订单进行分层随机抽样,核查相对应的出库单和快递发货记录,以验证剔除刷单后真实订单的有效性和收入的真实性,确定交易确实是真实发生。

“对于真实订单的分析性复核:主办券商对报告期的天猫商城、京东商城的真实订单按照月度区分,进行了客户数量变动、平均购买频次、订单数量、月度订单均价、发货分布情况、购买者地区分布情况、累计消费金额区间、复购次数、客单价等指标进行了分析性复核。受到电商平台‘618’‘双十一’等促销活动的影响,天猫九州旗舰店与京东旗舰店的订单数量、客户数量等指标的变动呈现6月、11月订单较多的趋势。

“项目组对报告期后的订单执行上述核查程序,未发现期后刷单情况。

“项目组对公司相关管理人员及员工进行访谈:公司刷单主要为提升产品和品牌知名度,从而促进销量增长,刷单带来的销售提升存在边际效用递减的特征,一般在电商店铺成立初期刷单效果比较明显,随着销售规模逐渐增大,刷单的作用越来越小。九州风神在天猫平台、京东平台的网店销售已经上规模,有较高的品牌知名度,因此公司主动停止刷单。

“公司和实际控制人承诺未来将杜绝刷单行为,并制定相关内部控制制度,停止刷单不会影响公司的正常经营。

“3. 核查意见

“经核查,公司存在网购刷单的情况,但公司对于刷单部分未确认收入及结转成本,刷单金额较小,占公司收入比重较低,报告期内公司主动停止刷单行为,报告期后不存在刷单行为;公司和实际控制人承诺未来将杜绝刷单行为,并制定相关内部控制制度限制刷单行为,停止刷单不会影响公司的正常经营。公司报告期内账面已确认收入真实、准确、完整,符合《企业会计准则》的规定和要求。”

案　例　线上业务需要关注是否存在刷单行为

三只松鼠(300783)IPO反馈问题:“关于是否存在刷单行为:请发行人明确说明报告期内是否存在通过直接或间接的方法实现自我交易或通过刷空邮包、刷好评等手段提高品牌知名度、虚增利润的行为,若有,请发行人说明运作的方法、各期刷单相关的金额及资金来源、账务处理的方法、相关行为的整改措施及效果并在招股说明书中做补充披露,若没有,也请发行人明确说明并在招股说明书中做补充披露。”

小米集团(1810.HK)原CDR反馈问题:“关于商品线上直销。请发行人具体说明:天猫平台各月交易笔数占浏览量比例及合理性分析,是否存在刷单等行为及依据。”

公牛集团IPO反馈问题:“请发行人说明发行人及其关联方是否存在通过自身或委托第三方对发行人线上销售平台进行寄发空包裹、虚构快递单号等‘刷单’、虚构交易、提升信誉等行为,若存在,请说明相关行为对发行人业绩的影响,是否构成重大违法违规及本次发行上市的法律障碍。”

(六)重大业务合同的披露

披露公司的重大业务合同属于必备事项。关于重大业务合同的披露标准和合同数额需要充分考虑拟挂牌公司的业务规模以及合同金额的大小等情况,由券商和律师商定披露标准,尽量保持披露数额的一致。如果不一致会引起审核机构的关注,可能还会反馈认为存在中介机构披露的内容不一致的情形。

实际上合同属于整个公司收入和利润来源的最基本的证明,是商业活动的最直观的表现试行。实务中,各种合同问题都能存在,但大家对合同的重视程度相对不高,不可仅停留在统计重大合同的层面。从财务造假的案例可以发现,虚增收入和利润、资产等都需要有合同作为支撑,有些制造了假的业务合同,有些是让其他单位协助提供业务合同并同时终止,有些造假案例甚至私自更换合同页码、调整合同的金额或单价等。所以需要善于发现合同的出入,比如页码纸张明显不一致,装订针打孔位置不一致,或者不同客户的合同签字人为一个人的笔迹等细微处和多角度去考虑业务的真实性等。

案 例 未披露重大业务合同及行业变化而导致券商被采取监管措施

依照公开渠道信息及长城证券的公开披露情况,“2020年1月7日,长城证券被证监会采取了监管谈话的行政监管措施。证监会认为长城证券在保荐越博动力(300742.SZ)创业板首次公开发行股票申请过程中,存在以下违规行为:一是在出具的发行人发审会后事项文件中,未向证监会报告以下事项:2018年2月财政部发布补贴标准降幅较大的新能源汽车补贴政策,及该政策可能对发行人及其所属新能源汽车动力总成系统行业、对发行人下游新能源汽车整车制造行业产生的影响;2018年一季度发行人客户结构发生重大变化的情况及其可能对发行人持续经营产生的影响。二是未督促发行人在招股说明书中披露上述新能源汽车补贴政策以及客户结构发生重大变化的相关内容和风险,未督促发行人在招股说明书中完整披露2018年4月启动首次公开发行前正在履行的重大销售合同。三是擅自删减发行人2018年4月首次公开发行环节公告的招股说明书‘重大合同’内容,该份招股说明书与向证监会报送的招股说明书最终封卷稿相比,擅自删除原披露的两份正在履行的重大销售合同。上述行为违反了《证券发行上市保荐业务管理办法》(证监会令第137号)第4条的规定”。

点评:依照规定,主办券商需通过查阅商业合同、走访客户和供应商等方法,结合对公司产品或服务、关键资源和关键业务流程的调查,了解公司如何获得收益。包括但不限于:(1)收入构成情况,包括产品或服务的规模、定价方式和依据;收入变化情况和影响其变化的原因。(2)成本结构及其变动情况和变动原因。(3)分析每种产品或服务的毛利率及其变动趋势和变动原因。(4)公司的现金流情况,尤其是与经营活动有关的现金流量,即经营的现金收入是否能抵补有关支出。(5)在公司所处的细分行业中,分析比较公司与竞争对手之间在产品或服务分布、成本结构、营销模式和产品或服务毛利率等方面的优劣势,并预估公司在细分行业的发展趋势(主要地区或市场的占有率及其变化)。如果竞争对手的信息不存在,可分析公司与行业平均水平相比的优劣势。

三、资产

核查要求:(1)资产权属。请主办券商及律师核查公司的以下事项并发表明确意见:①公司资产是否权属清晰、证件齐备,是否存在权利瑕疵、权属争议纠纷或其他权属不明的情形,若存在,请核查相应事项的规范情况。②是否存在资产产权共有的情形以及是否存在对他方重大依赖的情形,是否影响公司资产、业务的独立性。请公司就相应未披露事项作补充披露。

(2)知识产权。请主办券商及律师核查以下事项并相应发表意见:①是否存在权利瑕疵、权属争议纠纷或权属不明的情形,公司相对应的解决措施及其有效性。②公司在知识产权方面是否存在对他方的依赖,是否影响公司资产、业务的独立性。③存在知识产权纠纷的诉讼或仲裁的,量化分析诉讼或仲裁对公司持续经营能力的影响。请公司就相应未披露事项作补充披露。

精选层特有审核标准:关于发行人的业务、主要资产和核心技术的权属、主要股东所持股份的权属等,有哪些核查要求?保荐机构、发行人律师及申报会计师应重点关注发行人挂牌后报告期内的业务变化、主要股东所持股份变化以及主要资产和核心技术的权属情况,核查发行人是否符合以下要求并发表明确意见:(1)发行人的主营业务、主要产品或服务、用途及其商业模式明确、具体,发行人经营一种或多种业务的,每种业务应具有相应的关键资源要素,该要素组成应具有投入、处理和产出能力,能够与合同、收入或成本费用等相匹配。(2)对发行人主要业务有重大影响的土地使用权、房屋所有权、生产设备、专利、商标和著作权等不存在对发行人持续经营能力构成重大不利影响的权属纠纷。(3)发行人控股股东和受控股股东、实际控制人支配的股东所持有的发行人股份不存在重大权属纠纷。

(一)资产核查的重要事项及典型虚增资产手段

关于资产核查,基本上可以参考核查要求的内容,主要关注资产是否权属清晰、证件齐备,是否存在权利瑕疵、权属争议纠纷或其他权属不明的情形;是否存在资产产权共有的情形以及是否存在对他方有重大依赖的情形,是否影响公司资产、业务的独立性;存在资产或者知识产权纠纷的诉讼或仲裁的,量化分析诉讼或仲裁对公司持续经营能力的影响等。另外,关注资产业务和业务规模的匹配性,资产与产能的相关性等,对比同行业关键性资产与收入的比例,相关问题可以侧面印证收入和利润、产能、产能利用率等的真实性问题。另外,对于重要的固定资产、无形资产、知识产权等需要按照规定如实披露,对于正在申请的专利、商标等如果对公司的技术或者未来发展有利的可以披露,对于正在申请的,即使不披露也不构成重大遗漏。

关于资产事项,在核查注意事项之外,首先要核查资产的真实性。虚增资产的手段主要包括:(1)虚增存货。例如,振隆特产的存货南瓜子、松子仁、开心果出现大额亏空,3年共亏空存货金额为7631.24万元。(2)虚增应收账款、预付账款。例如,万福生科主要通过虚增在建工程和预付账款来虚增资产。万福生科首先从公司账户打入个人账户款项作为预付工程设备款,一部分预付工程设备款用来抵付因虚增收入、由个人账户转入公司的款项,另一部分预付工程设备款则形成在建工程。振隆特产在虚增收入的同时虚增应收账款,并通过第三方公司回款或用其他外销客户回款进行冲抵的方式调节应收账款的账龄以达到少计提坏账准备的目的。(3)虚增固定资产、在建工程、无形资产。例如,新大地2009年至2011年以支付工程款的名义划款至平远县二轻建筑公司,由此形成在建工程,并最终计入固定资产项下,但平远县二轻建筑公司并未为其实施工程建造。天丰节能通过虚构固定资产采购和贷款利息支出资本化,包括:虚构向台湾地区后东机械公司和意大利OMS进口设备采购交易虚增固定资产与在建工程;通过国家开发银行河南省分行贷款利息支出不正当资本化虚增在建工程。(4)少计提各项减值准备。例如,欣泰电气通过外部借款或者伪造银行单据的方式虚构应收账款的收回,在年末、半年末等会计期末冲减应收款项(大部分在下一会计期期初冲回),并少计提大量坏账准备和资产减值损失,从而虚增年度利润。振隆特产通过未在账面确认霉变存货损失的方式,少计提存货减值准备,最终虚增利润。绿大地其未充分计提存货、无形资产减值准备,从而虚增了公司利润。(5)虚增银行存款。例如,万福生科通过操纵200多个虚构的个人账户,用自有资金以现金存、取方式制造进出资金流,假冒粮食收购款和销售回款,伪造1300多张、14亿元银行回单,虚增了大量银行存款。天丰节能还伪造了新乡市区农村信用联合社账户自2010年至2012年的全套对账单,为了对应虚假的货币资金余额。

（二）无法过户的车辆等资产是否构成障碍

案 例 以北京为代表的特定地区的车辆等特殊资产无法过户

依据《北京奥斯马特科技发展股份有限公司三次反馈意见回复》（奥斯马特、831806），关于“以物抵债协议中涉及的公司相关资产权属是否清晰”，回复如下：“根据有限公司与股东签署的《以物抵债协议书》及相关资料，股东用于抵债的4辆汽车均为京牌。其中，3辆汽车为股东出资购买并委托第三方代为持有。因公司目前未取得购车资格，上述用于抵债的车辆无法过户至公司。后公司与股东签订《补充协议》，约定股东按照抵债车辆折合的价值以等额现金方式偿还公司。综上，主办券商认为：《以物抵债协议书》及《补充协议》中涉及的公司资产权属清晰、明确，不存在任何纠纷或潜在纠纷。”

案 例 实际控制人代公司持有车辆对资产独立性影响的解释

依据《北京爱笑文化传媒股份有限公司反馈意见回复》（爱笑传媒、838847），关于代持公司车辆对公司财产独立性影响的问题反馈意见回复如下：“根据公司的相关会议记录、资产产权转移合同、资产交接手续和购货合同及发票，公司电子设备、办公设备等固定资产权属明晰，均为公司所有。公司实际控制人潘瑜因公司不具备北京小客车购置指标而为公司代持一辆小客车，针对上述情形潘瑜承诺：‘取得北京市单位小客车配置指标后，本人无条件配合将上述机动车辆过户至公司名下。’代持小客车用于公司的日常经营活动，上述情形系北京特殊购车政策所致，不构成对公司资产的占用。”

案 例 资产无规划、房产等手续的解决方案及回复方法

依据甘肃绿能农业科技股份有限公司反馈意见回复（绿能农科、873143），反馈意见及回复如下：

“请公司补充披露：（1）回收站点土地调规、土地出让和登记手续的办理进展；（2）天祝基地房屋产权证书的办理进度；（3）公司房屋、生产场所的消防设施、消防管理措施是否完备，是否符合消防管理相关规定。请主办券商及律师补充核查上述问题并就公司用地、消防是否合法合规发表明确意见。”

问题(1)回复如下：“根据天祝县国土局的回复，目前公司位于天祝县的4处回收站点包括松山点、石门点、打柴沟点和抓喜秀龙点均已办理完土地建设用地的调规手续，调整后可以用于建设使用。截至本反馈意见回复签署日，土地出让和登记手续暂未开始办理。公司依据天祝藏族自治县发展和改革局下发的天发改发〔2012〕160号的通知实施该项目建设。天祝县藏族自治县住房及城乡建设局2017年12月19日出具了天住建字〔2017〕300号文件，文件说明，该项目建设用地不在乡镇规划区范围内，无须办理规划许可手续。

“天祝县畜牧兽医局出具复函，4个回收站不在基本草原内，不占用草原。天祝县华藏林场、华隆保护站出具复函，4个回收站处于祁连山自然保护区外，不占用林地。经访谈天祝县国土资源局，查阅显示上述站点已办理完土地建设用地的调规手续，调整后可以用于建设使用。现正申请办理土地出让和登记手续。

“该项目2015年9月14日取得武威市环境保护局出具的项目验收申请的批复（武市环验〔2015〕33号），通过了环评验收。4个站点合计原值663,733.39元，2015年6月12日收到政府30万补贴，2018年3月31日固定资产账面价值592,673.39元。公司站点建设为依据政府政策建设并取得了政府补助，但公司未与土地所有权单位签订使用合同，也未取得土地使用权证，存在瑕疵。天祝藏族自治县人民政府2018年7月24日出具证明：甘肃绿能农业科技股份有限公司在我县境内，公司现有土地上建设的车间厂房，4个废弃物回收点的用地及设施，除征用外，企业能够正常使用经营。

“根据《敦煌市人民政府办公室关于印发敦煌市农村秸杆和粪污回收利用工作方案的通知》（敦政办发〔2017〕267号）和《敦煌市农牧局关于印发2017年敦煌市农村秸杆回收点建设实施方案的通知》（敦农发〔2017〕276号）文件，敦煌市政府和敦煌市农牧局同意由敦煌分公司在七里镇、阳关镇等地建设7个农作物秸秆固定回收点（截至本公开说明书签署日，已建秸秆回收点6个）。目前，敦煌分公司已分别与6个村委会签署了临时用地协议，用地性质均为集体未利用地，其中一处租赁期为1年，其他5处均为10年，公司负责地面设施修建，不支付土地使用费用，公司地面设施建设已支付229,547元。以上用地事项均已经过村民会议审议通过,用地协议已取得当村委会所在地政府的审批许可。4个有机废弃物回收网络站点和6个秸秆回收站点主要功能为辅助使用,2018年3月31日账面净值合计为822,220.39元,被拆除风险小,如被拆除不影响公司持续经营能力。实际控制人已出具承诺书,承诺相关站点如因土地使用权限出现纠纷、被责令拆除或处罚,相关损失由其承担。"

问题(2)回复:"根据天祝县住建局的回复,公司提交的《关于申请办理房屋产权登记证的报告》以及天祝藏族自治县人民政府办公室就公司申请办理房屋产权登记问题向县住建局出具的《督办通知》,住建部门均已收悉。天祝厂区的部分房屋补办产权登记手续由于为历史遗留问题,需要协调具体的操作程序,产权登记手续正在办理。"

问题(3)回复:"公司主营业务为有机肥料、微生物肥料、水溶肥料、有机无机复混肥料、基质等新型肥料的研发、生产和销售,产品及原材料主要为有机废弃物(牧区禽畜粪便及发酵料为主,另有少量尾菜)、微生物菌剂、化工原料(含N/P/K等无机盐,非易燃易爆物危险品)、腐殖酸(用于生产有机无机复混肥)、包装物等,日常经营过程中不接触和产生易燃易爆物,公司经营场所消防安全风险较低。公司在经营场所配备了室内消火栓给水系统及灭火器箱,同时公司制定了《消防管理制度》,配备了有资质的消防安全生产管理人员,公司每年两次组织全体员工进行消防安全培训。

公司未办理消防设计和消防验收的备案,不符合规定。公司可以进行补办备案的手续且之前未办理备案不属于重大违法违规。根据《甘肃省消防条例》第56条的规定,违反本条例规定,改建、扩建、内部装修以及变更用途的建设工程,未经消防设计审核、竣工验收的,由公安机关消防机构责令停止施工、停止使用或者停业,并处3万元以上10万元以下罚款;未备案的,责令限期改正,逾期未改正的,处5000元以下罚款。假设公司补办消防设计和验收备案过程中被主管部门予以行政处罚,按照上述规定,应该责令限期改正,逾期未改正的,处5000元以下罚款。根据公司实际控制人令启荣出具的承诺,因为前述原因导致公司处罚,相关的经济损失其个人全部承担。律师认为:公司由于客观历史原因未办理消防设计和验收的备案,违反了上述规定,但公司已在积极补办中,涉罚风险和金额较小,不属于重大违法违规。"

案 例 未取得产权证书面临拆迁的资产

依据《湖北博瑞生物科技股份有限公司反馈意见回复》(博瑞生物、872404),审核机构要求:“申报材料显示:公司2栋宿舍无法取得产权证,面临拆迁的风险,另有4处厂房未取得产权证。(1)补充说明并披露相关房产未取得产权证的原因、无法办理相关手续的房产的明细及用途、是否存在违法违规的情形、可能产生的风险和后果、是否存在权属争议、是否存在遭受行政处罚或房屋被拆除的风险;若公司房屋无法取得产权证书,对公司资产、财务、持续经营所产生的具体影响以及公司采取的应对措施。(2)对公司房屋未取得产权证的行为是否构成重大违法违规进行核查并发表明确意见。(3)核查公司房屋未取得产权证是否对公司经营和财务产生重大不利影响并发表明确意见。”

主办券商和律师回复:

“根据公司的确认并经主办券商实地核查,公司是该工业用地使用权人,4处未取得产权证的房产位于该宗土地上。

“(1)新厂房和成品仓库:办理新厂房和成品仓库不动产权证书的申请材料已递交至政府主管部门。经与相关部门沟通,该等房产证办理手续不存在办理障碍。监利县不动产登记中心出具的《情况说明》,说明公司位于厂区内的两栋厂房,建筑面积2888.24平方米,其不动产证正在我中心审核办理中。同时,公司承诺其将按照相关部门的要求开展房产证办理事项,并派专人负责,以彻底消除产权瑕疵风险,公司控股股东、实际控制人杨文忠出具风险承诺。前述房产位于已合法取得土地使用权的土地之上,虽然尚未取得房屋所有权证书,但该等房产自始至终由公司占有、使用,亦未被房屋主管部门要求拆除和停用,房屋权属不存在任何争议和纠纷,且公司控股股东、实际控制人已出具承诺承担全部损失,对公司本次挂牌不构成实质性影响。

(2)2栋宿舍:宿舍因监利县城市扩容,被划入道路规划范围内,面临拆迁的风险,目前无法取得产权证书。但是该2栋宿舍为员工宿舍,不属生产经营场所,不会对公司的生产经营产生重大不利影响。监利县住房和城乡建设局出具《证明》,证明公司严格遵守国家房产管理有关规定,未发生因违反房产管理方面的法律法规而受到行政处罚的情形,监利县城乡规划局出具相似证明。上述2栋宿舍虽未取得房产证,可能有被拆除的风险,但不属于与公司生产经营活动紧密相关的事项,控股股东、实际控制人也就未来可能发生的拆除风险作出承诺,公司不会因此风险而遭受损失。因此,律师认为:上述情形不会对公司的持续性经营造成重大影响,亦不会对本次挂牌构成实质性障碍。

核查结论综上,主办券商和律师认为:公司房屋未取得产权证的行为不构成重大违法违规。"

(三)关注消耗性生物资产等的盘点核查

消耗性生物资产等的盘点核查属于比较麻烦的事项,通过一个案例的形式来展现相应的调查方法和反馈意见回复的思路。

案例 消耗性生物资产的盘点

依据《关于广东嘉骏森林股份有限公司挂牌申请文件的第三次反馈意见》(嘉骏森林、873360),反馈意见及回复如下:"请公司补充披露盘点范围,具体盘点方法;请主办券商及会计师对其充分性、合理性发表明确意见。"

回复如下:"主办券商及会计师通过取得公司所有的林权证(含四至范围图)、林木采伐许可证、博罗县和紫金县的林场地形图、林场转让协议、林权赠与合同、审计报告、中林评字〔2018〕58 号资产评估报告、《林业资源调查报告》等资料,检查财务记账凭证并测算公司消耗性生物资产自初始入账以来发生的成本变动,分析讨论公司对消耗性生物资产根据地块按面积采用加权平均法进行成本核算的合理性和适当性,全程参与公司消耗性生物资产的实地盘点工作,并对盘点结果的测算和计算方法进行了解和确认,综合公司消耗性生物资产的具体情况、公司以往的评估报告以及采用的成本核算方法,并结合林业调查公司广东森霖造绿有限公司出具的《林业资源调查报告》,对公司消耗性生物资产的盘点范围及具体盘点方法的充分性及合理性进行分析,具体如下:

"1. 盘点范围

"截至报告期末,公司存在的消耗性生物资产共涉及 18 块林权证,证载面积共计 32,413 亩,公司全部进行了现场盘点和检查,盘点范围充分。

“2. 具体盘点方法的合理性分析

(1)盘点重点的合理性分析。经核查,在盘点之前,公司的高级管理人员、财务人员及林场管理人员确定公司消耗性生物资产的盘点重点是对照林场地形图、林权证(含四至范围图)以及林木采伐许可证,通过实地检查确认目前公司各地块四至范围内消耗性生物资产的存在及生长状态是否正常、各地块消耗性生物资产的面积、已采伐林地的实际面积,并检查消耗性生物资产是否存在毁损的情况,是否有遭受自然灾害以及病虫害侵袭的迹象。

针对公司确定的上述盘点重点,主办券商及会计师经核查后认为:

①公司所有的共计32,413 亩林地及林木资产分别来源于林地转让以及公司实际控制人之一、董事长、总经理卢展鸿的赠与,其中转让的林木资产按合同价款确认初始入账价值,卢展鸿赠与的林木资产按评估价值作为初始入账价值,入账时间分别为2013 年和2014 年,根据深国量行评报字〔2017〕第09 -21 号资产评估报告及企业提供的相关资料,截至2014 年年末,公司上述共计32,413 亩林地已全部种植桉树并已有一定的蓄积量,根据中兴财光华审会字(2017)第206018 号审计报告及中林评字〔2018〕58 号资产评估报告,截至2017 年9 月30 日公司上述共计32,413 亩林木资产账面价值11,584.14 万元,评估值为13,502.99 万元,评估增值1918.85 万元,因此,可以确认截至2017 年9 月30 日,公司上述32,413亩林木资产生长状态正常,不存在减值迹象。

“②公司消耗性生物资产自初始入账以来至2018 年年末,大部分地块已处于郁闭期,报告期内仅发生少量的成本,同时公司仅于2017 年11 月至12 月以及2018 年度内进行过部分采伐,除此以外,2017 年9 月30 日至2018 年年末,公司消耗性生物资产账面价值并未发生过其他变动。

“③考虑到公司林木类消耗性生物资产按地块建立台账进行管理,抚育工作亦按地块分别进行,公司消耗性生物资产的成本核算根据林权证所载地块按林权证号分别进行单独核算,成本结转方法采用加权平均法,因此,通过实地盘点确定公司各地块消耗性生物资产的面积、已采伐林地的实际面积成为核实公司消耗性生物资产成本计算和结转的重要内容。

“综上,主办券商及会计师认为,公司确定的消耗性生物资产盘点重点具有合理性,符合公司消耗性生物资产的实际情况。

“(2)实地盘点及监盘过程：

“①林地及林木的权属确认企业盘点人员、主办券商及会计师项目组成员根据公司的林权证、林场地形图、林场转让协议、林权赠与合同、中林评字〔2018〕58号资产评估报告，核实公司林地及林木的权属，并将公司的18块林权证对应的地块按其四至范围图标记在林场地形图上。

“②实地盘点及监盘。在主办券商及会计师的参与下，公司盘点人员进入林场后，利用GPS定位及卫星地图，确定盘点人员所处的具体位置，并在林场地形图中找到相应位置，针对每一地块首先按照前期在林场地形图上所标记的四至范围进行检查，确认每一地块林木资产的整体状态，由于公司仅2017年11月至12月以及2018年进行过部分采伐，且均为皆伐，通过现场观察即可辨认，对于已经采伐的地块，在盘点现场对照林木采伐许可证、林权证以及林场地形图进行标记、确认；对于尚未采伐的地块，确认四至范围及整体状态后，盘点人员进入该地块进一步检查林木资产是否存在毁损的情况以及是否有遭受自然灾害以及病虫害侵袭的迹象。

“③盘点结果的汇总与整理实地盘点结束后，盘点人员根据盘点过程中所做的记录和标记，确认公司报告期内已采伐林地的实际面积为2535亩，测算方法为：根据实地盘点确认的情况，公司2017年11月至2018年10月取得的9张林木采伐许可证对应的林地区域均已在报告期内完成采伐，根据每张林木采伐许可证所附的采伐区域图(比例尺为1∶10,000)，利用网格硫酸纸(网格面积为$1cm^2$)测算其实际面积(根据比例尺计算，$1cm^2$代表1公顷即15亩的实际面积)。根据公司18张林权证证载面积32,413亩扣除已采伐区域2535亩，确认截至报告期末，公司拥有成熟林或近熟林29,878亩。通过实地盘点、检查及监盘，未发现公司林木资产存在毁损、遭受自然灾害以及病虫害侵袭的迹象，同时结合本问题回复之‘2.具体盘点方法的合理性分析’之‘(1)盘点重点的合理性分析’中所作的分析，从林木资产的生长状态方面来看，报告期末，公司消耗性生物资产不存在减值迹象；另外，自公司股改评估基准日2017年9月30日以来，当地桉木市场需求及销售价格未发生异常波动，公司消耗性生物资产在市场价值方面不存在减值迹象。

“(3)聘请专业机构对公司林木资产进行调查。为进一步核实公司报告期末各林地面积及其空间分布情况，同时对消耗性生物资产蓄积量情况进行调查，公司聘请具备林业调查规划设计(甲B级)资质的专业林业调查公司广东森霖造绿有限公司(以下简称森霖造绿公司)对公司林木资产进行调查。

"主办券商及会计师核查了森霖造绿公司持有的规划设计资质(甲B级)证书,有效期至2023年10月31日,通过查阅中国林业工程建设协会'关于2018年林业调查规划设计资质初步认定结果的公示'证实其相关资质等级,查阅了森霖造绿公司工商信息,确认其具备林业调查相关资质及胜任能力。

"在本次林业调查方案的制定过程中,主办券商及会计师与森霖造绿公司技术人员进行了充分的沟通,现场工作结束后,了解了其外业调查情况,获取了森林资源调查报告;同时对基础数据的获取过程以及蓄积量、出材量的计算过程与技术人员进行了沟通。森霖造绿公司技术人员制订的调查方案为:技术人员根据公司提供的《林权证》的附图和最新的森林资源规划设计调查成果为基础,利用规划设计调查的区划系统和基本图(比例尺1:10,000),对调查范围进行小班边界复核,然后通过实地调查核对修正,确定调查小班的权属和界线,以《林权证》登记的小班信息为基础,结合外业调查,对小班进行勾绘,采用GIS求算面积,最终确定小班的权属和面积。

"同时,根据《广东省森林采伐伐区设计规程》(2014年)的有关技术要求,采用角规样地调查法,调查小班树种组成、胸径、径阶平均树高等主要测树因子,计算小班蓄积量。具体方法为:①技术人员选择有代表性的地段,用断面积系数1.0的角规控制检尺,调查确定材质等级并分类登记,测定各径阶树木平均树高,按《广东省森林采伐伐区设计规程》(2014年)第14条计算出形高,根据出材率表计算每公顷采伐蓄积和出材量,根据角规样地平均每公顷采伐蓄积和出材率推算出材量。按90%的蓄积精度要求,参照二类调查(精度85%)时的角规点数确定伐区角规实测样点数。实测角规样点数按照小班面积设置,即面积在3公顷以下的设置5个,3~7公顷的设置7个,7~11公顷的设置10个,11公顷以上的设置14个。②调查过程中,林相一致的,统一采用角规控制检尺(或400平方米的样圆)的方法,对其立地条件、林分状况、立木蓄积量等相关属性因子进行全面的调查;如果林相不同,则对不同林相的小班分别采用角规控制检尺(或400平方米的样圆)的方法进行调查。③在样地内对所有胸径大于或等于5.0cm以上的林木进行每木检尺,每木检尺平均直径精确到0.1cm,平均高精确到0.1m,分径阶记录;每个径阶选取2～3株平均木测定树高。④调查精度控制：根据《广东省森林资源规划设计调查操作细则》(2016年10月)的有关规定要求，总体蓄积量控制精度为85%(可靠性95%)，其中商品林小班主要调查因子允许误差执行'B'级标准：小班面积误差范围5%，平均树高为10%，平均直径为10%，林分年龄为15%，每公顷株数为10%，每公顷断面积为10%，每公顷蓄积量为20%。

"调查方案及工作计划制订完成，大致判定样地布设位置后，技术人员随即展开外业调查，结合规划设计调查基本图，通过实地踏查，确定样地布设的最终位置，并辅助角规等测量工具进行林木因子的调查，对树高、胸径等基础数据进行记录。现场调查完成后，技术人员对外业调查成果材料进行整编和汇总，统计调查报表、编制调查汇总表、编写调查报告、制作相关图件等成果材料，最终完成《林木资源调查报告》。

"经核查，主办券商和会计师认为公司聘请专业林业调查公司清查公司林木资产的状况、总体蓄积量以及综合出材量是合理的，林业调查公司采用的调查方案及方法能够满足公司对林木资产的盘点需要，具有合理性。

"根据《林木资源调查报告》，本次列入调查范围的土地总面积32,413亩，全部为林业用地，且为商品用材林地，林地所有权全部属于集体，由村民小组或村委会等单位以出租或流转方式出让给广东嘉骏森林股份有限公司，并已获得县人民政府、县农业和林业局、河源市紫金县人民政府、紫金县林业局核发的《林权证》，产权明晰。调查林地范围内，共有林地32,413亩，分布于惠州市博罗县的罗阳镇等，具体调查情况如下：(仅列示格式)

调查地点	林地面积(亩)	蓄积量(立方米)	综合出材量(立方米)
惠州市博罗县罗阳镇	1470	21,980.5	15,386.4
合计	32,413	367,514.52	265,861.6

"在调查过程中，公司人员再次对林地状态进行了检查，确认林木资产不存在毁损、遭受自然灾害以及病虫害的侵袭的迹象。主办券商及会计师对公司消耗性生物资产的可变现净进行了复核计算：根据公司采伐销售林木的实际情况来看，桉木销售价格基本稳定，销售价格为820元/立方米左右，综合考虑林木的采伐及运输成本170元/立方米左右进行测算，截至本次林业调查结束，按照综合出材量

测算公司消耗性生物资产的可变现净值约为17,281万元,同时结合2019年公司林木的实际采伐情况(实际采伐9038.20立方米),推算公司消耗性生物资产于2018年12月31日的可变现净值约为17,868万元,报告期末公司消耗性生物资产不存在减值。

"综上所述,主办券商及会计师认为:公司对消耗性生物资产的盘点范围充分,盘点方法符合公司林木资产的实际情况,能够满足公司对消耗性生物资产的盘点需求,具有合理性。"

点评:消耗性生物资产盘点是相对困难的,本案例回复内容相对充分,盘点花费不少时间。对于生物性资产的真实性的核查可以参考该案例。

(四)无形资产的核查

调查公司无形资产的真实性、准确性、完整性和合理性。通过查阅公司经审计的财务报告、询问会计人员,了解公司无形资产的计价政策、摊销方法、摊销年限,评价相关会计政策和估计是否符合会计准则的相关规定,判断其合理性。

通过查阅投资合同、资产评估报告、资产权属证明、账簿等方法,对股东投入的无形资产,评价无形资产的入账价值是否有充分的依据,关注投资方取得无形资产的方式是否合法;对公司购买的无形资产,关注出售方与公司是否存在关联方关系,无形资产定价是否合理;对公司自行开发的无形资产,关注其确认时间和价值是否符合会计准则的相关规定。

关注处置无形资产是否履行了必要的审批程序,手续是否齐全。当预计某项无形资产已经不能带来未来经济效益时,关注公司是否已将该项无形资产的账面价值予以转销。

四、人员与资产和业务的匹配性

核查要求:请公司披露并请主办券商核查以下事项:(1)公司是否拥有生产经营所必需的资产;(2)请结合公司员工的教育背景、学历、职业经历、员工结构情况等分析并披露员工状况与公司业务的匹配性、互补性;(3)公司主要资产与业务、人员的匹配性、关联性。

(一)券商关于拟挂牌公司人员的核查方法

根据《主办券商尽职调查工作指引(试行)》规定,调查"公司高级管理人员与核心技术(业务)人员的简要情况,主要包括:姓名、国籍等基本信息、职业经历(参加工作以来的职业及职务情况)、曾经担任的重要职务及任期、现任职务及任期,根据其业务经历、行业或专业背景,评价高级管理人员的经验和能力,整体评价整个管理团队是否有互补性”。

“调查公司管理层及核心技术(业务)人员的薪酬,持股情况和激励政策(包括股权激励),最近两年上述人员的主要变动情况、原因和对公司经营的影响,了解公司为稳定上述人员已采取或拟采取的措施,并评价管理层及核心技术(业务)人员的稳定性”。

“公司的员工情况,主要包括:员工人数、年龄和工龄结构、任职分布、学历学位结构、地域分布等”。

(二)员工薪酬等独立发放

拟挂牌公司的管理人员、员工的薪酬、奖金等应当依法由公司承担,不得由体外其他关联方承担或者由实际控股人承担。券商可以通过对当地员工薪酬平均数值,分类的不同部门员工的工资总额与收入占比等,核查公司薪酬总额的真实性。通过对员工的访谈、同行业上市公司的公开数据、上下游公司的访谈等获取相关的信息。对于在拟挂牌公司体外承担的工资或者奖金等依法应当予以还原,以垫付工资类型的关联交易等处理,同时补交个人所得税等。

案　例　实际控制人代公司支付员工奖金

依据《苏州林华医疗器械股份有限公司首次公开发行股票招股说明书》(林华医疗、835637),该新三板公司首发文件披露如下:

“报告期内,公司实际控制人为公司向部分员工代垫奖金情况如下:

关联方	关联交易内容	关联方定价原则	2019 年上半年	2018 年度	2017 年度	2016 年度(万元)
吴林元	代垫资金	参照公司薪酬奖金制度	0	0	0	1569.88

“公司存在实际控制人吴林元为公司代垫员工 2016 年度奖金之情形,其代垫的奖金主要为公司部分员工的年终奖金,系由实际控制人发放给员工,代垫奖金金额为 1569.88 万元。

“针对上述情况,公司进行了整改规范,具体如下:(1)公司已将代垫金额全部归还至吴林元,并于相应年度计提了人员成本费用,并代扣代缴了个人所得税;(2)自2017年起,实际控制人不存在为公司代垫员工工资、奖金事项;(3)公司制定并通过《防范关联方资金占用管理制度》,明确防范关联方为公司支付成本费用事项,进一步明确控股股东、实际控制人及其他关联方不得为公司代为垫付、承担成本和其他支出;(4)公司控股股东、实际控制人吴林元、吴文燕作出如下承诺:①报告期内实际控制人为公司垫付2016年度员工奖金1569.88万元,截至2018年4月4日,该代垫款项已全额收回;②除上述事项外,本人不存在其他为公司支付成本费用的情形,也不存在以任何形式占用公司资金的行为;③实际控制人代垫的员工奖金已全额代扣代缴了个人所得税,如存在代垫员工奖金个人所得税缴纳不足的情形,本人将承担应补缴的个人所得税及由此导致的罚款等一切损失和法律责任。”

另外,通过创业板发审会的原新三板企业郑州捷安高科股份有限公司在其创业板首次公开发行股票申请文件反馈意见:“请发行人说明发行人实际控制人对分红款的具体使用情况,是否用于员工薪酬,是否与发行人的其他股东、客户供应商存在资金往来,是否存在为发行人分担成本费用的情形。”

(三)通过现状及理论产能等对比同行业的资产情况

中介机构需要核查资产和人员等与业务的匹配性,对于非行业内人士,可以通过对比同行业公司快速了解公司的资产、人员与业务的匹配性。在中介机构早期接触中,公司一般不会对现有的实际产能情况以及产能利用率等有所隐瞒,通过对产能的对比,关注竞争对手的资产情况、必要资产及重要设备等,均为核查资本等与业务的匹配性。

(四)社会保险等缴纳

最近几年对于社会保险和公积金缴纳的标准和尺度不一,并且发生了多次松紧变化。拟挂牌公司存在社会保险缴纳不规范的问题的,应当在报告期内不断地减少未缴纳社会保险的人数和占比,力争最大限度地解决社会保险缴纳问题。

案　例　大量人员未缴纳社会保险未成功挂牌

依据《山西格瑞特建筑科技股份有限公司反馈意见回复》(未挂牌),反馈意见及回复如下"报告期内,公司存在未为全体员工缴纳社保及住房公积金的情形。请主办券商及律师结合相关法律法规及主管机关的明确意见核查前述行为是否构成重大违法违规、可能承担的补缴责任及对公司的影响并发表明确意见。"

"主办券商回复:

"1. 尽调过程和事实依据

查阅《社会保险法》和《住房公积金管理条例》的相关规定;查阅公司社会保险缴纳凭证,查阅员工个人购买的新型农村社会养老保险、新型农村合作医疗保险和城镇居民医疗保险凭证;取得员工出具的《自愿放弃缴纳社保承诺书》,取得公司实际控制人出具的《实际控制人关于公司社保、住房公积金问题的承诺函》,取得主管机关出具的证明文件,并对公司实际控制人进行访谈。

"2. 分析过程

截至2017年12月31日,公司与88名员工均签订了劳动合同,建立了合法的劳动关系。公司员工社保缴纳情况如下:公司为6名员工缴纳了基本养老保险,为41名员工购买了工伤保险,公司未为员工缴纳失业保险、医疗保险和生育保险;其他未缴纳社会保险的员工中,39名员工属于农村户口,其中26名自己购买了新型农村社会养老保险,39名自己购买了新型农村合作医疗保险;4名员工属于城镇户口,自己购买了城镇居民医疗保险;其他16名员工中,7名员工属于退休返聘,公司不需要为其缴纳社会保险,9名员工属于新入职员工,正在办理社会保险登记;公司没有为员工缴纳住房公积金,公司已为员工提供宿舍。因员工认为缴纳社保后会降低收入,不愿意由公司为其缴纳社会保险,并出具了《自愿放弃缴纳社保承诺书》。

"经访谈公司实际控制人,未缴纳原因主要有三点:(1)部分员工因入职时间尚短,公司未为其缴纳社保;(2)部分员工(主要是农村户口的员工)认为缴纳社保后,将直接影响到其当期收入,故而不愿缴纳社保;(3)部分员工在其他单位缴纳或自行在住所地缴纳了新型农村养老保险、新型农村合作医疗或城镇居民医疗保险凭证,不愿在公司缴纳。

"对公司社保和住房公积金缴纳情况,公司主管机关运城市盐湖区企业养老保险管理服务中心出具《证明》,证明公司自2015年1月1日至证明出具之日的社会保险缴纳、劳动关系等情况未出现争议纠纷,未发现有违反劳动保障法律、法规和规章的行为,也未有因违法受到行政机关行政处罚或行政处理的不良记录。根据《全国中小企业股份转让系统股票挂牌条件适用基本标准指引》规定,公司不存在被没收违法所得、没收非法财物以上行政处罚的行为,公司虽未严格执行《社会保险法》的规定,但存在部分客观原因(部分员工自愿放弃),且罚款的处罚是未在责令期限内补缴之后作出,如若公司按时补缴则不存在被处罚的可能。《住房公积金管理条例》也仅要求限期缴存,不存在被处罚的可能。因此公司前述行为不构成重大违法违规。

"根据《社会保险法》和《住房公积金管理条例》的规定,未按时足额缴纳社会保险费和住房公积金的,用人单位需要限期缴纳或者补足,因此公司存在可能承担被主管机关要求限期缴纳或者补足情形。针对上述问题,公司实际控制人出具《实际控制人关于公司社保、住房公积金问题的承诺函》,承诺如果股份公司住所地社会保险和住房公积金征缴部门认为股份公司存在漏缴或少缴社会保险和住房公积金情况,需要股份公司补缴的,本人将无条件按主管部门核定的金额无偿代股份公司补缴;如果股份公司因未按照规定为职工缴纳社会保险和住房公积金而带来任何其他费用支出或经济损失,本人将代股份公司承担。因此,虽然公司存在被主管要求限期缴纳或者补足社会保险和住房公积金的情形,但因公司实际控制人已承诺将无偿代公司补缴或者承担任何其他费用支出或经济损失,公司未为全体员工缴纳社保及住房公积金的情形不会对公司持续经营造成重大不利影响。

"3.结论意见

综上所述,主办券商认为,公司未为全体员工缴纳社保、住房公积金不属于重大违法违规行为,根据《社会保险法》和《住房公积金管理条例》的规定,公司存在可能承担被主管机关要求限期缴纳或者补足情形,但因公司实际控制人已承诺将将无偿代公司补缴或者承担任何其他费用支出或经济损失,上述情形不会对公司持续经营造成重大不利影响。"

点评:此案例,公司未为绝大多数员工依法缴纳社会保险和公积金,中介机构却发表合法合规意见，对此情形，拟挂牌公司及中介机构均需谨慎处理。未检索到该公司成功挂牌信息。

案例 大量未缴纳社保且公司利润率水平低通过发审会

依据《京北方信息技术股份有限公司首次公开发行股票招股说明书（申报稿2019年10月23日报送）》，该公司未缴纳社会保险和公积金的情形，并且于2020年1月顺利通过发审会。相关的社会保险缴纳情况披露如下：

"1.社会保险和住房公积金缴纳情况

"公司实行劳动合同制，与公司员工按照《劳动合同法》的有关规定签署了劳动合同，为员工提供必要的社会保障措施。公司已按照相关的法律规范，结合自身的实际情况，为员工办理和缴纳了养老保险、医疗保险、生育保险、工伤保险、失业保险和住房公积金。

"报告期内，公司员工缴纳社会保险和住房公积金的具体情况如下：

项目		2019年6月30日	2018年12月31日	2017年12月31日	2016年12月31日
员工总人数		15,051	13,549	13,549	12,890
实际缴纳人数	养老保险	14,406	12,948	11,665	10,694
	失业保险	14,406	12,948	11,665	10,694
	生育保险	14,406	12,948	11,665	10,694
	工伤保险	14,406	12,948	11,665	10,694
	医疗保险	14,406	12,948	11,665	10,694
实际缴纳住房公积金人数		14,078	12,890	11,632	10,637

"2.部分员工未缴纳社会保险、住房公积金的原因

"（1）截至2019年6月末，公司实际缴纳人数与员工总数尚不完全一致的原因系：①366名新入职员工尚在办理过程中，按照规定公司于次月开始缴纳社会保险；②8名员工还在与原单位办理社会保险转移手续，导致公司未能及时为其办理社会保险、住房公积金缴费手续；③239名员工由于参加新农合，未缴纳城镇企业

职工社会保险;④32 名员工由于地方政策每月 15 日之后停止申报,次月补缴。

"(2)报告期内,公司存在部分员工未缴纳住房公积金的情况,主要原因系公司非城镇户籍员工较多,目前我国的住房公积金还未实行全国统筹,住房公积金不能跨地区转移和支付。公司非城镇户籍员工在缴纳住房公积金后,若回原籍工作和生活,已缴纳的住房公积金仅部分可以自行提取且手续烦琐。并且,由于我国住房公积金的缴纳由个人和公司共同承担,个人在缴纳住房公积金后,将降低个人当月的实际收入,部分员工购买住房公积金的愿望较低,不愿意购买。公司进入上市准备阶段后,逐步规范住房公积金的缴纳。截至 2019 年 6 月末,公司已为 14,078 名员工缴纳住房公积金,占应缴纳员工总人数的 93.54%。未缴纳住房公积金员工中,除与上述未缴纳社会保险相同的原因外,另有 328 人系由于部分地方政策要求先缴纳社会保险,待员工提供社会保险号后才能缴纳住房公积金。"

点评:2016~2018 年,公司未缴纳社保人数分别为 2196 人、1884 人、601 人,未缴纳住房公积金人数分别为 2253 人、1917 人、659 人,略高于社保未缴人数。随着报告期未缴纳社保的人数大幅减少。2016~2018 年,公司实现营业收入 8.5 亿元、10 亿元、12.3 亿元,实现净利润分别为 4627.11 万元、4841.5 万元、7802.92 万元,净利率分别为 5.43%、4.79%、6.36%。京北方从事的是"薄利"行业,净利润仅有 5% 左右,少缴纳或补缴社保对净利润水平或产生较大影响。

案 例 多人在工作地自行购买社保公司报销

依据《深圳市泛海三江电子股份有限公司创业板首次公开发行股票招股说明书》(在审企业),称:"公司按照有关规定为员工缴纳了基本养老保险等,但存在公司未为个别员工缴纳社会保险和住房公积金的情形。截至报告期末,发行人未为 131 名员工缴纳社保。原因为:7 人为退休返聘人员,无须缴纳社保;60 人根据自己意愿申请自愿在工作当地购买,公司给予补偿;29 人为新入职员工,社保手续办理中;35 人根据自己意愿申请不在公司购买社保。发行人未为 109 名员工缴纳住房公积金。原因为:7 人为退休返聘人员;28 人根据自己意愿申请自愿在工作当地购买,公司给予补偿;30 人为新入职员工,住房公积金手续办理中;44 人根据自己意愿申请不在公司购买住房公积金。

“公司及各子公司所在地的社保管理部门、住房公积金管理部门出具了合法合规证明。为进一步保障公众股东利益，公司控股股东泛海投资和实际控制人卢志强先生出具了书面承诺。”

另外，典型案例大酉科技（870270）挂牌时大部分员工在单位之外缴纳农村养老保险和医疗保险而放弃公司为期缴纳社保，力美照明（870073）存在相似情况。快而捷（870287）挂牌时未缴纳住房公积金的员工占多数，其他关于社保的缴纳合法合规性以及未缴纳社保人员的解释原因等，可参考埃维股份（838897）、华诺环保（836057）等案例。

五、持续经营能力

核查要求：公司应结合营运记录（可采用多维度界定，如现金流量、营业收入、交易客户、研发费用、合同签订情况、行业特有计量指标等情况）、资金筹资能力（如挂牌并发行）等量化指标，以及行业发展趋势、市场竞争情况、公司核心优势（如技术领先性）、商业模式创新性、风险管理、主要客户及供应商情况、期后合同签订以及盈利情况等方面评估公司在可预见的未来的持续经营能力。如果评估结果表明对持续经营能力产生重大怀疑的，公司应在公开转让说明书中披露导致对持续经营能力产生重大怀疑的因素以及公司拟采取的改善措施。请主办券商结合上述情况论证公司持续经营能力，并就公司是否满足关于持续经营能力的要求发表意见。

精选层特有审核标准：关于精选层准入负面清单中的“对挂牌公司直接面向市场独立持续经营的能力具有重大不利影响”，对于“直接面向市场独立持续经营的能力”应当如何理解，有哪些核查及披露要求？关于“直接面向市场独立持续经营的能力”，发行人应满足下列要求：（1）发行人业务、资产、人员、财务、机构独立，与控股股东、实际控制人及其控制的其他企业间不存在对发行人构成重大不利影响的同业竞争，不存在严重影响发行人独立性或者显失公平的关联交易。（2）发行人或其控股股东、实际控制人、对发行人主营业务收入或净利润占比超过10%的重要子公司在申报受理后至进入精选层前不存在被列入失信被执行人名单且尚未消除的情形。（3）不存在其他对发行人持续经营能力构成重大不利影响的情形。发行人存在以下情形的，保荐机构及申报会计师应重点关注是否影响发行人持续经营能力，具体包括：①发行人所处行业受国家政策限制或国际贸易条件影响存在重大不利变化风险；②发行人所处行业出现周期性衰退、产能过剩、市场容量骤减、增长停滞等情况；③发行人所处行业准入门槛低、竞争激烈，相比竞争者发行人在技术、资金、规模效应方面等不具有明显优势；④发行人所处行业上下游供求关系发生重大变化，导致原材料采购价格或产品售价出现重大不利变化；⑤发行人因业务转型的负面影响导致营业收入、毛利率、成本费用及盈利水平出现重大不利变化，且最近一期经营业绩尚未出现明显好转趋势；⑥发行人重要客户本身发生重大不利变化，进而对发行人业务的稳定性和持续性产生重大不利影响；⑦发行人由于工艺过时、产品落后、技术更迭、研发失败等原因导致市场占有率持续下降、重要资产或主要生产线出现重大减值风险、主要业务停滞或萎缩；⑧发行人多项业务数据和财务指标呈现恶化趋势，短期内没有好转迹象；⑨对发行人业务经营或收入实现有重大影响的商标、专利、专有技术以及特许经营权等重要资产或技术存在重大纠纷或诉讼，已经或者未来将对发行人财务状况或经营成果产生重大影响；⑩其他明显影响或丧失持续经营能力的情形。

保荐机构及申报会计师应详细分析和评估上述情形的具体表现、影响程度和预期结果，综合判断是否对发行人持续经营能力构成重大不利影响，审慎发表明确核查意见，并督促发行人充分披露可能存在的持续经营风险。

（一）关于持续经营能力的基本要求

根据《全国中小企业股份转让系统股票挂牌条件适用基本标准指引》关于持续经营能力的规定，持续经营能力是指公司在可预见的将来，有能力按照既定目标持续经营下去。公司存在以下情形之一的，应认定为不符合持续经营能力要求：(1)存在依据《公司法》第 180 条规定解散的情形，或法院依法受理重整、和解或者破产申请。(2)公司存在《中国注册会计师审计准则第 1324 号——持续经营》应用指南中列举的影响其持续经营能力的相关事项或情况，且相关事项或情况导致公司持续经营能力存在重大不确定性。(3)存在其他对公司持续经营能力产生重大影响的事项或情况。

同时关于公司的业务和持续经营能力要求：公司业务在报告期内应有持续的营运记录。营运记录包括现金流量、营业收入、交易客户、研发费用支出等。公司营运记录应满足下列条件：(1)公司应在每一个会计期间内形成与同期业务相关的持续营运记录,不能仅存在偶发性交易或事项。(2)最近两个完整会计年度的营业收入累计不低于1000万元;因研发周期较长导致营业收入少于1000万元,但最近一期末净资产不少于3000万元的除外。(3)报告期末股本不少于500万元。(4)报告期末每股净资产不低于1元。

(二)审计准则问题解答关于持续经营能力的疑虑事项

《中国注册会计师审计准则问题解答第13号——持续经营》规定有"哪些事项或情况可能导致对被审计单位的持续经营能力产生重大疑虑",依据该问题解答,可能导致对被审计单位持续经营能力产生重大疑虑的事项或情况还包括以下示例。

财务方面:(1)坏账大幅增加,或重要客户经营状况恶化;(2)需要寻求新的资金来源或融资方式来维持日常经营活动,或需要处置重要资产才能维持运营;(3)贸易条款的改变(包括贸易信贷的可获得性)对被审计单位严重不利;(4)更依赖于非传统的融资方式;(5)难以通过有效手段筹集资金用于偿付到期债务;(6)在获取必要的资本和信用方面出现更多的限制;(7)信用评级机构的评级降低。

经营方面:(1)过度依赖某个项目的成功;(2)需要对经营政策作出重大调整;(3)被审计单位所属行业发生重大变化;(4)在经济不稳定地区(如高通胀国家、货币大幅贬值国家)有重大经营活动;(5)重要经营活动易受市场不稳定的影响;(6)主要生产线已经出现非正常停产;(7)产品和服务的需求出现大幅下滑或结构性调整;(8)预期之外的公司组织结构和经营管理的变化;(9)被审计单位被司法机关立案调查或可能面临行政处罚。

(三)对持续经营能力进行判断的其他事项

关于持续经营能力的专业判断是综合的全面的判断,存在其中一个或多个事项或情况并不一定表明可能导致对持续经营能力产生重大疑虑,需要从谨慎的角度判断,即使存在某种事项,采取某些措施可能减轻这些事项或情况的严重性。相关的考量因素主要包括:

1. 是否具备主营业务的资质

公司是否具有经营业务所需的全部资质、许可、认证、特许经营权;若公司连所需业务的关键资质不具备,此类企业无从谈起持续经营能力。当然若存在这个问题会直接涉及报告期的合法合规经营问题等。

2. 长期偿债能力较弱或者现金流不佳

如果一个公司的相关偿债指标明显超过了安全线，或者现金流很差，那么企业的经营可能非常危险的。已经有多个新三板公司因为现金流出现问题，被主办券商因持续经营能力存在不确定性被提示风险。

3. 核心技术或者知识产权等重大资产瑕疵

如果公司的核心知识产权存在权利瑕疵、权属争议纠纷或权属不明的情形或者存在对他方的严重依赖等问题，同时公司的收入来源主要是提供技术服务或者依赖于该核心知识产权的，则公司的持续经营能力存在重大不确定性。

4. 重大诉讼或者处罚等问题

一般企业如果存在重大的未决诉讼，特别是金额巨大或者性质十分严重（比如，败诉风险比较高且承担的责任会远高于公司净资产的，或者企业的核心知产的诉讼案件），那么企业的持续经营能力是存疑的。

例如，华齿口腔（873311）挂牌时审核机构要求："关于处罚事项。公司多次因违反《消毒管理办法》等业务领域的法律法规受到行政处罚。请主办券商和律师补充核查以下事项：类似处罚对公司经营的具体影响，公司所采取的具体防范措施。请主办券商和律师就公司是否符合'合法规范经营''具有持续经营能力'的挂牌条件发表明确意见。"

5. 办公或者生产场所的稳定性

对于生产性企业唯一或者主要的厂房无产权证书、违规占地或者属于面临拆迁等，同时公司的生产场所的安置周期较长或者产品具有特殊销售时间要求的，则该公司的持续经营能力存在重大不确定性。

6. 股权纠纷

中介机构需要核查公司股权权属是否明晰，是否存在潜在纠纷，是否存在公司控制权发生变化的风险，是否因此影响公司持续经营能力。在新三板挂牌的报告期内，并没有禁止公司的控股股东和实际控制人变更，但发生了变化会对公司的持续经营能力存在一定的影响。

7. 对赌协议

允许投资者与公司股东之间依法存在符合条件的对赌协议。但是，若对赌协议的存在可能会导致公司实际控制人发生变化，进而对公司的持续经营能力会造成一定的影响。

(四)亏损企业不代表不具有持续经营能力

实务中常见的一个认识误区就是亏损和企业持续经营能力画等号,在亏损的状态之外更多的应该关注亏损的原因,比如有些企业虽然目前亏损,但是未来这些导致亏损的因素会改变甚至消失,那么企业是具有持续经营能力的。

比如某个医药企业,新药研发已经成功并且已经取得生产和销售许可证,只是由于目前人员工资和销售费用比较高而亏损,如果未来新药上市迅速扩大规模,那么企业盈利是没问题的。包括说在新三板市场还是有一些挂牌的医药行业公司,处于新药研发阶段,甚至没有形成稳定的营业收入,但只要有充足的资金储备,能够维持到产品上市销售,也是可以认定为具有持续经营能力。

反之,有些企业目前尽管盈利,但是未来导致公司亏损并且不能持续经营的因素已经非常明显,则不宜认定具有持续的经营能力。

案 例 净利润为负的企业论证具有持续经营能力

依据《山东智乐星教育科技股份有限公司挂牌申请文件的第一次反馈意见回复》(智乐星、873338),审核机构要求:“关于持续经营能力,请公司详细说明2017年度和2018年度经营活动产生的现金流量净额持续为负及2017年度亏损原因及合理性。”

依据《安徽翰联色纺股份有限公司挂牌申请文件的第一次反馈意见的回复》(翰联色纺、873151),审核机构要求:“关于持续经营能力。公司报告期内收入下降,2016年、2017年净利润持续为负。请公司:(1)进一步补充分析披露2017年公司收入下降的原因及合理性,如何优化产品结构导致营业收入和成本有所下降,净利润持续为负的原因及合理性,应对的具体措施及其有效性,并结合主要客户情况说明营业收入是否稳定,2018年1~9月收入实现情况,同比分析是否下滑及其原因,收入变动是否符合行业特征及发展趋势,与同行业可比公司相比是否存在较大差异;(2)结合行业状况、市场前景、核心资源要素、核心竞争力、盈利模式和水平、经营管理能力、业务发展规划、市场开发能力、新业务拓展情况、资金筹集能力、期后签订合同、期后收入实现情况等评估公司的持续经营能力。”

依据《关于江苏国丹生物制药股份有限公司挂牌申请文件的第一次反馈意见的回复》(国丹生物、872960),审核机构要求:“报告期内公司经营活动产生的现金流量净额持续为负,公司连续两年亏损且2017年年末净资产仅为3411万元。请公司:(1)分析公司对此拟采取的应对措施及有效性;(2)分析其是否会对公司生产经营产生重大不利影响;(3)结合行业状况、市场前景、核心资源要素、核心竞争力、业务发展规划、市场开发能力、新业务拓展情况、资金筹资能力、期后签订合同、期后收入实现情况等,评估公司在可预见的未来的持续经营能力;(4)分析公司2018年是否会因为持续亏损导致不满足挂牌条件。请主办券商和会计师对上述事项,以及是否具有持续经营能力发表核查意见。”

另外,沈阳隆基电磁科技股份有限公司、北京芳华美德教育科技股份有限公司申请挂牌时存在报告期净利润为负的情形。

(五)无收入或者收入规模小的企业并非不具有持续经营能力

《全国中小企业股份转让系统股票挂牌条件适用基本标准指引》规定:公司业务在报告期内应有持续的营运记录,营运记录包括现金流量、营业收入、交易客户、研发费用支出等。

可知,如果拟挂牌公司因研发周期较长导致最近两个会计年度的营业收入少于1000万元,但最近一期末净资产不少于3000万元的属于满足条件的情形,医药类相关公司国丹生物(872960)在新三板挂牌反馈回复时对比的同类公司的收入和利润情况见表8:

表8　与同类公司收入、利润对比

项目	营业收入(万元)		净利润(万元)	
公司名称	2017年度	2016年度	2017年度	2016年度
国丹生物(872960)	108.16	129.58	-1138.38	-1107.75
欧林生物(833577)	690.76	16.13	-1351.77	-5665.74
滨会生物(834925)	—	2.91	-333.10	-532.03
仁会生物(830931)	678.92	50.04	678.92	-5272.13
杰西医药(834341)	2.79	10.12	-139.10	-449.14

案例 规模较小的公司会被关注持续经营能力

依据《无锡城市文化发展股份有限公司挂牌申请文件的第一次反馈意见回复》(城市文化、873350),审核机构要求:请主办券商和申报会计师对上述事项核查,并就公司是否符合"持续经营能力"的挂牌条件发表明确意见并详细说明判断依据。

主办券商回复如下:

"主办券商从以下多个方面对公司的持续经营能力进行评估,具体内容如下:(1)产业政策:公司是一家为客户提供活动策划执行服务、设计及制作服务的文化产业公司。根据《国家'十三五'时期文化发展改革规划纲要》等相关政策,优化文化产业结构布局,加快发展网络视听、移动多媒体、数字出版、动漫游戏、创意设计、3D和巨幕电影等新兴产业,推动出版发行、影视制作、工艺美术、印刷复制、广告服务、文化娱乐等传统产业转型升级,鼓励演出、娱乐、艺术品展览等传统业态实现线上线下融合。开发文化创意产品,扩大中高端文化供给,推动现代服务业发展。

"(2)市场前景:活动策划具有大众传播性,不只是活动的目的与内容具有这种需求,甚至有些活动的本身就具有一定的新闻价值,能够在第一时间传播出去,引起公众的注意。活动策划也具有深层阐释功能,可以把活动举办主体要传达的目标信息传播得更准确、详尽。活动策划本质上即为一种具有极高的实效性、立体性特点的公共关系服务活动。根据中国国际公共关系协会(CIPRA)发布的《中国公共关系业2017年度调查报告》,公关关系服务行业据调查估算整个市场的年营业规模达到560亿元人民币,年增长率约为12.3%。相比2016年16.3%的增长率,尽管增幅稍有回落,但依然处于快速稳定增长期。

"以2017年为例,中国公共关系服务领域的前5位分别是汽车、IT(通讯)、快速消费品、互联网、娱乐文化。汽车依然是行业内主要服务客户,且市场份额有所增加。制造业、奢侈品市场、房地产市场,以及医疗保健、金融等也同属于行业前10名的客户。

"随着'一带一路'倡议持续深入推进,全球化背景下的国家公关意识和策略不断地增强,我国的公关行业迎来了更大机遇,服务领域更广,从业人员的视野更开阔,我国的公关关系服务行业将步入一个千亿级市场。

"近年来公关关系服务市场逐渐形成的一个显著特点是'互联网+'趋势的形成。随着数字营销(网络公关、社交媒体等)业务的迅猛发展,逐渐与传统营销平分秋色,一些从事传统业务的公关公司逐渐转型涉足数字化传播及营销、大数据营销等领域。未来以互联网为主要服务手段的数字公关业务将有较大增长,增速将超过公关行业平均水平。

"据预测,2014~2025年数字公关的增长率将高达17%,远高于传统公关近6%的增速。同时,传播与营销整合趋势越来越明显,公关和广告的边界在加快消失。公关关系的服务面临以内容驱动为核心传播及营销整合的转型趋势。

"(3)季节波动风险:公司业务稳定,收入无季节性波动。

"(4)公司核心竞争优势:①公司具有活动策划优质资源获取能力。公司实现了以无锡为核心,覆盖江苏主要城市的房地产活动策划业务资源,同时公司还组建了渠道开发团队,并规范了从策划前期到执行方案后期整套完备的操作流程体系,在业界获得了一致的认可与好评,为公司下一步的渠道开发拓展奠定了良好的基础,公司将持续拓展活动策划领域的资源,并拓展新的活动策划类别,以及拓展服务范围到江苏的周边地区及其他省份地区。②公司具有一体化策划能力。公司打破传统活动策划理念,立体式打造活动策划的整体解决方案,从客户企业内部入手,充分了解客户真实需求,了解整个活动的适合人群,活动的理念及宗旨,以便为客户个性化定制创意活动及整套策划方案,利用多年来的活动策划经验与资源,实现活动策划的多样性以及新颖的创意理念,做到客户满意。最终实现企业品牌的树立及品牌价值的提升,从而在市场业绩上得到增长。

"(5)上下游资源优势及稳定性:公司上游主要为设计及承制业务中的出版社、印刷厂提供的印刷制作费用,行业较为成熟,产品可替代性强,报告期内公司原材料供应商占比较小,不存在对单独供应商产生依赖的情形;下游主要包括汽车4S店、房地产公司及公司年会设计采购等,公司以无锡为核心,覆盖江苏主要城市,同时公司具备较强的一体化策划能力,在区域内树立了一定的品牌优势、技术优势,下游客户群体逐渐扩大,稳定性增强。

"(6)资金筹资能力:公司主要通过新增股东注资的方式进行筹资,报告期内,公司筹资状况良好,2019年1月16日,股份公司召开2019年第一次临时股东大会，股东一致同意增发新股100万股，每股价格1.2元，由合伙企业股东正远达出资认购，引入投资120万元。2019年3月20日，北京双斗会计师事务所（普通合伙）出具双斗验字〔2016〕第345号《验资报告》，截至2019年3月20日，贵公司已收到股东缴纳的新增注册资本（股本）人民币100万元。

“(7)期后签订合同及期后收入利润实现情况：公司2019年1～4月收入约408万元，成本约为195万元，毛利50%左右，净利润23万元，随之进入5月策划活动的高峰期，公司收入预计大幅增长，已签订合同待执行及未完工收入约为455万元。公司2019年目前已签订的重大合同有（有删减）：

客户名称	合同内容摘要	合同总价（元）	完成情况	收入实现（元）
无锡富力通达房地产开发有限公司（富力运河十号）	滨湖万达广场活动（城市展厅）	497,670	4月完工	497,670
国联人寿保险股份有限公司	国联人寿马拉松活动	287,000	全年3场所活动完成2场	202,350
常熟远见古里旅游管理有限公司	2019年常熟阅读节开幕式	200,000	5月执行中	0
合计	—	6,278,374.80	—	1,872,589

“结论意见：综上，主办券商认为公司的持续经营能力良好，有较好的发展潜力。”

煜祺检测(873288)申请挂牌时规模相对较小，审核机构要求：“关于持续经营能力，请主办券商和会计师核查：(1)公司收入规模较小的原因及其合理性，应对的具体措施及其有效性；(2)结合主营业务构成、各项业务收入和毛利润及其占主营业务收入和毛利润的比例情况、变动情况、各项业务毛利率对综合毛利率贡献情况等补充分析披露公司经营模式是否可持续、公司是否具备核心资源要素和核心竞争力；(3)结合行业状况、市场前景、核心资源要素、核心竞争力、业务发展规划、市场开发能力、新业务拓展情况、资金筹资能力、期后签订合同、期后收入实现情况等评估针公司经营模式是否可持续、公司是否具备核心资源要素和核心竞争力、是否符合‘具有持续经营能力’的挂牌条件，并发表明确意见。请公司补充披露。”

案例 经营性现金流净额持续为负对持续经营能力的影响

依据《湖北灿烂阳光传媒股份有限公司反馈意见回复》，审核机构要求如下：“公司经营性现金流净额持续为负是否会对公司持续经营能力造成重大不利影响发表明确意见。”

相关回复如下：“2018 年、2019 年 1～5 月公司经营性现金流量净额为 -5,100,824.49 元、-44,544.77元，经营性现金流量净额持续为负主要是由于经营性应收项目的增加和经营性应付项目的减少所致。随着公司业务规模的扩大及合同数量的增加，2018 年 12 月 31 日应收账款余额较上期期末增加 1,382,107.33 元，2019 年 5 月 31 日应收账款余额较上期期末增加 1,394,432.14 元。另外，2018 年度公司对关联方往来进行了清理导致期末经营性应付项目的减少，2018 年 12 月 31 日其他应付款期末余额较期初减少 3,806,319.71 元。

“虽然期末时点公司货币资金余额较少，但期间发生额较高，其中发生额除了正常的与供应商、客户来往外，同时包含了公司与股东之间的资金往来，因此发生额相对较高。公司一般收到客户货款后很快支付供应商款项或归还股东临时拆借款，所以一般期末余额很少。另外，公司现金主要从对公账户取现后用于报销各类费用，整体发生额较少、一般期末没有余额。在公司需要资金而银行账户余额较少时，一般从股东临时拆借，资金拆借无费用、利息支付，也无须公司强制归还，相当于对股本投入较少的额外补充，因此公司不存在因资金短缺造成经营困难的现象。

“此外，通过查阅银行存款明细账，未查询到公司存在拖欠员工工资及房租的情况。为了满足日常经营活动的资金需要，公司在报告期内以及报告期后均采取了积极的应对措施：(1)公司采取了积极的应收账款催收措施，以解决期末应收账款余额较大的问题。首先，加强应收账款的管理，缩短回款周期。公司安排专人负责应收账款的管理和催收，并将应收账款回款情况纳入销售人员的业绩考核范围，降低应收账款收账风险。其次，将加强客户信用管理体系建设，从源头上减少应收账款的坏账风险。截至 2019 年 10 月 30 日，公司期后共回款 3,485,736.29 元，占 2019 年 5 月 31 日应收账款余额的 58.45%，催收效果明显。(2)2019 年1～5 月公司通过保证担保等方式向银行借款 100 万元，以解决公司的日常流动资金的短缺。(3)公司2019年1～5月账面其他应付款余额为232,711.69元,较2017年4,069,367.53元偿还了3,836,655.84元,除短期借款外,公司已不存在大额未还的流动负债。(4)公司2018年开始收入规模大幅增长,盈利能力也逐年增强,且公司应收账款整体账龄较短,90%以上的应收账款账龄在1年以内,回款能力强于同行业可比公司。(5)由于货币资金较少,一方面,公司注重预算管理,通过编制预算,合理预计项目款项收回时间,并加紧款项催收;另一方面,合理规划资金使用,进行严格的成本控制,并有效利用供应商给予的信用期,从而降低流动性不足的风险,保障公司业务的正常运转。综上所述,随着公司盈利能力和资本实力的不断增强,公司资金压力会逐步降低,公司的筹资和经营政策,完全可以满足日常经营活动的资金需要。

"核查结论:公司虽然存在经营性现金流量净额持续为负的情况,但是随着公司业务规模稳步增长、回款情况良好,筹措资金能力加强,货币资金余额较小对公司持续经营能力没有重大影响。"

六、同业竞争

核查要求:请公司披露以下事项:(1)控股股东、实际控制人及其控制的其他企业的经营范围以及主要从事业务,是否与公司从事相同、相似业务,相同、相似业务(如有)的情况及判断依据;(2)该等相同、相似业务(如有)是否存在竞争;(3)同业竞争的合理性解释,同业竞争规范措施的执行情况,公司作出的承诺情况;(4)同业竞争情况及其规范措施对公司经营的影响;(5)重大事项提示(如需)。请主办券商及律师核查以下事项并发表明确意见:(1)公司与控股股东、实际控制人及其控制的其他企业是否从事相同或相似业务、是否存在同业竞争,判断依据是否合理;(2)同业竞争规范措施是否充分、合理,是否有效执行,是否影响公司经营。

精选层特有审核标准:关于同业竞争是否对发行人构成重大不利影响,有哪些核查及披露要求?发行人与控股股东、实际控制人及其控制的其他企业间如存在同业竞争情形,认定同业竞争是否对发行人构成重大不利影响时,保荐机构及发行人律师应结合竞争方与发行人的经营地域、产品或服务的定位,同业竞争是否会导致发行人与竞争方之间的非公平竞争、是否会导致发行人与竞争方之间存在利益输送、是否会导致发行人与竞争方之间相互或者单方让渡商业机会情形，对未来发展的潜在影响等方面，核查并出具明确意见。发行人应在公开发行说明书中，披露保荐机构及发行人律师针对同业竞争是否对发行人构成重大不利影响的核查意见和认定依据。

（一）对同业竞争的是否不再要求

随着2019年科创板的推出，对同业竞争的要求标准有所降低，或者因为认为新三板的审核尺度比较宽松，因此很多企业家或者管理人员认为新三板挂牌是可以存在同业竞争的。事实上，根据《上海证券交易所科创板股票发行上市审核问答》的意见，竞争方的同类收入或毛利占发行人该类业务收入或毛利的比例达30%以上的，如无充分相反证据，原则上应认定为构成重大不利影响。因此，单从审核问答来看，如果竞争方的同类收入或毛利占发行人该类业务收入或毛利的比例超过30%的，则构成科创板首次公开发行的实质障碍。但量化的指标只能是参考标准，原则上肯定是占比越小越好，首先还是应当从实质性判断，分析竞争方同类业务对发行人独立性及持续经营能力的影响，而不局限于对占比大小的考量。如果经过核查、分析，其他方面的因素表明竞争方的同类业务对发行人的独立性或持续经营能力构成重大影响，即使占比未达30%，也是构成首次公开发行的实质障碍。例如，科创板公司国盾量子的实际控制人科大控股持有问天量子21.82%的股份（为其第二大股东），问天量子主要从事业务与上市主体国盾量子的业务相关性较大，问天量子实现的销售收入、毛利总额占发行人同期主营业务收入、毛利总额的比例均未超过15%，因此通过上市委审核。另外同类情况还有西部超导（688122）。

新三板挂牌原则上要求相关公司的不存在同业竞争问题，存在类似问题的应当合理解决，但并非严格控制不得存在同业竞争，《全国中小企业股份转让系统挂牌公司治理规则》第74条规定，控股股东、实际控制人及其控制的企业不得在挂牌公司挂牌后新增同业竞争。可知，是不允许后期新增相关的同业竞争业务。

关于强调不得同业竞争的原因：如果认可拟挂牌企业可以存在同业竞争公司，则控股股东、实际控制人及高管等会利用控制地位或者职务便利对公司重大经营产生重大影响。经营同类竞争业务，第一，属于违反《公司法》等法律规定的行为；第二，严重违反诚实守信的原则等；第三，会造成公司的业务独立性存在严重问题，随时可能终止挂牌公司业务而另起炉灶；第四，严重损害中小股东和其他投资者的利益,其他投资者本身看好企业的未来,而如果经营同业竞争业务,则投资者的投资的成本成就了违反同业竞争禁止业务的主体的个人的未来;第五,不利于整个资本市场健康、良性的发展。

(二)同业竞争的认定及分析

1. 同业竞争主体范围

(1)控股股东、实际控制人(含其近亲属)及其控制的其他企业

核查要求限定控股股东、实际控制人及其控制的其他企业。在实务中,为了充分核查是否存在隐藏的关联方、是否存在代持、是否存在利益输送等,在核查控股股东及实际控制人时,还应对实际控制人的近亲属、其他重要亲属直接、间接控制或担任重要职务的企业进行考察,尤其核查在公司任职或者在与公司有资金往来、业务往来的单位任职等情形的亲属,关注是否存在利益输送等行为。

(2)公司的董事、监事、高管等

核查要求仅要求核查公司的控股股东及实际控制人的同业竞争事项,但实务中,依据《公司法》第148条规定,董事、高管不得有以下行为:未经股东会或股东大会同意,为自己或他人谋取属于公司的商业机会,自营或为他人经营与所任职公司同类的业务。这个更高层级的法律规定对董事、高管的约束。

(3)其他重要股东

对于其他重大的股东尤其是机构投资者等仅披露相应的情况,一般并不绝对禁止同业竞争事项,但最应核查并如实披露相应的投资或者竞争主体名称等事项。在IPO中,一般对持股5%以上的股东的同业竞争情况要求会更高一些。

2. 同业竞争认定依据事项分析

(1)具体业务范围和产品分析

对双方所提供的产业或服务的功能、种类、形式、价格及核心技术存在相同或相似的程度进行分析比较,并分析双方业务的独立性及可替代程度。

如果产品或者业务的跨界难度比较小或者后期很容易形成交叉的,则认定具有竞争业务的可能性较高。比如从事童装生产和从事袜子生产的公司,倾向于会被认定存在同业竞争。

(2)客户群体分析

对双方提供的产品或服务所针对的目标群体进行分析,可从目标群体的性

别、年龄、收入水平、职业及企业客户的细分行业差别等方面进行对比分析，从而判定双方的目标群体的相同或相似程度。

(3)销售区域分析

对双方提供的产品或服务所能够辐射的区域范围进行对比，分析其相同或相似程度。分析是否存在区域重叠现象，是否存在直接竞争或利益冲突的情况。

(4)客户及供应商重合度等分析

对双方主要客户及供应商进行对比分析，是否存在重要客户或供应商一致的情况，判断其相同或相似程度。同时也可对关联企业与重要客户或供应商发生合作的时间及其原因进行具体分析，分析是否存在通过隐性关系促使关联企业获取客户或供应商的情形，判断是否存在利益输送的现象。

(三)同业竞争的解决方案

同业竞争问题属于重要事项，不仅影响拟挂牌公司的业务独立性、可持续性，还涉及对整个资本市场诚信体系建设的问题，涉及投资者利益保护的问题。同业竞争问题的主要解决方案如下：

1. 收购并纳入合并报表范围

若关联方的资产相对优质，那么可以将这部分存在同业竞争的关联方资产通过收购合并的形式，装入拟挂牌公司主体中，进行资产的有机整合。这既能解决同业竞争的问题，又可以扩大拟挂牌公司的资产及业务规模。

案 例 并入拟挂牌主体并由其控股

依据《关于无锡工源环境科技股份有限公司挂牌申请文件的第一次反馈意见的回复》(工源环境、873295)，为消除同业竞争，在该公司股改前，于2018年2月12日，工源装备公司召开股东会决议通过原股东孙连军将其拥有的工源装备公司80.00%的股权(对应实缴出资额400.00万元，对应评估值492.02元)以490.67万元的价格转让给工源环境的前身工源机械公司。2018年2月12日，原股东孙连军与工源机械就上述转让事宜签订了股权转让协议。通过此次交易，原存在同业竞争的主体工源装备变成挂牌公司的子公司。另外，吉麻良丝(873249)在报告期内收购同业竞争公司的股权及资产等。

2. 停止经营或注销

在综合权衡后,若部分同业竞争业务主体能够停业或者注销,可以通过将这部分存在同业竞争的业务进行注销或停业处理,或改变其经营范围并放弃竞争业务。

案 例 通过停止经营及注销同业竞争

依据华特气体(870865)的记载,华特气体的实际控制人之一石平湘曾投资厦门市华成特种气体有限公司、江西省华东特种气体研究所有限公司,该两家公司报告期以前已停止实际经营活动。厦门市华成特种气体有限公司报告期以前已停止实际经营活动。目前,该公司已启动办理注销手续。江西省华东特种气体研究所有限公司报告期以前已停止实际经营活动。目前已成立清算组,正在办理注销手续。公司的控股股东、实际控制人、董事、高管、持股5%以上的自然人股东以及核心技术人员均已向华特气体就避免同业竞争有关事宜出具了《承诺函》。

依据《周六福珠宝股份有限公司首次公开发行股票申请文件反馈意见》,审核机构要求:香港周六福为实际控制人控制的其他企业,2017年已停止经营。请保荐机构、发行人律师:(1)补充说明公司实际控制人、董事、监事、高管及其近亲属控制的企业实际经营业务情况,是否与发行人构成潜在同业竞争或利益冲突。(2)补充披露香港周六福未来经营规划,是否可能从事与发行人相同或类似业务。另外,汤辰机械(870251)控股股东停止同业竞争类业务,调整公司营业范围;国瑞税务(870624)、国信达(870282)、贺斯特(839907)注销了同业竞争的关联公司。

对于暂时无法注销的公司,可以通过先停止经营并承诺注销的方式解决,若能够通过召开会议启动相应的注销程序则更具有说服力。

3. 业务或者竞争公司整体托管经营

竞争企业可通过将关联资产或者竞争主体整个公司业务托管给拟挂牌公司管理或者托管运营,待成功挂牌后将这部分资产或者资产或者整个竞争对手转让或托管给挂牌公司。在新三板挂牌审核企业中采用的较少,实践中即使首发上市审核民营企业采用类似方法也比较少,证监会对此的审查往往较严。一般情况不建议采用该方法。

案 例 将存在同业竞争的业务委托给拟发行人经营

银座股份(600858)将存在同业竞争的业务委托给拟发行人经营,具体如下:2007年10月上市公司银座集团股份有限公司向原有股东配股时公开披露的配股说明书显示:股份公司采用了托管经营方式处理同业竞争问题。股份公司主要以销售门店的形式从事日用百货等商品的零售业务,属于零售业。股份公司的控股股东山东省商业集团总公司控制的济南银座北园购物广场有限公司是在济南地区的大型超市,直接与股份公司业务存在同业竞争。2004年2月26日股份公司与济南银座北园购物广场有限公司签署《委托经营管理协议》和《关于解决同业竞争问题的协议书》,由股份公司托管济南银座北园购物广场有限公司2年。并约定在托管期内,若济南银座北园购物广场有限公司开始盈利后,银座股份将按照公允价格收购其控股股权或商品零售业务。2006年8月23日双方将《委托经营管理协议》的期限延长了2年。

4. 股份转让、业务卖出

若拟挂牌公司觉得竞争类资产对拟挂牌主体并无积极意义等原因,可以考虑将相关的资产或者公司股份转让给无关联的第三人,如德耐尔(870640)、联力环保(870648)。

在通过资产、股份转让的方式解决同业竞争问题时,应着重注意是否真实转让,而不存在股份代持、虚假转让的情形。

案 例 将持有的同业竞争主体股份转让进而涉及解释真实性

九龙珠挂牌时相关问题及回复如下:“为解决潜在同业竞争,上海台智餐饮管理有限公司、苏州航海餐饮管理有限公司等就9家公司股权转让,而受让价格为0,或受让主体多为王芳、刘丽。结合股权转让定价、合同主体关联关系、转让合同主要条款约定内容、价款支付等,及上述关联主体与公司业务往来、商标使用等交易情况,请主办券商、律师核查其转让真实性。”

回复:(1)上海台智餐饮管理有限公司上海台智餐饮管理有限公司原股东王艳菁、岳维廷及王晨与李苏签署了《股权转让协议》,各方约定王艳菁、岳维廷及王晨将其持有的上海台智餐饮管理有限公司全部股权以0元的价格转让给李苏。上述转让方王艳菁、岳维廷及王晨与受让方李苏不存在关联关系,本次股权转让价格参考上海台智餐饮管理有限公司截至2019年3月31日的净资产数额。根据财务报表记载,截至2019年3月31日,上海台智餐饮管理有限公司净资产为-622,811.72元,上海台智餐饮管理有限公司已经资不抵债,故王艳菁、岳维廷及王晨决定以0元的价格出让全部股权,且价格经上海市徐汇区市场监督管理局认可。上海台智餐饮管理有限公司目前与公司不存在任何业务往来及商标授权使用情况。综上,主办券商及律师认为,上述股权转让真实有效。

(2)苏州航海餐饮管理有限公司苏州航海餐饮管理有限公司主营业务与公司存在相同或者相似的情形,为了避免同业竞争,苏州航海餐饮管理有限公司已于2019年7月5日注销完毕。

(3)姑苏区尚大立饮料店、吴中区木渎索欧饮品店、相城区元和奶盖牛奶糖饮品店、苏州工业园区圆融巡茶烘焙店、高新区浒墅关镇茶轩坊饮品店、苏州工业园区茗香之缘饮品店、苏州工业园区巡茶巡麦轻食吧共7家门店。

2019年4月,王艳菁分别与王芳、刘丽签署《店铺转让协议》,各方约定王艳菁将其经营的姑苏区尚大立饮料店、吴中区木渎索欧饮品店、相城区元和奶盖牛奶糖饮品店、苏州工业园区圆融巡茶烘焙店、高新区浒墅关镇茶轩坊饮品店、苏州工业园区茗香之缘饮品店、苏州工业园区巡茶巡麦轻食吧共7家门店分别转让给王芳、刘丽。合同签订后,由受让方向房东履行租赁合同,店铺员工由受让方接收,接手后的一切经营行为及产生的债权、债务由受让方负责。后王芳、刘丽依约向王艳菁支付了转让价款。

上述《店铺转让协议》的定价依据为各个店铺固定资产折旧后的价值。上述店铺转让的转让方王艳菁与受让方王芳、刘丽不存在关联关系,王芳、刘丽仅为公司或者子公司普通员工。目前王芳、刘丽仍全职在九龙珠及其子公司上班,各转让的门店由门店雇员经营,王芳、刘丽只需监督门店雇员及决定各门店的重大事项,无须经常在门店中负责具体事项,故王芳、刘丽负责经营受让的门店与其在公司的工作时间并不存在冲突。上述7家门店纳入公司品牌范围,与其他加盟店同等合作与管理。员工创业加盟公司品牌,符合公司的经营理念,鼓励员工积极创业。同上文,王芳、刘丽负责经营受让的门店与其在公司的工作时间并不存在冲突,她们在公司任职可以了解到九龙珠最新的经营理念及品类动向,有助于更好地经营相关门店。同时,王芳、刘丽均已出具《门店转让确认函》,承诺上述门店转让真实有效,本人也按照协议约定支付对价,双方不存在任何纠纷或者潜在纠纷。同时,门店转让不存在委托持股、信托持股等代持的情形。综上,主办券商及律师认为,上述转让真实有效。

另外,天天智慧(839899)挂牌时,将同业竞争类公司的业务和资产转移至挂牌公司,同时将其他竞争公司的股份转让给无关联的第三方;小狗电器(870077)将部分同业竞争类公司股权转让给第三方,部分公司实施并购重组纳入合并范围。

5. 业务或者区域划分

竞争企业通过承诺协议的形式对自身的产品结构、市场区域、目标群体等进行合理划分,承诺今后不会与拟挂牌主体产生直接或间接竞争及利益冲突的情形。对于业务和区域划分,属于慎用的方法。在首发上市审核中,对于国内销售区域的划分解释不存在同业竞争一般是不能得到支持的。

案例 划分业务行业解释不存在同业竞争

东软慧聚(430227):划分业务专属行业解释不存在同业竞争。

1. 公司与控股股东及其控制的其他企业之间同业竞争情况

公司与辽宁东创的控股股东东软集团下辖的ERP事业部的部分业务重合,都有ERP实施与运维服务业务,该部分业务存在潜在同业竞争关系。为解决此潜在竞争业务,也为规范集团内部经营范围,2009年东软集团对公司和集团辖下的“ERP事业部”(现已并入并成为“解决方案事业部”的部分业务内容)的目标市场进行了明确的划分,设定了各自业务的专属行业,其中:“ERP事业部”负责石油、地铁、柴油机、重工、钢铁、家电等行业,北京东软慧聚信息技术有限公司负责烟草行业(包括工业、商业、物资及烟机设备配套企业)、电力行业(包括电网、发电企业)及"ERP 事业部"未涉及的其他行业。

公司多年来一直致力于上述行业领域的信息化咨询和服务,已经形成了烟草工业行业解决方案、电力行业解决方案、国际贸易行业解决方案、房地产行业解决方案等多套全面、科学、先进的行业解决方案,其中烟草、电力、高科技等行业是公司的重点优势领域。这些行业解决方案已经在相关行业的客户中得到广泛应用,并与客户建立了长期的合作伙伴关系,积累了丰富的行业经验。

由于 ERP 服务业务具有极强的行业特性,行业经验、技术、市场和人才壁垒较高,掌握这些技术、经验和能力无疑需要长期的积累和历练。目前,双方严格遵守行业划分,未产生实质上的同业竞争。

为彻底解决上述潜在的同业竞争问题,东软集团承诺在公司挂牌后把该部分存在潜在同业竞争的业务进行分拆、分批转让至公司,以彻底解决潜在的同业竞争问题。暂缓转让的主要原因为该部分业务存在一些优质客户,如何将这些资源顺利延续到公司,需要一定的时间以及较大的资金投入。因此,需等公司挂牌后进行融资以收购该部分业务。

除上述情况外,东软集团控制的企业与公司在烟草行业(包括工业、商业、物资及烟机设备配套企业)、电力行业(包括电网、发电企业)及以下行业(石油、地铁、柴油机、重工、钢铁、家电、汽车、医药)之外的 SAPERP 及 ORACLEERP 咨询服务领域不存在同业竞争情况;公司与控股股东及其控制的企业、其他持股 5% 以上的主要股东之间不存在同业竞争情况。

2. 关于避免同业竞争的承诺

公司控股股东、其他股东、董事、高级管理人员及核心技术人员出具《避免同业竞争承诺函》。

鉴于公司董事贾彦生担任东软集团解决方案事业部总经理一职,该部门的部分业务与公司 ERP 业务重合,存在潜在的同业竞争关系,且东软集团已出具《关于避免与北京东软慧聚信息技术股份有限公司产生同业竞争行为的措施说明》,对如何解决贾彦生任职部门与公司存在的潜在同业竞争问题作出了承诺。因此,待东软集团履行完毕《关于避免与北京东软慧聚信息技术股份有限公司产生同业竞争行为的措施说明》之后,董事贾彦生于东软集团所任职部门将不会同公司存在潜在的同业竞争关系。因此,董事贾彦生将在东软集团解决该潜在同业竞争问题之后履行上述避免同业竞争承诺。

东软集团出具了《关于避免与北京东软慧聚信息技术股份有限公司产生同业竞争行为的措施说明》,表示2009年以来,除了从内部经营范围和管理上进行规范以及对目标市场进行明确的专属划分,设定各自的专属业务行业并严格遵守,避免产生矛盾和竞争外,东软集团为彻底解决将来可能产生新的或潜在的同业竞争,承诺在公司挂牌后,将把该部分存在潜在同业竞争的业务进行拆分,并分批转让至公司,以彻底解决潜在的同业竞争问题。表示东软集团所控制的企业将不从事任何在商业上对公司在烟草行业(包括工业、商业、物资及烟机设备配套企业)、电力行业(包括电网、发电企业)及以下行业(石油、地铁、柴油机、重工、钢铁、家电、汽车、医药)之外的SAPERP及ORACLEERP咨询服务业务构成竞争的业务。

6. 高管等辞去其他职务

拟挂牌公司的总经理、副总经理、董事会秘书、财务负责人等高管辞去其在存在同业关系企业的重要职务,以真实消除作为关联方的关系。

(四)审核机构对同业竞争的审核关注点

依据《三人行传媒集团股份有限公司首次公开发行股票申请文件反馈意见》(原“三人行、832288”)、《舒华体育股份有限公司首次公开发行股票申请文件反馈意见》(原“舒华体育、839064”),前述原新三板企业首发上市反馈意见中,审核机构要求保荐机构、律师补充核查并说明:(1)认定不存在同业竞争关系时,是否已经审慎核查并完整地披露发行人控股股东、实际控制人及其近亲属直接或间接控制的全部关联企业;(2)上述企业的实际经营业务,说明是否简单依据经营范围对同业竞争作出判断,是否仅以经营区域、细分产品、细分市场的不同来认定不构成同业竞争;(3)上述企业的历史沿革、资产、人员、业务和技术等方面与发行人的关系,采购销售渠道、客户、供应商等方面是否影响发行人的独立性;(4)发行人控股股东、实际控制人及其亲属控制的企业,是否存在与发行人从事相同或相似业务的情形,是否存在同业竞争。核查上述主体与发行人是否存在同业竞争或潜在同业竞争,发行人是否存在利用其他亲属关系规避同业竞争认定的情形,并发表明确意见。

(五)是否必须出具同业竞争承诺的问题

拟挂牌公司应在有关股东协议、公司章程等文件中规定避免同业竞争的措施,并在申请挂牌前取得控股股东、实际控制人同业竞争方面的有效承诺,承诺将不以任何方式直接或间接地从事或参与和拟挂牌公司竞争的任何业务活动。

《全国中小企业股份转让系统主办券商尽职调查工作指引(试行)》第20条规定:“调查公司与控股股东、实际控制人及其控制的其他企业是否存在同业竞争。通过询问公司控股股东、实际控制人,查阅营业执照,实地走访生产或销售部门等方式,调查公司控股股东、实际控制人及其控制的其他企业的业务范围,从业务性质、客户对象、可替代性、市场差别等方面判断是否与公司从事相同、相似业务,从而构成同业竞争。对存在同业竞争的,要求公司就其合理性作出解释,并调查公司为避免同业竞争采取的措施以及作出的承诺。”从规定来看,仅约定对存在同业竞争的,需调查公司为避免同业竞争采取的措施以及作出的承诺,但是实践中,无论是否存在同业竞争,均需公司出具同业竞争的承诺。

七、资产、人员、财务、机构和业务的独立情况

核查要求:请公司披露公司的财务、机构、人员、业务、资产与控股股东和实际控制人及其控制的其他企业的分开情况。请主办券商及律师就以下事项核查并发表明确意见:(1)公司的财务、机构、人员、业务、资产是否与控股股东和实际控制人及其控制的其他企业分开;(2)核查公司是否存在对关联方的依赖,其是否影响公司的持续经营能力。

精选层特有审核标准:发行人为上市公司直接或间接控制的公司的,关于其与上市公司之间的独立性、信息披露规范性、股票在精选层挂牌决策程序合规性等方面,有哪些核查及披露要求?发行人为上市公司直接或间接控制的公司的,应当独立于上市公司并在信息披露方面与上市公司一致、同步。中介机构应当重点核查下列事项并发表明确意见:(1)发行人是否存在上市公司为发行人承担成本费用、利益输送或其他利益安排等情形,对上市公司是否存在重大依赖,是否具有直接面向市场独立持续经营的能力;(2)发行人信息披露与上市公司是否一致、同步;(3)发行人及上市公司关于发行人本次申请股票公开发行并在精选层挂牌的决策程序、审批程序与信息披露等是否符合证监会、证券交易所的相关规定,是否符合境外监管的相关规定(上市公司在境外上市的),如果存在信息披露、决策

程序等方面的瑕疵,是否存在影响本次发行的争议、潜在纠纷或其他法律风险。

（一）对独立性的调查方法

依照规定,主办券商需要“调查公司与控股股东、实际控制人及其控制的其他企业在业务、资产、人员、财务和机构方面的分开情况,判断其独立性,包括但不限于:(1)通过查阅公司组织结构文件,结合公司的生产、采购和销售记录考察公司的产、供、销系统,分析公司是否具有完整的业务流程、独立的生产经营场所以及供应、销售部门和渠道,通过计算公司的关联采购额和关联销售额分别占公司当期采购总额和销售总额的比例,分析是否存在影响公司独立性的重大或频繁的关联方交易,判断公司业务独立性。(2)通过查阅相关会议记录、资产产权转移合同、资产交接手续和购货合同及发票,确定公司固定资产权属情况;通过查阅房产证、土地使用权证等权属证明文件,了解公司的房产、土地使用权、专利与非专利技术及其他无形资产的权属情况;关注金额较大、期限较长的其他应收款、其他应付款、预收及预付账款产生的原因及交易记录、资金流向等;判断公司资产独立性。调查公司最近两年内是否存在资产被控股股东、实际控制人及其控制的其他企业占用,或者为控股股东、实际控制人及其控制的其他企业提供担保的情形;调查公司为防止股东及关联方资金占用或者转移公司资金、资产及其他资源的行为所采取的措施和相应的制度安排;对不存在以上情形的,应取得公司的说明,并根据调查结果判断公司资产独立性。(3)通过查阅股东单位员工名册及劳务合同、公司工资明细表、公司福利费缴纳凭证,与管理层及员工交谈,取得高管的书面声明等方法,调查公司高管从公司关联企业领取报酬及其他情况,调查公司员工的劳动、人事、工资报酬以及相应的社会保障是否完全独立管理,判断其人员独立性。(4)通过与管理层和相关业务人员交谈,查阅公司财务会计制度、银行开户资料、纳税资料等方法,调查公司会计核算体系,财务管理和风险控制等内部管理制度的建立健全情况,并判断公司财务的独立性。(5)通过实地调查、查阅股东大会和董事会决议关于设立相关机构的记录、查阅各机构内部规章制度,了解公司的机构是否与控股股东完全分开且独立运作,是否存在混合经营、合署办公的情形,是否完全拥有机构设置自主权等,判断其机构独立性”。

（二）中介机构对资产等独立情况的一般描述

《全国中小企业股份转让系统挂牌公司治理规则》第 70 条规定:“挂牌公司控

股股东、实际控制人应当采取切实措施保证公司资产独立、人员独立、财务独立、机构独立和业务独立,不得通过任何方式影响公司的独立性。”一般关于独立情况的描述如下:

1. 资产独立

公司拥有独立于控股股东及实际控制人的生产经营场所,拥有独立完整的采购、生产和销售所需的固定资产和配套设施。

公司对业务经营相关的主要资产拥有完全的控制和支配权,不存在资金、资产被控股股东、实际控制人及其控制的其他企业占用而损害公司利益的情况,也不存在公司为股东和其他个人违规提供担保的情形。

2. 人员独立

公司董事、监事及高管均依照《公司法》《公司章程》等规定的合法程序选举或聘任,不存在控股股东、实际控制人超越董事会和股东大会作出人事任免决定的情况。

公司总经理、副总经理、财务负责人、董事会秘书等高管均专职于公司工作并领取报酬,不存在在控股股东、实际控制人及其控制的其他企业担任除董事、监事以外的其他职务或领薪的情况。公司财务人员不存在在控股股东、实际控制人及其控制的其他企业中兼职的情形。

案例 拟挂牌公司多名高管劳动关系在控股股东处

依据《山东齐鲁云商数字科技股份有限公司三次反馈意见回复》,相关反馈意见等如下:“根据公司披露及前次反馈回复,公司部分员工劳动关系保留于控股股东淄矿集团,其中1名任公司董事长,3名任公司副总经理,1名任公司财务总监。请主办券商及律师参照《公司法》、《上市公司治理细则》及其他相关法规制度,结合公司章程、前述员工与公司及控股股东的具体劳动约定、公司日常决策程序履行情况、‘三会一层’运行情况等就以下问题进行核查并发表明确意见:(1)前述员工是否存在于控股股东或控股股东控制的其他公司处交叉任职的情形,劳动关系保留于控股股东的原因、必要性、合理性;(2)公司董事、高管的任免是否已完整履行必要的内部决策程序,公司人事任免是否独立于控股股东,公司管理层的任免是否由控股股东直接指定,是否存在因控股股东影响导致公司管理层不稳定的风险;(3)控股股东是否存在凭借前述员工的劳动关系在股东会、董事会之外或使用提案权、表决权之外的手段对公司决策进行限制或产生影响的情形,公司机构是否独立于控股股东,公司董事、高级管理人员是否存在违背《公司法》第147条、第148条规定之情形。请主办券商及律师补充核查上述事项并就公司内部决策机制是否得到有效执行,是否符合'治理机制健全,合法规范经营'的挂牌条件发表明确意见。"

回复如下:

1. 核查方式

核查公司董事、监事及高管的简历及《关于诚信状况的有关声明》,高级管理人员出具的《不存在双重任职的书面声明》;查阅《企业国有资产监督管理暂行条例》;检查公司出具的《承诺函》、员工出具的《承诺函》、公司与员工新签订的劳动合同情况。

2. 分析过程

(1)是否存在交叉任职情况。核查公司董事、监事和高管的简历及《关于诚信状况的有关声明》、高级管理人员出具的《不存在双重任职的书面声明》,王德龙从2016年3月至2018年11月任有限公司董事长、总经理,2018年12月至今任公司董事长;王震从2012年2月任有限公司总经理助理,从2018年10月起任有限公司董事,截至本反馈回复签署之日,王震仅担任公司董事;徐瑞涛从2019年5月至今在公司任副总经理,马兵从2016年7月至今在公司任副总经理,张丰杰从2019年6月至今在公司任财务负责人。上述人员在公司任职后未在其他企业就职或领取薪酬,因此上述员工不存在于控股股东或控股股东控制的其他公司处交叉任职的情形。

(2)劳动关系保留于控股股东的主要原因、必要性、合理性。劳动关系保留于淄矿集团,则员工社会保险由淄矿集团直接缴纳(齐鲁云商最终承担费用),淄矿集团作为原省属企业,其员工享受的医保待遇一直为省属医保,省医保比市医保可享受更多定点医院、报销比例更高,鉴于该福利待遇,上述员工未解除劳动合同,社会保险仍由淄矿集团缴纳。

(3)公司规范措施为进一步提高公司的独立性,公司的规范措施如下:除董事长王德龙、董事王震外,高管及其他员工均已与公司签订了劳动合同,并出具承诺:“本人已与山东齐鲁云商数字科技股份有限公司签订了劳动合同。现承诺在2019年12月31日前自愿向淄博矿业集团有限责任公司提交解除劳动合同申请,并承诺未来解除劳动合同过程中不会产生任何纠纷。若违反上述承诺,本人愿承担相应责任并赔偿因此造成的全部损失。”

同时齐鲁云商也出具承诺:“本单位已与淄博矿业集团有限责任公司(以下简称淄矿集团)委派的7名员工(名单附后)签署了正式劳动合同,现承诺未来在上述7名员工与淄矿集团解除劳动合同后,按照法律法规规定为其缴纳社会保险、住房公积金。若违反上述承诺,本单位愿承担相应责任并赔偿因此造成的全部损失。”

3. 结论意见

经核查,主办券商认为:前述员工不存在于控股股东或控股股东控制的其他公司处交叉任职的情形;前期因个人社保及淄矿集团管理等因素原因劳动合同保存于淄矿集团,公司已经采取规范措施,规范措施有效。

点评:对于该情形需要整改,实际操作过程困难主要因为抵触情绪较大,容易给后期造成不便。这个问题不仅涉及人员的独立性,而且因为法律和规则对董监高的任职具有明确的要求。对于相关的情形,即使挂牌前未能有效解决相关管理人员的社会保险问题,也应当解除劳动合同或者承诺一定期限内解除劳动合同并与拟挂牌公司签订劳动合同。对于该问题,申请挂牌时前期解决的不是很到位,实际上完全可以让前述管理人员与原单位解除劳动合同关系,由拟挂牌主体为控股股东代缴社会保险费,把相关人员的独立性和高管任职规定的问题转变成为一个社会保险代缴的关联交易事项反而让审核机构更容易接受。关于对社会保险代缴事宜的此类解释方法,可参考于2020年1月通过创业板发审会的原三板企业河南金丹乳酸科技股份有限公司,该公司存在部分员工由其原单位代为缴纳社保的情形。

3. 财务独立

公司设有独立的财务部门,建立了独立完善的财务核算体系。公司财务负责人、财务会计人员均系专职工作人员,不存在在控股股东、实际控制人及其控制的其他企业兼职的情况。公司在银行开设了独立账户，独立支配自有资金和资产，公司独立对外签订合同，不存在与控股股东、实际控制人及其控制的其他企业共用银行账户的情形。公司作为独立的纳税人进行纳税申报及履行纳税义务。

4. 机构独立

公司依照《公司法》等有关法律法规和《公司章程》建立了以股东大会为权力机构、董事会为决策机构、监事会为监督机构、经理层为执行机构的法人治理结构。公司拥有独立于控股股东和实际控制人的经营和办公场所，所有的组织机构均不存在与控股股东、实际控制人混合经营、合署办公的情况，机构设置和生产经营活动不存在受控股股东及其他单位或个人干预的情形。

5. 业务独立

公司的存在独立的主营业务方向，是一家拥有独立的核心技术、市场渠道、资源等。公司拥有完整的业务运作体系，具有面向市场独立经营的能力，公司的业务完全独立于控股股东和实际控制人，不依赖于控股股东、实际控制人及其控制的其他企业。

点评：对于申请挂牌的公司，中介机构通常是承认有限公司阶段的不规范性，对股份公司后的独立性发表积极意见。对于独立性具有重大影响的事项主要是集中在资金占用、财务和市场人员混同、存在同业竞争的业务、拟挂牌主体仅为研发中心或者销售公司等。

（三）开展业务是否必须设立分子公司

以美瑞新材（834779）为例，截至《美瑞新材料股份有限公司创业板首次公开发行股票招股说明书》（申报稿2019年12月4日报送）报送日，该公司无分公司、无控股子公司、无参股公司。

另外，上海埃维汽车技术股份有限公司（埃维股份、838897）是一家提供汽车整车设计的公司，该公司新三板挂牌时，公司业务和员工遍布全国多地的汽车整车生产企业所在地，但挂牌时并未设立分公司或者子公司，直至挂牌两年后根据需要设立了分公司。

点评：挂牌主体开展业务可以根据实际需要设立分支机构，但是并不强制要求保证各个分支机构的业务和机构绝对独立，关注的主要是挂牌公司体系与关联方之间的独立和分开情况。

（四）关于子公司的财务部门设置问题

《全国中小企业股份转让系统股票挂牌条件适用基本标准指引》规定："公司财务机构设置及运行应独立且合法合规，会计核算规范。（1）公司及下属子公司应设有独立财务部门，能够独立开展会计核算、作出财务决策……"

实务中，新三板公司规模相对较小，审核过程中对于子公司的财务人员及财务部设置未过多的关注。实际上按照规定，子公司是需要配备财务人员以及设置财务部门的，对于业务规模较大的子公司本身就需要设置相应的人员和机构，如果该等人员的劳动合同关系在拟挂牌公司，可以通过将劳动关系分散至各实际负责业务的子公司并逐步规范人员的管理和使用等，进而符合对子公司财务人员及财务部门设置的要求。进入精选层要求出具内控鉴证报告，子公司财务人员的独立性属于考虑事项之一。

第三节　财务事项调查

一、公司收入

核查要求：（1）结合产品类别、销售模式、销售区域等列表披露收入构成，如自有产品与代销产品、自主产品与 OEM 产品、提供劳务与销售商品、外销产品与内销产品、经销收入与直销收入等。（2）结合产品及服务类别、销售模式等实际生产经营特点披露具体收入确认原则以及具体时点，如存在同类业务采用不同经营模式在不同时点确认收入的分别披露。例如公司按完工百分比法确认收入，披露确定合同完工进度的依据和方法。请主办券商及会计师：（1）核查收入确认是否符合公司经营实际情况，是否存在特殊处理方式及其合理性（净额确认、完工百分比等）；（2）说明针对收入真实性、完整性、准确性履行的尽调程序及审计程序，确认的金额占总金额的比重，并说明取得的相关的内外部证据；（3）核查是否存在虚增收入以及隐藏收入的情形，并针对收入的真实性、完整性、准确性发表专业意见。

精选层特有审核标准：发行人客户集中度较高的，核查及披露要求如下：发行人存在客户集中度较高情形的，保荐机构应重点关注该情形的合理性、客户的稳定性和业务的持续性，督促发行人做好信息披露和风险揭示。对于非因行业特殊性、行业普遍性导致客户集中度偏高的,保荐机构在执业过程中,应充分考虑相关大客户是否为关联方或者是否存在重大不确定性客户;该集中是否可能导致发行人未来持续经营能力存在重大不确定性。对于发行人由于下游客户的行业分布集中而导致的客户集中具备合理性的特殊行业(如电力、电网、电信、石油、银行、军工等行业),发行人应与同行业可比公众公司进行比较,充分说明客户集中是否符合行业特性,发行人与客户的合作关系是否具有一定的历史基础,是否有充分的证据表明发行人采用公开、公平的手段或方式独立获取业务,相关的业务是否具有稳定性以及可持续性,并予以充分的信息披露。针对因上述特殊行业分布或行业产业链关系导致发行人客户集中情况,保荐机构应当综合分析考量以下因素的影响:一是发行人客户集中的原因,与行业经营特点是否一致,是否存在下游行业较为分散而发行人自身客户较为集中的情况及其合理性。二是发行人客户在其行业中的地位、透明度与经营状况,是否存在重大不确定性风险。三是发行人与客户合作的历史、业务稳定性及可持续性,相关交易的定价原则及公允性。四是发行人与重大客户是否存在关联关系,发行人的业务获取方式是否影响独立性,发行人是否具备独立面向市场获取业务的能力。保荐机构如发表意见认为发行人客户集中不对持续经营能力构成重大不利影响的,应当提供充分的依据说明上述客户本身不存在重大不确定性,发行人已与其建立长期稳定的合作关系,客户集中具有行业普遍性,发行人在客户稳定性与业务持续性方面没有重大风险。发行人应在公开发行说明书中披露上述情况,充分揭示客户集中度较高可能带来的风险。

(一)公司收入需分类披露构成

实务中存在拟挂牌公司财务管理人员在面对券商要求对公司收入进行初步划分或者增加一类分类方法时,认为不需要对收入进行不同维度的分类。实际上监管机构对收入按照不同维度进行分类是有明确要求的,只是没有严格地要求需按照多少个维度去对收入进行分类,公开转让说明书格式通常都按照三个维度分类披露收购构成。若审计机构在对拟挂牌公司进行审计的过程中,将收入分类按照不同维度分类,则可以节省公司财务人员对收入再次分类的工作量,在审计过程中可以对相应的情况提前沟通。按照规定,收入分类披露要求结合公司的产品类别、销售模式、销售区域等列表披露收入构成,如自有产品与代销产品、自主产品与 OEM 产品、提供劳务与销售商品、外销产品与内销产品、经销收入与直销收入。

案　例　收入的分类披露

以江苏北人(原 836084,现 688218)为例,其在新三板挂牌的公开转让说明书中披露的收入分类如下:

“1. 按产品分析,分为焊接用工业机器人、非焊接用工业机器人、其他三类。报告期内,公司主要从事工业机器人的系统集成,其中绝大部分产品为焊接用工业机器人系统集成,非焊接用工业机器人系统集成收入亦有所增长。其他收入系少量设备销售和技术服务收入。

2. 按客户的行业类别分析,分为汽车行业和航天、军工等其他行业两类。报告期内,公司产品主要用于汽车零部件的焊接、装配和检测,少部分应用于航天、军工等其他行业。

3. 按销售区域分析,分为上海地区、江苏地区、其他地区三类区域。报告期内,公司的主要销售区域为上海地区和江苏地区,随着公司规模的扩大和客户数量的增长,公司在其他地区的销售有所增长。”

后江苏北人在科创板首发上市,在《首次公开发行股票并在科创板上市招股说明书》中,将收入分类如下:

1. 主营业务收入按产品分类,报告期内,公司主营业务收入按产品分为工业机器人系统集成(包括焊接用工业机器人系统集成、非焊接用工业机器人系统集成)和工装夹具、其他三类。

2. 主营业务收入按下游应用领域分类报告期内,公司主营业务收入按下游应用领域划分为汽车行业、重工、航空航天、其他四类。报告期内,公司产品主要应用于汽车行业。由于汽车行业需求较大,同时受限于生产能力、自身资金实力等因素,公司将主要资源集中在汽车领域,以提高市场占有率,提升竞争力。随着我国产业经济结构的转型升级,各行业对生产智能化的需求都在增加,公司积极把握市场需求,不断开拓新应用领域,探索新工艺,报告期内在航空航天、重工等领域均实现了销售收入。

3. 主营业务收入按销售区域分类报告期内，主营业务收入按销售区域划分为华东地区、东北地区、华中地区、华北地区、华南地区、西北地区、西南地区。

报告期内，公司的销售区域主要集中在华东地区，华东地区汽车零部件制造厂商较为集中，公司地处华东，拥有快速响应客户需求的地理优势。公司在保证华东地区销售增长的同时，积极开拓国内其他地区市场，以进一步扩大市场增长空间。2019 年 1 ~6 月，公司在东北地区销售比例达 27.68%，主要系公司完成了沈阳联明及一汽红旗的项目，项目收入较高所致。

4. 主营业务收入按订单类型分类。根据工业机器人系统集成业务收入占主营业务收入的比例，按照订单类型可以将工业机器人系统集成业务收入分为总包订单和非总包订单两类。

另外，例如美兰股份(430236)将收入分类为杀虫剂、杀菌剂、除草剂三种。

点评：公开转让说明书要求公司的收入按产品(服务)类别、按地区、按销售方式、其他等进行区分，而审计报告可能仅涉及产品(服务)类别的一项，甚至有时候仅列主营业务和其他两类，所以需要公司财务管理人员与审计机构等提前沟通。随着公司业务的发展，公司的收入构成可能会发生一定的变化，即使同一收入分类，随着时间的推移，细分类别的金额也会发生一定的变化，这属于正常变化。

(二)与收入确认等相关的常见问题

1. 未严格按照收入确认的控制权转移，如以收到款项或开具发票等为依据直接确认收入，此种情形在实践中大量存在，是多种原因导致的。在公司发展过程中，企业的财务规范是一个逐步的过程，企业的股东以及管理人员的意识树立也存在一个渐进的过程。实务中，在收到款项时对方往往要求提供发票，或者年度汇算清缴时候，对于无票收入有些地方税务局甚至不予确认等，导致很多公司以开具发票或者收到款项即作为收入确认的标准。

对于拟挂牌公司的此种情形，需要对于以收款或开具发票为依据确认收入的，应当核实每笔业务是否符合收入确认的条件，逐笔进行会计差错调整。

2. 将不符合收入确认条件或确认依据不充分的业务确认为收入，如将发出商品确认为收入。

3. 收入会计政策的使用不符合企业实际的业务特征，如对提供劳务的业务不采用完工百分比法确认收入,按里程碑或结算进度确认完工百分比。

对于收入确认会计政策与企业业务不相符的,应重新选用会计政策,适用会计政策变更准则进行会计调整。

4. 对符合收入确认条件的业务随意延迟确认收入,跨期确认收入进行收益调节。

对于随意延迟确认收入或者将不符合收入确认条件的业务确认收入的,应逐笔核实并进行会计差错调整。

案 例 新三板转板被否涉及收入确认原则

依据公开渠道的信息,博拉网络被否涉及会计处理方面的部分问题:2018 年该公司与上海衣页信息科技有限公司及广州信翔信息科技有限公司签署《媒体平台推广合作合同》,约定向其提供腾讯朋友圈广告平台代充值服务,未约定提供运营服务,博拉网络披露对提供充值服务的客户按净额法确认收入,但对上述两家公司按照提供运营服务以全额法确认收入,涉及收入金额为 3221.96 万元,占主营业务收入的比重为 10.54%,与其合同约定及收入确认政策不一致(具体未通过上市审核的原因以实际为准)。

另外,依据《北京盈建科软件股份有限公司创业板首次公开发行股票申请文件反馈意见》(在审)记载,审核机构反馈意见如下:“收入确认原则根据招股说明书披露,软件销售业务直销模式下,以客户确认的签收单为确认收入的依据;非买断式销售模式下,以终端客户确认的签收单为收入确认依据;买断式销售模式下,以代理商确认的签收单为收入确认依据。前述确认依据的形式包括了:纸质签收单、确认邮件或短信等。请发行人:(1)结合公司所售软件的具体安装、测试、使用方法,软件使用期限、升级权限及收费模式等,补充说明公司各种模式下软件销售确认方法、标准及依据;(2)结合公司客户对软件安装使用程序,补充说明与收入确认相关的确认单出具的一般时点、决定因素等,有无客观、可验证的证据资料,并补充说明招股说明书中所述纸质签收单、确认邮件或短信等确认依据如何作为入账基础,是否客观可验证。请保荐机构、会计师核查并发表意见。请提供前述各类收入模式及不同收入确认依据下,报告期各期典型销售行为对应的销售合同、销售相关单据、收入确认依据等资料。请保荐机构、会计师核查并发表意见。”

案例 依据公司不同产品类别区分不同的收入确认原则

江苏北人(688218),在招股说明书中关收入确认原则的披露如下:“本公司收入的具体确认原则:

“(1)工业机器人系统集成:以产品已交付客户并经客户验收合格作为风险和报酬的转移时点确认销售收入,收入确认依据为签订的合同、签收单及终验收报告,计量方法根据双方签订的合同金额确认。

“(2)工装夹具:以产品已交付客户并经客户验收合格作为风险和报酬的转移时点确认销售收入,收入确认依据为签订的合同、签收单及验收(确认)单,计量方法根据双方签订的合同金额确认。

“(3)其他业务:①其他产品销售:以产品送抵客户指定地点并经客户签收作为风险和报酬的转移时点确认销售收入,收入确认依据为签收单,计量方法根据双方签订的合同或订单金额确认。②提供劳务取得的收入:双方约定的劳务已经完成,以劳务完成时点作为风险报酬的转移时点确认销售收入,收入确认依据为客户的确认单,计量方法根据双方签订的合同或订单金额确认。”

该公司的收入确认方法与新三板挂牌时存在差异,具体如下:“经该公司第一届二十二次董事会审议通过,自2017年1月1日起,将工业机器人系统集成业务收入确认时点由‘产品送抵客户指定地点安装完成且同时经客户预验收合格’变更为‘产品已交付客户并经客户验收合格’。2016年及以前年度,发行人业务规模相对较小,发行人一般在试制运行生产出样品后,通知客户进行预验收,达到合同约定的预验收要求后,客户出具预验收合格报告。产品在送抵客户指定地点安装完成并经客户预验收合格后,公司已基本完成合同约定的工作内容,对于合同标的无继续管理权,也无法实施有效控制,收入金额能够可靠地确认并很有可能流入企业,后续可能发生的成本非常少,且根据项目经验可以合理地预计,即已发生或将发生的成本均能够可靠计量,符合收入确认的条件。

但随着公司的技术实力和项目经验的积累,公司承接的项目大型化,大型项目的主体设备及辅助设备的数量较小型项目倍数增加,合同内容的复杂程度也增加较多。受场地等因素的限制,大部分集成工作已无法在公司内部完成整体的安装调试,仅能完成最核心的设备调试、电气连接以及工艺参数预设。客户通常对这部分核心工艺集成进行预验收之后,再进行包含主体设备、辅助设备及对应的电气连接在内的整体安装,并组织整条生产线的调试,整条生产线调试完成后,客户出具终验收报告。大型项目在预验收后的调试工作量、工作复杂程度大幅度提高,需要成本难以合理预计。此外,受发行人场地、项目工期等因素的影响,即使是小型集成项目,发行人在项目实施过程中也会将部分不影响预验收的工序调整到预验收完成后进行,增加了预验收之后的后续成本的不确定性。"

点评:江苏北人在新三板挂牌时候关于收入确认的方法与申请首发上市时确实存在一定的差异,但关于收入确认方法的调整,解释比较充分且专业,在原有方法上采取更加谨慎的确认方法。此类企业面对强势客户时确实存在收入确认比较困难的问题,有时候验收报告不向销售主体提供或者提供的仅为签字版的复印件等。所以制造类企业可以参照江苏北人的收入确认方法,谨慎处理。

案 例 按照阶段或约定的工时确认收入

原新三板公司阿尔特汽车技术股份有限公司在首次公开发行股票并在创业板上市招股说明书中记载如下。

收入确认时点:发行人收入确认时点为按阶段提供服务,并按阶段支付对价的,客户阶段性验收或者终验收以客户签字确认时间为准;合同约定提供服务并约定工时单价的,以经双方确认的工时结算单据并经客户签字确认时间为准。

收入确认依据:发行人收入确认时点为合同约定提供服务并约定工时单价的,按经双方确认的工时结算单据并经客户签字确认时间确认收入,符合会计准则规定,按经双方确认的工时结算单据并经客户签字确认表明收入的金额能够可靠的计量,经客户签字后表明相关的经济利益很可能流入企业,交易的完工进度依据合同能够可靠地确定,且企业依据合同进行成本核算表明交易中已发生和将发生的成本能够可靠地计量;发行人收入确认时点为按阶段提供服务,并按阶段支付对价的,客户阶段性验收或者终验收以客户签字确认时间确认收入,符合会计准则规定,按合同阶段提供服务并按阶段支付对价表明收入的金额能够可靠的计量,客户阶段性验收或者终验表明相关的经济利益很可能流入企业,交易的完工进度依据合同阶段能够可靠地确定,且企业依据合同阶段进行成本核算表明交易中已发生和将发生的成本能够可靠地计量。

点评:按阶段确认收入一定要具有事实依据和符合准则的规定,与阿尔特相关的收入确认时点和确认依据的类似案例和操作可以参考埃维股份(838897)。

(三)实务中的账外经营问题

1. 常见账外经营形式

第一,收入和成本均不入账的体外经营;第二,收入不入账,但成本则通过公司核算;第三,采用多账套核算收入和成本等。

2. 规范的思路与方法

账外业务是典型的财务不规范以及偷税行为,收入和利润属于最关键事项之一。解决账外经营的关键在于补缴税金以及成本确认问题。原则上所有账外经营收入和成本均应进行会计差错调整,纳入公司财务报告。第一,体外经营应当审慎调查采购、销售的主体,往来资金流转情况和票据的规范性、齐备性等因素,对于符合收入确认条件的应当纳入公司财务核算并补缴税金;第二,对于成本已入账但收入未入账,采用多账套核算账外经营的,应当通过会计差错调整的方法补记收入,合并账套核算,并补缴税金。

(四)收入的分析程序及重大或异常客户的核查

对拟挂牌公司的收入进行分析:分析波动原因,判断波动原因是否合理,是否获取支持依据。具体程序为:首先,实施多期、多维度及可比公司的比较。包括按月、分部、分品种、分项目实施分析程序;报告期与前期进行纵向比较;挂牌公司与同业其他公司进行横向比较。其次,实施销售数量、价格、金额、关键财务指标与非财务指标对比。关键指标包括毛利率、应收账款周转率、费用/收入占比、销售结构、产销率、单位价格、单位毛利、单耗比等。另外,要考虑报表项目内在逻辑关系(营业收入、应收账款、经营现金流量、费用、产量/产能等)。

除执行重大交易合同履行情况核查、重大业务收入确认政策适当性核查、重大业务交易核查、交易函证等常规程序外,还应针对挂牌公司申报期内大额或异常客户(例如,新增的前五名客户与供应商;经营范围、业务规模与交易额不匹配的客户与供应商)、异常交易(例如,交易价格、合同条款等明显不公允;不具有商业目等)实施客户背景或交易真实性的调查。调查手段包括网络查询、工商信息核对、电话访谈、实地走访等。

利用可获得的公开资料(全国企业信用信息公示系统及公司网页等)对报告期前几名或异常、偶发的客户进行背景调查。了解公司的客户性质、经营模式、区域分布、数量、重要客户占比等。了解公司对客户的管理流程、控制是否有效。获取挂牌公司客户相关人员的单位电话,实施电话访谈,必要时,先获取拟牌公司客户前台电话确认相关人员的真实性。调取客户的工商登记资料,关注其经营规模和经营范围是否与了解的情况一致,关注其法定代表人、股东是否与被审计单位存在关联关系。对客户进行现场访谈和实地察看,关注客户办公环境、仓库情况、经营规模、库存情况等,询问其与被审计单位的主要交易条款及其产品的情况。

案 例 收入大幅波动的合理性及真实性问题

对于报告期收入波动幅度较大,甚至报告期前最后一年到申报前一期存在相反方向的波动,则需要高度关注收入的波动合理性以及收入的真实性问题。以九龙珠为例,"问题:公司以特许加盟为主,主要客户为个人加盟商。2017 年度、2018 年度、2019 年 1 ~ 3 月,公司营业收入分别为 5925.79 万元、12,949.20 万元、3706.64 万元。2018 年营业收入较 2017 年上升 118.52%。(1)请公司补充披露收入大幅增加的原因及合理性。(2)请主办券商及申报会计师补充说明针对公司收入的真实性及完整性执行的具体尽调及审计程序,主要客户走访、函证情况及占比,尽调及审计程序确认的金额占总金额的比重,并发表核查意见。(3)请主办券商及申报会计师补充核查销售与收款相关内部控制及其有效性,并发表明确意见"。

另外,依据《西安蓝岸新科技股份有限公司二次反馈意见回复》,审核机构要求:"请公司补充 2018 年 1 ~ 8 月收入增长的原因及合理性。请主办券商、会计师:(1)补充核查公司报告期内业绩增长的真实性、合理性,并就营业收入是否稳定、是否可持续、是否存在跨期确认收入、是否存在虚增收入、账外利润、调节利润等情形,并对公司收入的真实性、准确性、完整性发表明确意见;(2)说明对公司各期主要客户销售数量及价格所履行的核查程序,所核查的各报告期销售金额、合计金额占销售总额的比重。"

案例 审核机构要求结合行业环境核查收入的真实性

对于特殊行业或者涉及相关的淘汰产业、落后产能行业相关的行业,尤其是容易受到行业影响且行业客户集中的企业,应当重点关注收入受到行业的影响以及相关收入变动方向是否与行业趋势一致。

依据《关于深圳市捷创新材料股份有限公司挂牌申请文件的第五次反馈意见》,该公司所处行业的下游行业为彩色电视行业,从监管人员或者最普通的人员的角度理解,会认为彩色电视行业属于逐年下滑的行业,而公司的收入是否会受到行业影响及其收入的真实性就成为重要的关注事项。具体问题以及反馈如下:

"问题:请主办券商结合公司下游行业需求的变化、客户的变化、产品的变化等方面情况核查公司收入的真实、准确、完整性发表核查意见。

"主办券商回复如下:公司下游行业彩色电视机在2017年、2018年产量分别为15,258.34万台、17,912.30万台。主办券商查询了万得数据库,显示彩色电视机在2019年1~8月累计产量为12,165.90万台,将该数据年化后可得2019年累计产量为18,248.85万台,上升的产量一定程度上反映了公司下游行业需求增加,暂未出现疲软或下降态势。主办券商查询公司报告期后新签合同与订单,来自部分重大客户的未税销售收入情况统计如下:

部分重大客户	5月	6月	7月	8月	未税销售金额合计(万元)
创维	83.98	48.26	54.25	117.95	304.44
冠捷	31.91	24.77	32.31	31.16	120.15
乐轩	273.91	123.47	111.77	94.77	603.92
康冠	142.45	57.43	92.14	87.75	379.77
升华	109.63	113.42	173.05	131.53	527.63
未税销售金额合计	641.88	367.35	463.52	463.16	1935.91

“另外，公司与客户青岛海信电器股份有限公司、宸展光电（厦门）股份有限公司、深圳市希迈科科技有限公司、新谱（广州）电子有限公司、佛山市顺德区顺达电脑厂有限公司、高创（苏州）电子有限公司亦有购销往来。根据审计报告及期后收入统计，公司2017年、2018年、2019年1~4月实现主营业务收入分别为2245.76万元、5045.26万元、2701.30万元，2019年5~8月实现未税销售收入为2526.28万元，因此公司能够与重大客户保持稳定合作，并开拓与其他客户的合作，具有稳定的客户构成及收入来源，公司销售收入逐年增加，业务量呈现增长趋势。主办券商在期后合同与订单分析中亦发现显示终端结构件为公司的主要收入来源，客户向公司下单主要集中在显示终端结构件下的支架类产品。

“核查结论：综上，公司下游行业产量保持增长趋势在一定程度反映了公司面临的下游行业需求有所提高；从期后销售收入、与客户新签的销售合同及客户新下订单分析中可知，公司对重大客户维持了较高黏性，公司在与原有重大客户合作基础上，能够与其他客户开展合作，公司实现收入逐年增长；公司报告期、报告期后主要收入来源依然是显示终端结构件，具体细分则是支架类产品，该产品以公司研发的新型高分子改性材料——PC + ABS为生产基材，通过改造后的机械设备结合吹塑工艺生产而成，具有强度高、免喷涂、成本低等优势，该产品体现了公司的竞争优势所在，利用该产品，公司一直保持对新老客户的吸引力，从而带动销售收入增长。综上所述，主办券商认为公司报告期内业绩大幅增长具有真实性，且数据经过审计，具有准确性和完整性。”

案例　直销和经销的收入确认方法以及是否利用经销模式提前确认收入

关于存在经销商模式的，首先要核查经销商是否存在关联关系或者隐藏的关联关系，甚至直接就是核查拟挂牌公司的实际控制人控制的其他公司。对于充分核查不属于关联方后，再核查其他事项。实务中对于是否需要核查经销商的终端销售情况，把握尺度不一，审核机构也不是核查所有存在经销商的公司的最终销售情况。

以《常州龙翔气弹簧股份有限公司挂牌申请文件的第一次反馈意见》回复为例，其回复记载如下：“请公司披露经销收入确认的具体时点及具体原则，请会计师对报告期内收入确认,成本结转的条件、方法是否符合《企业会计准则》,公司报告期内是否存在利用经销模式提前确认收入的情形进行核查。”

公司回复如下:“报告期内,公司产品的对外销售的销售模式分为直销和经销,经销销售为买断式销售,经销收入确认原则和具体确认方法如下:(1)经销收入确认原则:公司在已将商品所有权上的主要风险和报酬转移给购货方;既没有保留通常与所有权相联系的继续管理权,也没有对已售出的商品实施有效控制;收入的金额能够可靠地计量;相关的经济利益很可能流入公司;相关的已发生或将发生的成本能够可靠地计量时,确认销售商品收入的实现。(2)经销收入确认方法:①货物已经报关出口,取得装箱单、出口报关单和提单;②收入的金额能够可靠地计量;③货运单据、出口销售发票已经交付客户;④相关的已发生或将发生的成本能够可靠地计量时确认销售实现。(3)公司与经销商的合作模式为买断销售模式,即公司以商定的确定价格销售商品给经销商,风险和报酬均转移给经销商。因此,公司的经销的成本结转的条件、方法与直销一致。”

主办券商回复:“查阅公司账簿、明细账,查阅公司销售收入台账;查阅公司销售合同、报关单、发票、发货单据、提货单及客户回款流水,核查公司销售及回款均处于正常状态;了解公司销售流程并执行穿行测试,核查公司的销售内控存在并有效执行;查阅审计报告,了解公司关于销售收入及成本的会计政策,符合《企业会计准则》;访谈并函证公司客户,确认收入是真实地;对收入执行截止测试,确认收入不存在跨期,具有完整性。综上,经过上述核查程序,主办券商认为公司上述业务的收入确认及成本结转符合《企业会计准则》的相关规定,报告期内不存在利用经销模式提前确认收入的情形。”

“问题:请主办券商对销售产品是否实现终端客户销售进行核查,说明核查程序,并对收入的真实性发表明确意见。回复:主办券商对销售产品是否实现终端客户销售实施的核查程序如下:(1)与公司销售人员沟通,了解公司经销商的情况及与经销商之间的合作模式;(2)对主要经销商进行访谈,并形成访谈记录;(3)抽查相关销售合同、报关单、开具的发票及银行回款单等。经查,公司与经销商之间的销售为买断式销售,经销商根据终端客户的订单需求向公司发送采购订单,经销商采取订单销售模式,不采用囤货销售,经销商与公司之间不存在关联关系。综上,主办券商认为:公司通过经销商实现的收入是真实的。”

案 例 电商渠道销售收入的核查

依据《无锡奇宝星科技股份有限公司挂牌申请文件反馈意见回复》，审核机构反馈意见："关于电商渠道销售。公司仅有开设淘宝直营店一种模式。(1)请公司补充披露电商业务开展情况，包括不限于销售金额及占比，收入确认条件、时点、资金流转情况及绑定的结算账户情况等。(2)请公司补充披露报告期第三方支付平台名单、合作期间、合作方式，结算频率、结算方式，公司是否对其支付报酬，如有，手续费支付情况，各期手续费支付金额、会计处理等。(3)请主办券商及申报会计师充核查第三方支付平台独立性、提供资金流水的可靠性、资金安全性，并说明核查过程，并发表意见。(4)请主办券商及申报会计师结合退货情况补充核查公司收入确认是否谨慎，是否存在网购刷单情况，并发表意见。(5)请主办券商及申报会计师补充说明针对公司电商平台销售模式下销售收入的真实性及完整性，执行的具体尽调及审计程序，确认的金额占总金额的比重，说明取得的相关的内外部证据，销售与收款相关内部控制及其有效性，并发表明确意见。"

另外，花巷股份(873219)、丽宫食品(872325)、卡特马克(872165)、维真视界(872154)、快玻科技(872567)等均存在网上电商销售模式，可参考相关问题反馈回复。

案 例 收入多数来源于加盟模式

依据《周六福珠宝股份有限公司首次公开发行股票申请文件反馈意见》(原周六福)，反馈意见如下："报告期，公司80%以上的收入来源于加盟模式。(1)请补充披露各报告期末销售金额在300万元以上的加盟商合作历史及稳定性，发生变化的原因，是否对个别加盟商存在依赖。(2)说明加盟商和发行人是否存在实质和潜在的关联关系，是否存在向加盟商提供财务资助或者资金支持情形。(3)请结合报告期前五名客户中加盟商店铺增加数量和销售额变化，说明前五大客户在报告期销售额变化与店铺增长情况是否匹配，以及前五大客户变化的原因。(4)结合同行业可比公司的加盟情况，补充说明发行人的加盟政策及收入确认政策的会计处理与可比公司是否存在差异，并说明差异的原因及合理性。(5)补充披露发行人的加盟商获取渠道、选取标准、日常管理、定价机制(包括营销、运输费用承担和补贴等)、物流、退换货机制、销售存货信息系统等方面的内控是否健全并有效执行。(6)补充披露发行人向加盟商销售产品的定价方式,发行人是否控制加盟商终端产品的零售价格,说明前述价格控制的具体措施;自营店与加盟店销售相同产品是否存在价格差异,如何避免加盟店与自营店之间的恶性竞争。(7)公司对加盟商的终端销售情况及期末存货情况是否可跟踪,加盟商各报告期平均期末存货变动情况。(8)报告期内加盟店数量分别为1763家、2252家及2781家,关闭的加盟店数量分别为245家、130家及202家,请补充披露加盟店分区域变化情况、关店的原因、已关闭加盟店的经营业绩与营业店铺的差异,报告期各期门店商铺未续期或出现违约的情况,异常店铺占比及货款结算情况。(9)补充说明新增加盟店铺的平均销售情况、铺货情况与2018年以前开设加盟店的对比,是否存在较大差异,2018年以来新增加盟店的销售收入和毛利贡献占比情况。(10)补充说明加盟商中个人等非法人实体的数量及占比,发行人是否对加盟店有资金、账期等支持,相关支持政策在报告期内是否保持一致。(11)发行人加盟商销售模式、占比等情况与同行业公司是否存在显著差异,如存在,请说明原因及合理性。请保荐机构、申报会计师对上述加盟商业务进行充分核查,并发表明确意见。”

(五)精选层特有的境外的销售收入及披露要求

发行人报告期存在来自境外的销售收入的,其核查及披露要求如下:发行人报告期存在来自境外的销售收入的,保荐机构、发行人律师和申报会计师应重点关注下列事项:(1)境外销售业务的开展情况,包括但不限于主要进口国和地区情况,主要客户情况、与发行人是否签订框架协议及相关协议的主要条款内容,境外销售模式、订单获取方式、定价原则、信用政策等;(2)发行人在销售所涉国家和地区是否依法取得从事相关业务所必需的法律法规规定的资质、许可,报告期内是否存在被境外销售所涉及国家和地区处罚或者立案调查的情形;(3)相关业务模式下的结算方式、跨境资金流动情况、结换汇情况,是否符合国家外汇及税务等相关法律法规的规定;(4)报告期境外销售收入与海关报关数据是否存在较大差异及差异原因是否真实合理;(5)出口退税等税收优惠的具体情况;(6)进口国和地区的有关进口政策、汇率变动等贸易环境对发行人持续经营能力的影响;(7)主要境外客户与发行人及其关联方是否存在关联方关系及资金往来。境外销售业务对发行人报告期经营业绩影响较大的，保荐机构、发行人律师和申报会计师应结合上述事项全面核查发行人的境外销售业务，说明采取的核查程序及方法。保荐机构及发行人律师应就境外销售业务的合规经营情况发表明确意见；保荐机构及申报会计师应就境外销售收入的真实性、准确性、完整性，收入确认是否符合《企业会计准则》规定，境外销售业务发展趋势是否对发行人持续经营能力构成重大不利影响等发表明确意见。发行人应在公开发行说明书中对境外销售业务可能存在的风险进行充分披露。

案 例 外销收入的问询及核查方法

依据《常州龙翔气弹簧股份有限公司二次反馈意见回复》，反馈意见如下："关于外销。(1)请主办券商并申报会计师补充说明针对外销收入的真实性及完整性执行的具体尽调及审计程序，包括不限于具体的核查过程及核查结果，如走访情况、函证金额及占比、通过尽调及审计程序确认的金额占总金额的比重等，并发表核查意见。(2)请公司结合在美国地区销售的产品及占比、相关产品是否在我国与美国互相加征关税清单中，以及中美贸易关系的最新情况，分析上述事项对公司持续经营能力的影响，补充说明公司的应对措施。如需，请对相关情况作重大事项提示。"回复："主办券商对公司外销收入真实性、完整性的核查方式如下：(1)核查主要外销客户的销售记录，将销售记录与出口报关单、销售订单、销售发票等出口销售单据进行核对，查看数量、金额是否一致，入账时间是否准确；(2)核查外销回款银行单据，外销收入是否正常回款；(3)向公司境外销售的主要客户发函确认交易额及应收账款余额；(4)检查报告期内外销是否存在大额期后退货情况，经核查，无大额期后退货情况；(5)对公司外销客户进行网络查询，核查其是否真实存在，并对前五大境外销售客户进行了邮件访谈，核查与公司的交易金额等；(6)向海关统计学会进行询证，确认各年度出口销售总额；(7)查阅审计报告，核实公司收入确认原则；(8)对收入及存货执行截止测试。"

点评：本案例的外销销售收入的核查时新三板基础层案例的反馈意见及核查方法。虽说精选层明确了外销的核查要求，但是基础层也是必要的参考。

二、成本

核查要求:请公司:(1)披露成本构成,结合直接材料、直接人工、制造费用等分析成本的主要影响因素,发生较大波动的,请公司披露波动原因;(2)说明成本的归集、分配、结转方法;(3)结合存货变动情况说明采购总额、营业成本之间的钩稽关系。请主办券商及会计师核查:公司成本归集、分配、结转是否准确,是否存在通过成本调整业绩的情形;公司成本构成与可比公司相比是否存在异常情况,若存在,核查是否合理;核查公司采购的真实性、成本的真实性及完整性,并发表专业意见。

精选层特有审核标准:发行人销售或采购环节现金交易金额较大或占比较高的,有哪些核查及披露要求?发行人应在公开发行说明书中披露以下信息:(1)现金交易的必要性与合理性,是否与发行人业务情况或行业惯例相符,现金交易比例及其变动情况与同行业可比公众公司是否存在重大差异,现金使用是否依法合规;(2)现金交易的客户或供应商的基本情况,是否为自然人或发行人的关联方,现金交易对象含自然人的,还应披露向自然人客户(或供应商)销售(或采购)的金额及占比;(3)现金交易相关收入确认及成本核算的原则与依据,是否存在体外循环或虚构业务情形;(4)现金交易是否具有可验证性,与现金交易相关的内部控制制度的完备性、合理性与执行有效性;(5)现金交易流水的发生与相关业务发生是否真实一致,是否存在异常分布;(6)实际控制人及发行人董事、监事、高管等关联方是否与相关客户或供应商存在资金往来;(7)发行人为减少现金交易所采取的改进措施及进展情况。保荐机构及申报会计师应对发行人上述事项进行核查,说明对发行人现金交易可验证性及相关内控有效性的核查方法、过程与证据,以及发行人是否已在公开发行说明书中充分披露上述情况及风险,并对发行人报告期现金交易的真实性、合理性和必要性发表明确意见。

(一)成本相关的常见问题及规范思路

1. 与收入相关的成本归集范围不清晰导致成本核算失真,比如,将期间费用(如管理人员薪酬、办公费用、销售费用等)归集到营业成本,便于做高成本少交税,将应当生产成本支出归集为研发支出便于抵扣企业所得税;

2. 成本支出未进行合理分配,导致各类产品收入的财务比率失真或不可比;

3. 确认收入时未相应地结转成本。

规范的思路与方法:成本归集与分配不清晰,是会计基础薄弱,企业应当梳理业务流程,规范成本核算。报告期内成本归集与分配不清晰的,应当依据重要性原则对重大的成本支出归集与分配进行差错调整;对未在确认收入的同时进行成本结转的,应当进行会计差错调整。

(二)成本波动因素

成本受很多因素影响,如原材料价格波动、规模效应、投入产出比、原材料结构变化等,多种因素夹杂在一起,导致单位成本受不同原因、不同方向的影响。

1. 规模效应

规模效应是指公司随着销售规模的扩大,单位固定成本逐渐降低的效应。这一点特别针对固定资产投资较大,制造费用、人工费用占比较大的企业。由于前期产能利用率不足,单位制造费用及人工费用较高,单位折旧费用较高,而随着产能利用率的提升,单位固定成本直线下降,规模效应是毛利率分析运用较多的一种解释方法。

2. 原材料价格波动

原材料价格变动是影响成本波动的最重要的原因,因为大多数制造业企业原材料占比都较大,原材料波动对单位成本波动的影响最大。分析原材料波动的时候,要特别注意,公司销售单价是否可以随原材料波动增长而增加,如果不能,如何保证公司未来的持续盈利能力、公司对上下游的议价能力。

3. 投入产出比变化

投入产出比的变化非常重要,既是解释公司成本变动的原因,也是中介机构核查企业是否造假的一项重要方法。通常投入产出比要符合行业规律,违背行业规律则就要关注真实性问题。

4. 原材料结构变化

若公司主要原材料单位成本都在提升,而公司产成品的单位成本却不变甚至有所下降。通常客观情况可能为:公司在不改变产品性能的情况下,改变了原材料结构,即用便宜的东西替代了价格不断上升的贵的东西。另外,需要要着重说明改变原材料结构同时不改变产品性能,仅仅是对原材料作了合理的替代。

（三）关注成本是否体外核算

实务中，个别公司通过体外企业承担拟挂牌公司的成本，使拟挂牌公司的利润水平提高。此种财务造假现象常见于有迫切融资需求或者和投资机构有对赌要求的公司。对于成本的核算等要充分参照同行业公司，研究公司产品或者服务所对应的必需品及其消耗量。关于是否通过成本调节利润的问题，也是属于审核机构关注的问题。

案 例 反馈是否存在通过成本调解业绩的情形

九龙珠挂牌反馈意见："关于成本。请主办券商及会计师补充核查：(1)公司是否与业务情况相符、成本的归集、分配、结转是否准确，是否存在通过多计或少计成本调节业绩的情形；(2)成本披露是否准确，与业务是否匹配；(3)公司成本构成的具体情况，是否发生重大变化，变化趋势是否合理；(4)公司成本与可比公司相比是否存在异常情况，若存在是否合理。"

回复："报告期内，公司及子公司主营业务为加盟商提供物料并对加盟商进行日常指导与监督管理，提供品牌营销策划等服务。公司在发货后根据送货单及客户验收确认开具发票并确认收入，同时结转成本。公司营业成本主要为材料成本、仓储费用、服务费成本、直营店经营成本。材料成本为公司根据食品配方向供应商采购物料，再销售给加盟商，公司发出材料采用加权平均法核算，发出库存商品采用加权平均法核算。周转材料采用一次摊销法核算。当期发生的仓储费用的当月归集一次性直接进入当期成本；服务费成本在服务完成后计入营业成本，直营店经营成本主要是材料成本、人员工资等，当月发生时一次性计入当期成本。

"报告期公司主要成本是材料成本，材料成本分别占报告期内营业成本的99.72%、97.84%、97.73%，未发生重大变化。与可比公司快乐番薯相比，快乐番薯成本构成中存在专用设备成本、直接人工、制作费用等成本，专用设备成本主要是因为快乐番薯代加盟商采购生产茶饮设备，直接人工、制作费用主要是快乐番薯自产茶饮物料——番薯球导致，除上述差异外，快乐番薯与九龙珠成本中均主要为外购的物料成本。

"结论意见：综上，主办券商和申报会计师认为，公司成本核算方法与业务情况相符，成本的归集、分配、结转准确，不存在通过多计或少计成本调节业绩的情形；成本披露准确，与业务匹配；公司成本构成的具体情况未发生重大变化；公司成本与可比公司相比不存在异常情况。”

（四）关注成本归集的准确性等

案　例　绿化公司类成本费用归集的准确性问题

依据《北京盛旺绿化工程股份有限公司挂牌申请文件的第三次反馈意见的回复》（盛旺绿化873323），反馈意见：“问题：补充核查成本费用的归集、分配、结转的准确性，收入确认及成本结转是否存在配比关系。”

回复如下：

“1. 核查过程

“（1）了解公司是否符合公司业务及最近两年一期是否发生变化；结合公司经营情况、查阅公司报告期主要产品（服务）的成本明细表、分析各类业务成本的构成情况。（2）了解营业成本、期间费用核算的内容并对公司营业成本及期间费用进行了检查及分析性复核，以确定其营业成本和期间费用的确认、计量、披露是否符合《企业会计准则》等财务管理制度的相关要求。（3）取得公司成本分配表，抽查记账凭证、发票、支付凭据以及相关的合同，以验证公司成本费用归集是否正确，是否符合《企业会计准则》相关要求。（4）取得期间费用明细账，对公司期间费用进行分析性复核，分析公司期间费用是否和公司经营相关，重点关注大额的、变动比例较大的管理费用明细。抽取大额凭证，并检查银行流水、发票、合同等原始单据；复核期间费用的记账金额与列报金额。（5）对公司期间费用进行抽查，检查期间费用发票、审批单、付款单，重大支出的相关合同。（6）对公司期间费用进行截止性测试。（7）对部分月份的成本进行重新计算，测算相关的毛利率，对毛利率的波动原因进行分析，查找背后的原因是否合理。（8）获取主营业务成本结转明细账，并按照项目抽查比较计入营业成本的项目和营业收入的口径是否一致，是否符合配比原则，以此核算报告期内收入、成本的配比关系是否合理。

“2. 分析过程

“(1)报告期内公司的收入、成本按业务类别列示情况见表1:

表1 报告期间公司收入与成本按业务类别列示

单位:元

类别	2018年度		2017年度	
	收入	成本	收入	成本
绿化养护	1,246,115.63	763,122.64	760,559.22	478,680
绿化工程	5,340,248.90	4,212,230.14	4,574,194.19	3,670,104.75
机械设备租赁居间服务	1,615,763.11	491,257.93	2,619,630.56	577,900
合计	8,202,127.64	5,466,610.71	7,954,383.97	4,726,684.75

“(2)业务成本按类别明细分类,情况见表2:

表2 业务成本分类(按类别)

项目	2018年度		2017年度	
	金额(元)	比例(%)	金额(元)	比例(%)
人工成本	1,730,110.69	31.65	1,393,780	29.49
物料采购成本	3,733,396.70	68.29	3,332,904.75	70.51
其他成本	3,103.32	0.06	—	—
合计	5,466,610.71	100.00	4,726,684.75	100.00

报告期内,公司主营业务成本主要由人工成本、材料成本及其他成本构成;报告期内,公司主营业务成本分别为5,466,610.71元、4,726,684.75元,公司主营业务成本随着营业收入的变动而变动,2017年度后公司加强了业务人员开拓市场的能力,加大了公司市场宣传,公司的营业收入和营业成本大幅度增加。

“(3)公司成本的核算方法:

“①成本的归集:绿化养护服务成本包括人工薪酬、固定资产(机械设备)折旧及物料采购费;绿化工程服务成本包括物料采购费、人工薪酬;机械设备租赁居间服务成本包括人工薪酬。采购成本明确至具体项目的直接一一对应归集至具体项目成本。公司根据职能部门将职工薪酬在营业成本中进行分配,各部门人员的人工成本按照每月实际发生的人工薪酬按照项目收入占比归集,临时工人员的人工成本按照所属项目归集。固定资产中机械设备的折旧分配根据固定资产各部门人员使用情况,直接每月将固定的折旧额按业务类别计入营业成本。

"②成本的结转:客户确认服务后并出具服务确认单(工程验收单),公司依据客户提供的服务确认单(工程验收单)确认收入后,依据采购确认单确认对应的采购成本并将其结转至对应项目的营业成本科目;人工薪酬和固定资产折旧费用直接按月并按业务类别计入营业成本科目。业务中发生的成本可按业务类别归集在营业成本科目中。公司的成本核算方式符合公司的业务模式,且各期保持一致,成本的归集真实、准确、完整;主营业务成本在确认收入的同时进行结转,保障收入和成本的匹配性。公司报告期内收入、成本的配比关系合理。

"(4)公司期间费用的归集:期间费用核算内容为公司日常经营活动所发生的经济利益流出。销售费用主要核算因营销发生的广告费用。管理费用主要核算职工薪酬、房租费、服务费、折旧、办公费、业务招待费、差旅费等费用。财务费用由利息收入、银行手续费支出构成。检查公司财务账、合同、凭证,对期间费用进行截止测试,经核查,期间费用不存在跨期现象。对期间费用进行细节测试,经核查,费用分类归集合理,符合公司经营的实际情况,不存在关联方承担费用的情况。

"报告期内,2018 年度、2017 年度,公司期间费用合计分别为 2,041,759.92 元、2,656,563.62 元,期间费用占营业收入的比例分别为 24.89%、33.40%,2018 年度期间费用相对于 2017 年度下降 23.14%,主要原因为:(1)公司 2018 年度销售费用中的广告宣传费用大幅降低。(2)公司建立了严格、规范的费用报销等财务管理制度,并按照审批权限逐级审批,保证费用发生的合理性。通过对期间费用的变动情况进行分析,期间费用变动合理,不存在异常。

"3. 核查结论

经核查,主办券商认为:公司营业成本和期间费用归集、分配及结转内容真实、准确、完整;公司营业成本和期间费用的各组成项目的划分归集合规,能真实反映实际营业成本和期间费用情况,符合企业会计准则的相关规定。公司报告期内收入、成本的配比关系合理。"

案 例 林木类公司消耗性生物资产成本的会计核算

依据《关于广东嘉骏森林股份有限公司挂牌申请文件的第三次反馈意见》(嘉骏森林、873360),反馈意见及回复:“请主办券商及会计师核查消耗性生物资产成本的会计核算方法、主要成本费用项目的种类、归集、分配和结转方法的合理性。”

回复如下:

“主办券商及会计师通过对公司消耗性生物资产的相关会计政策进行了解,评价其是否符合企业适用的会计准则,是否与以前年度保持一贯性;检查公司消耗性生物资产的取得、初始计量、后续计量是否符合公司会计政策及《企业会计准则》的规定;访谈公司高管、检查林权证、取得消耗性生物资产明细表、测算林地使用权摊销、测算消耗性生物资产资本化金额、测算公司采伐收入的确认及成本结转、检查财务记账凭证等,以测算公司消耗性生物资产计价和分摊的准确性等核查方法对公司消耗性生物资产成本的会计核算方法、主要成本费用项目的种类、归集、分配和结转方法的合理性进行了全面核查。

“经核查,主办券商及会计师对公司消耗性生物资产的成本核算方法以及主要成本费用项目的种类、归集、分配和结转方法分析如下:

“1. 公司消耗性生物资产的成本核算方法符合《企业会计准则》的相关规定

“根据《企业会计准则第 5 号——生物资产》的相关规定,消耗性生物资产,是指为出售而持有的或在将来收获为农产品的生物资产,包括生长中的大田作物、蔬菜、用材林以及存栏待售的牲畜等。自行栽培、营造、繁殖或养殖的消耗性生物资产的成本,应当按照下列规定确定……自行营造的林木类消耗性生物资产的成本,包括郁闭前发生的造林费、抚育费、营林设施费、良种试验费、调查设计费和应分摊的间接费用等必要支出。生物资产在郁闭或达到预定生产经营目的后发生的管护、饲养费用等后续支出,应当计入当期损益。对于消耗性生物资产,应当在收获或出售时,按照其账面价值结转成本。结转成本的方法包括加权平均法、个别计价法、蓄积量比例法、轮伐期年限法等。

“根据《企业会计准则讲解 2010》的相关内容:‘企业应当结合历史经验数据和自身实际情况,确定林木类消耗性生物资产的郁闭度及是否达到郁闭。各类林木类消耗性生物资产的郁闭度一经确定,不得随意变更。林木类消耗性生物资产郁闭前的相关支出应予资本化,郁闭后的相关支出计入当期费用。郁闭是判断消耗性生物资产相关支出(包括借款费用)资本化或者是费用化的时点。郁闭之前的林木类消耗性生物资产处在培植阶段,需要发生较多的造林费、抚育费、营林设施费、良种试验费、调查设计费相关支出,这些支出应予以资本化计入成本;郁闭之后的林木类消耗性生物资产进入稳定的生长期,基本上可以比较稳定地成活,主要依靠林木本身的自然生长,一般只需要发生较少的管护费用,从重要性和谨慎性考虑应当计入当期费用。'

"公司消耗性生物资产的会计政策如下:'消耗性生物资产的计量方法:(1)消耗性生物资产按照成本进行初始计量。(2)外购消耗性生物资产的成本,包括购买价款、相关税费以及可直接归属于购买该资产的其他支出。(3)投资者投入生物资产的成本,应当按照投资合同或协议约定的价值确定,但合同或协议约定价值不公允的除外。(4)自行栽培、营造、繁殖或养殖的消耗性生物资产的成本,包括郁闭前发生的劳务费、土地费用、管护费、后期维护费、耗用的农用物资和应分摊的间接费用等必要支出,包括符合资本化条件的借款费用。因择伐、间伐或抚育更新性质而补植林木发生的后续支出,计入林木资产成本。(5)消耗性生物资产在郁闭后发生的费用计入当期损益。本公司消耗性生物资产郁闭期为4年。林木类消耗性生物资产在采伐时,采用加权平均法按账面价值结转成本。'

"公司的消耗性生物资产为桉木,属于速生丰产林,采伐期限一般为6~8年,公司结合自身的桉树抚育、造林经验以及自身实际情况,一般在4年以后,桉树进入稳定的生长期,只需要发生较少的管护费用,因此公司将消耗性生物资产的郁闭期确定为4年,并且规定消耗性生物资产在郁闭后发生的费用计入当期损益。林木类消耗性生物资产在采伐时,采用加权平均法按账面价值结转成本。

"因此,公司消耗性生物资产的成本核算方法符合《企业会计准则》的相关规定。

"2. 公司消耗性生物资产主要成本费用项目的种类、归集与分配

"经核查,公司消耗性生物资产的成本主要包括初始入账成本、林地使用权摊销、郁闭前后发生的抚育、管护费用,包括抚育所需的人工工资、肥料等农用物资成本、需要补种植的苗木成本等。上述成本费用项目,在林木资产达到郁闭前予以资本化计入消耗性生物资产成本,郁闭后全部费用化,计入当期损益。

“公司林木类消耗性生物资产按地块建立台账进行管理，抚育工作亦按地块分别进行，因此公司消耗性生物资产的成本核算根据林权证所载地块按林权证号分别进行单独核算，达到郁闭前所发生的成本费用，分别计入相应地块对应的消耗性生物资产成本，无法单独核算的成本费用，按照成本所属地块的亩数进行平均摊销。

“截至报告期末，公司消耗性生物资产占用公司林地共计32,413亩，主要来源于林地转让以及公司实际控制人之一、董事长、总经理卢展鸿的赠与，其中转让的林木资产按合同价款确认初始入账价值，卢展鸿赠与的林木资产按评估价值作为初始入账价值。主办券商及会计师根据林地转让合同约定的合同价款以及付款凭证、资产评估报告，确认公司消耗性生物资产的入账价值；针对后续支出，我们通过测算林地使用权的摊销或检查发票、付款凭证、协议、采伐许可证等资料，核实各地块的林地使用权摊销成本、检查各地块发生的肥料、农药等农用物资成本、劳务成本等抚育成本和采伐成本。

“3. 公司消耗性生物资产成本的结转

“根据企业会计准则的规定，消耗性生物资产应当在收获或出售时，按照其账面价值结转成本。结转成本的方法包括加权平均法、个别计价法、蓄积量比例法、轮伐期年限法等。

“公司消耗性生物资产的成本结转方法选择加权平均法，主要是考虑到公司的林木按地块进行抚育与管理，林木采伐也是以具体的地块为单位进行采伐许可证的申请与实际采伐工作，因此采用加权平均法较为合理。同时，同行业中采用加权平均法结转成本的挂牌公司也较为普遍，如森源股份(872979)、九森林业(832809)、绿湖股份(871934)，上市公司如福建金森(002679)。具体来讲，公司消耗性生物资产均采用皆伐方式采伐，在采伐时按照该地块账面价值以及林权证证载面积计算该地块的单位成本，实际采伐面积按照《林木采伐许可证》所附地图的投影面积计算，采伐过程中发生的采伐费用直接计入采伐成本直接结转。采伐时按加权平均法结转成本，计算公式如下：

“已采伐区域应结转的消耗性生物资产成本＝该区域所属地块消耗性生物资产的总成本÷林权证证载面积×实际采伐面积。

“主办券商及会计师按照加权平均法重新测算，确认公司消耗性生物资产的成本归集、已郁闭的消耗性生物资产的每亩单位成本以及已采伐部分的成本结转的准确性,并核实了公司消耗性生物资产的期末余额准确性。

“4. 报告期内公司消耗性生物资产账面成本构成及变动明细表

“表3中‘第一批林木资产’是指公司消耗性生物资产自初始入账以来尚未采伐之前的林木资产,‘第二批林木资产’是指‘第一批林木资产’采伐后,由树木的伐桩部位天然生长、人工补苗形成的林木资产。

表3 消耗性生物资产构成明细(表格内容有删除,仅提供披露格式)

单位:元

项目	2017年12月31日	本期增加	本期减少	2018年12月31日
第一批林木资产	111,693,928.37	263,852.19	11,129,277.89	100,828,502.67
第二批林木资产	2306.25	134,499.97	—	136,806.22
合计	111,696,234.62	398,352.16	11,129,277.89	100,965,308.89

表 4　第一批消耗性生物资产成本变动明细(表格内容有删除,仅提供披露格式)

单位:元

核算项目	2017 年 12 月 31 日余额				本期增加			本期减少			2018 年 12 月 31 日余额			
	初始成本	土地成本	抚育成本	合计	初始成本	土地成本	抚育成本	初始成本	土地成本	抚育成本	初始成本	土地成本	抚育成本	合计
博林证字 2014 第 001574 号	857,157	326,462.50	16,000	1,199,619.50	—	—	—	—	—	—	857,157	326,462.50	16,000	1,199,619.50
合计	108,064,266.94	2,612,886.93	1,016,774.50	111,693,928.37	—	39,139.04	224,713.15	11,129,277.89	—	—	96,934,989.05	2,652,025.97	1,241,487.65	100,828,502.67

表 5　第二批消耗性生物资产成本变动明细(表格内容有删除,仅提供披露格式)

单位:元

核算项目	2017 年 12 月 31 日余额			本期增加		本期减少		2018 年 12 月 31 日余额		
	土地成本	抚育成本	合计	土地成本	抚育成本	土地成本	抚育成本	土地成本	抚育成本	合计
博林证字 2014 第 001476 号	2306.25	—	2306.25	55,150.69	20,336.08	—	—	57,456.94	20,336.08	77,793.02
合计	2306.25	—	2306.25	79,067.36	55,432.61	—	—	81,373.61	55,432.61	136,806.22

"综上所述,主办券商及会计师认为公司消耗性生物资产成本的会计核算方法、主要成本费用项目的种类、归集、分配和结转方法符合《企业会计准则》的规定与公司的实际情况,具有合理性。"

点评:农业类、林业类等企业上市相对困难,而规模性公司又存在融资或者资本运作需求的一般会选择在新三板挂牌。持有大量消耗性生物资产的成本核算比较复杂,该案例中介机构采取的核查方法相对比较充分,对问题的分析也比较有说服力,在面对相应的问题时可以参考。

(五)关注成本披露与对手披露信息的一致性问题

公司对采购等成本的披露,需要关注交易对手披露信息的一致性。有时候因为询证函或者对账、汇率等问题导致拟挂牌主体披露的信息与交易对手披露的信息不一致时,需要关注并解释相应的原因。

案　例　披露成本等信息与对手公告不一致

依据《广东风华新能源股份有限公司三次反馈意见回复》,该公司反馈意见及回复如下:"公司第二大股东广东风华高新科技股份有限公司为上市公司,公司与风华高科信息披露存在不一致。(1)请公司按科目充分说明差异的原因及合理性;(2)请主办券商及会计师核查,公司会计核算基础是否符合现行会计基础工作规范要求,并对报告期内公司财务管理制度是否健全、会计核算是否规范发表意见。"部分回复内容如下:"2017 年检测费差异:2017 年公司披露的相关检测费用合计为 96,960.33 元,风华高科披露的相关检测费用为 87,380.33 元,差异为 9,580.00元。经分别与开发分公司、亿华检测对账并核实,本公司披露的交易金额准确。2019 年 1 ~6 月检测费差异:公司披露与开发分公司交易金额 20,080.00 元,风华高科披露的交易金额为 0 元。经与开发分公司核实,并检查当期的交易发票、付款记录等资料,公司披露的交易金额准确。2019 年 6 月末房屋押金差异:根据风华高科回函,截至 2019 年 6 月末,风华高科账面其他应付公司126,683.67 元,风华高科披露会计科目与其回函会计科目存在差异。根据回函信息,其披露金额高于风华新能披露金额 1190.64 元,该项差异系风华高科收取风华新能代扣的职工宿舍水电费,未及时结转导致挂账所致,公司关于房屋押金的披露余额准确。”

点评:关于成本分类方式,按照公开转让说明书的格式要求,成本构成应当按照产品(服务)分类构成、成本性质分类构成、其他分类等维度进行分析。

三、毛利率

核查要求:(1)披露毛利的构成明细,如在报告期间波动较大的,请结合销售价格及单位成本的内外部影响因素的变动情况分析并披露各项毛利波动的原因;(2)结合同行业情况、公司自身优劣势等分析公司毛利率水平与同行业可比公司是否存在重大差异,如存在,请披露原因。请主办券商及会计师:核查毛利水平以及波动是否合理;针对公司营业成本和期间费用的各组成项目的划分归集是否合规发表意见,并针对公司报告期内收入、成本的配比关系是否合理进行核查并发表意见。

精选层特有审核标准:发行人报告期出现营业收入、净利润等经营业绩指标大幅下滑情形的,核查及监管要求:发行人在报告期内出现营业收入、净利润等经营业绩指标大幅下滑情形的,保荐机构及申报会计师应当从以下方面充分核查经营业绩下滑的程度、性质、持续时间等:(1)经营能力或经营环境是否发生变化,如发生变化应关注具体原因,变化的时间节点、趋势方向及具体影响程度;(2)发行人正在采取或拟采取的改善措施及预计效果,结合前瞻性信息或经审核的盈利预测(如有)情况,判断经营业绩下滑趋势是否已扭转,是否仍存在对经营业绩产生重大不利影响的事项;(3)发行人所处行业是否具备强周期特征、是否存在严重产能过剩、是否呈现整体持续衰退,发行人收入、利润变动情况与同行业可比公众公司情况是否基本一致;(4)因不可抗力或偶发性特殊业务事项导致经营业绩下滑的,相关事项对经营业绩的不利影响是否已完全消化或基本消除。发行人最近一年(期)经营业绩指标较报告期可比期间最高值下滑幅度超过50%,如无充分相反证据或其他特殊原因,一般应认定对发行人持续经营能力构成重大不利影响。保荐机构及申报会计师应结合上述情况,就经营业绩下滑是否对发行人持续经营能力构成重大不利影响发表明确意见。

(一)核查公司毛利率的方式

从新三板转板失败的案例可以得知,多数公司会被问及毛利率、净利率等,包括相互之间的变动协同性和同行业可比性问题等。因此,精选层发行时需要高度关注该问题。

1. 分析宏观经济情况及所处行业情况、上下游行业情况等,当毛利率水平及变动趋势与行业与经济形势和行业发展存在矛盾的需要重点关注并解释。

2. 了解公司销售与收款活动相关的内部控制,并对相关内部控制的有效性进行测试,以确认销售与收款活动相关的内部控制设计不存在重大缺陷,控制活动运行有效。

3. 了解公司采购与付款活动相关的内部控制,并对相关内部控制的有效性进行测试,以确认采购与付款活动相关的内部控制设计不存在重大缺陷,控制活动运行有效。

4. 核查销售合同,产品出库单、物流凭证、验收单、收款凭证、毛利率情况分析表。

5. 核查采购合同,入库单、验收单、付款单据。

6. 核查成本计算单、成本费用归集情况、存货发出情况,并进行分析。

7. 对客户及供应商进行实地走访,对客户和供应商进行走访,在核实交易的真实性基础上,可以关注上下游行业的情况,了解所对应的其他竞争对手的名称以及利润率水平等,对同行业的毛利率水平进行充分详细的分析对比。

8. 核查审计报告与公司财务资料,并与注册会计师进行充分沟通。

9. 核查收入截止确认,核实公司是否存在跨期确认收入的情况。

10. 核查应收账款、预收账款、主营业务收入的发生额明细表,并与有关合同、服务确认单据、销售发票、记账凭证、收款凭证、银行流水、增值税申报表等进行核对,检查销售与收款内控情况,以验证收入的真实性、准确性和完整性。

11. 核查应付账款、预付账款、主营业务成本的发生额明细表,并与有关合同、服务确认单据、采购发票、记账凭证、支付凭证进行核对;检查采购与支出内控情况,以验证成本的真实性、准确性和完整性。

12. 对收入发生额、往来余额、供应商款项等发函。

13. 访谈公司财务、销售、生产、采购、仓储等人员。

14. 核查公司的生产流程管理文件、材料出入库单、工时记录表等生产文件和财务文件，与公司业务人员、会计人员访谈等方法，确认公司的成本核算方法是否与业务情况相符，报告期内是否发生变化。

15. 核查存货情况，执行截止测试，核实成本完整性，结转成本的情况。

（二）对毛利率进行分析的角度

1. 公司内部环境变化

公司提高了机械化程度，引入了 ERP 管理系统，缩减了内部流转的流程；引入 JIT 模式，降低了库存成本等，都是重要的提升内部管理能力，提高生产效率的方式。公司内部环境变化，比如内部管理能力提升，有可能很大程度提升公司的生产效率，从而降低单位生产成本。除定量分析成本变动原因外，可以主动跟公司的管理人员、生产人员等沟通主动去发现引起毛利率变动的环境因素。

2. 结合企业外部环境进行分析

包括企业所属行业供求关系、外部市场的竞争情况等。行业供求关系变化：如果行业处于供不应求的状态，则企业因为产品的稀缺性伴随着毛利率提升则属于正常现象。无论行业原材料价格上涨或者下降，毛利率均能够通过对销售产品的提价保持甚至提高。而当行业供过于求，毛利率下降则属于合理现象，这时我们需要考虑的可能就不仅仅是毛利率波动的问题，而需要考虑企业未来发展前景以及持续经营能力的问题了。

行业升级换代影响：若行业正处于升级换代过程中，产品价格、产品性能、产品成本在特殊的周期具有特殊的毛利率水平，高性能或低成本等可能使行业毛利大幅提升。

3. 从具体原因的角度分析毛利率波动

主要有商品价格波动或者产品成本波动、市场波动等，产品成本波动已经在成本问题中描述，此处就产品价格波动导致的毛利率波动进行分析。

（1）所处发展阶段差异

不少新三板挂牌企业属于初创型企业，在市场开拓初期，由于需要布局市场，往往采取低价策略，给予前期客户较高的折扣率，而随着市场占有率的和销售渠道的稳定，价格会恢复到一个合理的市场水平。因此市场开拓期的价格往往会偏低，市场成长期的价格会偏高，而等到市场竞争充分时，价格又会随着竞争的加剧而降低。因此各个不同阶段产品的销售价格波动也是公司价格波动的合理现象。

(2)销售模式的变化

比如公司的销售模式存在直销和经销的情形,直销和经销的占比的变化就会导致公司整体的销售单价和毛利率水平的变化,这是一种正常的单价发生变化的现象。

(3)产品结构变化

公司的产品种类可能比较多,有的可能是最新研发出来的产品,前期还处于非完全竞争期,享有市场先发优势,能够享受垄断市场超额利润,产品毛利率较高,而有一部分可能是传统的产品,毛利率水平相对较低。新研发的高价产品若占比较高,则整体销售单价水平及毛利率水平就较高。

(4)客户群体变化

公司可能面临不同类型的客户,不同类型客户对于产品要求有对价格的敏感性是不一样的。对产品质量和售后服务的客户对产品价格的敏感性会下降,对其的销售价格也会更高。如果销售客户的群体明显由过去中低端客户转向高端客户群体,高端客户比例提升,那么整体的销售价格也会提升。

(三)重点从同行业对比等角度分析毛利率的差异

毛利率指标是个矛盾体。当拟挂牌公司毛利率低于行业平均水平时会被重点关注并要求解释,当毛利率高于行业平均水平时更会被重点关注,并非说公司的毛利率水平高则就会被认为是好公司而淡化对毛利率的关注。同理,对于拟挂牌公司的不同年度的,不同销售模式的毛利率水平都要予以对比分析。例如,在《宁波纽时达火花塞股份有限公司第一次反馈意见回复》中,挂牌审核机构要求该公司分析披露内销、外销的毛利率差异,后公司经分析对比,内外销的毛利率不存在显著差异。同时也在公开说明书中在毛利率的分类中增加内销、外销的分类。例如,财务造假案例新大地公司的招股书记载报告期3年的茶油毛利率,分别高达60.66%、43.50%和36.19%。但公开资料显示:当时从事食用油加工业务的主要有东凌粮油(000893,SZ)、西王食品(000639,SZ)、金健米业(600127,SH)等上市公司,其报告期对应的3年相应的食用油加工业务毛利率普遍在6%上下波动,除了以加工玉米油为主营业务、毛利率相对较高的西王食品其当时近两年的毛利率分别为20.86%、18.57%,其他几家基本维持在5%~7%。

案 例 与行业毛利率水平存在差异的案例

依据《福建晶欣红木文化股份有限公司第一次反馈意见回复》(晶欣股份、873175),审核机构要求:“请主办券商、会计师补充核查,并就毛利率的真实性、准确性核查发表意见。”

“回复:公司毛利率与可比同行业公司情况如下表所示:

公司名称	指标项目	2018 年 1 ~6 月	2017 年度	2016 年度
鼎尚中式(839339)	毛利率(%)	35.57	37.45	39.87
华名华居(837462)	毛利率(%)	20.83	27.13	39.60
深发红木(872800)	毛利率(%)	22.20	20.09	26.11
平均(%)		26.20	28.22	35.19
公司	毛利率(%)	35.13	38.54	33.77

“1. 公司毛利率分别超过深发红木 91.84%、58.24%,主要原因及合理性如下:

“(1)两家公司运营模式不同深发红木主营业务系红木家具设计、研发及销售,不具备生产环节。2016 年 8 月之后,深发红木剥离了生产环节,提供的产品主要通过外购产品实现,暂未委托外部厂商将红木木材加工成红木家具。而本公司红木家具是自主生产。

“(2)两家公司客户结构不同。深发红木由于其属于贸易型红木家具销售商,公司主要客户为红家具的经销商,其让利程度较高。公司采取的直销与经销相结合的方式,公司终端客户占有一定比例,而对于终端客户,公司议价能力较强,其毛利率要高于经销商客户。因此,深发红木毛利率低于公司具备一定合理性。

“2. 公司毛利率分别超过华名华居 42.06%、68.65%,主要原因及合理性如下:

“(1)两家公司最近经营状况不同。华名华居 2017 年营业收入较上年减少 3000 万元,营业收入下降亦带动了毛利率下降,下降了 12.47%。2018 年 1 ~6 月营业收入较 2017 年上半年增加 462.71 万元。华名华居 2018 年 1 ~6 月毛利率为 20.83%,毛利率进一步下降,主要原因系华名华居主推研发华记忆系列产品,面向大众化的消费群体,非高端客户群体;此外,2018 年上半年华名华居新产品加盟商刚刚开业,新产品虽有投入,但还没有贡献营业收入及利润。本公司 2017 年、

2018年1~6月营业收入分别为8,046,904.18元以及4,799,630.65元,运营记录良好,不存在业绩下滑之情形。公司一直保持着自身稳健的经营模式,采取直销与经销相结合的方式,以直销带动经销,在经营规模尚小的阶段,紧紧抓住终端客户消费口碑,稳步提升自身议价能力,维持了较好的毛利率水平,避免了因经销商大量囤货导致的未来持续销售乏力的情况。

"(2)两家公司资产规模不同,营业成本规模亦不同。华名华居总资产25,609.89万元,其中固定资产2899.45万元,无形资产304.75万元;资产负债率72.54%;员工173名,其中生产员工116名。公司股本总资产3369.01万元,其中固定资产8.73万元,无形资产0元;资产负债率10.41%;员工30名,其中生产员工17名。公司与华名华居在营业规模、资产规模有着一定差距,公司属于轻资产营运模式,华名华居资产较重,人员较多,其折旧、摊销、制造费用远远大于公司。因此,华名华居在销售同样金额的红木家具的背景下,其业务毛利率亦低于公司。

"综上所述,华名华居虽然与公司同样属于红木家具制造型企业,但由于近年来营运状况不同,产品侧重点不同,资产规模运行模式不同,导致了公司毛利率要高于华名华居,上述情形亦存在一定合理性。

"3.公司与鼎尚中式毛利率不存在较大差异

"综上,报告期内,公司产品毛利率相比同行业挂牌企业存在一定差异,但具备一定合理性。报告期内,公司毛利率真实、准确。通过与同行业挂牌可比公司进行对比分析,公司毛利率与同行业可比公司存在一定差异,但具有合理性。"

案例 毛利率高于行业水平的案例

依据《北京盛旺绿化工程股份有限公司挂牌申请文件的第三次反馈意见的回复》(盛旺绿化、873323),反馈意见:"结合同行业上市公司毛利率、业务特点补充核查公司毛利率的合理性。"

回复如下:"公司选取同行业公司龙腾园林(872497)、景然环境(838369)进行毛利率对比分析:公司主营业务收入包括绿化养护收入、绿化工程收入、机械设备租赁居间服务收入,2017年、2018年公司以绿化工程业务为主。

"与公司主营业务相类似的挂牌公司包括龙腾园林(872497)、景然环境

(838369)。龙腾园林2017年度、2018年度的毛利率分别为25.76%、25.82%;景然环境2017年度、2018年度的毛利率分别为19.38%、14.41%。公司2017年度、2018年度的主营业务毛利率为40.58%、33.35%。

“报告期内公司毛利率高于同行业公司龙腾园林、景然环境,原因如下:公司与同行业可比公司龙腾园林、景然环境的业务模式稍有不同,毛利率也有所差别,龙腾园林和景然环境的主营业务均为绿化工程施工和绿化养护业务,公司的主营业务包括绿化工程业务、绿化养护业务及机械设备租赁居间服务业务,而机械设备租赁居间服务毛利率较高,因此综合毛利率比龙腾园林和景然环境高。

“随着公司业务规模不断扩大、项目管理不断优化、规范以及公司技术优势的不断提高,公司的盈利规模和能力将进一步得到提升。综上,公司主营业务毛利率与同行业挂牌公司相比,不存在异常。

“另外,依据《湖北博瑞生物科技股份有限公司反馈意见回复》(博瑞生物、872404),该公司报告期内毛利率上涨,而净资产收益率持续下降。审核机构要求公司:‘(1)披露毛利率的构成明细,并结合销售价格及单位成本的内外部影响因素的变动情况分析并披露毛利率波动上涨的原因;(2)结合净利润、期间费用、非经常性损益、净资产规模等因素分析净资产收益率下降的原因;(3)结合同行业情况、公司自身优劣势等分析公司毛利率、净资产收益率水平及变动与同行业可比公司是否存在重大差异,如存在,请披露原因。请主办券商及会计师:(1)核查毛利、净资产收益率水平以及变动是否合理;(2)针对公司营业成本和期间费用的各组成项目的划分归集是否合规发表意见,并针对公司报告期内收入、成本的配比关系是否合理核查并发表意见。’

“2019年12月创业板首发过会的原新三板企业耐普矿机在2017年申请创业板上市未通过,据申请文件反馈意见,该公司关于毛利率的异常问题如下:“报告期,发行人主营业务毛利率分别为51.96%、35.18%、47.87%、43.64%,其中橡胶耐磨制品毛利率分别为60.38%、61.11%、57.59%、58.57%,选矿设备及备件毛利率分别为46.95%、23.69%、38.29%、15.62%。请发行人:(1)结合原材料采购及供应商情况、生产工艺及竞争优势、销售方式及主要客户情况等,说明报告期发行人橡胶耐磨制品毛利率较高的原因及合理性、毛利率波动的原因及合理性、与同行业可比上市公司差异原因及合理性、是否符合发行人实际经营情况及行业特征,说明选矿设备及备件、工业设备耐磨衬里、管道制品毛利率大幅波动的具体原因及合理性、与同行业可比上市公司差异原因及合理性、是否符合发行人实际经营情况及行业特征,说明2013年度选矿设备及备件毛利率较高的原因及合理性、与同行业可比上市公司差异原因及合理性、是否符合发行人实际经营情况及行业特征;(2)结合国内、国外市场在销售模式、产品类型、客户等方面差异情况,说明报告期国内、国外销售毛利率差异原因及合理性;(3)披露报告期发行人直销、非直销模式下毛利率水平,说明毛利率差异原因及合理性;(4)结合报告期各类产品毛利率差异情况及具体原因、变动情况及具体原因、各类产品销售收入占比情况,披露报告期发行人综合毛利率波动较大的具体原因;(5)披露同行业上市公司的选取标准及合理性,发行人与同行业可比上市公司毛利率差异较大的具体原因,发行人毛利率水平及变动情况是否符合行业特征。请保荐机构、申报会计师对上述问题进行核查,说明核查过程、核查依据并发表明确意见。”

案　例　毛利率显著下降

原新三板企业宁波博汇化工科技股份有限公司(博汇股份、831213)首发按上市反馈意见:“2016年至2018年,综合毛利率分别为47.02%、40.53%和27.93%。博汇股份表示:2018年度,受原油价格的影响,公司产品销售价格处于历史高位,增加下游行业的成本,并且国内整体经济增速有所放缓,产品的单位毛利有所下降。”

四、期间费用

核查要求:请公司披露期间费用的明细,并结合影响期间费用的内外部因素的变动情况披露公司期间费用波动的合理性。请主办券商、会计师:结合预付款项、其他应收款、应付款项、其他应付款等资产负债类科目核查公司是否存在跨期确认费用的情形;请主办券商、会计师:结合固定资产、在建工程、长期待摊费用等科目核查公司是否存在将期间费用资本化的情形;请主办券商、会计师:针对公司期间费用的真实性、准确性、完整性发表专业意见。

（一）严格区分期间费用与营业成本

期间费用按照部门进行归集与分配，期间费用与销售、管理和研发等部门直接相关，与公司生产过程不直接相关，在费用发生的当期进行归集和结转。拟挂牌公司应当按照部门和成本费用属性严格区分营业成本和期间费用，各构成项目的划分应当具有合理性。

《陕西兴盛新材料股份有限公司挂牌反馈意见回复》中记载，反馈意见要求说明营业成本和期间费用各构成项目的划分是否合理。

（二）期间费用增长与业务的匹配性

一般情况下，期间费用开支是与公司的业务情况相匹配，期间费用波动与业务规模具有高度相关性，随着业务规模的增长，期间费用相当比例的增长具有逻辑合理性。

案例 期间费用大幅增长的真实性及匹配性等

九龙珠（873368）挂牌时审核机构要求："2018年期间费用大幅增长。请主办券商及会计师补充核查：(1)期间费用的真实性、完整性；(2)期间费用以及期间费用率与可比公司是否存在重大差异；(3)期间费用大幅波动的原因及合理性，费用开支是否与公司的业务情况相匹配；(4)结合预付款项、其他应收款、应付款项、其他应付款等资产负债类科目核查公司是否存在跨期确认费用的情形；(5)结合固定资产、在建工程、长期待摊费用等科目核查公司是否存在将期间费用资本化的情形。"

"中介机构回复如下：为验证各项期间费用的真实性、完整性，主办券商实施了以下程序：(1)编制期间费用明细表，并将销售费用、管理费用中的职工薪酬、折旧费等项目与对应科目的计提分配数进行钩稽核对。(2)将报告期内各年度的期间费用明细表进行对比分析；将年度内各月份的期间费用明细表进行对比分析。(3)选择大额或异常的费用项目，检查原始单据是否齐全，记账凭证与原始单据是否相符；账务处理是否正确；是否计入恰当的会计期间等。(4)截止测试，验证是否存在跨期确认费用的情况。(5)获取会计师专业意见。

"根据公开资料，九龙珠与快乐番薯（872940）各项费用与收入的比例以及期间费用率基本一致。各项费用发生与公司业务规模相匹配。

“报告期内,期间费用占营业收入的比重2018年度较2017年度占比有所上升。其中管理费用、销售费用2018年度较2017年度均有所上升,主要是公司2017年度下半年成立两家子公司,销售以及管理人员总体增加,同时2018年度公司运营良好,销售业务开拓有较大进展,公司总体职工薪酬上升明显。

报告期内,公司的销售费用主要包括职工薪酬和运杂费等。销售费用——职工薪酬2018年比2017年增加了280.41万元,主要是因为2017年度下半年新成立两家子公司,销售人员总体增加,2018年度销售业务完成较好,导致销售费用——职工薪酬及运杂费增加较多。

“报告期内,公司的管理费用主要包括职工薪酬和中介机构服务费及租赁费等。管理费用——职工薪酬2018年比2017年增加了151.03万元,主要是因为2017年度下半年新成立两家子公司,公司业务规模扩大,管理人员总体增加。管理费用——中介机构服务费主要是公司2018年度加盟商数量增加较多,为了规范运营及加强对加盟商的培训,增加了较多的培训费用。

“主办券商检查公司预付款项、其他应收款、应付账款、其他应付款等资产负债类科目,对公司主要往来余额进行了函证,对未回函的单位检查相关合同、收付款凭据和项性质、期后结算等替代程序,未发现跨期确认费用的情形。主办券商对主要固定资产执行实物观察和监盘程序,并检查了相关资产的购买合同、入账凭证、采购发票、相关权证等原始单据。

“综上,主办券商和申报会计师认为:期间费用真实、完整;期间费用以及期间费用率与可比公司不存在重大差异;报告期内的期间费用存在的波动合理,费用开支与公司的业务情况相匹配;报告期内不存在跨期确认费用的情形;不存在将期间费用资本化的情形。”

(三)期间费用与同行业的对比分析

期间费用与同行业对比分析属于一个重要的核查方法,相同的行业具有相似的费用支出,所以在对公司进行核查时,提前对与公司同行业其他公司的相关期间费用进行对比分析。

案例 补充核查期间费用与可比公司是否存在差异

依据《荣成盛泉文化发展股份有限公司二次反馈意见回复》，反馈意见及回复如下："补充核查期间费用的真实性、准确性、完整性，期间费用以及期间费用率与可比公司是否存在重大差异。"

主办券商回复："(1)核查程序：①访谈公司相关人员，了解大额支出的性质及期间费用账务处理方法。②了解营业成本、期间费用核算的内容并对公司期间费用进行了检查及分析性复核，以确定期间费用的确认、计量、披露是否符合《企业会计准则》等财务管理制度的相关要求。③取得期间费用明细账，对公司期间费用进行分析性复核，分析公司期间费用是否和公司经营相关，重点关注大额的、变动比例较大的管理费用明细。④对折旧等大额费用重新计算，并与相关科目进行核对检查其钩稽关系。⑤对公司期间费用进行抽查，检查期间费用发票、审批单、付款单，重大支出的相关合同。⑥查阅同行业可比公司期间费用情况和期间费用率，将本公司与可比公司进行对比分析。

"(2)事实依据及分析过程：主办券商对公司财务负责人及会计师进行了访谈，了解并核查了公司期间费用的账务处理方法，并对大额期间费用进行了抽查，检查原始单据、发票、分配表等附件内容；复核期间费用的记账金额与列报金额；对折旧、利息收入与支出等重大项目重新计算，核对其钩稽关系，对私募债利息的支付情况进行了复核，检查其支付情况、银行回单与银行流水。经核查，公司报告期内期间费用划分符合《企业会计准则》和相关会计制度的规定，期间费用真实、准确、完整。

"报告期内，公司期间费用及其占营业收入的比例与同行业已挂牌可比公司蓝梦广告(836232)比较情况见下表：

项目	2019年1~7月/2019年1~6月		2018年度		2017年度	
	蓝梦广告(836232)	盛泉文化	蓝梦广告(836232)	盛泉文化	蓝梦广告(836232)	盛泉文化
销售费用占收入的比例(%)	5.76	0.88	2.61	0.42	3.04	7.07

续表

项目	2019年1~7月/2019年1~6月		2018年度		2017年度	
	蓝梦广告(836232)	盛泉文化	蓝梦广告(836232)	盛泉文化	蓝梦广告(836232)	盛泉文化
管理费用占收入的比例(%)	10.64	14.44	8.48	12.35	8.41	20.28
财务费用占收入的比例(%)	1.10	0.05	0.84	-0.03	0.74	0.05
期间费用合计占收入的比例(%)	17.50	15.37	11.93	12.74	12.19	27.40

注:因无法取得同行业已挂牌可比公司蓝梦广告2019年1~7月的财务数据,可比公司2019年相关数据为使用可比公司2019年半年报数据计算替代,该半年报未经审计。

"从上表可以看出,公司2019年1~7月及2018年度期间费用占营业收入的比例与同行业已挂牌可比公司相当,差距在2%以内。2017年度公司期间费用率高出可比公司15.21%,主要为公司2017年度销售费用占收入的比例高于可比公司4.03%,管理费用占收入的比例高出可比公司11.87%。经核查和分析,因公司收入规模与体量均较可比公司蓝梦广告较小,因此管理费用中的固定费用开支无法像蓝梦广告一样摊薄,所以报告期内公司管理费用占营业收入的比例均较蓝梦广告高。特别是2017年度,公司当年整体营业收入规模较小,管理费用占营业收入的比例较高。2018年以来,公司收入增长,固定开支相应摊薄,管理费用占营业收入的比例因此降低,但仍高出蓝梦广告。报告期内除2017年度,公司销售费用占营业收入的比例均低于同行业已挂牌可比公司蓝梦广告。经主办券商核查和分析,蓝梦广告主要在上海等经济发达地区经营,竞争激烈,为维持和提升自身知名度和维护客户关系,销售费用开支较高。而公司主要在山东威海及周边地区经营,竞争相对没有上海激烈,且公司在当地知名度较高,因此销售费用开支较低。而公司2017年度销售费用占营业收入的比例高出同行业已挂牌可比公司的主要原因系公司当年进行了一次力度较大的宣传活动,当年宣传费支出372,620.11元。虽然绝对金额低于同行业已挂牌可比公司蓝梦广告当年的宣传费支出,但由于公司收入规模较小,造成当年度宣传费用支出高出蓝梦广告。此外,公司与同行业已挂牌可比公司的财务费用支出均较低。

"综上所述,公司与同行业已挂牌可比公司期间费用率差别较小,其中存在差异的地方可以合理解释,因此公司与同行业已挂牌可比公司期间费用率具有可比性。经核查,主办券商认为公司的期间费用真实、准确、完整,期间费用以及期间费用率与同行业可比公司存在的差异合理。"

点评:此案例仅选择一家同行业公司进行对比,从选择的数量上来看相对不足,若选择3家左右公司对比,方能对相关费用的进行分析合理的比较。

(四)重点关注销售费用及其构成

销售费用构成因不同的公司不同的行业而有所不同。但是同行业的公司,特别是销售客户群体相似的公司,相关的销售费用构成和占比应当高度相似。对于期间费用的关注,实际上应当从分拆的单项进行关注,尤其关注销售费用等。

案例 要求解释具体的销售费用真实性

依据《北京凯丰源信息技术股份有限公司反馈意见回复》,反馈意见:"关于广告及宣传费。(1)请公司补充披露公司与乌鲁木齐市众森驼铃文化传媒有限责任公司签订文化创意合同的主要采购内容,相关广告或宣传是否已完成。(2)请主办券商及会计师结合上述情况补充核查广告及宣传费的真实性,并发表专业意见。"回复:"公司对公开转让说明书销售费用补充披露如下:公司向众森驼铃采购的服务为:为公司产品品牌进行推广,组织公司参加国内关于物联网信息产品推广宣传会,并设计印刷各类关于公司物联网信息技术产品宣传册;组织公司参加国际、国内行业各项行业会议;在搜狐新闻,今日头条和脉脉等互联网媒介投放公司关于业务的宣传文章等。截至报告期末,上述相关广告或宣传服务已完成一半,费用核算与事实匹配。"

案　例　销售费用中外聘个人费用

依据《浙江欣海船舶设计研究院股份有限公司二次反馈意见回复》，其关于销售费用部分补充披露："(1)公司2018年与外部人员周和平、刘美荣签订合作协议，协议条款约定公司委托上述二人协助公司分别进行山东区域、上海区域客户关系维护、市场拓展、相关的市场信息收集、公司宣传等工作。协议约定的酬劳总额包括薪酬、差旅费、住宿费等各项费用。双方合作的主要原因在于公司2017年下半年公司经营部两名主要经营管理人员陆续离职，经营部门系公司沟通外部客户与内部设计部门的主要部门，部门人员担任产品经理的角色，上述两名经营管理人员主要负责与北方区域及长三角区域客户的各方面工作，二人的离职造成了公司短期人员的短缺，亟须人员填补并保持上述区域客户的稳定性，因此，为填补上述岗位的空缺，并能够进一步承担起市场拓展、客户维护、企业形象宣传等方面的责任，公司经过内部决策和外部人员考察，最终与周和平、刘美荣达成合作。

"上述二人与公司合作之前已处于退休状态，其具体职业经历如下：周和平，1956年3月23日生，籍贯山东省，1976年进入中国人民银行定海支行工作，1979年调岗进入海力生集团有限公司（以下简称海力生）工作，其在海力生主要从事经营销售工作，最高职务为海力生贸易部副总经理，于2016年退休。工作至今未担任任何政府部门公职，也未与从业单位签署竞业禁止协议。刘美荣，1957年3月1日，1976年入职海力生，担任海力生下属水产类子公司副总经理，于2007年退休。工作至今未担任任何政府部门公职，也未与从业单位签署竞业禁止协议。

"海力生是一家多元化的集团公司，是以水产食品、医药、保健食品等为主导产业的综合性集团公司，公司前身是创建于1954年的舟山水产食品厂，周和平与刘美荣多年的工作经历使其在渔业捕捞、水产品加工等多个细分领域积累了丰富的行业技能和销售经验，二者与公司经营部门其他员工最显著的不同在于其虽然船舶设计专业知识相对欠缺，但其对渔业、水产品等相对宏观的行业了解程度相对较高，并具有丰富的销售、沟通协调经验。

"因此，公司与上述二人的合作具有其合理性和必要性，系公司特殊时期为维持客户稳定并促进业务增长而做出的必然选择，二人的特性与公司人员的特点具有良好的互补性。公司与其合作经过内部各项审批程序，且已与上述二人签署正式协议,后续业务的合作、款项的支付、票据的开具均合法合规。

“(2)周和平、刘美荣自参加工作至今未担任任何政府部门公职,也未与其前从业单位签署竞业禁止协议,与公司合作之时已处于退休状态,可以自主选择生活及工作方式,因此不存在竞业禁止及职业限制方面的风险。

“(3)公司与上述二人的合作仅限于协助公司进行山东区域、上海区域客户关系维护、市场拓展、相关的市场信息搜集、公司宣传等工作。即未设定量化的客户拓展要求及业绩指标,其总劳务报酬系固定金额也不会随业绩变化而增减,上述二人在后续业务拓展及客户维护方面不存在显著的、较大的业绩压力,不具备为追求业绩而违规进行市场开拓的动机。公司与上述二人的合作系特殊时期为填补短期人员短缺、维持区域客户稳定并促进业务增长而做出的必然选择,且上述二人在行业内从业多年,具有丰富的渔业经验,从业至今不存在职业限制的情况,也未与前单位签署过任何竞业禁止方面的协议,公司聘请上述二人进行市场开拓不存在法律方面的风险。”

点评:对于销售费用中用来支付外部个人的费用需要充分核查相关费用的真实性。重点核查相关人员的履历、家庭关系、合同约定的义务、市场开拓情况、历史其他业绩等。该在审中的案例比较特殊,此反馈回复的内容和方法可以借鉴,但是对于销售费用构成中的外部个人的费用的做法应力争避免,相似的情形会让各个环节的真实性被怀疑,解释难度比较大。

五、应收账款

核查要求:请公司结合收款政策、客户对象、业务特点等说明公司应收账款余额水平以及占当期收入的比例的合理性;存在长期未收回款项的,请披露原因,并结合客户资信情况说明可回收性;报告期内或期后有大额冲减的,请公司披露冲减原因;结合同行业公司以及公司自身特点分析坏账计提政策的谨慎性;说明期后收款情况。请主办券商及会计师核查坏账政策是否谨慎,并结合应收账款期后收款情况核查收入的真实性,结合收入确认依据核查是否存在提前确认收入的情形。

(一)应收账款的合理性

特定的行业具有不同的行业惯例,对于销售客户和销售模式的不同,也不存在不同的商业惯例。不论目前商业模式的多元化以及灵活性、创新性多么突出,但是整个公司所处的行业具有固有的商业习惯,大部分应收账款周期是符合行业特性的。因此,需要从大面上考虑应收账款的合理性。对于石油、通信、汽车等领域的账款周期一般相对稳定,如果与正常的账款周期存在加大差异的,需要重点关注。但是也要根据具体情况具体分析,比如客车行业和乘用车汽车行业均属于整车行业,但是乘用车行业的各种商业惯例更加规范等。

案例 应收账款占比符合行业惯例具有合理性

阿尔特汽车技术股份有限公司(836019,首发已过会)2016年年末、2017年年末和2018年年末,公司应收账款净额占流动资产比例分别为13.72%、9.57%和12.61%,占营业收入的比例分别为28.29%、19.99%和18.25%。公司客户大多为大型整车企业,资信情况良好,因此公司回款情况良好。同类公司埃维股份(838897)阶段性应收账款占比相对较高。

华辰股份(872692)挂牌反馈意见:"截至2015年年末、2016年年末及2017年6月末,公司应收账款占当期营业收入的比例分别为22.54%、23.88%及46.23%。2016年年末应收账款余额较2015年年末增幅为17.08%,而同期营业收入增长10.54%。除应收账款余额随着公司营业规模相应增加的原因外,公司为扩大销售及市场份额,对一拖(姜堰)、安徽全柴等部分信誉优良的知名大客户提供略为宽松的应收账款账期,应收账款余额占营业收入比重略有上升。"

案例 应收账款合理性

依据《浙江东鼎电子股份有限公司反馈意见回复》(东鼎股份、832693)相关问题和回复如下:"问题:应收账款。请公司:结合收款政策、客户对象、业务特点等说明公司应收账款余额水平以及占当期收入的比例的合理性;存在长期未收回款项的,请披露原因,并结合客户资信情况说明可回收性;报告期内或期后有大额冲减的,请公司披露冲减原因;结合同行业公司以及公司自身特点分析坏账计提政策的谨慎性;说明期后收款情况。核查坏账政策是否谨慎,并结合应收账款期后收款情况核查收入的真实性,结合收入确认依据核查是否存在提前确认收入的情形。"

回复:"(1)公司已在《公开转让说明书》中披露如下:2013 年年末及 2014 年年末,应收账款净额占当期末总资产的比例分别为 23.65% 及 33.96%,占比较高,比例上升;应收账款净额与当期营业收入之比 2012 年及 2013 年分别为 43.57% 及33.07%,占比较高。公司 2013 年度及 2014 年度的应收账款周转率分别为 2.39% 及 3.94%,公司应收账款周转率较慢,公司的客户主要为医院、政府部门等,公司为客户提供的服务根据工程进度收取款项:一般在开始施工后收 10% 的价款,完成大部分工程时收取至 50% 的价款,竣工结算后收取至 95%,质保期后收取剩余款项,因此公司的应收账款周转率受项目施工进度影响。公司 2014 年年末应收账款余额较 2013 年增长 123.23%,主要系公司 2014 年业务规模扩大,相应的应收账款增加所致。(2)2013 年年末和 2014 年年末,1 个月以内的应收账款占比分别为93.95% 和 98.78%,公司一年以内的应收账款占比较大,报告期末不存在大额长期未收回款项。(3)报告期期后应收账款回款情况较好,报告期内或期后无大额冲减。(4)坏账计提政策的谨慎性公司根据以往的经验、债务单位的实际财务状况以及参照同行业上市公司而确定坏账计提政策。2013 年年末和 2014 年年末,1 年以内的应收账款占比分别为 93.95% 和 98.78%,基本符合公司销售结算模式和应收账款的信用政策。报告期内,公司严格执行坏账准备计提政策,密切关注应收账款的可收回性,对于账龄较长,难以收回的应收账款,应在履行审批程序后予以核销,报告期内,公司无大额应收账款的核销情况。公司坏账准备的计提比例与同行业上市/挂牌公司的计提比例基本一致。公司依据其客户的情况,制定了符合公司实际的坏账准备计提政策,以公允地反映了公司的资产状况和经营业绩,公司的坏账准备计提政策是谨慎的,符合《企业会计准则》的相关规定。(5)截至目前,公司 2013 年年末、2014 年年末应收账款期后回款比率分别为 97.19%、98.69%。"

(二)应收账款的真实性

对于期末应收账款余额较大,而同时又不符合行业交易习惯或商业惯例的,需要高度关注公司收入的真实性。从应收账款的账龄分析对比,查看是否存在报告期末应收账款较小,但是期间发生额较大的情形,也可以关注此类公司是不是隐藏的关联方。

案　例　虚假的应收账款往往与虚假收入相结合

据宁波东力(002164)发布公告称,其历史上发生的并购标的即深圳富裕控股有限公司、年富供应链有限公司等正是通过对隐藏的关联方的应收账款虚增收入。财务造假案例振隆特产在虚增收入的同时虚增应收账款,并通过第三方公司回款或用其他外销客户回款进行冲抵的方式调节应收账款的账龄以达到少计提坏账准备的目的。

案　例　最后一月收入突增且未实际收回

柯保迪(873113)申请挂牌时,2016 年 11 月、12 月分别实现营业收入约 970 万元、2648 万元,该部分款项在当年末暂时未能收回,导致应收账款占营业收入的比重较高。反馈意见要求公司:结合收款政策、客户对象、业务特点等说明公司应收账款余额水平以及占当期收入的比例的合理性;说明 2016 年年底实现营业收入金额较大的原因及其合理性;报告期内或期后有大额冲减的,请公司披露冲减原因;结合同行业公司以及公司自身特点分析坏账计提政策的谨慎性。

关于问题反馈内容如下:"(1)收款政策:公司一般采用先发货后收款的交易模式,约定应收账款账期,要求客户在账期内付清款项。公司针对大客户制定不超过 3 个月的账期(可视订单金额情况进行动态调整),一般要求客户在账期内付款。针对零售客户,采用收取现款方式。客户对象:公司主要客户为贸易公司及百货公司,前五大客户销售占比较高。业务特点:公司是一家专注于高端貂皮服装、饰品及皮革类箱包的设计、生产和销售的国家高新技术企业。公司营运主要采用 ODM 的模式,为客户提供高端貂皮服装、饰品及皮革类箱包。公司业务受宏观经济形势及局部地区气候条件影响较大,存在一定的波动性及季节性。

"报告期内公司应收账款余额分别占营业收入的比例分别为 26.73%、6.55%、41.54%。2016 年期末公司应收账款余额及占营业收入的比例较高,主要是因为 2016 年 11 月、12 月分别实现营业收入数额较大,该部分款项在年末暂未收回,导致应收账款余额及占营业收入的比重较高,该部分款项在 2017 年度已经收回。2018 年 4 月 30 日,公司应收账款余额占营业收入的比例较高,主要系分母为 2018 年 1 ~4 月收入而非全年收入所致。报告期内,应收账款余额的账龄为 1

年以内,账龄较短,主要客户可按照公司收款政策回款,符合公司实际情况。报告期内,公司应收账款余额水平以及占当期收入的比例具有合理性。

"(2)年底实现营业收入金额较大的原因及其合理性:公司主要客户为东莞旭骏、东莞旭信两家贸易公司,终端消费者主要集中在俄罗斯、北欧地区。2016年年底公司实现营业收入较大,主要系2016年年底俄罗斯地区气温较低,客户增加了采购订单。以莫斯科为例,2015年9月以来各月最低气温较低,导致公司产品需求增加。此外,公司于2016年年底水貂服饰推出新产品且较为畅销,导致2016年11月至12月收入确认金额较大。公司2016年年底实现营业收入金额较大符合行业特征及公司实际业务情况,具有合理性。

"(3)报告期内或期后,公司不存在大额冲减收入的情形。

"(4)公司应收账款坏账计提比例与同行业上市公司华斯股份一致,符合行业惯例;公司产品具有质量优势、经验技术优势,公司致力于生产高端水貂服饰,对于水貂皮的质量有着严格的控制标准,与国内同行业公司相比,公司原材料质量具有绝对的优势,同时公司拥有经验丰富的工艺师和打版师,在貂皮服装的设计和制造环节拥有多种相关技术,包括裘皮花色设计技术、裘皮图案设计技术、市场板型研究开发技术、裘皮面料缝合技术以及整貂做工技术等。此外,报告期内公司主要客户可按照合同约定付款条件回款,不存在大额坏账情形,公司坏账计提政策具有谨慎性。结合同行业公司以及公司自身特点,公司坏账计提政策具有谨慎性。"

(三)关注期后回款情况

美瑞克(872831)反馈意见:"结合收款政策、客户对象、业务特点等说明公司应收账款余额水平以及占当期收入的比例的合理性;存在长期未收回款项的,请披露原因,并结合客户资信情况说明可回收性;报告期内或期后有大额冲减的,请公司披露冲减原因;结合同行业公司以及公司自身特点分析坏账计提政策的谨慎性;说明期后收款情况。"咖啡之翼(871216)反馈意见:"公司应收账款增加较多,请公司结合本公司信用管理、收款政策等,补充说明公司应收账款增长较多的原因,并结合客户还款能力分析坏账计提是否充分谨慎;补充披露应收账款的期后收款情况,并结合期后经营活动现金流的情况补充说明公司是否存在营运资金不足的风险,如存在,请补充披露。”

点评:实务中,拟挂牌公司可能未披露应收账款的回款情况,实际上这是核查要求的一部分。关于应收账款核查或者补充核查的要求基本与核查要求要一致,根据具体情况有所侧重。对于应收账款占比较高或者非因正常的周期性行业年末突然增加收入且都形成应收账款的,应该关注收入的真实性问题。应收账款需要结合收入确认准则核查是否存在提前或者延迟确认收入的情形。对于坏账计提政策,一般都需要结合同行业公司以及公司自身特点通过列表量化的形式分析坏账计提政策的谨慎性。

六、存货

核查要求:请公司:(1)披露存货构成及波动原因;结合经营模式、生产周期、生产模式等补充分析并说明存货构成的合理性。(2)说明公司对存货内控管理制度的建立及执行情况。(3)结合生产模式分析公司的生产核算流程与主要环节,说明如何区分存货明细项目的核算时点,存货各项目的确认、计量与结转是否符合会计准则的规定。(4)存货期末余额中含有建造合同形成的已完工未结算资产的,汇总披露累计已发生成本、累计已确认毛利、预计损失、已办理结算的金额。请主办券商及会计师:结合公司盘点报告补充核查公司盘点情况,并说明履行的监盘程序;存货跌价准备计提及转回的具体依据、测算过程,并进一步核查公司存货跌价准备是否谨慎合理。请主办券商及会计师:核查公司存货各项目的发生、计价、分配与结转情况是否与实际生产流转一致;分配及结转方法是否合理;计算是否准确;是否存在通过存货科目调节利润的情形。

(一)存货首要核查事项是真实性

对于存货的各种核查事项,关注构成合理性等事项均是建立在存货真实的基础上,所以首先要对存货的真实性进行核查。公司一般不会虚增不存在或者与公司主营业务无关的存货,一般是存货数量虚增或者将已经报废品、残次品等作为正常的存货长期挂账。对于存货增长较多的,需要结合报告期各期的经营情况,说明存货余额大幅增长的原因及合理性,并分析各类产品存货与各期相应产品销售的匹配性。

案例 虚增存货的造假案例

振隆特产的存货南瓜子、松子仁、开心果出现大额亏空。2012 年、2013 年、2014 年共亏空存货数量为 3254.13 吨,金额为 7631.24 万元。

案例 未计提存货跌价准备的合理性及期末存货的监盘或核验程序

依据《西安国仪测控股份有限公司反馈意见回复》(国仪测控、872873),相关事项如下:"问题:报告期内公司存货增加较大。请公司:(1)结合行业特点、公司业务经营模式和订单情况等,分析说明公司报告期存货结构、期末余额较大的合理性;(2)说明期末库存商品余额较高是否与年度订单计划相匹配;(3)补充披露存货账龄。请主办券商及会计师:(1)结合期末存货质量状况、账龄等情况补充核查。(2)对公司未计提存货跌价准备,是否合规合理、是否谨慎发表意见。(3)补充核查公司存货核算与结转情况,说明期末存货是否履行了必要的监盘或核验程序,并对存货真实性、准确性、完整性发表意见。"

"回复:问题(1)回复:公司自成立以来始终致力于工业自动控制系统装置的研发、生产和销售,是一家专业油田设备供应及自动化控制系统集成商。公司在生产经营前期,受制于资金实力的压力,并未进行大规模生产备货,主要采取与客户签订销售合同后,进行采购加工生产供货的模式,该模式下对客户订单的供应周期较长。报告期内,公司为了满足客户订购的时限需求,提高客户响应速度,开始采取储备部分通用材料及主要销售产品,以求达到缩短供货周期,更好地满足客户需求的目的。

"2017 年年末公司期末存货余额 482.26 万元,占当期销售收入的比例为 14.64%;可比公司江仪股份 2017 年年末存货余额 2266.39 万元,占当期销售收入的比例为 36.05%;中科物联 2017 年年末存货余额 1721.71 万元,占当期销售收入的比例为 31.60%。公司的存货与销售收入的占比较同行业可比公司处于一个较低水平,随着公司销售收入规模的扩大,公司的存货备货规模可能会有一定增长。

"2017 年年末公司存货余额中库存商品余额 308.04 万元,主要包括流量测控设备 86.12 万元,流量仪器 94.10 万元,压力仪表 67.34 万元,其他 60.48 万元。其中流量测控设备 2017 年年末存量 250 台,2018 年 1 ~ 4 月公司已销售流量测控设备490台,期末库存已消耗完毕;流量仪器2017年年末存量274台,2018年1~4月已销售128台,销售情况较为良好;压力仪表2017年销售收入155.10万元,2018年库存消耗不存在压力。2017年年末公司存货余额中原材料余额174.22万元,主要系公司为了生产流量测控设备准备的各种原材料。

“综上,公司存货结构较为合理,期末余额真实存在。

“问题(2)公司回复:公司2017年销售收入3293.81万元,年末存货中库存商品余额308.04万元,占当期销售收入的比例为9.35%,占比相对较低。截至2018年5月,公司已签订正在履行的50万元以上重大合同金额合计约1500万元,远高于公司2017年年末存货中库存商品余额。公司库存商品预计不会形成滞销等不利于公司经营的情形。

“问题(3)公司回复:已在《公开转让说明书》中补充披露如下:

存货账龄	2017年12月31日	2016年12月31日
1年以内(万元)	4,822,597.19	306,252.01
1年以上(万元)	—	—
合计(万元)	4,822,597.19	306,252.01

“主办券商回复:项目组收集公司的存货明细表及账龄表,结合生产循环特点,分析原材料、产成品余额、比例及变动是否合理;分析比较公司存货账龄,评价账龄是否合理,了解是否有账龄较长的存货,查核公司是否按规定提取存货跌价准备、提取是否充分;实地查看公司存货,并对公司的存货盘点进行监盘,查看是否存在存货账龄较长,外观损毁等不利情形,分析判断公司存货的真实性、准确性和完整性。

“项目组经过分析了解,公司2017年年末存货余额482.26万元,其中库存商品308.04万元、原材料174.22万元;库存商品主要是公司报告期内实现销售的各种产品,原材料系公司生产流量测控设备、压力仪表等产品需要的各种生产材料。通过实地查看公司的存货情况,公司存货质量良好,未发现破损损坏等不利情形或长期存放等迹象,存货不存在需要计提跌价准备的情形。

“主办券商认为:公司存货不存在需要计提跌价准备的情形;已对公司期末存货履行了监盘程序,存货真实准确完整。”

案例 存货增加较大,需要与生产匹配性及真实性

金晟元(873407)挂牌时,反馈意见:“报告期各期末存货余额逐年增加。(1)请公司结合报告期各期的经营情况,说明存货余额大幅增长的原因及合理性,并分析各类产品存货与各期相应产品销售的匹配性。(2)请公司补充披露存货盘点制度、报告期内的盘点情况,包括但不限于存货的盘点范围、盘点结果等。(3)请主办券商、申报会计师结合核验公司存货各项目的发生、计价、核算与结转情况,说明期末存货的盘点与监盘情况(包括实地盘点的时间、地点、人员,监盘的金额和比例以及监盘结论),并对存货的真实性、合理性发表明确意见。”

点评:从金晟元案例的反馈意见可以直接了解,对于存货余额逐年增加等特殊情况问题的关注事项,需要注意存货与行业发展趋势、公司规模等相结合,同时关注与生产的匹配性。中介机构需要通过实地盘点等方式从多维度核查存货的真实性。

(二)关注存货的减值准备

按照会计准则的规定,资产负债表日,存货应当按照成本与可变现净值孰低计量。例如,绿大地作为以农业为主的高风险行业企业,应当按照《企业会计准则第1号——存货》规定,在每期末终了对苗木等生物资产进行核实,按照可收回金额计提存货减值准备。而绿大地申请上市时,其未充分计提存货、无形资产减值准备,从而虚增了公司利润。2012~2014年,振隆特产通过未在账面确认霉变存货损失的方式,少计提存货减值准备,最终虚增利润。

案例 存货波动以及存货跌价准备计提及转回的具体依据

东鼎股份(832693)相关问题和回复如下:“问题:存货。请公司:(1)披露存货构成及波动原因;结合经营模式、生产周期、生产模式等补充分析并说明存货构成的合理性。(2)说明公司对存货内控管理制度的建立及执行情况。(3)结合生产模式分析公司的生产核算流程与主要环节,说明如何区分存货明细项目的核算时点,存货各项目的确认、计量与结转是否符合会计准则的规定。(4)存货期末余

额中含有建造合同形成的已完工未结算资产的，汇总披露累计已发生成本、累计已确认毛利、预计损失、已办理结算的金额。请主办券商及会计师核查：(1)结合公司盘点报告补充核查公司盘点情况，并说明履行的监盘程序；(2)存货跌价准备计提及转回的具体依据、测算过程，并进一步核查公司存货跌价准备是否谨慎合理；(3)公司存货各项目的发生、计价、分配与结转情况，是否与实际生产流转一致、分配及结转方法是否合理、计算是否准确，是否存在通过存货科目调节利润的情形。”

回复：

“1. 公司已在公开转让说明书中对存货构成情况披露

“公司存货主要由在产品及工程施工组成。在产品余额为未完工的数据中心机房系统集成项目的成本。工程施工余额为按完工百分比法核算的智能化系统集成项目尚未结算成本。公司一般根据业务进度需求采购原材料，一般在采购后很短的时间里即投入项目安装使用，因此原材料库存较少。

“公司2014年年末存货较2013年年末增加590.04万元，增长319.81%，主要系2014年公司正在实施的大项目导致期末工程施工余额增加较多所致。从2014年年末的工程施工余额看，仅江山金陵大酒店智能化工程项目就导致公司工程施工余额增加330.65万元。公司2014年年末在产品余额较2013年年末减少，主要是由于未完成验收的数据中心机房系统集成项目减少所致。

“2. 公司已在公开转让说明书中对存货构成情况披露

“2014年年末主要工程施工余额明细见下表(有删除，仅列格式)：

项目名称	合同金额(元)	完工进度(%)	工程施工—成本(元)	工程施工—毛利(元)	工程结算(元)	工程施工余额(元)
江山金陵大酒店智能化工程	9,376,972.97	74.13	5,695,762.82	1,255,661.25	3,644,924.85	3,306,499.22
规划院会议系统	1,528,977.78	66.77	625,674.36	395,150.74	—	1,020,825.10
合计	16,588,409.70	—	9,016,229.34	2,715,083.56	5,682,216.10	6,049,096.80

2013年年末主要工程施工余额明细见下表(有删除,仅列格式):

项目名称	合同金额(元)	完工进度(%)	工程施工—成本(元)	工程施工—毛利(元)	工程结算(元)	工程施工余额(元)
工行浙江省分行授信审批集中办公用房工程	199,664	100.00	160,933.85	38,730.14	79,866.10	119,797.89
合计	888,131	—	633,001.85	121,073.12	178,986.10	575,088.87

"3.主办券商抽查结果

"主办券商抽查了主要供应商的存货采购合同条款,同时抽查了部分应付账款付款凭证,核对用款申请单与银行回单一致,另外取得了公司报告期末的存货盘点表及会计师监盘记录,对盘点结果进行了复核,认为存货的存在性得到合理保证。报告期末公司相关建造合同的预计总成本均未超过合同总收入,故未计提存货跌价准备,也不涉及存货跌价准备的转回,主办券商经核查后认为公司未计提存货跌价是谨慎合理的。

"主办券商同时查看了公司于收入确认时相对应的成本分摊、归集、结转计算表,认为存货各项目的发生、计价、分配及结转情况,与实际生产流转是一致的,分配及结转方法是合理准确的,不存在通过存货科目调节利润的情形。"

另外,艾科瑞思(872600)关于存货核查具有类似的核查反馈意见,具体如下:"存货核查,请公司:(1)披露存货构成及波动原因;结合经营模式、生产周期、生产模式等补充分析并说明存货构成的合理性;(2)说明公司对存货内控管理制度的建立及执行情况;(3)结合生产模式分析公司的生产核算流程与主要环节,说明如何区分存货明细项目的核算时点,存货各项目的确认、计量与结转是否符合会计准则的规定。请主办券商及会计师:(1)结合公司盘点报告补充核查公司盘点情况,并说明履行的监盘程序;(2)存货跌价准备计提及转回的具体依据、测算过程,并进一步核查公司存货跌价准备是否谨慎合理;(3)公司存货各项目的发生、计价、分配与结转情况,是否与实际生产流转一致、分配及结转方法是否合理、计算是否准确,是否存在通过存货科目调节利润的情形。"迈光科技(872281)和忠信新材(832981)等关于存货有相似的反馈意见。

(三)重点关注第三方仓库存货

对于存在第三方放置存货的,首要核查存货的真实性,核查存放保管的原因,基础关系等。例如,对于未存放在公司的发出商品,获取发货清单,以及取得第三方对账确认发出商品清单,同时执行替代抽查程序,检查出库单、代销合同等原始资料。对于存在真实性的存货,就需要关注核查的方式,以及如何向券商的内核机构以及股转系统反馈的问题。

案　例　外仓发货模式的存货

依据《江苏叶迪车灯股份有限公司二次反馈意见回复》,相关反馈意见如下:"根据公司回复文件,公司采用外仓发货的模式进行销售。(1)请公司补充披露产品外仓销售的具体情况,包括外仓数量及地点、合作的仓储管理方情况、外仓管理、存货盘点等;(2)请公司补充说明存货盘点情况,包括盘点时间、地点、人员、范围、盘点方法、程序、盘点比例、账实相符的情况、盘点结果,是否存在盘点差异及产生原因、处理措施等;(3)请会计师和主办券商核查公司是否按照协议约定进行库存管理,对存货实施的监盘程序、监盘比例及监盘结果,是否存在虚构资产的情况,是否存在利用外仓模式调节收入的情形,并对公司相关内控措施的完备性和有效性发表核查意见;(4)请公司补充披露外仓模式的相关风险及应对措施,必要时可作重大事项提示。"回复中记载:"报告期内,为保证供货及时性,公司在主机厂附近租赁仓库,并由所租赁的外库负责公司部分产成品的仓储保管、货物装卸及配送服务,实行专仓专用,并出具实时仓库报表及配送报表。"

华之鹏(873290)、思坦仪器(832801)等均存在第三方仓库的存货。

点评:从审核机构的反馈意见,审核机构对第三方存货并未过多关注,实际上类似问题属于需要重点核查的事项,对于一些虚假的转圈交易,大部分存货是流通与交易不匹配的。所以需要核查存货的存放等,从侧面了解情况。同时对于在第三方存货的数量占比较少的存货在取得相关材料后,可不过多关注。

七、现金流量表

核查要求:请公司:(1)分析并披露经营活动现金流波动的合理性,经营活动现金流量净额与净利润的匹配性;(2)说明各报告期内所有大额现金流量变动项目的内容、发生额,是否与实际业务的发生相符,是否与相关科目的会计核算钩稽,特别是“销售商品、提供劳务收到的现金”“购买商品、接受劳务支付的现金”“收到的其他与经营活动有关的现金”“支付的其他与经营活动有关的现金”“收到的其他与筹资活动有关的现金”“支付的其他与筹资活动有关的现金”“构建固定资产、无形资产和其他长期资产支付的现金”等。请主办券商、会计师核查并发表意见。

(一)核查是否存在第三方回款及精选层审核要求

第三方回款通常是指发行人收到的销售回款的支付方(如银行汇款的汇款方、银行承兑汇票或商业承兑汇票的出票方或背书转让方)与签订经济合同的往来客户不一致的情况。

关于第三方回款,《精选层审核问答》明确了精选层特有审核标准,但是该审核标准实际上能够作为新三板挂牌的核查方法以及要求等,具体如下:关于第三方回款,发行人及中介机构应当重点关注哪些方面?有哪些核查及披露要求?企业在正常经营活动中存在的第三方回款,通常情况下应考虑是否符合以下条件:(1)与自身经营模式相关,符合行业经营特点,具有必要性和合理性。例如,①客户为个体工商户或自然人,其通过家庭约定由直系亲属代为支付货款,经中介机构核查无异常的;②客户为自然人控制的企业,该企业的法定代表人、实际控制人代为支付货款,经中介机构核查无异常的;③客户所属集团通过集团财务公司或指定相关公司代客户统一对外付款,经中介机构核查无异常的;④政府采购项目指定财政部门或专门部门统一付款,经中介机构核查无异常的;⑤通过应收账款保理、供应链物流等合规方式或渠道完成付款,经中介机构核查无异常的;⑥境外客户指定付款,经中介机构核查无异常的。(2)第三方回款的付款方不是发行人的关联方。(3)第三方回款与相关销售收入钩稽一致,具有可验证性,不影响销售循环内部控制有效性的认定,申报会计师已对第三方回款及销售确认相关内部控制有效性发表明确核查意见。(4)能够合理区分不同类别的第三方回款,相关金额及比例处于合理可控范围。

如发行人报告期存在第三方回款,保荐机构及申报会计师通常应重点核查以下方面:(1)第三方回款的真实性,是否存在虚构交易或调节账龄的情形;(2)第三方回款形成收入占营业收入的比例；(3)第三方回款的原因、必要性及商业合理性；(4)发行人及其实际控制人、董事、监事、高管或其他关联方与第三方回款的支付方是否存在关联关系或其他利益安排；(5)境外销售涉及境外第三方的，其代付行为的商业合理性或合法合规性；(6)报告期内是否存在因第三方回款导致的货款归属纠纷；(7)如签订合同时已明确约定由其他第三方代购买方付款，该交易安排是否具有合理原因；(8)资金流、实物流与合同约定及商业实质是否一致。同时，保荐机构及申报会计师还应详细说明对实际付款人和合同签订方不一致情形的核查情况，包括但不限于：抽样选取不一致业务的明细样本和银行对账单回款记录，追查至相关业务合同、业务执行记录及资金流水凭证，获取相关客户代付款确认依据，以核实和确认委托付款的真实性、代付金额的准确性及付款方和委托方之间的关系，说明合同签约方和付款方存在不一致情形的合理原因及第三方回款统计明细记录的完整性，并对第三方回款所对应营业收入的真实性发表明确意见。保荐机构应当督促发行人在公开发行说明书中充分披露第三方回款相关情况。

（二）经营性现金流净额与净利润的匹配性

案　例　经营性现金流净额持续为负以及与净利润的匹配性

依据《湖北灿烂阳光传媒股份有限公司反馈意见回复》，相关内容如下：

“2018 年及 2019 年 1～5 月公司经营性现金流量净额持续为负。(1)请公司补充披露经营活动现金流远低于净利润的原因及合理性，是否存在偿债风险；(2)请主办券商就公司报告期内净利润与经营现金流的匹配合理性、是否会对公司持续经营能力造成重大不利影响发表明确意见。”

问题(1)公司回复：“报告期内经营活动现金流远低于净利润，主要系报告期间经营性应收和经营性应付项目的增减变动、递延所得税资产变动、资产减值准备、折旧与摊销、财务费用影响当期经营活动现金流量造成的。

“(1)2017 年度净利润与经营活动现金流净额之间的差额 -3,410,571.89 元，主要是由于期末经营性应付项目的增加、经营性应收项目的增加及资产减值准备增加所致，具体因素为：2017 年度公司收到大股东往来款 404 万元，导致经营性应付项目增加362万元。净利润与经营活动现金流净额之间的差额主要来源于股东提供的资金对公司业务的支持导致。

"(2)2018年度净利润与经营活动现金流净额之间的差额为6,176,585.44元,主要是由于期末经营性应付项目的减少和经营性应收项目的增多,2018年度随着公司业务规模的扩大及合同数量的增加,应收账款较上期增加了1,382,107.33元。另外,2018年度公司对关联方往来进行了清理导致期末经营性应付项目的减少,2018年其他应付款期末较期初减少了3,806,319.71元。公司净利润和经营活动现金流的变动情况符合公司的实际经营状况。

"(3)2019年1~5月净利润与经营活动现金流净额之间的差额为521,176.71元,是由于期末经营性应收项目的增多,应收账款较上期增加了1,394,432.14元。公司净利润和经营活动现金流的变动情况符合公司的实际经营状况。公司2017年度、2018年度及2019年5月31日的资产负债率分别为0.93%、0.36%、0.38%,流动比率分别为0.58%、1.71%、1.77%,由于公司不存在存货且预付账款与其他流动资产金额较小,速动比率与流动比率差异不大,公司整体负债水平呈下降趋势。上述财务指标的显著变化主要系公司2018年公司收到股东增资款3,863,647.44元所致。2017年公司负债水平较高,主要由于公司2017年公司注册资本较小、公司预收账款及其他应付款余额较大综合因素所致。

"报告期内,公司流动比率、速动比率逐年增加,短期偿债能力逐年提升,不存在重大偿债风险。"

问题(2)主办券商回复:"核查程序:(1)核查现金日记账,核对收、付款单据、审批手续、核查现金交易的合理性、真实性、完整性。(2)核查银行存款日记账,核对银行对账单,收、付款发生额与银行存款日记账的借、贷方发生额是否相符,检查银行存款日记账记录的完整性,核实现金流量的完整性。检查日记账收、付款,核实现金流量的真实性。(3)核查公司的营业收入、应收账款等科目,分析报告期内公司销售商品、提供劳务收到的现金流量是否合理。(4)核查公司的存货、营业成本、应付账款等科目,分析报告期内公司采购商品、接受劳务支付的现金流量是否合理。(5)核查公司的期间费用情况及其他应收款、其他应付款科目,分析报告期其他经营内收到及支付的其他与经营活动有关的现金流量情况是否合理。(6)核查应付职工薪酬科目,分析支付给职工以及为职工支付的现金项目金额的合理性。(7)核查应交税费、税金及附加、所得税费用等科目,分析收到的税费返还和支付的各项税费项目金额的合理性。(8)对现金流量表进行分析性复核,核查现金流量表主表与补充资料相关项目的一致性。

"报告期内经营活动现金流远低于净利润,主要系报告期间经营性应收和经营性应付项目的增减变动、递延所得税资产变动、资产减值准备、折旧与摊销、财务费用影响当期经营活动现金流量造成的。综上,主办券商认为:报告期内净利润与经营活动产生的现金流量净额匹配合理,符合公司实际发展状况。"

案　例　净利润大于经营活动现金流量净额

原新三板公司三力制药在申请首发时,反馈意见如下:"发行人报告期内营业收入增长较快,净利润大于经营活动现金流量净额,差额较大;最近一期销售净利率提升幅度较大。请发行人结合行业发展情况、行业发展趋势、发行人所处的竞争地位及市场占有率情况、同行业公司业绩变化情况、发行人自身生产经营状况、净利润与经营活动现金净流量差异情况补充说明报告期内营业收入、业绩增长的合理性;补充说明报告期收入变动和净利润变动的匹配性,经营活动现金净流量与净利润差异的合理性,销售净利率最近一期大幅提升的合理性。请保荐机构、会计师核查并发表意见。"依据原新三板公司《国安达股份有限公司首次公开发行股票申请文件反馈意见》,审核意见如下:"关于现金流量表:(1)请发行人说明'购买商品、接受劳务支付的现金'与材料、劳务采购金额、应付账款、预付账款等报表项目之间的钩稽关系;(2)披露收到、支付的其他与经营活动有关的现金明细情况及变动原因;(3)说明'处置固定资产、无形资产和其他长期资产收回的现金净额'的主要内容及与长期资产的对应关系;(4)说明支付的其他与筹资活动有关的现金的构成以及对应的资产负债表项目;(5)说明支付给职工以及为职工支付的现金与应付职工薪酬本期发放的匹配关系。"

另外,依据《辰泰(广德)智能装配建筑股份有限公司反馈意见回复》(辰泰股份、873199),审核机构关于经营活动现金流量净额,要求公司补充分析披露经营活动现金流波动较大且持续为负的原因及合理性。依据《荆州正荣生物饲料股份有限公司反馈意见回复》(正荣股份、873380),审核机构要求公司补充披露经营活动现金流波动较大的原因及合理性以及分析并补充披露报告期内净利润与经营性现金净流匹配的合理性。钜士安防(871457)、广东煜祺检测股份有限公司均有类似反馈意见。

(三)关注是否存在体外资金循环

存在收入和利润造假的,一般都需要资金循环。公司的造假规模越大,所需要的循环资金成本越高,所以真正规模庞大的公司反而整体财务数据造假的可能性更低,因为过桥费用和资金成本过高。当然,对于规模大的公司,掩饰一些小的财务问题更加方便,所以需要关注细节。从要求层面需要关注资金循环,但是实务中,即使真的财务造假,资金循环也可能通过不同的主体转回,甚至中间隔了多道以至于无法查证,仅能从公司一出一进查询是否存在循环。需要结合核查隐藏的关联方以及是否存在虚假的采购和销售等补充印证相关事项。同时体外资金循环也是审核机构关注的重点事项。

案 例 要求中介机构对是否存在体外资金循环发表意见

咖啡之翼(871216)挂牌时审核机构要求:“请主办券商及会计师针对公司采购及销售的真实性、完整性、准确性,是否存在资金体外循环的情形发表专业意见。”回复如下:“主办券商针对采购交易实施了如下核查程序:通过抽取与供应商签订的采购框架合同、采购计划单、材料验收单、供应商对账单、采购发票与原材料入账凭证核实采购交易是否均已入账;通过抽取原材料入账凭证并与后附的采购计划单、材料验收单、供应商对账单、采购发票进行核对,核实账面记录的原材料是否真实;通过期后付款凭证及付款银行流水核实采购交易的真实性与准确性,是否均以公司银行账户进行交易,并通过访谈前五大供应商以及对供应商进行函证核查采购交易的真实性、准确性。主办券商针对销售交易实施了如下核查程序:通过取得前台结账单、销售台账、ERP 系统营业缴款数据与主营业务收入明细表及记账凭证进行核对,检查销售是否均已入账,通过取得主营业务收入明细表、记账凭证检查至前台结账单、ERP 系统营业缴款数据、现金缴款单、收款银行流水,检查销售交易记录的真实性与准确性,取得特许加盟合同、收款银行流水检查至主营业务收入明细表检查特许加盟业务收入是否均已入账,对加盟商发函询证合同金额及付款情况检查其真实性,根据合同条款重新计算特许加盟业务收入确认金额验证其准确性。主办券商认为公司的采购与销售交易是真实、准确、完整的,通过对银行流水的检查不存在资金体外循环的情形。"

《陕西兴盛新材料股份有限公司挂牌反馈意见回复》中记载,反馈意见要求:"请公司补充披露货币资金的构成及波动原因,并分析其合理性,说明是否存在大额资金异常转账的情况。"从审核机构直接要求说明公司是否存在大额资金异常转账的情况,足见对资金流水等核查的重要性。

案 例 造假案例的资金体外循环

绿大地共计注册过35家关联公司,其中部分关联公司为绿大地收购的公司,还有部分是在绿大地公司员工不知情的情况下,使用公司员工的身份证注册的公司。绿大地通过资金体外循环的方式,编造自己所需要的财务数据,以土地款、灌溉系统工程款等各种名义转出资金,利用控制的关联公司或员工名义开立的账户流转资金,最终回到绿大地。

天能科技董事长在IPO申请之前,注册了多家壳公司并由其实际控制,均无办公场所和实际经营业务,主要用于伪造销售回款。

(四)银行流水核查

银行流水核查属于一个重要的核查方法。核查范围不仅包括拟挂牌公司及其子公司的流水,还包括实际控制人、董监高等的流水。另外对于银行的资金函证以及对账单的获取,中介机构力争自行前往获取或者直接邮寄至中介机构处,以保证相关银行证明的真实有效性。实际上新三板挂牌项目对银行流水核查并非强制性要求,但流水核查的目标应该是收入和利润的真实性,避免粗暴的体外资金循环等。这也是核查银行流水应当把握的一个尺度,而不应当因为流水的核查过分较真而导致偏离了核查的初衷。例如,财务造假案例天丰节能为了掩盖银行余额的差异,伪造了建行某支账户2011年度银行对账单,此外,为了配合前述财务造假行为,还伪造了新乡市区农村信用联合社账户自2010年至2012年的全套对账单。又如,万福生科通过操纵多个虚构的个人账户,用自有资金以现金存、取方式制造进出资金流,虚增了大量银行存款。

另外,近几年个别上市公司出现通过与控股股东在同一银行开立账户,并办理资金归集至控股股东指定账户的现金管理业务,上市公司的资金通过资金归集可适时转账至集团公司账户,同时银行允许现金管理服务的参与主体选择账户实际余额或应计余额的方式作为账户呈现余额。即使中介机构向银行函证时候,银行以应计的余额出具证明。因此,需要关注控股股东通过银行资金归集的形式变相占用上市公司的资金。

八、财务规范性、会计政策及估计、税收

(一)内控制度有效性及会计核算基础规范性

核查要求:“请公司:(1)说明报告期内公司财务制度的制定及执行情况;(2)说明财务机构设置情况、财务人员是否独立,并结合财务人员数量、执业能力、公司业务特点等情况补充说明公司的财务人员是否能满足财务核算的需要。”“请主办券商、会计师核查:公司销售与收款循环、购货与付款循环、生产循环、筹资与投资循环、货币资金循环五大循环相关的内控制度,结合职责分离、授权审批、内部凭证记录等核查相关制度是否有效,是否得到有效执行;公司会计核算基础是否符合现行会计基础工作规范要求,说明在尽职调查及审计过程中发现的与公司内控及会计核算相关的主要问题以及后续规范措施,并对报告期内公司财务管理制度是否健全、会计核算是否规范发表专业意见。”

案 例 核查相关内控有效性及执行情况

咖啡之翼(871216)申请挂牌时,审核机构反馈意见:“请主办券商及会计师核查与公司采购、生产、销售循环相关的内控制度的有效性及公司执行情况。”

“回复:主办券商针对公司采购、生产、销售循环相关的内控制度的有效性及公司执行情况进行了如下核查程序:

“(1)采购与付款循环:取得采购框架协议、采购计划单、原材料验收单、记账凭证、采购发票、供应商对账单、付款记账凭证、付款银行流水,检查各个控制点是

否签字审核,检查采购计划单与原材料验收单记录的材料种类及数量是否一致,付款银行流水是否与原材料入账凭证、采购发票、供应商对账单金额一致。

"(2)生产与仓储循环:取得公司原材料入库单、存货盘点表、主营业务成本明细表,检查存货盘点表是否签字,通过检查当月材料入库单、月初、月末存货盘点表计算当月耗用材料数量及金额并于当月确认成本数据进行核对。

"(3)销售与收款循环:取得前台结账单、销售台账、ERP系统营收数据、收入明细表、现金缴款单、收款银行流水,核查结账单记录客户消费金额及菜品是否与销售台账、ERP系统营收数据一致,ERP系统营收数据是否与当月确认收入金额及明细一致,现金缴款单、收款银行流水金额是否与收款记账凭证一致,现金是否及时缴存银行。

"综上,主办券商认为公司采购、生产、销售循环相关的内控制度是有效的并得到了执行。"

案　例　存在个人客户和供应商的现金交易及其相关内控制度

依据《云南爱尔信教育科技股份有限公司反馈意见回复》(爱尔信、871933),审核机构关于个人客户和供应商以及相应的内控制度,反馈及回复如下:

"公司存在个人客户。(1)请公司补充披露向个人客户的销售收入金额及占比。(2)请公司补充披露针对个人客户的合同签订、款项结算方式等,并说明公司销售循环相关的内部控制制度。(3)请公司补充披露现金收款金额及比重,并说明针对现金收款的相关资金管理制度以及减少现金收款的措施。(4)请主办券商及会计师补充核查与公司销售循环相关的内控制度的有效性及公司执行情况,补充核查公司收款入账的及时性及完整性、公司是否存在坐支情况。(5)请主办券商及会计师针对公司销售的真实性、完整性、准确性,是否存在资金体外循环的情形发表专业意见。"

回复:

问题(1)回复:"报告期内,个人消费者的销售收入金额及占比情况见表1:

表1 个人消费者销售收入金额及占比

期间	个人消费者销售金额（不含税，元）	销售收入总额（不含税，元）	个人消费者销售占比(%)
2016 年	24,145,126.56	30,722,839.55	78.59
2015 年	12,222,494.55	14,694,225.55	83.18
合计	36,367,621.11	45,417,065.1	80.07

“报告期内公司存在个人消费者，主要是由于公司主营业务为财务类培训服务，参加培训的个人消费者居多，2016 年度和 2015 年度向个人消费者销售金额分别为 2414.51 万元和 1222.25 万元，个人消费者销售占比分别为 78.59% 和 83.18%，2016 年度个人消费者销售占比有所降低，主要是由于随着公司业务的拓展以及知名度的提高，云南省财政厅、云南经贸外事职业学院、昆明工业职业技术学院等单位均组织员工、学生进行财务知识培训。”

问题(2)回复：“学员报名学习非保过班课程无须签订合同或协议，学员报名时前台工作人员直接在系统中录入学员信息；对于报名保过班的学员，公司与其签订《保过协议》，协议约定：保过班面授培训的满足条件为上课出勤率达到 95% 以上，否则即使不通过公司也将不退还款项或免费培训。个人学员可以根据自身需求选择通过现金、银行转账、第三方支付平台等方式支付学费。

“公司销售循环相关的内部控制制度如下：

(1)针对现金收款情况，公司采取了如下的控制措施：公司建立了完善的现金收款内部控制措施，制定了《财务收支管理办法》、《资金管理办法》、《营业款管理办法》和《专用收据管理规定》相关制度，公司严格按照制度规定执行，公司针对现金收入结算问题，制定了较为完善的内控制度和结算流程。昆明南疆校区当日营业款必须于当日下午 6 点前交财务部，现金出纳须于第二天下班前存入指定账户；昆明市其他教学区收款单据每周应及时交财务部，每月最后一日的存款必须在下月 3 日前交财务部；地州分公司应于每周一下班前将上周的收款单据汇总并邮寄到总部。

“招生咨询部的咨询师将每一位报名学员的信息录入麦田系统，录入信息包括身份证号、姓名、联系电话、报名类别及科目、交费金额等，并在学员交费完成时，直接从麦田系统打印《收款收据》，公司向每一位交费学员开具《收款收据》。所有《收款收据》实行登记领用、追踪去向、连续编号管理。《收款收据》一式四联，第一联为白色存根联，财务部门收入出纳保留存根联，用于与招生咨询部每日对账使用，第二联为红色联，报名学员自行保存，第三联为绿色联，为财务核算记账使用，第四联为黄色联，继续教育档案中心归档备查。教学管理部根据麦田系统中的学员报名信息进行分班、排课、开班、组织安排教学工作。

“(2)防范员工侵吞或挪用公司资金、防范现金坐支情况：公司使用麦田系统记录每一位消费的学员信息，并使用连续编号的《收款收据》进行打印，空白编号的《收款收据》从财务部门登记领用、追踪流向、使用收回，不得遗失和涂改，作废的《收款收据》一律交回，交回财务部门的《收款收据》必须一式三联齐全(红色联由学员留存)，谁领用谁交回，如有丢失或三联不全的进行罚款处理。麦田系统有权限限定等相关内控，数据真实可靠。教学管理部依据麦田信息进行分班、排课、组织开展教学工作。

“昆明南疆校区要求当日营业款必须于当日下午6点前交财务部，现金出纳须于第二天下班前存入指定账户，招生咨询部交回的一式三联《收款收据》，交接人与收入出纳员当场清点并在登记簿上记录如下信息：《收款收据》的编号号段、收据份数、交款金额及交接时间，双方(如有现金收款交接时需清点现金)确认无误在《收款收据》交接登记簿上签字；昆明市其他校区收到的营业款及时存入指定银行，《收款收据》每周一次及时交财务部，每月最后一日的存款必须在下月3日前交财务部；各地州分公司及子公司收到的现金营业款及时存入指定账户，《收款收据》应于每周一下班前将上周的《收款收据》汇总并邮寄到总部。”

问题(3)回复：“报告期内，现金收款金额及比重情况见表2：

表2 现金收款金额及比重

期间	现金结算(元)	第三方支付平台结算(元)	银行转账(元)	合计(元)	现金方式占比(%)
2016年	7,573,844.86	20,847,966.61	6,525,344.90	34,947,156.37	21.67
2015年	3,017,858.20	12,809,950.44	4,199,749.82	20,027,558.46	15.07
合计	10,591,703.06	33,657,917.05	10,725,094.72	54,974,714.83	19.27

“报告期内，现金结算方式占比2016年较2015年增长了6%，主要是一方面，公司在2016年加大对云南地州的业务拓展，成立了新的教学点，但云南地州多属于经济欠发达地区，当地居民习惯性用现金进行消费交易；另一方面，公司目前开

通的第三方支付平台属于非主流大众惯用的支付方式。

"公司针对现金收款的管理制度如下:昆明南疆校区要求当日营业款必须于当日下午6点前交财务部,现金出纳须于第二天下班前存入指定账户,招生咨询部交回的一式三联《收款收据》,交接人与收入出纳员当场清点并在登记簿上记录如下信息:《收款收据》的编号号段、收据份数、交款金额及交接时间,双方(如有现金收款交接时需清点现金)确认无误在《收款收据》交接登记簿上签字;昆明市其他校区收到的营业款及时存入指定银行,《收款收据》每周一次及时交财务部,每月最后一日的存款必须在下月3日前交财务部;各地州分公司及子公司收到的现金营业款及时存入指定账户,《收款收据》应于每周一下班前将上周的《收款收据》汇总并邮寄到总部。

"减少现金收款的措施:2017年开始爱尔信股份和爱尔信学校开通了支付宝及微信支付方式,2017年1~4月现金结算占比为1.34%,未来公司也将引导学员接受第三方支付方式,减少现金收款。"

问题(4)回复:"主办券商针对公司销售循环相关的内控制度的有效性及公司执行情况进行了如下核查程序:取得了记账凭证、收款收据、收入明细表、现金缴款单、收款银行流水,核查收款收据、收款银行流水金额是否与记账凭证记录收款金额一致,并取得收现存现记录表,与现金缴款单进行核对,核实现金收款是否已及时缴存银行,不存在坐支情况。

"核查结果显示:公司销售循环相关的内控制度是有效的,并得到了执行,公司所收款项均已及时入账,并已及时缴存银行,不存在未入账收入和现金坐支情况。"

问题(5)回复:"主办券商通过取得收款收据、教师排课表、学员签到表、班级课时记录、与主营业务收入明细表及记账凭证进行核对,检查销售是否均已入账,通过取得主营业务收入明细表、记账凭证检查至教师排课表、学员签到表、收款收据、收款银行流水,检查销售交易记录的真实性与准确性,并通过对学员进行函证,证实课时记录及收款记录的准确性,通过检查收现存现记录核实是否存在资金体外循环的情形。

"经核查,主办券商及申报会计师认为:公司销售循环相关的内控制度设计合理且得到有效运行,公司收款入账及时、完整性,不存在坐支现金情况;公司销售的真实、完整、准确，不存在资金体外循环的情形。”

“公司供应商存在个人。(1)请公司结合采购内容、个人及单位供应商的采购价格对比分析补充说明公司从个人供应商采购的必要性。(2)请公司补充披露向个人采购的金额及占比以及现金付款的金额及占比。(3)请公司补充披露与个人供应商的合同签订情况以及与采购循环相关的内控制度。(4)请主办券商及会计师补充核查与公司采购循环相关的内控制度的有效性及公司执行情况，并说明针对公司采购的真实性及完整性执行的具体尽调及审计程序、确认的金额占总金额的比重、取得的相关的内外部证据。(5)请主办券商及会计师针对公司采购的真实性、完整性、准确性，是否存在资金体外循环的情形发表专业意见。”

问题(1)回复:“公司向个人供应商采购主要是室内装修，报告期内公司租赁房屋用于教学，需要对室内进行简单装修以满足教学要求，鉴于教室装修要求较为简单，个人供应商装修成本较低，具有较高的便利性，有利于降低公司的成本支出；除此之外，公司还存在向个人供应商采购软件系统、提供网站开发、营业活动推广、办理工商变更等零星支出，从公司的成本效益来看，向个人供应商采购具有必要性。”

问题(2)回复:“报告期内，公司向个人供应商采购金额及比例，如表3所示：

表3　公司向个人供应商采购金额及比例

期间	2016 年度	2015 年度
个人采购金额(元)	3,244,233.67	1,510,012.90
采购总额(元)	10,418,045.17	5,798,306.92
个人采购金额占比(%)	31.14%	26.04%

“由于公司存在个人供应商，部分供应商因便利性要求公司通过现金方式支付采购款，2016年度、2015年度现金采购的金额分别为8.47万元、27.19万元，占采购总额的比例分别为0.81%和4.69%，公司现金采购金额较小且呈逐年下降趋势，公司未来将严格按照《采购管理制度》进行规范，避免现金采购的发生。”

问题(3)回复:“公司向个人供应商采购主要是室内装修，主要是个人供应商装修成本较低，具有较高的便利性；除此之外，公司还存在向个人供应商采购软件系统、提供网站开发、营业活动推广、办理工商变更等零星支出。

“公司与个人供应商之间的采购均签订了采购合同，公司与个人供应商之间的合同属于双方真实意思的表示，价格是双方议价的结果体现，符合双方真实意愿。

“针对采购业务，公司制定了《采购管理制度》，来保障采购业务的独立性和采购物品具有较高的性价比，在实际工作中严格按照制度规定执行，采购需求部门根据业务实际需要及流程，有计划地提出采购申请，并参与采购物资的验收工作，对供应商的售后服务进行评价，反馈给采购部门。采购工作中实行‘货比三家’的原则，严格进行供应商评估、甄选，以保证供应商供货质量。”

问题(4)回复：“请主办券商及会计师补充核查与公司采购循环相关的内控制度的有效性及公司执行情况，并说明针对公司采购的真实性及完整性执行的具体尽调及审计程序、确认的金额占总金额的比重、取得的相关的内外部证据。

“主办券商针对公司采购循环相关的内控制度的有效性及采购真实性、完整性执行的尽调程序：(1)查阅公司采购相关内控制度文件，结合相关制度取得采购审批单、采购合同、采购发票、付款凭证等实施了采购与付款循环的穿行测试，测试结果为公司采购循环相关的内控制度设计合理并且得到执行。(2)核对公司账面记录的采购交易与公司采购发票、采购合同和付款凭证进行核对，证实公司账面记录的采购信息是真实的，通过检查采购合同、采购发票、付款凭证并于账面记录进行核对，证实公司采购交易均已入账，主办券商通过检查采购合同、采购发票、付款凭证等原始资料确认的采购金额占总的采购金额比例为100%。(3)取得存货明细表及营业成本明细表，分析采购总额、营业成本之间的钩稽关系来证实公司采购的真实性和完整性。通过分析核对确认的采购金额占总的采购金额比例为100%。(4)对供应商发函询证，函证报告期采购金额，报告期各期的回函比例均达到70%以上并相符。(5)对前五大供应商进行访谈，访谈内容均得到供应商的认可，并签字确认、拍照合影。经核查，主办券商认为，报告期内，公司采购业务相关内部控制得到了有效执行，公司的采购交易是真实、完整的。”

问题(5)回复：“主办券商针对采购交易实施了如下核查程序：通过抽取与供应商签订的采购合同、采购审批单、采购发票、付款凭证与账面记录核实采购交易是否均已入账，通过抽取账面记录的采购交易与采购合同、采购审批单、采购发票、付款凭证进行核对，核实账面记录的采购交易是否真实，并通过期后付款凭证及付款银行流水核实采购交易的真实性与准确性,是否均以公司银行账户进行交易,不存在资金体外循环的情况,并通过访谈前五大供应商以及对供应商进行函证核查采购交易的真实性、准确性。

"综上,主办券商及申报会计师认为公司与采购相关的内控制度得到了有效执行,公司采购业务是真实、准确、完整的,不存在资金体外循环的情形。"

案 例 财务制度的执行情况及财务人员设置

依据《杭州融都科技股份有限公司反馈意见回复》(融都科技、833102),"关于内控制度有效性及会计核算基础规范性,请公司:(1)说明报告期内公司财务制度的制定及执行情况;(2)说明财务机构设置情况、财务人员是否独立,并结合财务人员数量、执业能力、公司业务特点等情况补充说明公司的财务人员是否能满足财务核算的需要。请主办券商、会计师核查:(1)公司销售与收款循环、购货与付款循环、生产循环、筹资与投资循环、货币资金循环五大循环相关的内控制度,结合职责分离、授权审批、内部凭证记录等核查相关制度是否有效,是否得到有效执行;(2)公司会计核算基础是否符合现行会计基础工作规范要求,说明在尽职调查及审计过程中发现的与公司内控及会计核算相关的主要问题以及后续规范措施,并对报告期内公司财务管理制度是否健全、会计核算是否规范发表专业意见。"

回复:"公司根据实际情况制定了财务部内部控制制度且遵照执行。财务部目前有3名员工,其中财务经理1名、会计1名、出纳1名,具有一定的行业从业经验。公司目前的业务规模不大,财务人员通过金蝶软件进行财务核算,能够满足现有的财务核算需要。

"主办券商核查程序:(1)根据五大循环分别对公司的销售、采购、设计及资金管理的关键人员做了访谈,了解公司内部控制制度的建立及其执行情况、内部控制环境、风险识别与评估、控制活动与措施、信息沟通与反馈、监督与评价等情况;查阅了公司针对各循环设置的内部控制制度,了解财务报告、业务流程和其中的控制措施;对重要经济活动内部控制执行的有效性执行穿行测试。(2)查阅相关制度中发现公司暂未制定专门的风险识别与评估体系,但根据已制定的各项规章制度能较好地防范日常经营风险。同时,针对将会对公司整体目标实现有负面影响的风险因素,管理层将会通过会议等方式进行讨论和评估,共同分析和决策,以使公司经营风险最小化。

"基于前述情况,主办券商认为:(1)公司内部控制健全,内部控制建设符合公司实际经营状况,设计合理并得到有效执行。(2)公司建立了独立的内部控制体系,各岗位配备了专职的人员,不相容岗位相互分离,不同岗位之间相互监督、相互牵制,授权审批符合相关内部控制制度。报告期内,公司财务管理制度健全、会计核算规范。"

案例 违规转贷、票据融资等分析内控运行情况

以原新三板挂牌企业广东惠云钛业为例,依据《广东惠云钛业股份有限公司首次公开发行股票并在创业板上市申请文件反馈意见》,反馈意见要求从存在转贷、票据融资、现金交易的存在等方面论证内控运行情况,具体意见如下:"请发行人说明申报期内存在转贷、票据融资、银行借款受托支付、非经营性资金往来、关联方或第三方代收货款等情形(如有),包括不限于相关交易形成时间、原因、资金流向和使用用途、利息、违反有关法律法规具体情况及后果、后续可能影响的承担机制、整改措施、相关内控建立及运行情况。请保荐机构、申报会计师进行核查,就发行人的财务内控是否能够持续符合规范性要求,不存在影响发行条件的情形明确发表意见。请发行人说明申报期内现金交易情况(如有),包括不限于:(1)现金交易金额及比例;(2)现金交易的必要性与合理性,是否与发行人业务情况或行业惯例相符,与同行业或类似公司的比较情况;(3)现金交易的客户或供应商的情况,是否为发行人的关联方;(4)相关收入确认及成本核算的原则与依据,是否存在体外循环或虚构业务情形;(5)现金交易流水的发生与相关业务发生是否真实一致,是否存在异常分布;(6)实际控制人及发行人董监高等关联方是否与客户或供应商存在资金往来。请保荐机构、申报会计师详细说明对发行人现金交易可验证性及相关内控有效性的核查方法、过程与证据,对发行人报告期现金交易的真实性、合理性和必要性明确发表意见。"

(二)会计政策及会计估计

核查要求:请公司披露与公司行业、业务特点相符的会计政策与估计。报告期发生的重要会计政策和会计估计变更,量化分析影响,包括但不限于重要性判断标准、内容、原因、审批程序、受影响的报表项目名称和金额及会计估计变更开始适用的时点。请主办券商和会计师核查上述情况,分析公司选用会计政策和会计估计的适当性、会计政策和会计估计是否与同行业公司存在明显差异、报告期内会计政策的一致性、其是否利用会计政策和会计估计变更操纵利润,如改变收入确认方式、调整坏账计提比例、调整存货计价方式等。

精选层特有审核标准:对发行人财务信息的披露质量,保荐机构及申报会计师应当如何把关?发行人申请材料中提交的财务报告应当已在法定期限内披露,且符合《企业会计准则》和相关信息披露规则的规定,在所有重大方面公允地反映了发行人的财务状况、经营成果和现金流量,由注册会计师出具无保留意见的审计报告。保荐机构及申报会计师应当严格按照执业准则勤勉尽责,审慎作出专业判断与认定,并对公开发行说明书的真实性、准确性和完整性承担相应的法律责任。

报告期内发行人会计政策和会计估计应保持一致性,不得随意变更,若有变更应符合《企业会计准则》的规定。变更时,保荐机构及申报会计师应关注是否有充分、合理的证据表明变更的合理性,并说明变更会计政策或会计估计后,能够提供更可靠、更相关的会计信息的理由;对会计政策、会计估计的变更,应履行必要的审批程序,并依据《企业会计准则第 28 号——会计政策、会计估计变更和差错更正》的规定披露相关信息。相关变更事项应符合专业审慎原则,与同行业公众公司不存在重大差异,不存在对发行人会计基础工作规范及内控有效性产生重大影响的情形。保荐机构及申报会计师应当充分说明专业判断的依据,对相关调整变更事项的合规性发表明确意见。如无充分、合理的证据表明会计政策或会计估计变更的合理性,或者未经批准擅自变更会计政策或会计估计的,视为滥用会计政策或会计估计。

报告期内发行人如出现会计差错更正事项,保荐机构及申报会计师应重点核查以下方面并发表明确意见:会计差错更正的时间和范围,是否反映发行人存在故意遗漏或虚构交易、事项或者其他重要信息,滥用会计政策或者会计估计,操纵、伪造或篡改编制财务报表所依据的会计记录等情形；差错更正对发行人的影响程度，是否符合《企业会计准则第28号——会计政策、会计估计变更和差错更正》的规定。发行人是否存在会计基础工作薄弱和内控缺失，是否按照《公开发行证券的公司信息披露编报规则第19号——财务信息的更正及相关披露》及全国股转公司相关日常监管要求进行了信息披露。

申报前后，发行人因会计基础薄弱、内控不完善、审计疏漏、滥用会计政策或者会计估计以及恶意隐瞒或舞弊行为，导致重大会计差错更正的，将依据相关制度采取自律管理措施，进行严肃处理；涉及财务会计文件虚假记载的，将依法移送中国证监会查处。

收入确认方法是最重要的会计政策。报告期内，在销售业务模式本身不发生变化的情况下，业务性质和风险转移时点也不应该出现变化，故销售收入的分类和具体确认时点应该是一贯的。收入确认方法变更原理上都应该属于会计差错更正，一般不可能存在合理的会计政策变更的情况。

从信息披露的角度，虽说新三板挂牌的审核尺度和首发上市存在一定差异，随着精选层推出，后期审核尺度也会最大程度的趋同。将收入方法变更自认为属于会计政策变更的，科创板首发上市企业的问询中甚至在注册时都会被要求对是否属于会计差错进行充分论证，如天宜上佳、杰普特、宝兰德3家公司在经问询后均将政策变更调整确认为会计差错。从审核角度关于收入方法变更案例体现出的新动向主要表现在两个方面：一是对于方法本身，更加强调了会计方法选择上的合规性和谨慎性，本质上体现了信息披露的真实性和准确性的要求；二是对于会计政策变更或差错事项的不同情况下的披露要求，以及相关变更性质的认定，均严格按标准执行，如实披露。

需要说明的是，申报时将收入方法变更确认为政策变更还是差错更正，对报表数据并不存在影响，这种影响不会构成新三板挂牌的障碍，即使IPO也不会构成实质性的障碍。

案例 会计政策和会计差错更正的影响

依据《关于江苏北人机器人系统股份有限公司首次公开发行股票并在科创板

上市申请文件审核问询函的回复》,关于会计政策变更的问题如下:

“披露报告期存在的重大会计政策变更或会计差错更正的具体内容、理由及对发行人财务状况、经营成果的影响。

“说明与分析:根据《上海证券交易所科创板股票发行上市审核问答(二)》中‘发行人报告期内存在会计政策、会计估计变更或会计差错更正情形的,应当如何把握’的要求,发行人在申报前的上市辅导和规范阶段,如发现存在不规范或不谨慎的会计处理事项并进行审计调整的,应当符合《企业会计准则第28号——会计政策、会计估计变更和会计差错更正》和相关审计准则的规定,并保证发行人提交首发申请时的申报财务报表能够公允地反映发行人的财务状况、经营成果和现金流量。申报会计师应按要求对发行人编制的申报财务报表与原始财务报表的差异比较表出具审核报告并说明差异调整原因,保荐机构应核查差异调整的合理性与合规性。同时,报告期内发行人会计政策和会计估计应保持一致性。

“发行人在新三板挂牌期间存在会计政策变更和会计差错更正,保荐机构已在《发行保荐工作报告》中说明了发行人变更收入确认政策的原因以及会计差错更正的原因。申报会计师也按照要求在中汇会鉴〔2019〕0226号《申报财务报表与原始财务报表差异的鉴证报告》对上述会计政策变更、会计差错更正造成的本次申报报表与原始财务报表差异调整的内容及原因出具了鉴证意见。同时发行人确保了本次提交的申报财务报表能够公允地反映发行人的财务状况、经营成果和现金流量,报告期内发行人的会计政策和会计估计保持了一致性。

“发行人在申报前的会计政策变更和会计差错更正的具体情况如下:

“1. 报告期内重大会计政策变更的具体内容、理由及对发行人财务状况、经营成果的影响

“(1)重大会计政策变更的具体内容及理由

“经发行人第一届二十二次董事会审议通过,自2017年1月1日起,将工业机器人系统集成业务收入确认时点由‘产品送抵客户指定地点安装完成且同时经客户预验收合格’变更为‘产品已交付客户并经客户验收合格’。

“2016年及以前年度,发行人业务规模相对较小,发行人一般在试制运行生产出样品后,通知客户进行预验收,达到合同约定的预验收要求后,客户出具预验收合格报告。2016年度预验口径下结转的营业成本与对应项目终验口径下成本对

比见表1：

表1　2016年度预验口径下结转的营业成本与对应项目终验口径下成本对比

年度	收入（万元）	预验口径成本 a（万元）	终验口径成本 b（万元）	差异 c = b − a	差异率 d = c/a
2016	23,978.42	18,596.36	18,404.23	−192.13	−1.03%

“随着公司的技术实力和项目经验的积累，公司承接的项目大型化，大型项目的主体设备及辅助设备的数量较小型项目倍数增加，合同内容的复杂程度也增加较多。受场地等因素的限制，大部分集成工作已无法在公司内部完成整体的安装调试，仅能完成最核心的设备调试、电气连接以及工艺参数预设。客户通常对这部分核心工艺集成进行预验收之后，再进行包含主体设备、辅助设备及对应的电气连接在内的整体安装，并组织整条生产线的调试，整条生产线调试完成后，客户出具终验收报告。大型项目在预验收后的调试工作量、工作复杂程度大幅度提高，需要成本难以合理预计。此外，受发行人场地、项目工期等因素的影响，即使是小型集成项目，发行人在项目实施过程中也会将部分不影响预验收的工序调整到预验收完成后进行，增加了预验收之后的后续成本的不确定性。以2016年度至2018年度新签合同且于2017～2018年最终验收的收入金额大于1000万元项目为例，预验收时实际发生成本与终验收时结转的营业成本对比见表2：

表2　预验收时实际成本与经验收时结转的营业成本对比

预验收日期	终验收日期	预验收实际发生的成本 a（万元）	终验收成本 b（万元）	差异 c = b − a	差异率 d = c/b
2016/12	2017/2	3754.48	3771.22	16.75	0.44%
合计		14,736.44	18,132.38	3395.93	18.73%

“由表2可见，随着业务的发展，产品在送抵客户指定地点安装完成并经客户预验收合格后，仍有大量合同工作内容尚未完成，后续发生的成本无法可靠的计量。由此公司根据业务发展的特点并结合《企业会计准则》相关规定，以产品交付客户并经客户验收合格才确认销售收入。

“根据《企业会计准则第28号——会计政策、会计估计变更和差错更正》第6条第2款‘会计政策变更能够提供更可靠、更相关的会计信息的，应当采用追溯调整法处理……但确定该项会计政策变更累计影响数不切实可行的除外’的规定，为保持前后期间会计处理口径的一致性以及财务数据的可比性，故采用追溯调整法对2016年及以前年度的财务报表进行追溯调整。

“(2)本次会计政策变更对发行人财务状况、经营成果的影响

“本次会计政策变更事项对2016年年末财务状况及2016年度经营成果的影响，如表3所示：

表3 会计政策变更事项影响

报表项目	调整前金额（万元）	调整金额（万元）	调整后金额（万元）
资产总额	28,418.74	8929.94	37,348.68
负债总额	17,055.78	11,879.01	28,934.79
归属于母公司股东权益	11,362.96	-2949.07	8413.89
营业收入	23,978.42	-5702.53	18,275.88
利润总额	3126.89	-301.95	2824.94
归属于母公司股东的净利润	2688.91	-260.04	2428.88

“除上述会计政策变更外，发行人其他会计政策变更均为执行财政部统一的会计制度的相关要求，对发行人归属于母公司股东权益及归属于母公司股东的净利润均无影响。

“2. 报告期内重大会计差错更正的具体内容、理由及对发行人财务状况、经营成果的影响

根据《增值税会计处理规定》的规定，按照国家统一会计制度确认收入时点早于增值税纳税义务发生时点的相关收入确认为销项税额的增值税额，应在‘待转销项税额’明细科目核算，在资产负债表中的‘其他流动负债’项目列示；增值税纳税义务发生时点早于按照国家统一会计制度确认收入时点，应借记‘应收账款’科目，贷记‘应交税费——应交增值税(销项税额)’科目。2017年度发行人因收入确认会计政策变更对2016年及以前年度财务报表进行了追溯调整，错误地将应交税费借方余额1925.93万元重分类在其他流动资产科目，但未按照规定的要求将待转销项税额441.25万元在其他流动负债中列示，也未按照规定的要求确认

相应的应交税费——应交增值税(销项税额),导致2016年期末少确认增值税销项税额2465.15万元,已履行纳税义务的预收销项税额2465.15万元也未抵销。具体差错内容更正见表4:

表4 具体差错内容

具体科目	调整前金额(万元)	调整金额(万元)	调整后金额(万元)
其他流动资产	5865.52	-1925.93	3939.59
预收账款	15,894.64	-2465.15	13,429.49
应交税费	18.02	97.97	115.99
其他流动负债	—	441.25	441.25

"经发行人第二届董事会第三次会议审议通过,发行人对合并财务报表进行了更正。

"本次会计差错更正对合并报表总资产的影响为-1925.93万元,对总负债的影响为-1925.93万元,对发行人归属于母公司股东权益及归属于母公司股东的净利润均无影响。"

案例 前期收入确认政策变更视为会计政策变更后调整为会计差错

林华医疗(835637)于2018年4月26日召开第一届董事会第十四次会议,审议通过了《关于会计政策变更的议案》,将公司收入确认政策由以产品发出并开具发票时确认销售收入变更为以客户确认收货时确认销售收入,同时追溯调整2016年和2015年。

该公司在首发上市申请前,经自查认为收入确认时点的调整为会计差错,并非会计政策变更。因2015年和2016年已经追溯调整,所以本次不涉及以前年度财务数据调整。

案例 收入确认政策及挂牌后变更

阿尔特汽车技术股份有限公司(阿尔特、836019)的主营业务为燃油汽车和新能源汽车的整车设计及其他汽车行业相关的技术服务,为客户提供全流程的整车

设计开发方案,其目前的收入确认政策如下:

“1. 销售商品收入确认的一般原则:(1)本公司已将商品所有权上的主要风险和报酬转移给购货方;(2)本公司既没有保留通常与所有权相联系的继续管理权,也没有对已售出的商品实施有效控制;(3)收入的金额能够可靠地计量;(4)相关的经济利益很可能流入本公司;(5)相关的、已发生或将发生的成本能够可靠地计量。

“2. 劳务收入确认时间的具体原则:公司提供的汽车设计劳务交易结果能够可靠估计的,按以下原则确认收入:(1)合同约定计时提供服务并约定工时单价的,按经双方确认的工时结算单据及合同约定的结算单价确认收入。(2)合同约定按阶段提供服务,并按阶段支付对价的,客户阶段性验收或者最终验收时确认收入。(3)资产负债表日,公司提供的汽车设计劳务尚未执行完毕,已发生的成本预期可以得到补偿的,若未满足收入确认条件,则不确认收入,已发生的成本直接计入存货;如果已发生的成本预期得不到补偿的,已发生的成本计入当期损益。

“3. 收入确认时点:发行人收入确认时点为按阶段提供服务,并按阶段支付对价的,客户阶段性验收或者最终验收以客户签字确认时间为准。合同约定提供服务并约定工时单价的,按经双方确认的工时结算单据并经客户签字确认时间为准。

“4. 收入确认依据:发行人收入确认时点为合同约定提供服务并约定工时单价的,按经双方确认的工时结算单据并经客户签字确认时间确认收入,符合会计准则规定,按经双方确认的工时结算单据并经客户签字确认表明收入的金额能够可靠地计量,经客户签字后表明相关的经济利益很可能流入企业,且交易的完工进度依据合同能够可靠地确定,则企业依据合同进行成本核算表明交易中已发生和将发生的成本能够可靠地计量。

“发行人收入确认时点为按阶段提供服务,并按阶段支付对价的,客户阶段性验收或者最终验收以客户签字确认时间确认收入,符合会计准则规定,按合同阶段提供服务并按阶段支付对价表明收入的金额能够可靠地计量,客户阶段性验收或者最终验收表明相关的经济利益很可能流入企业,且交易的完工进度依据合同阶段能够可靠地确定,则企业依据合同阶段进行成本核算表明交易中已发生和将发生的成本能够可靠地计量。”

另外，阿尔特在新三板挂牌后（同期处于创业板首发上市审核期间）于2017年4月27日披露了《会计政策变更公告》的内容如下：

“1. 变更前采取的会计政策

“公司提供的汽车设计劳务交易结果能够可靠估计的，按以下原则确认收入：(1)合同约定计时提供服务并约定工时单价的，按经双方确认的工时结算单据及合同约定的结算单价确认收入；(2)合同约定按阶段提供服务，并按阶段支付对价的，客户阶段性验收或者最终验收时确认收入。公司提供的汽车设计劳务不能可靠估计的，如果已发生的成本预期可以得到补偿的，按已发生的成本等金额确认收入、结转成本；如果已发生的成本预期得不到补偿的，已发生的成本计入当期损益。

“2. 变更后采取的会计政策

“公司提供的汽车设计劳务交易结果能够可靠估计的，按以下原则确认收入：

(1)合同约定计时提供服务并约定工时单价的，按经双方确认的工时结算单据及合同约定的结算单价确认收入；(2)合同约定公司按阶段提供服务，客户按阶段支付对价的，在客户阶段性验收时按照合同约定的收款额确认收入，并按阶段将已发生的成本结转成本。资产负债表日，公司提供的汽车设计劳务尚未执行完毕，尚未满足收入确认条件的，不确认收入；已发生的成本预期可以得到补偿的，已发生的成本直接计入存货；已发生的成本预期得不到补偿的，已发生的成本计入当期损益。

“3. 变更原因

“从公司的实际情况来看，随着整车设计业务及互联网车企业务的不断增加，原有的收入确认政策已无法适应未来大量提供整车设计业务及新的开发模式需求。为了提供更可靠的会计信息，更准确反映公司合同收入和成本，基于会计核算的谨慎性原则，公司决定变更会计政策。”

案例 将民办非企业纳入合并报表范围的依据及合理性

依据《陕西太白山秦岭旅游股份有限公司二次反馈意见回复》，审核机构要求及反馈如下：“说明将民办非企业纳入合并报表范围的依据及合理性，是否符合相关会计准则的规定,针对二者采取会计核算基础及政策可能存在不一致的前提下将其纳入合并范围是否有失妥当?”

“回复:

“1. 企业会计准则关于合并范围的规定

“《企业会计准则第 33 号——合并财务报表》中关于合并范围的确定:企业合并的结果通常是一个企业取得了对一个或多个业务的控制权。构成企业合并至少包括两层含义:一是取得对另一个或多个企业(或业务)的控制权;二是所合并的企业必须构成业务。业务是指企业内部某些生产经营活动或资产负债的组合,该组合具有投入、加工处理和产出能力,能够独立计算其成本费用或所产生的收入。而关于控制权的判断标准,主要包括:(1)母公司拥有其半数以上的表决权(50%以上)。(2)母公司虽未取得其半数以上的表决权,但存在如下情形之一的:通过与其他投资者协议,拥有被投资单位半数以上表决权;根据公司章程或协议,有权决定被投资单位的财务和经营政策;有权任免被投资单位的董事会或类似机构(如理事会)的多数成员;在被投资单位董事会或类似机构占多数表决权(超过半数)。

“在实际的业务中,根据实质重于形式的原则来判断母公司应当将其全部子公司纳入合并财务报表的合并范围。只要是由母公司控制的子公司,无论子公司的规模大小、子公司向母公司转移资金能力是否受到严格限制,也无论子公司的业务性质(如银行、保险公司)与母公司或企业集团内其他子公司是否有显著差别,都应当纳入合并财务报表的合并范围。

“根据《企业会计准则》的规定,母公司是指有一个或一个以上子公司的企业(或主体),即母公司要求同时具备两个条件:一是必须有一个或一个以上的子公司,并满足控制的要求;二是母公司可以是企业,如《公司法》所规范的股份有限公司、有限责任公司,也可以是主体,如非企业形式的但形成会计主体的其他组织,如基金等。

“子公司是指被母公司控制的企业。从子公司的定义可以看出:子公司也要求同时具备两个条件:一是作为子公司必须被母公司控制,并且只能由一个母公司控制;二是子公司可以是企业,如《公司法》所规范的股份有限公司、有限责任公司,也可以是主体,如非企业形式但形成会计主体的其他组织、基金以及信托项目等特殊目的主体。

“根据上述定义，非企业法人单位作为被合并方符合会计准则的规定，主要是判断出资方是否满足对其控制的要求。

“2. 将横渠书院纳入公司合并范围符合《企业会计准则》的规定

“横渠书院系公司出资设立的民办非企业单位。根据眉县张载祠文物管理所、秦岭旅游、横渠书院签订的《横渠书院独家经营管理协议》，秦岭旅游为横渠书院的永久独家经营管理方。根据中共眉县文化广电局委员会出具的眉文广党发〔2016〕42 号《中共眉县文化广电局委员会关于王政军等同志任职的通知》，秦岭旅游总经理王政军任横渠书院院长。根据横渠书院的章程，横渠书院实行院长领导下的各部门负责制，设有理事会和研究会，理事会由秦岭旅游及县内外关心、支持，资助横渠书院的社会组织、企业、领导、贤达人士组成，主要是确立横渠书院如何发展、运作。书院理事会负责制订书院的工作计划、修改公司章程、领导本书院开展工作等。综上所述，秦岭旅游拥有横渠书院的独家经营管理权、秦岭旅游为横渠书院理事会的重要成员、秦岭旅游总经理王政军为横渠书院的院长，秦岭旅游可以对横渠书院实施控制，符合《企业会计准则》关于被合并方的规定，虽然两者会计核算基础及政策存在不一致，但将其纳入公司合并体系是合理的。

“3. 公司查阅了相关案例

“主板上市公司中，香雪制药(300147. SZ)将广东省凉茶博物馆(非营利性的社会服务)纳入合并体系、长城汽车(601633. SH)将精益学校(民办非企业单位)纳入合并体系。新三板上市公司中，亿童文教(430223)将湖北亿童教育装备研究院(民办非营利性教育研究机构)纳入合并范围、环球优路(835981)将优路培训学校(民办非企业单位)纳入合并范围。公司认为将横渠书院纳入合并报表范围符合《企业会计准则》的规定，是合理的。

“相关会计处理及核算过程，对财务报表的影响：横渠书院适用《民间非营利组织会计制度》，秦岭旅游适用《企业会计准则》，根据《企业会计准则》，在编制合并报表时，子公司所采用的会计政策与母公司不一致的，应当按照母公司的会计政策对子公司财务报表进行必要的调整，或者要求子公司按照母公司的会计政策另行编报财务报表，即在编制合并财务报表时，按照母公司的会计政策对横渠书院的财务报表进行调整。

"由于横渠书院于2016年3月成立,报表项目仅涉及货币资金30万元,实收资本30万元,报告期报表披露中不存在与母公司的处理,包含在母公司的会计期间内,未与母公司发生内部交易,因此按照准则进行财务报表合并,在合并层面将母公司的长期股权投资30万元与子公司的实收资本30万元抵销,未对合并财务报表产生实质性影响。公司选择以横渠书院为平台,主要为与当地政府合作推广传统文化,开辟文化旅游市场,丰富公司的企业文化,提高公司在陕西区域的知名度。未来不会开展实质性的经营业务,主要从事公益性文化活动的推广,预计未来不会对公司财务报表产生重大影响。

"中介机构核查意见:主办券商及会计师走访了横渠书院;查阅了公司与横渠书院签订的独家经营管理协议、章程;查阅了横渠书院的开办资料;对公司高管进行了访谈,获取横渠书院企业会计政策,查阅了横渠书院报告期财务报表。经核查,主办券商及会计师认为:公司将横渠书院作为公司的下属机构,纳入合并报表范围符合《横渠书院独家经营管理协议》、横渠书院《章程》及各方约定。公司将横渠书院纳入合并报表范围系依据《企业会计准则》进行的,具备合理性,其合并的会计处理及核算过程不会对财务报表产生实质性影响。"

(三)税收缴纳

核查要求:"请公司分别披露报告期内公司及其子公司的流转税与所得税税率、征收方式、税收优惠情况,如公司业绩对税收优惠政策存在依赖,请披露享受税收优惠的期限以及对公司经营业绩的影响。""主办券商、会计师、律师应结合公司业务特点、客户对象、报告期内发生的重大资产重组、非货币资产出资规范等实际情况,核查公司税收缴纳的合法合规性,包括但不限于:(1)公司缴纳税种以及税率情况;(2)公司税收缴纳情况、是否存在少计税款、未足额缴纳税款、延期缴纳税款等不规范行为;(3)公司是否存在偷税、漏税等重大违法违规行为。"

精选层特有审核标准:发行人报告期存在税收优惠的,有哪些核查及披露要求?对于税收优惠,发行人应遵循如下原则进行处理:(1)如果很可能获得相关税收优惠批复,经税务部门同意,可暂按优惠税率预提并作风险提示,并说明如果未来被追缴税款的处理安排;同时,发行人应在公开发行说明书中披露税收优惠不确定性风险。(2)如果获得相关税收优惠批复的可能性较小,需按照谨慎性原则按正常税率预提，未来根据实际的税收优惠批复情况进行相应调整。(3)发行人依法取得的税收优惠，在《公开发行证券的公司信息披露解释性公告第1号——非经常性损益》规定项目之外的，可以计入经常性损益。保荐机构、发行人律师和申报会计师应对照税收优惠的相关条件和履行程序的相关规定，对发行人税收优惠相关事项的处理及披露是否合规，发行人对税收优惠是否存在较大依赖，税收优惠政策到期后是否能够继续享受优惠进行专业判断并发表明确意见。

发行人报告期存在政府补助的，有哪些核查及披露要求？发行人应结合政府补助的具体来源、获取条件、形式、金额、时间及持续情况、分类、政府补助与公司日常活动的相关性等，在公开发行说明书中披露报告期各期取得政府补助资金的具体情况和使用情况、计入经常性损益与非经常性损益的政府补助金额，以及政府补助相关收益的列报情况是否符合《公开发行证券的公司信息披露解释性公告第1号——非经常性损益》的规定；结合报告期各期计入损益的政府补助金额占同期净利润的比例说明对政府补助的依赖情况，报告期内经营业绩对政府补助存在较大依赖的，应当进行重大事项提示，并分析披露对发行人经营业绩和持续经营能力的影响。保荐机构及申报会计师应对发行人上述事项进行核查，就发行人是否已在公开发行说明书中充分披露上述情况及风险，报告期内经营业绩是否对政府补助存在较大依赖发表明确意见。

案例 直接以税务机构合规证明合法性

咖啡之翼(871216)挂牌时，审核机构要求核查公司税收缴纳是否合法合规，中介机构回复如下："主办券商取得了长沙市芙蓉区国税局出具的《关于湖南咖啡之翼品牌管理股份有限公司遵守税务法规的证明》，证明显示公司报告期无重大违规行为；同日，主办券商取得了芙蓉区地税局出具的证明。"

九、关联交易

核查要求：

1. 关联方

公司按照规定的要求完整披露和列示关联方名称、主体资格信息以及与公司的关联关系。主办券商、律师、会计师根据要求核查公司关联方并认定和披露，并就其认定是否准确、披露是否全面、是否存在为规避披露关联交易将关联方非关联化的情形发表明确意见。

2. 关联交易类型

公司区分经常性及偶发性关联交易分别披露。主办券商及会计师核查以下事项并发表意见：(1)公司对经常性及偶发性关联交易的区分是否合理。(2)公司披露的关联交易是否真实、准确、完整。

3. 必要性与公允性

(1)结合交易的决策程序、内容、目的、市场价格或其他可比价格等要素，披露公司关联交易的必要性及公允性，未来是否持续；(2)如报告期内存在关联交易显失公允或存在其他利益安排，请量化分析并披露对公司财务状况的影响，并披露对关联交易的规范措施，并作重大事项提示；(3)如报告期关联交易占比较大，分析是否对关联方存在重大依赖，并披露关联交易对公司业务完整性及持续经营能力的具体影响，并作重大事项提示。主办券商、会计师核查关联交易的必要性及公允性，发表专业意见，并着重说明对关联交易真实性的核查方法及程序。核查报告期内关联交易的内部决策程序的履行及规范情况。

4. 规范制度

公司披露针对关联方交易的内部管理制度。主办券商及律师就公司是否制定了规范关联交易的制度，是否切实履行，并发表明确意见。

5. 关联方资金(资源)占用

披露并核查以下事项：(1)报告期内公司是否存在控股股东、实际控制人及其关联方占用公司资源(资金)的情形，若存在，请披露、核查其发生和解决情况。(2)公司防范关联方占用资源(资金)的制度及执行情况。

精选层特有审核标准：

发行人报告期内存在关联交易的，中介机构重点关注、核查及披露要求：发行人应严格按照《企业会计准则第36号——关联方披露》、《非上市公众公司信息披露管理办法》和全国股转公司颁布的相关业务规则中的有关规定，完整、准确地披露关联方关系及其交易。发行人的控股股东、实际控制人应协助发行人完整、准确地披露关联方关系及其交易。发行人与控股股东、实际控制人及其关联方之间的关联交易应根据业务模式控制在合理范围。

保荐机构、申报会计师及发行人律师应重点关注:关联方的财务状况和经营情况;发行人报告期内关联方注销及非关联化的情况,非关联化后发行人与上述原关联方的后续交易情况;关联交易产生的收入、利润总额合理性,关联交易是否影响发行人的经营独立性、是否构成对控股股东或实际控制人的依赖,是否存在通过关联交易调节发行人收入利润或成本费用、对发行人利益输送的情形;发行人披露的未来减少关联交易的具体措施是否切实可行。保荐机构、申报会计师及发行人律师在核查发行人与其客户、供应商之间是否存在关联方关系时,不应仅限于查阅书面资料,应采取实地走访,核对工商、税务、银行等部门提供的资料,甄别客户和供应商的实际控制人及关键经办人员与发行人是否存在关联方关系。保荐机构、申报会计师及发行人律师应对发行人的关联方认定,关联交易信息披露的完整性,关联交易的必要性、合理性和公允性,关联交易是否影响发行人的独立性、是否可能对发行产生重大不利影响,以及是否已履行关联交易决策程序等进行充分核查并发表意见。

(一)关联方的认定依据及范围

1. 会计准则关于关联方的规定

关联方的认定存在多个法律依据,同时上交所和深交所对关联方的认定均存在差异。从新三板挂牌的角度,依据新三板挂牌的核查要求,对关联方的认定需要充分考虑企业会计准则。《企业会计准则第 36 号——关联方披露》第 3 条规定:"一方控制、共同控制另一方或对另一方施加重大影响,以及两方或两方以上同受一方控制、共同控制或重大影响的,构成关联方。控制,是指有权决定一个企业的财务和经营政策,并能据以从该企业的经营活动中获取利益。共同控制,是指按照合同约定对某项经济活动所共有的控制,仅在与该项经济活动相关的重要财务和经营决策需要分享控制权的投资方一致同意时存在。重大影响,是指对一个企业的财务和经营政策有参与决策的权力,但并不能够控制或者与其他方一起共同控制这些政策的制定。"

第 4 条规定:"下列各方构成企业的关联方:(一)该企业的母公司。(二)该企业的子公司。(三)与该企业受同一母公司控制的其他企业。(四)对该企业实施共同控制的投资方。(五)对该企业施加重大影响的投资方。(六)该企业的合营企业。(七)该企业的联营企业。(八)该企业的主要投资者个人及与其关系密切的家庭成员。主要投资者个人,是指能够控制、共同控制一个企业或者对一个企业施加重大影响的个人投资者。(九)该企业或其母公司的关键管理人员及与其关系密切的家庭成员。关键管理人员,是指有权力并负责计划、指挥和控制企业活动的人员。与主要投资者个人或关键管理人员关系密切的家庭成员,是指在处理与企业的交易时可能影响该个人或受该个人影响的家庭成员。(十)该企业主要投资者个人、关键管理人员或与其关系密切的家庭成员控制、共同控制或施加重大影响的其他企业。"

2. 股转系统信息披露规则关于关联方的规定

《全国中小企业股份转让系统挂牌公司信息披露规则》第 71 条第 9 项规定:"关联方,是指挂牌公司的关联法人和关联自然人。

"具有以下情形之一的法人或其他组织,为挂牌公司的关联法人:1. 直接或者间接控制挂牌公司的法人或其他组织;2. 由前项所述法人直接或者间接控制的除挂牌公司及其控股子公司以外的法人或其他组织;3. 关联自然人直接或者间接控制的或者担任董事、高级管理人员的,除挂牌公司及其控股子公司以外的法人或其他组织;4. 直接或者间接持有挂牌公司 5% 以上股份的法人或其他组织;5. 在过去 12 个月内或者根据相关协议安排在未来 12 个月内,存在上述情形之一的;6. 中国证监会、全国股转公司或者挂牌公司根据实质重于形式的原则认定的其他与公司有特殊关系,可能或者已经造成挂牌公司对其利益倾斜的法人或其他组织。

"挂牌公司与上述第 2 项所列法人或其他组织受同一国有资产管理机构控制的,不因此构成关联关系,但该法人或其他组织的董事长、经理或者半数以上的董事兼任挂牌公司董事、监事或高级管理人员的除外。

"具有以下情形之一的自然人,为挂牌公司的关联自然人:1. 直接或者间接持有挂牌公司 5% 以上股份的自然人;2. 挂牌公司董事、监事及高级管理人员;3. 直接或者间接地控制挂牌公司的法人的董事、监事及高级管理人员;4. 上述第 1、2 项所述人士的关系密切的家庭成员,包括配偶、父母、年满 18 周岁的子女及其配偶、兄弟姐妹及其配偶,配偶的父母、兄弟姐妹,子女配偶的父母;5. 在过去 12 个月内或者根据相关协议安排在未来 12 个月内,存在上述情形之一的;6.中国证监会、全国股转公司或者挂牌公司根据实质重于形式原则认定的其他与挂牌公司有特殊关系,可能或者已经造成挂牌公司对其利益倾斜的自然人。”

《全国中小企业股份转让系统挂牌公司治理规则》第104条规定:“挂牌公司董事、监事、高级管理人员、持股5%以上的股东及其一致行动人、实际控制人,应当将与其存在关联关系的关联方情况及时告知公司。公司应当建立并及时更新关联方名单,确保关联方名单真实、准确、完整。”

实务中,中介机构对拟挂牌企业的关联方的认定相对比较混乱,然而对于关联方的认定和披露属于相对重要的事项,在《全国中小企业股份转让系统挂牌公司信息披露规则》颁布后,需要重点关注该事项。对于简单的公司来说可能相对容易,但是对于存在机构投资者以及存在多层嵌套、存在董监高对外在多家公司任职或在多家公司投资的,对于关联方的认定一般都需要进一步完善和核查。拟挂牌公司决定挂牌时,公司就需要对相关的关联方进行初步的梳理,在正式审计前或者过程中,各中介机构需要对关联方进行确认,避免出现法律意见书或公开转让说明书认定的关联方或者在对外投资或者任职处披露的关联公司与审计报告中列示关联方不一致,进而导致关联交易的数额错误的问题。同时《全国中小企业股份转让系统挂牌公司治理规则》明确要求董监高等有义务将关联方情况及时告知公司,公司有义务建立并及时更新关联方名单。

案例 新三板企业首发时关于关联方的反馈意见

《广东惠云钛业股份有限公司创业板首次公开发行股票申请文件反馈意见》关于关联方反馈意见如下:“根据披露,实际控制人控制11家公司,部分公司业务与发行人或为上下游。另外,实际控制人具有重大影响的企业4家,其中部分报告期内与发行人存在交易。实际控制人钟镇光近亲属控制或具有重大影响的企业部分报告期内发行人存在交易。请发行人:(1)补充披露实际控制人、实际控制人近亲属、董事陈豪杰控制或具有重大影响的企业的具体情况,包括设立时间、股权结构、注册资本、主营业务演变情况,与发行人业务之间的关系,报告期内主要财务数据,部分企业名称与披露的主营业务不符的原因,比照上述要求说明张盛广及其近亲属控制或具有重大影响企业的相关情况，张盛广辞职原因，其辞职后上述与其相关企业是否与发行人存在交易和资金往来。(2)补充披露报告期内注销关联方原因，注销程序是否合法合规，是否存在法律瑕疵和纠纷，转让惠州永通塑料股权原因，受让方情况，交易定价依据是否公允，交易价款支付情况，转让是否真实、有效，受让方是否与发行人股东、实际控制人、董监高存在关联关系或其他利益安排，转让后是否与发行人存在交易和资金往来。"

(二)核查关联方以及关联交易的重点关注事项

造假案例绿大地(002200)利用关联方及员工的账户等虚假交易；宁波东力(002164)历史上并购标的即深圳富裕控股有限公司、年富供应链有限公司等正是通过隐藏的关联方等虚增收入，进而达到虚增规模让宁波东力收购。所以对关联方和关联交易的核查尤其重要。

1. 从交易事项核查

第一，交易对方长期拖欠发行人款项，但发行人仍继续与其交易，同时交易金额较大或者销售的时间集中在年底，采购的时间集中在年初等，需要重点关注。

第二，关注重大或异常交易的交易对方是否与拟挂牌主体或其控股股东、实际控制人、董监高存在关联关系。

第三，重大或异常交易的交易对方是不是当年新增的异常重要客户或供应商，以及该供应商、客户的成立时间、注册资本等。

第四，重点对比客户和供应商目录，是否存在既是客户又是供应商的主体，实务中可能存在一个中间主体导致隐藏的关联方通过多次交易致使无法使用该方法判断，但是可以从一段区间内采购和销售的对比进行核查。

第五，关注交易的内容与对方公司的行业或者营业范围是否存在显著偏差，关注公司的交易金额是否与对方的注册资本等是否存在较大差异。

2. 从细节分析判断

第一，从登记的联系人或者方式判断，如关注重大或异常交易的交易对方的网站地址、工商登记信息的联系人、工商登记的联系电话和邮箱、税务登记的联系人和地址、公司 IP 地址、邮箱域名等是否与拟挂牌公司相似。

第二，从登记的或者实际办公地址查看，如关注重大或异常交易的交易对方的注册地址或办公地址与拟挂牌主体或其控股股东、实际控制人、董监高在同一地点或接近。

第三，从员工或股东情况判断，关注重大或异常交易的交易对方的经办人员、股东、董监高等，核查与拟挂牌主体的员工名录是否存在重合，或存在特殊关系。

第四，从公司的交易流水、工资和报销流水中核查，如重点关注公司的大额或者异常的自然人收款账户，通过对个人账户的核查关注对方是否在其他客户或者供应商中任职或者持股。

第五，关注重大或异常交易的交易对方是否可以通过互联网检索其信息，是否能通过公开途径或者其作为客户或者供应商的信息。

第六，关注交易金额较大而合同条款非常简单或者与其他合同有显著区别的业务主体。

（三）拟挂牌企业是否可以存在关联交易

挂牌相关制度并未禁止或者明确规定挂牌企业一定数额或者比例的关联交易。但是从审计和披露的角度，均需要区分经常性及偶发性关联交易分别披露，对于相关的区分是否合理也属于关注事项。例如，不少拟挂牌企业在挂牌前将实际控制人等对公司的财务资助或者借款等认定为偶发性关联交易，但是挂牌后为了年度关联交易预计等，将相关的关联交易作为经常性关联交易，实际上类似情况是需要注意的。

若存在关联交易，首先，就需要关注关联交易是否真实、准确、完整，是否通过关联交易的形式虚增收入或者体外承担成本等，对于体外关联方是否承担拟挂牌公司的薪酬等事项也需要关注，体外垫付或者代付工资等也是属于关联交易事项。中介机构在核查和披露关联交易事项时，应当对关联交易事项进行完整的梳理和披露，对于部分小额或者多次的交易可以考虑按阶段或者区间进行汇总分类披露；其次，对于关联交易，需要结合交易的决策程序、内容、目的、市场价格或其他可比价格等要素，披露公司关联交易的必要性及公允性，未来是否持续，通过价格对比发现，报告期内存在关联交易显失公允或存在其他利益安排，需要量化分析并披露对公司财务状况的影响，并披露对关联交易的规范措施，并作重大事项提示；最后，分析是否对关联方存在重大依赖，如报告期关联交易占比较大，需核查并披露关联交易对公司业务完整性及持续经营能力的具体影响,并作重大事项提示。

实际上,关联交易不仅对新三板挂牌不构成实质性障碍,即使主板等首发上市也并非构成障碍。实践中,需要准确判断关联方、关联交易的构成及其影响。例如,依据上海雅仕(603329)首发上市时关联方众多,超过60家,报告期内关联方采购金额分别为1.30亿元、0.86亿元、1.22亿元、0.46亿元,向关联方销售金额分别为2.59亿元、3.03亿元、4.27亿元、1.94亿元,关联采购占比达到20%左右、关联销售占比达到30%左右。审核机构反馈意见:“(1)核查关联方的认定是否符合《公司法》《企业会计准则》、相关交易所上市规则等有关规定,发行人是否充分披露关联方及其交易;(2)补充披露各类关联交易的必要性,披露交易金额占关联方当期销售、采购金额的比例,说明发行人作为上市主体的适当性;(3)说明发行人与关联方发生的各类交易和与独立第三方交易或市场价格之间的价格差异,存在差异请说明原因,价格是否公允;(4)请发行人补充说明是否与关联方存在共同供应商、共同客户、共同技术的情况。”

案 例 关联方为公司代付费用构成赠与及关联交易

《苏州林华医疗器械股份有限公司首次公开发行股票招股说明书》的记载主要内容如下:

“报告期内林华医疗以1500万元受让赵晓云持有的北京悦通100%股权(注册资本200万元)。公司实际控制人吴林元与赵晓云签订补充协议,实际控制人吴林元向收购的子公司的总经理赵晓云支付相应的补偿,该补偿以完成外周静脉导管(PICC)产品注册证的取证等相关工作为条件,条件完成吴林元向其支付人民币4000万元。后赵晓云辞职,双方发生争议,针对应当支付的补偿费用经仲裁机关调解如下:吴林元已支付的400万元无须返还,吴林元于该协议生效5个工作日内向赵晓云支付1266.67万元(税前)。支付该笔费用的实质为实际控制人代公司承担相关费用,形成对公司的捐赠行为,所以认定该事项为关联交易。公司在2016年报中应预计相关的成本费用,即调增营业外支出400万元,调增资本公积400万元;代公司所支付的1266.67万元(税前),在2018年报中计入相关的成本费用,即确认营业外支出 1266.67 万元(税前),确认资本公积 1266.67 万元。”

点评:该公司具有典型性,对于关联方代付费用的情形以及解决方法可以作为参考。同时该案例中涉及股权转让双方是否存在规避税收的问题以及公司对研发补偿或者取得资质补偿的认定等问题。

(四)关联交易相关企业的处理方案

1. 业务剥离

如果关联企业的业务不属于拟挂牌公司的主要业务,或者盈利能力不强甚至拖累拟挂牌主体的利润水平,则可以考虑将该企业业务剥离或者该部分业务转让给第三方。

具体操作中的注意事项:注意调查受让方与拟挂牌公司的控股股东、实际控制人及其亲属之间是否存在关联关系,审核机构会关注是否真的剥离,这是首要核查点;关注受让方在人员、资产、业务、财务等方面与拟挂牌公司是否存在关联关系;重点关注转让价格是否真实、公允、合理;剥离给关联方的,尤其要注意转让价格的公允、交易程序的合规,确保不存在损害拟挂牌主体利益的情况。

判断相关业务是否应纳入或剥离出挂牌主体,不能仅考虑该业务的直接经济效益,要同时考虑到该业务对公司的间接效益,正常情况(已持续经营)下不鼓励资产剥离、分立,为梳理同业竞争及关联交易进行的相关安排不能影响业绩计算的合理性、连续性。

原新三板挂牌企业国安达,其首发上市申请经审核机构要求说明关联方业务剥离转让的背景、定价是否公允、是否存在关联关系、转让后是否存在交易等。依据《国安达股份有限公司首次公开发行股票申请文件反馈意见》(国安达、835486),审核意见如下:“关于关联交易。请发行人:(1)按照《首发业务若干问题解答》的要求说明与斯迪尔、元通汽车零部件关联交易的合理性、必要性、公允性,2017 年以后未继续发生关联销售、采购的原因;(2)说明斯迪尔的设立背景、主营业务及产品,发行人向斯迪尔采购变速箱、停车牌等的原因、用途、下游客户、应付货款长期挂账的原因,洪伟艺转让斯迪尔股权的背景、定价依据是否公允,受让方是否与发行人及其董监高存在关联关系，转让后斯迪尔是否与发行人发生交易。”“请发行人说明：斯迪尔曾为公司控股股东洪伟艺、董事许燕青的参股公司，2016 年 9 月，洪伟艺、许燕青将其持有的该公司股权全部对外转让，转让股份的价格为出资额原价转让。请说明转让的原因；说明斯迪尔的主要业务内容及 2015 ~ 2016 年主要财务数据；说明转让作价的依据及公允性；说明是否与发行人存在同业竞争情形；说明斯迪尔是否存在为发行人代垫成本、费用及其他利益输送情形。”

2. 对外持股的股份转让

如果关联企业由于拟挂牌公司持有其股权而成为关联方，实际上拟挂牌公司与该关联企业并无交易事项，则可以考虑将股权转让给独立第三方。

关于将关联方股份转让出去，首先要考虑的是转让的真实性、程序合规性等。以原新三板挂牌企业金春股份为例，依据《安徽金春无纺布股份有限公司首次公开发行股票并在创业板上市申请文件反馈意见》（金春股份、835140），关于关联方问题反馈意见如下：

“关于发行人董监高控制或担任董监高的其他关联方。部分关联方下游为护理用品、建材、无纺布等与发行人行业相关或相同的公司。请发行人：(1) 说明上述公司的基本情况，包括成立时间、注册地、注册资本及实缴资本、报告期内主要财务状况，实际从事的业务，与发行人、发行人的客户、供应商或主要股东是否存在交易或资金往来，如若存在，说明交易的内容、金额、占比，比照市场价格说明交易的公允性，说明资金往来的背景及清理情况。安徽双孚无纺布科技有限公司转让的情况，受让方的基本情况及受让是否具有商业和理性，价款及支付情况、定价依据及公允性，资金来源及合法合规性，转让是否真实。(2) 说明其他从事投资业务的关联方是否投资与发行人业务相关的公司，是否存在为发行人承担成本费用、利益输送等情形。(3) 说明关联方、关联交易的披露是否按要求完整准确披露，关联交易是否履行规定程序。昆仑制桶原为金晨包装的控股子公司，2016 年 1 月，金晨包装将其持有的 60% 的股权转让给了自然人高瑞，说明转让的原因、价格、定价依据及公允性，受让方的基本情况，受让是否真实合理，资金来源及合规性，转让前后交易情况，是否存在关联交易非关联化的情形。”

“报告期内关联方薪酬波动较大，说明波动的合理性，关联方薪酬的支付与同行业公司、地区薪酬水平相比是否存在重大差异。请发行人:(1)进一步说明关联交易的必要性、合理性;(2)说明报告期内是否存在关联方或第三方为发行人支付成本、费用或采用不公允的交易价格向发行人提供经济资源的情形。请保荐机构、申报会计师核查前述事项并发表明确意见。”

3. 纳入合并范围

如果该关联企业在拟挂牌公司的生产或者销售中扮演了重要角色,则可以考虑将该企业或该业务买过来作为拟挂牌企业的子公司等。若关联企业的业务、资产、人员、财务等与拟挂牌企业存在混同,则建议将该企业与拟挂牌企业合并,可以是吸收合并或者新设合并。

考虑将关联方并入拟挂牌公司主体范围内,首先要考虑的是规范性问题。如果拟并入主体存在严重不规范的问题,则会导致拟挂牌主体可能不符合挂牌条件。同时应当关注交易价格的公允性和税收成本等问题。

4. 清算注销

如果关联企业已经停止经营、未实际经营或者其存在可能对拟挂牌企业产生障碍或不良影响,如经营不善、未通过年检、受过行政处罚,则应考虑将关联企业进行清算、注销。操作过程中,应重点关注相应资产与人员是否已清理完毕。

以原新三板挂牌企业广东惠云钛业为例,对于首发上市报告期内的其他关联方进行注销。依据《广东惠云钛业股份有限公司首次公开发行股票并在创业板上市申请文件反馈意见》(惠云钛业、839598),关于注销的关联方等事项,相关反馈意见如下:“关于关联方。根据披露,实际控制人控制 11 家公司,部分公司业务与发行人或为上下游。另外,实际控制人具有重大影响的企业 4 家,其中部分报告期内与发行人存在交易。实际控制人钟镇光近亲属控制或具有重大影响的企业部分报告期内发行人存在交易。请发行人:(1)补充披露实际控制人、实际控制人近亲属、董事陈豪杰控制或具有重大影响的企业的具体情况,包括设立时间、股权结构、注册资本、主营业务演变情况,与发行人业务之间的关系,报告期内主要财务数据,部分企业名称与披露的主营业务不符的原因,比照上述要求说明张盛广及其近亲属控制或具有重大影响企业的相关情况,张盛广辞职原因,其辞职后上述与其相关企业是否与发行人存在交易和资金往来。(2)补充披露报告期内注销关联方原因,注销程序是否合法合规,是否存在法律瑕疵和纠纷,转让惠州永通塑料股权原因，受让方情况，交易定价依据是否公允，交易价款支付情况，转让是否真实、有效，受让方是否与发行人股东、实际控制人、董监高存在关联关系或其他利益安排，转让后是否与发行人存在交易和资金往来。请保荐机构、发行人律师发表核查意见。”

“关于关联交易。报告期内，发行人与实际控制人近亲属具有重大影响的煜辉建材、三盈邦运输存在销售、采购的交易。其中向煜辉建材销售钛白粉，2016年、2017年的销售金额分别为1400.37万元、460.41万元，2018年煜辉建材注销。2016～2018年，三盈邦运输向发行人提供运输服务，交易金额为853.59万元、917.87万元、213.6万元。请发行人补充披露：(1)报告期内关联交易发生原因，交易合理性、必要性，交易具体内容，交易定价依据是否公允，说明报告期内关联交易金额占交易对方同期营业收入/采购总额的比例，是否存在利益输送或关联方为发行人分摊成本、费用的情形，关联方使用公司资源的原因和必要性，是否存在资产、人员、机构、人员等混同的情形。(2)报告期内关联方应收应付往来款项的发生情况，对关联方无息借款的发生金额，发行人对关联方是否存在资金依赖。请保荐机构、发行人律师发表核查意见。”“关于关联方转让和注销。请发行人补充披露报告期内转让或注销多家关联方的原因，相关公司设立以来的生产经营情况、财务状况、存续期间是否合法经营，注销前从事的业务与发行人的主营业务之间的关系、注销后管理人员和生产人员的工作去向，与发行人是否重叠。请保荐机构、申报会计师核查，并发表核查意见。”

(五)治理准则关于关联交易的规定

《全国中小企业股份转让系统挂牌公司治理规则》第101条规定：“本章所称‘关联交易’，是指挂牌公司或者其合并报表范围内的子公司等其他主体与公司关联方发生第八十一条规定的交易和日常经营范围内发生的可能引致资源或者义务转移的事项。挂牌公司应当与关联方就关联交易签订书面协议。协议的签订应当遵循平等、自愿、等价、有偿的原则，协议内容应当明确、具体、可执行。”其他内容详见本规则第102～112条的规定。

第96条规定：“挂牌公司不得为董事、监事、高级管理人员、控股股东、实际控制人及其控制的企业等关联方提供资金等财务资助。对外财务资助款项逾期未收回的，挂牌公司不得对同一对象继续提供财务资助或者追加财务资助。”

图书在版编目(CIP)数据

精选层时代新三板挂牌实务指引／刘海旭，丁先云著．-- 北京：法律出版社，2020
ISBN 978-7-5197-4415-1

Ⅰ．①精… Ⅱ．①刘… ②丁… Ⅲ．①中小企业－企业融资－研究－中国 Ⅳ．①F279.243

中国版本图书馆 CIP 数据核字(2020)第060791号

精选层时代新三板挂牌实务指引
JINGXUANCENG SHIDAI XINSANBAN GUAPAI SHIWU ZHIYIN

刘海旭　丁先云　著

策划编辑　邢艳萍
责任编辑　邢艳萍
装帧设计　汪奇峰

出版　法律出版社
总发行　中国法律图书有限公司
经销　新华书店
印刷　天津嘉恒印务有限公司
责任印制　吕亚莉

编辑统筹　法律应用出版分社
开本　710毫米×1000毫米　1/16
印张　22.25
字数　390千
版本　2020年5月第1版
印次　2020年5月第1次印刷

法律出版社／北京市丰台区莲花池西里7号(100073)
网址／www.lawpress.com.cn
投稿邮箱／info@lawpress.com.cn
举报维权邮箱／jbwq@lawpress.com.cn
销售热线／400-660-8393
咨询电话／010-63939796

中国法律图书有限公司／北京市丰台区莲花池西里7号(100073)
全国各地中法图分、子公司销售电话：
统一销售客服／400-660-8393/6393
第一法律书店／010-83938432/8433　　西安分公司／029-85330678　　重庆分公司／023-67453036
上海分公司／021-62071010/1636　　深圳分公司／0755-83072995

书号：ISBN 978-7-5197-4415-1　　**定价**：86.00元